山西大学工会史

姚奠中

张汉静　主编

山西出版传媒集团

山西人民出版社

图书在版编目(CIP)数据

　　山西大学工会史 / 张汉静主编. —太原：山西人
民出版社，2013.9
　　ISBN 978-7-203-08317-7

　　I. ①山… II. ①张… III. ①山西大学—工会工作
—概况 IV. ①D412.6

　　中国版本图书馆CIP数据核字(2013)第210956号

山西大学工会史

主　　编：张汉静
责任编辑：冯灵芝
装帧设计：赵　婷
出 版 者：山西出版传媒集团·山西人民出版社
地　　址：太原市建设南路21号
邮　　编：030012
发行营销：0351-4922220　4955996　4956039
　　　　　0351-4922127　（传真）　4956038（邮购）
E - mail：sxskcb@163.com　发行部
　　　　　sxskcb@126.com　总编室
网　　址：www.sxskcb.com
经 销 者：山西出版传媒集团·山西人民出版社
承 印 者：山西天辰图文有限公司
开　　本：787mm×1092mm　1/16
印　　张：19.75
字　　数：360千字
印　　数：1-1500册
版　　次：2013年11月　第1版
印　　次：2013年11月　第1次印刷
书　　号：ISBN 978-7-203-08317-7
定　　价：49.80元

《山西大学工会史》编写组

主　　编　　张汉静

副 主 编　　王满贵　　李智斌　　张民省（执行主编）

编写人员　　张民省　　李智斌　　周　亚　　胡　波　　关多义

　　　　　　张晓敏　　吴荷荷　　郭瑞蕾　　杨彩丹

审稿人员　　张志敏　　任茂棠　　叶昌纲　　王明生　　张厚明

序

  2013年五一节期间,全国各级工会组织正在深入学习领会习近平总书记在全总机关与劳模座谈时的重要讲话。笔者在学习这篇重要讲话的同时,还学习了习近平总书记《领导干部要读点历史》一文,通读了《山西大学工会史》书稿。

  山西大学工会成立于新中国成立初期,是我国高等院校中建立最早的高校工会之一,六十多年来始终秉持服务宗旨,为广大教师说话、办事,为山西大学的建设发展作出了重要贡献。如今,山西大学在工会建设和发展方面再次取得了又一标志性成果——编写出版《山西大学工会史》,此举在全国高校也极具开拓性意义。

  习近平总书记在与劳模座谈时强调指出:坚持和发展中国特色社会主义,必须全心全意依靠工人阶级,巩固工人阶级的领导阶级地位,充分发挥工人阶级的主力军作用。包括广大教师在内的知识分子是工人阶级的重要组成部分,这是我们党从曲折的历史发展中总结出来的英明论断。《山西大学工会史》利用丰富史料,实事求是地记述了学校工会起伏跌宕的发展历史,客观真实地反映了基层工会工作的时代背景,从中可以看到:相信和依靠知识分子,我们党的事业就发展;怀疑甚至把知识分子当成异己分子,我们党的事业就要遭受挫折。

  读史可以明智,知古方能鉴今。习近平总书记之所以强调要读点历史,就是要从历史中汲取有益于加强修养、做好工作的智慧和营养。读过《山西大学工会史》,可以了解到工会工作始终坚持的方向和把握的原则,从而受到历史的启迪。一是自觉接受党的领导。山西大学工会从成立之初,就在党委领导下,执行党的方针政策,积极开展工作,维护教师利益,展示出了蓬勃生机和旺盛活力,成为新中国成立初期山西大学党政工作的参谋助手、有益补充和重要监督。同时,将教师纳入工会组织中,也反映了人民政权视知识分子为工人阶级一部分的新转变,这对于团结广大知识分子、巩固新生的人民政权、发展新中国文化教育事业具有重要意义。二是切实履行职责。不论在社会主义建设时期还是改革开放时期,山西大学工会都认真履行工会职责,充分发挥组织教职工、引导教职工、服务教职工、维护教职工合法权益的职能作用。在新中国成立初期至"文化大革命"结束,山西大学工会贯彻党对知识分子"团结、教育、改造"的方针,做好教师的思想政治工作,同时积极反映广大教师呼声,维护教师正当权益,改善教师生活条件。看了这段历史,对"文化大革命"中把中国教育工会各级组织打成"资产阶级知识分子的代言人"也就不感到奇怪了。三要着眼于调动积极性。人才培养,重在教师。山西大学工会牢固树立群众观点,把调动广大教职工教书育人的积极性、提高人才培养质量作为始终不变的着眼点。不仅维护教职工的劳动经济权益,更注重维护好教职工的民主政治权益。在改革开放新的历史时期,山西大学工会把教职工代表大会制度建设放在工作首位,在党委领导下组织和代表教职工参与学校民主管理和民主监督,切实维护教职工的民主政治权利,推进了基层民主政治建设,从而最大限度地调动全校教职工的积极性,为山西大学的建设、改革、发展作出了重要贡献。

"以史为鉴""以史资政""以史育人",是中华文明的重要组成部分。卷帙浩繁的史籍不仅丰富了中华民族的传统文化宝库,也给后人提供了治国理政的智慧、经验和启示。正是由于历代士人的传承与弘扬,今天我们才能够系统地了解数千年中国的历史面貌。当前,我国社会已经进入了高速发展的信息时代,人们的眼界宽广、兴趣多样,甘坐板凳修史的人却越来越少。当代的年轻人和后人们,只有做到自觉继承宝贵的历史文化遗产,并保持研究的兴趣和能力,中华民族文化才能不断延续。这项事业,需要一批志在钻研历史、发扬光大优良传统,并以历史为镜、以传史育人为己任的专家学者坚持不懈、承前启后地认真工作。因此,给予他们以强有力的支持,不仅是社会科学繁荣发展的必要,也是各个单位的重要责任。《山西大学工会史》史料翔实,内容全面,有史有论,论从史出,引人深思,难能可贵。这里,笔者谨向本书作者、编者致以由衷的敬意!

历史是过去的现实,现实是未来的历史。当前,高校教学、科研、人事和分配制度改革的不断深化,国家、学校、教职工三者之间以及人与人之间的利益关系已经出现了新的调整,利益关系也日趋复杂,迫切需要工会出面疏通思想,化解矛盾,协调冲突,平衡关系。希望山西大学工会正确认识面临的新机遇和新挑战,认真学习贯彻习近平总书记在与劳模座谈时的重要讲话精神,以历史的智慧和眼光,进一步加深对实现中华民族伟大复兴中国梦的理解,加深对坚持工人阶级领导阶级地位、发挥广大职工主力军作用重大意义的理解,加深对工会工作在党和国家工作大局中重要地位、独特作用的理解,坚持和发展中国特色社会主义,坚定不移地走中国特色社会主义工会发展道路,贯彻尊重劳动、尊重知识、尊重人才、尊重创造的重大方针,维护和发展劳动者的利益,保障劳动者的权利,汇聚起众志成城、实干兴邦的正能量,为全面建成小康社会、实现中华民族伟大复兴的中国梦作出新的更大贡献,为未来的史书写上浓墨重彩的一页!

万川东,

2013年5月1日

(作者系中国教科文卫体工会主席)

编写说明

山西大学教工会成立于1950年10月20日。六十多年来,山西大学教工会在贯彻党的教育方针政策,调动广大教职工的积极性,弘扬教职员工的主人翁精神,让教职员工参与高校的民主管理等方面发挥了自己应有的作用。因此,系统总结山西大学教工会六十多年的发展历程和面貌,是我们编写《山西大学工会史》的目的。

一、编写《山西大学工会史》的意义

动议编写《山西大学工会史》一书,始于2012年7月上旬。时值山西大学建校110周年华诞刚过不久,校庆的喜悦还萦绕在每个山大人的心头。几位曾经担任过山西大学教工会主席的老先生任茂棠、叶昌纲、王明生和分管工会工作的老领导张志敏和现任领导张汉静、教工会常务副主席王满贵等坐在教工俱乐部的会议室里,畅谈新中国成立以来山西大学发展的曲折历程和巨大成就,回顾教工会从建立到当下六十多年的人事变迁。一代人走了,一代人退了,一代人来了。大家一致认为,沧桑巨变,物是人非,作为党联系职工群众的桥梁和纽带的教工会在山西大学建设和发展中的作用,确实应该盘点总结一下了……

(1)工会是中国共产党领导的职工自愿结合的工人阶级群众组织,是党联系职工群众的桥梁和纽带,是国家政权的重要社会支柱,是会员和职工利益的代表。盘点山西大学教工会的历史,可以进一步领会和把握教工会在高校的职能和定位。由此,我们应该认识到,工会的主要职能是:维护教职工的合法利益和民主权利,动员和组织教职工积极参与学校建设和改革,完成教学、科研和后勤服务工作;代表和组织教职工参与学校各项事务的管理,参与学校单位的民主管理;在维护教职工政治权利的同时,也要维护教职工的劳动权利和物质文化利益,努力促进学校各项事业的发展和长期稳定;支持学校行政依法行使管理权力,与行政方面建立协商制度,保障教职工的合法权益,促进学校发展,并在学校各方面行使管理职权的过程中,发挥民主参与和群众监督的作用。

(2)工人阶级是我国的领导阶级,是先进生产力和生产关系的代表,是改革开放和社会主义现代化建设的主力军,是维护社会稳定强大而集中的社会力量。总结山西大学教工会的历史,可以进一步认识到知识分子是工人阶级的重要组成部分,发挥教工会在调动包括知识分子在内的各方面职工积极性作用,推动学校的发展。高校是培养高科技和管理人才的基地。高校工会的作用就是充分发挥教育职能,不断提高思想道德素质和科学文化素质,努力建设一支有理想、有道德、有文化、有纪律的"四有"职工队伍,以保证高校为国家、为人民多培养社会主义建设所需的又红又专的人才;要深入持久地开展职业道德教育,教育职工爱岗敬业;要加强民主法制教育和纪律教育;要努力提高广大教职工的科学文化水平,引导职工树立科学精神,掌握科学方法;要大力弘扬爱国主义、集体主义、社会主义精神,教育和引导职工解放思想,艰苦创业。要贴近职工的思想实际,从解决教职工的实际困难、维护教职工的实际利益入手,切实做好广大职工的思想政治工作,为深化改革凝聚人心,聚集动力。

(3)大学文化建设离不开对学校发展历史的研究。山西大学从创办至今,一直担负着为国家经济建设和社会进步培养高层次人才、提供智力支持和担任文化引领者的重大责任,我们只有充分了解她的历史沿革和发展变化脉络,才能更好地帮助学校总结办学经验,制定科学的发展目标,培养更多更好的人才。因为其110年走过的每一个脚印,承载起一部历代山大人自强不息的发展史、奋发图强的建设史、知难而进的改革史。其中蕴涵的大学精神,是滋养山大学子奋发向上的精神食粮。作为新中国高等教育发展的一个重要侧面,盘点山西大学教工会的历史,不仅有助于启迪后人,教育下一代,进一步推动学校人才培养和科学研究等各方面工作出特色、上水平,而且将从又一个历史发展的侧面丰富山西大学的形象,为关心、教育、激励后来的山大人增加一分力量,从而为今天建设具有地方示范作用有特色、高水平的研究型大学,提供宝贵的历史借鉴和有益启示。

二、《山西大学工会史》的研究脉络

《山西大学工会史》的编写脉络是在现任学校党委副书记、校工会主席张汉静教授的亲自主持下,经过编写组成员的多次讨论后确定下来的。

首先我们对六十多年的山西大学工会机构的沿革进行了梳理,因为改革开放以来有关工会的资料比较丰富,所以我们以1984年10月召开的"第三届山西大学工会代表大会"为基点,结合部分当事人的回忆,对山大工会曲折而红火的历史进行了回顾,明确把伴随着新中国成立于1950年10月28日召开的教育工会成立大会,作为山西大学工会的起点,至山西高等教育调整完成前,是为山西大学首届工会时期。之后,我们把1963年6月8日山西师范学院与"新山大"合并后召开的那次工会代表大会,认定为山西大学的第二届工会。而在上述两届工会之间,有七年时间是校名称之为"山西师范学院"的时期。

现在呈现在读者面前的《山西大学工会史》的九个章节的编排,线索较为清晰,内容比较丰富,而且具有一定的时空感,能够较好地反映山西大学教工会发展的全貌。

本书的第一部分"引言",是全书的理论基础,为读者简略地介绍为什么高校有"工会"(教工会)、"教代会"这样两个组织,并介绍它们各自的产生、发展过程,职责与特点,区别与联系,充分认识中国特色社会主义工会的形成过程,准确把握中国特色社会主义工会的内涵,积极拓展中国高校工会的建设和发展道路。

第一章总结1949年4月—1953年12月山西大学教育工会的诞生及其工作。内容包括:新中国建立之初的山西大学、教职工组织的恢复与首届中国教育工会山西大学委员会的成立,以及教工会落实全国教育总方针,参与教学改革,参加社会主义改造,为巩固新生人民政权而进行的斗争。新中国建立初期,山西大学教工会的工作为山西大学的政治稳定、思想稳定作出了贡献,为山西师范学院时期的工会工作积累了经验,打造了队伍,奠定了基础。

第二章总结1954年1月—1961年5月山西大学在全国高等教育格局调整中由原山西大学文理两院组建的山西师范学院在新校区(太原市坞城路)建立起来(即山西大学的师范学院时期),教工会随之成立并展开工作的历史。山西师范学院教工会参与组织学习总路线和执行"一五计划",在全国高等教育院系调整的形势下,参加提高教育教学质量,向科学进军;参与教育工作的"大革命"和"大跃进",推动技术革命等工作。其间,山西师范学院教工会先后召开过四次会议。

第三章总结1961年6月—1966年5月在国家曲折发展中前进的山西大学工会工作。其间,1961年6月,山西师范学院与1959年1月建立的"新山大"合并,恢复了山西大学校名。本章介绍了"新山大"的建立过程,以及山西大学教工会参与贯彻"高校六十条",提高教育质量,推进教育思想革命化,在"三反""五反"中、在半工半读的教育制度下、在学习毛泽东著作运动中,参与社会主义教育运动和学习雷锋、王杰、焦裕禄活动。这一时期,"新山大"在与山西师范学院合并前,曾召开过两次教工代表大会,但规模都非常小。1963年6月8日,中国教育工会山西大学委员会第三次代表大会召开,选举产生了合并后的新一届工会委员会,此为我们认定的第二届山西大学工会。

第四章总结1966年5月—1976年10月"文化大革命"时期的山西大学教工会的尴尬处境。在"停课闹革命"的形势下,工会工作濒于瘫痪,"斗批改"造成学校局面严重混乱,招收工农兵学员与开门办学,山西大学教职工在"逆境"中进行艰难抗争,抵制"反击右倾翻案风"运动,对"左"倾错误和林彪、江青反革命集团的阴谋活动,都进行了不同程度、不同形式的抵制和斗争。这种抵制和斗争是在非常艰难曲折的过程中进行的。

第五章总结1976年11月—1992年9月走向改革开放的山西大学工会工作。拨乱反正中的山西大学,迎来了高考制度的恢复,1977级新生入学,工会组织逐渐恢复正常工作。1984年11月20日,第三届山西大学工会代表大会召开,工会组织的运作逐渐步入正轨,参与教职工住宅的分配和为教职工生活排忧解难,探索和开创了"三育人"工作局面。1990年11月,首届教代会暨第四次工代会召开,全校上下团结进取,奋力拼搏,迎接90周年校庆,蓬勃兴起的职工教育活动和丰富多彩的文体活动开展起来。

第六章总结1992年10月—2002年5月加快改革发展阶段的山大工会工作。校工会积极组织教职工参加"211工程"建设,参与、协助学校改革发展,落实"三·五"目标;加强教代会制度建设,推进学校民主管理;加强师德师风建设,塑造优秀教师队伍;维护教职工合法权益,关心教职工身心健康;扎实工作,迎接百年校庆。校工会紧紧围绕学校工作中心,服务大局,紧密联系教职工群众,全心全意为教职工服务,广泛团结、依靠教职工,为学校的改革发展上水平作出了积极贡献。

第七章总结2002年6月—2012年5月阔步迈向新世纪的山西大学工会工作。2003年12月,换届后新一届工会组成,加强基本制度建设,推动学校民主管理,完善教职工代表大会制度建设,落实"双代会"提案,推行二级教代会制度,健全学校民主管理网络。加强师德建设,弘扬道德文明之风。大力开展"健康工程",促进职工身心发展,组织爱心捐助,积极回馈社会,参与学校改革发展,促进和谐校园建设;2008年第四届教代会暨第七届工代会后,校工会建立长效机制,巩固"科学发展观"学习实践成果,开展"推优评模"活动,激发教职工创造活力,加强"职工之家"建设,加强自身建设,提高管理水平,优化"一刊一网",活跃交流气氛,举办迎接山西大学建校110周年系列活动。

第八章介绍2012年5月山西大学建校110周年之后,校工会以迎接中国共产党十八大与学习十八大精神为契机,组织教职工参加秋季田径运动会、本科院校青年教师教学基本功竞赛,开展全校文明和谐创建评比活动。贯彻中共山西大学第三届党代会第二次会议精神,维护和提高教职工的合法权益,积极营造激励教职工奋发向上的校园文化,为建设区域特色鲜明的高水平研究型大学而努力奋斗。展望如何进一步创新高校工会与教代会工作,即围绕中心,服务大局,不断进行体制创新,努力实现民主治校和依法治校,畅通学校与教职工的联系渠道,不断提高工会组织的自身管理水平。

三、编写《山西大学工会史》的方法

编写历史书是一项既严肃又严谨的工作。为此,本书编写人员一开始就十分注意做好三件事:一是征集史料,二是考证史料,三是整理编写。上述工作,我们是具体通过以下几步来做的:

(1)确定体例。编写史书,首先要确定编史体例。我国史书的传统体例主要有三种:一是纪传体,基本是以人物为中心,注重叙述个别人物的经历,历史事件寓于人物纪传中,如《二十四史》各著;二是编年体,是以时间为纲领,将史实一条条按时间先后排列,如《春秋》、《资治通鉴》等书;三是纪事本末体,以各个事件为中心,将一个历史事件的发展经过从头至尾写在一起。史书的体例并不仅仅是个形式,它在一定程度上影响到怎样正确地反映客观历史。因此,新中国建立以来我国历史书籍的编写,在内容表述形式上,一般都采用了章节体,试图兼收三种体例的优点。这种体例比之于传统的纪事本末体,有更大的容纳量和系统的组织形式。而史书的体例是由内容决定的,因为单一的体例往往难以表述复杂的历史内容,这就需要有各种体裁间的互相配合。我们山西大学工会史,就是从正确反映学校工会客观历史这一基点出发,根据已有史料,采用章节体这一新式的纪事本末体编目,来记载教工会新中国成立以来的发展脉络的。引言部分是对工会与教代会含义与功能的陈述,然后是依据时间顺序对各个历史时期的工会工作进行介绍,后记是对编写过程与编写任务分解的说明。

(2)查找资料。俗话说:"巧妇难为无米之炊。"研究历史,必须掌握可靠的史料。所以,我们是本着"尊重历史,力求严谨"的原则去做这项工作的。为此,我们对搜集的资料进行了认真的阅读、甄别和筛选使用。如在我们采用的工会相关文史档案资料中,对工会名称就有多种表述,如"中国教育工会山西大学委员会"、"教工

会"、"基层工会"、"山西大学教育工会""山西大学工会"、"工会"等,为了使读者不至于与2000年以后出现的学校下属工会名称发生混淆,书中把改革开放前的工会,主要统一为"教工会",改革开放后的工会主要统一为"校工会",把校工会属下的二级工会称之为"××学院工会"等等。在确定了山西大学工会发展史的研究主题后,我们最重要的工作就是广泛征集史料:一是死材料,即文献资料;二是活材料,即访谈资料;三是实物,即文物资料。为此,编写组同仁确定了工会史资料征集的范围和内容。所谓范围,包括时限、区域、内容范围,始于1949年4月,止于2013年3月,内容限定在工会工作和有代表性的教职工群体活动。搜集资料的工作,由各章编写人员分别完成,主要有以下几部分资料:工会的历史文献,上级主管部门保存的有关文献资料,图书馆、档案馆等部门的有关资料。但是,仍然要向读者说清楚的是,"文化大革命"前的工会发展情况由于时间跨度较长,又受当时工会工作、活动环境和条件限制,有些重要的工会活动没有以文字性记录、保存下来,或者有些重要资料未能归档而散失,造成书中部分资料欠缺。为了弥补此缺憾,我们访问了一些老同志和知情人,同时还阅读了部分老同志的回忆录。我们通过走访、座谈,把老同志头脑中储藏的珍贵史料记录下来,为编学校历史提供素材。同时需要说明的是,山西大学于百年校庆之际由郭贵春、倪生唐主编,由中华书局出版的《山西大学百年校史》和《山西大学百年纪事》为本书的编写查找资料提供了重要的帮助,在此谨对两书的著作者表示诚恳的谢意。

（3）撰写初稿。编研历史,一般都要在征集、考证资料的基础上,先整理、编写有关专题资料,作为史书的初稿。我们编写《山西大学工会史》也是这样。在整理、编写初稿的过程中,我们除了注意史实外,还非常注意抓重点。在资料的选用上,尽量抓那些能反映新中国成立以来教工会各个历史时期主要成绩、经验、教训和特点的史料,并按照重要史料要从详、一般史料要从简的原则进行了整理和编写。同时,在编写过程中,注意坚持实事求是和用史实说话的原则,以保持史料的原貌。本书正是在充分研究资料的基础上,结合学校实际,采用以时间为序,以事实为依据,草拟出一个编写大纲后进行撰写的。然后,根据时间顺序划分时期,考虑编目,编排内容,完成初稿,这只是我们初步编纂的一个山西大学工会发展的资料长编。这样的初稿,按史纲编目,以时序为经,记事为纬,把已经整理好的"组织沿革"、"重要会议"、"重大事件"等众多资料编在了一起。但是,需要作出说明的是,工会会员代表大会、教职工代表大会的"届"与"次"问题,我们发现在改革开放前的工会文史档案资料中,使用得比较混乱。尤其在师院时期、"文化大革命"前曲折发展时期,工会会员代表大会召开的频率还是比较高的,但是"次"与"届"的使用存在概念不分之情况,使用较为混乱。甚至在同一份文件中,就有"届"有"次"。因此,我们考证2008年10月21日中国工会第十五次全国代表大会通过的《中国工会章程》第二十六条"工会基层组织的会员大会或会员代表大会,一般每年召开一次"和"工会基层委员会和经费审查委员会每届任期三年至五年"之规定,把会员代表大会称为"届",如2008年的第六届工会委员会任期届满而换届的"山西大学第七届工会代表大会"。而教职工代表大会根据中华人民共和国教育部2011年12月8公布的《学校教职工代表大会》"教职工代表大会每学年至少召开一次"、"教职工代表大会代表实行任期制,任期三年或五年"第十七、十八条之规定,把每学年召开的会议称为"×届×次",如2013年的"山西大学第四届第二次教职工代表大会"。当"教职工代表大会"与"工会会员代表大会"同时同地召开时,前者称为"×届教职工代表大会暨×届工会会员代表大会",如2008年11月召开的"山西大学第四届教职工代表大会暨第七届工会会员代表大会"。本书在编写过程中,经过反复讨论,对1990年以前山西大学召开的工会会员代表大会认定为三届(1950、1963、1984),1990年以后,山西大学的"教职工代表大会"与"工会会员代表大会"逐步正常化,并经常同时、同地、同会上进行换届。

(4)修改成书。在初稿的基础上,各章作者按照编写史书的要求,进行了反复加工修改。为了锤炼史书,编写组多次碰头,明确指导思想,强调编写原则,统一编写格式等方面的问题。例如,文体形式、标题表述、时间用法、地名用法、组织名称、注释方法甚至约计数字等,都有明确的规范。我们坚持以"实事求是"作为编写《山西大学工会史》的指导思想,以辩证唯物主义和历史唯物主义为研究方法,坚持人民群众是历史的创造者的观点,认真地研究和分析学校工作的历史情况,力求客观、全面、准确地反映学校工会历史的本来面貌;同时,我们认真把好文字关,认真按照编写史书的表述规范进行文字加工。在修改成书过程中,我们注意了以下几点:一是规范用语。编史的用语要简明朴实,文字表述并非全文照录,可在史实的基础上,全面准确地概述。但是,绝不能对史实进行篡改和虚构。对工作成就、历史经验、主要问题等史实的记述,一定是"寓事于论,寓论于事",也不以"工作总结"、"专业知识"等体裁用语出现。二是突出观点。撰写学校工会的发展历史,不但要有科学性,而且还要有时代性。必须用鲜明的马克思主义观点来阐述最能反映本质的历史材料。在文字修改中,也包括对章节的改动、史实事件的更换等。只有这样才能达到文字精练、观点鲜明、史实突出。三是统一时序。正文中一律采用公元纪年记述历史事件的发展节点。最后，又经过编写人员反复研究修改，请有关领导和老同志审阅、提意见，请专家帮助校阅把关，以至审核定稿。

现在，呈现在读者面前的就是这样一本可能仍显粗糙但在全国高校却可能具有探索意义的高校工会史。尽管我们做了很大的努力，希望能够全面、完整、准确地记录山西大学工会六十多年的发展历史，但是由于时间仓促、水平有限，书中的罅漏和不妥之处恐难避免。希望本书的出版，有利于各级工会组织了解自己的过去，正视自己的不足，在新的历史时期，推进工会自身改革发展，发挥工会、教代会组织在高等教育发展中的作用。

张民省

2013 年 3 月 20 日

目 录
CONTENTS

山
西
大
学
工
会
史

SHAN XI DA XUE GONG HUI SHI

引　言

　　山西大学工会成立于1950年10月28日,是全国高校最早建立的高校工会之一。六十余年来,校工会与学校同呼吸、共命运,历经世事变迁的沧桑,沐浴改革开放的春风,如今正阔步行进在建设小康社会的伟大时代。在新的历史时期,山西大学工会在上级工会和学校党委的正确领导下,在学校行政和全体教职工的支持下,以中国特色社会主义理论作为行动指南,认真践行科学发展观,围绕学校工作中心,积极履行工会职能,团结和凝聚广大教职工在推进和加强学校民主管理、教职工队伍建设、职工之家建设和"三育人"工作等方面作出了重要贡献。为方便读者对本书研究对象——高校工会与教代会的了解,以下对中国工会、教代会的内涵作一简要阐述。

一、中国工会概述

　　要深刻理解中国工会的发展道路,就要了解中国工会的产生背景、发展历程和主要任务等相关内容,我们不妨通过回答为什么要有工会、工会是什么、工会做什么等几个问题,加深对工会的基本了解。

(一)中国工会的产生

　　工会最早产生于英国,之后在各西方发达国家的产业革命过程中也出现了工会。到了20世纪,一些东方国家也以不同形式在工业化进程中承认了工会存在的事实,工会的建立和发展成为一种国际性的现象。据史书记载,不管是哪一个国家,产业革命使无产阶级的劳动状况、经济状况、生活状况、精神状况大大地恶化起来。譬如,劳动时间延长、劳动强度增大、劳动条件恶化、工资水平不断下降、工人失业甚至饿死冻死等,迫使工人不得不为自身的基本利益联合起来作反抗斗争,用自己的能力把自己从资本的奴役下解放出来,以求得这种状况的改善,建立起捍卫自身基本权益的工会组织。[①]

我国的现代化工业产业与工人运动的发展历史在西方国家之后。至1921年7月中国共产党成立时，我国还没有建立全国性的工会组织。只是在党的一大上设立过一个中国劳动组合书记部，以和共产国际接轨。1922年香港海员要求增加工资、反对种族歧视、要求有组织工会的权利等大罢工运动，为后期工会成立起到了积极的推动作用。[②]1922年5月，中国第一次全国劳动大会在广州召开，大会组建中国劳动组合部为工会中心机关。1923年2月，京汉铁路大罢工被称为"中国无产者保卫自己工会权利的最大发动"。1925年5月1日，在广州召开第二次全国劳动大会，成立了中华全国总工会，标志着全国工会运动发展到了统一、有序、协作、互济的阶段。这一天就确定为中国工会的诞生日。

(二)中国工会的性质

工会是职工自愿结合组建起来的群众组织。在世界近现代史上，工会是一种重要的社会组织。中国工会的性质在《中华人民共和国工会法》和《中国工会章程》中有明确的规定。

2001年10月27日，第九届全国人民代表大会常务委员会第二十四次会议修正的《中华人民共和国工会法》总则第二条规定："工会是职工自愿结合的工人阶级的群众组织。中华全国总工会及其各工会组织代表职工的利益，依法维护职工的合法权益。"2008年10月21日，中国工会第十五次全国代表大会修改通过的《中国工会章程》总则规定："中国工会是中国共产党领导的职工自愿结合的工人阶级群众组织，是党联系职工群众的桥梁和纽带，是中国政权的重要社会支柱，是会员和职工利益的代表。"可见，中国工会的本质属性是阶级性、群众性和政治性的有机统一。

其阶级性表现在：工会的会员体现阶级性，即会员必须是工人阶级分子(工资劳动者)；工会的身份体现阶级性，即工会表达和维护的对象是工人阶级群众。其群众性表现在：会员的广泛性；参加的自愿性；组织管理的民主性。其政治性表现在：自觉接受中国共产党的领导；执政党的阶级基础和群众基础；重要的社会政治团体。三者的关系是互为条件、相互统一的有机整体。工会的群众性以阶级性为限，工会

---

①冯同庆、徐小军：《工会的起源与性质研究》，辽宁人民出版社1990年版，第2页。

②田明、杨苇：《高等学校工会与教职工代表大会的关系探讨》，《高等建筑教育》，2010年第4期，第161页。

的阶级性以群众性为基础,工会的阶级性、群众性以政治性为方向。①

(三)中国工会的职能

关于工会的职能,我们应从中国工会职能和职责的变迁来认识。改革开放以来,工会的空间大为发展,维护权益、民主管理、民主监督的工作日益活跃,并逐步成为工会工作关注的主题。此时,工会到底应该做哪些事情问题亟待廓清。

1988年,中国工会十一大明确指出了工会的四项基本社会职能:"对职工的教育职能、组织职工参加社会主义建设的社会职能、民主参与的职能和维护权益的职能。"(简称为"教育、建设、参与、维护")这是对长期以来受极左思想束缚的中国工会的一次拨乱反正,也是对这一时期工会工作的理论总结。

1994年召开的全总十二届二次执委会上确立了新时期工会工作的总体思路,即:"以贯彻《工会法》为契机和突破口,带动工会各项工作,推动自身改革和建设,努力把工会工作提高到一个新水平,在改革发展稳定中更好地发挥作用。"并进一步明确提出,"维护是工会的基础职责","工会服务于党的中心任务的主要手段是维护"。工会工作总体思路的核心内容就是在工会的四项职能中突出"维护"。这一思路的提出,回答了在发展社会主义市场经济的新条件下,工会"是什么"和"为什么"的问题。

2001年10月27日,第九届全国人民代表大会常务委员会第二十四次会议作出了《关于修改〈中华人民共和国工会法〉的决定》。新修订的《工会法》第六条规定:"维护职工合法权益是工会的基本职责。工会在维护全国人民总体利益的同时,代表和维护职工的合法权益。"《中国工会章程》总则也明确指出:"中国工会的基本职责是维护职工的合法权益。""维护"从工会的"教育、建设、参与、维护"并列的四项基本职能之一到"基本职责"的表述的变化,回归了工会的基本属性。所谓基本职责,指组织承担的本原的、贯穿始终的职能和责任。维护作为工会组织的基本职责是由工会的本质属性决定的,是由实现劳动关系和谐的现实需要决定的,是国家法律赋予工会的基本权利,是贯彻"组织起来,切实维权"的工会工作方针的要求。

2006年10月,中国共产党十六届六中全会明确提出发展和谐劳动关系,这是从推进中国特色社会主义事业、构建社会主义和谐社会的战略高度提出的重大论断。提出发展和谐劳动关系,就是进一步明确了作为劳动者代表的工会组织在构建和谐

①张安顺:《新编工会干部岗位培训辅导教材》,北京燕山出版社2010年版,第21、22页。

社会中的定位问题,也就进一步回答了社会主义市场经济条件下工会"干什么"和"怎么干"的问题。

2008年10月21日,胡锦涛在同全国总工会新一届领导班子成员和中国工会十五大部分代表座谈会上强调,表达和维护广大职工群众利益是工会一切工作的出发点和落脚点。他指出,要加强和改善党对工会工作的领导,支持工会创造性地开展工作,把更多资源和手段赋予工会组织。习近平也强调,"把党政所需、职工所急、工会所能的事更多地交给工会组织去办"。这对中国工会提出了更高的要求,也给予了工会组织更大的工作空间。①

2012年11月8日,中国共产党十八大报告明确指出:支持工会、共青团、妇联等人民团体充分发挥桥梁纽带作用,更好反映群众呼声,维护群众合法权益。这为新历史条件下发挥工会在创新社会管理中的作用指明了方向。

(四)中国工会的特点

对中国工会的特点,有不同角度的认识。本书强调的是中国工会在政治特色(党的领导)、社会背景(根本利益的一致性)、时代要求(走中国特色的社会主义工会发展道理)三方面的特点,尤其是它的政治特色。

在西方,往往是先有工会,然后才由其精英组建工人阶级政党。我国的历史正好相反,先有了中国共产党,其后才由党来发动、引导工人群众组建工会。所以说,中国工会从一开始就是由中国共产党组建的。它从诞生之日起,就是在中国共产党的领导下,为着本阶级和全国劳苦大众谋解放而奋斗。因此,中国工会就成了"党联系群众的桥梁和纽带"。这在西方工会章程中是没有的。我国是人民当家做主的社会主义国家,如果暂不细致分析私企和外企中存在的矛盾,仅就国企和事业单位而言,管理者和被管理者的根本利益是一致的。中国工会在做具体工作时,必须始终认清这一社会背景。

中国是一个处在社会主义初级阶段的发展中国家,从中国共产党十一届三中全会以来,中国坚持改革开放,走出了一条有中国特色的社会主义道路。这是人类历史上的创举。中国工会十五大提出的"走中国特色的社会主义发展道路",这是中国工会的历史使命。中国工会应该和外国工会发展友好交流,学习他们的一些成功经验。但是,正是因为上述特点的存在,中国不可能以所谓的"中国工会同世界工会接

---

① 郭大成:《民主管理与教代会工作》,中国矿业大学出版社2011年版,第10～12页。

轨"的名义,用西方模式来"规范"中国工会。我们必须坚定不移地走自己的道路。[1]当然,各国工会在基本属性上也有相通之处,比如,都规定只有具有工资收入的劳动者才能入会,其根本任务是维护会员的合法权益等。

二、中国的高校工会

根据《工会法》和《工会章程》的规定和精神,工会的根本宗旨和任务是以邓小平理论和"三个代表"重要思想为指导,围绕中心,服务大局,认真履行社会职能,切实维护职工权益。[2]高等教育承担着培养高级专门人才、发展科学技术文化、促进现代化建设的重大任务。在"教学、科研、文化传承、社会服务"这四项工作中,"人才培养"是高校的中心工作。学校的一切工作、各种活动都为"育人"这个中心服务,都是紧紧围绕这个中心展开的。[3]

(一)高校工会的主要原则

新时期的高校工会工作要坚持走中国特色的社会主义工会发展道路,牢固树立以教职工为本的理念;坚持对学校党委负责与对教职工群众负责的一致性,把竭力为教职工群众服务作为高校工会一切工作的出发点和落脚点;坚持围绕育人中心、服务学校发展大局,进一步发挥桥梁纽带和凝聚人心作用;坚持以工会思想建设、组织建设、作风建设、制度建设和反腐倡廉建设为主线,努力建设学习型、服务型、创新型工会;坚持以维权为重点,切实维护教职工合法权益和教职工队伍稳定,大力发展社会主义和谐劳动关系,确保学校稳定和谐。

在阐述高校工会应该遵循的工作原则时,人们常常习惯于用"围绕中心,服务大局"来概括。这八个字的内容无疑是正确的,但是,如果仅仅表述至此是否全面?作为"桥梁和纽带",工会根基必须深扎于两头,高校工会工作的一个重要目标,就是要为教职工发展服务,要增强服务意识,关心、关注、关爱教职工,切实解决教职工最现实、最关心、最直接的实际问题。因此,高校工会原则还是概括成"围绕中心,服务大局;维护权益,服务教工"十六个字为好。[4]高校工会要坚决贯彻十八大精神,确实把反映群众呼声、维护群众合法权益作为工会一切工作的出发点和落脚点,努力做好

[1]郭大成:《民主管理与教代会工作》,中国矿业大学出版社2011年版,第16页。

[2]赵怡、庞亮:《对创新高校工会工作的思考》,《中国高校工会第十五次宣传思想工作研讨会论文集》,第51页。

[3]郭大成:《民主管理与教代会工作》,中国矿业大学出版社2011年版,第12页。

[4]郭大成:《民主管理与教代会工作》,中国矿业大学出版社2011年版,第16页。

"党政所需、职工所盼、工会所能"的事。

（二）高校工会的常规工作

哪里有职工哪里就要建立工会组织，这是工会的政治责任，也是广大职工的迫切要求。2004年12月，中华全国总工会十四届二次执委会议确定了"组织起来，切实维权"的工作方针。中华全国总工会主席王兆国强调，"全面贯彻落实'三个代表'重要思想，就必须充分发挥工会的优势和作用，最大限度地把广大职工组织到工会中来，不断增强党的阶级基础和扩大党的群众基础"。他要求，各级工会努力"扩大覆盖面、增强凝聚力"。

吸收非事业编制人员入会问题，是高校工会需要积极、有序解决的一个问题。目前，高校的后勤服务部门中，进城务工人员已经成为主体。他们的集体劳动合同的签订、"五险一金"的缴纳和同工同酬等问题需要妥善解决。学校工会要热情吸收他们入会，维护他们的合法权益，帮助他们提高素质。科研、开发部门中的"白领"合同制人员还有增强归属感和个人发展的问题，也需要工会组织伸出援助之手，吸收他们入会，帮他们排忧解难。

"维护合法权益，关心群众生活"，是工会的一项重要工作。胡锦涛指出，"群众利益无小事。凡是涉及群众切身利益实际困难的事情，再小也要竭尽全力去办。要时刻把群众的安危冷暖挂在心上"。群众关注的热点，都是工会工作的重点。帮助广大教职工排忧解难，工会责无旁贷。工会要坚持"以人为本"，时时关注教职工的健康状况和生活情况，认真协助学校做好医疗、住房、子女等各项工作，当好"送温暖"工作的第一责任人，想方设法为教职工办实事、解难事、做好事。

高校工会配合学校积极开展以师德建设为核心的"教书育人、服务育人、管理育人"工作，促进教职工队伍全面素质的提升。高校工会要注意对青年教职工进行爱国主义教育和职业技能培训，办好青年教师教学基本功比赛和工人技术交流活动，促进他们的全面成长。高校工会要关心女教工的特殊需求，帮助她们解决实际困难。面对职业竞争的激烈、生活负担的加剧，高校工会要特别注意教职工心理障碍的疏导。十八大报告提出"努力办好人民满意的教育"，强调"加强教师队伍建设，提高师德水平和业务能力，增强教师教书育人的荣誉感和责任感"。学校工会要积极配合党政，以社会主义核心价值体系为引领，通过文化建设、师德建设、文体活动等多种形式，不断提高教职工的思想政治觉悟和文化技术素质，充分调动和发挥教职工的积极性和创造性，团结和动员广大教职工为学校和整个教育事业的建设和发展贡献力量。①

同时,"把工会建设成为'职工之家'",是中华全国总工会对各级工会组织的一贯要求。2003年,中华全国总工会颁发了《关于在新形势下深入开展建家活动的意见》,要求各级工会组织充分认识在新形势下深入开展建家活动的重要性,切实增强工会组织的凝聚力、吸引力,不断提高工会工作的整体水平。"教工之家"是学校工会在教职工心目中的形象概括,是工会组织凝聚力和战斗力的标志。学校工会要以"建家"工作为龙头,带动工会的各项工作;要注意党政工携手共同建好"教工之家";要将工作重心进一步向基层倾斜,加大对分工会的分类指导和经费与设施的支持。一定要给教职工营造一个温馨的"家",心里话向"家"倾诉,有困难找"家"求助,在"家"中寻求欢乐,强健体魄。

高校工会还要用中国特色社会主义理论提高工会干部的思想认识,开展《工会法》、《工会章程》和工会工作基本知识的培训,加强工会工作的理论研究,努力建设"学习型"组织,同时注意加强制度建设,依法办会。高校工会要充分发挥教育职能,引导广大会员以主人翁的精神投入学校的建设和发展中去。

工会还有开展群众文体活动的传统和优势。随着生活水平的提升,教职工有了更高的精神文化生活需求,学校的发展需要相应的校园建设。工会要积极开展健康向上、丰富多彩的文体活动,寓教于乐,求健康于运动,促进教职工的全面发展和学校的精神文明建设。学校工会的文体工作应以吸引会员广泛参与为工作重心,下移工作重心,注重培植校、院、系、体育协会、体育俱乐部等,独立开展群众喜闻乐见的活动,尽可能使更多的人受益。

高校工会还要积极审慎地进行人事争议调解工作,加强沟通,化解矛盾,维护教职工合法权益,促进和谐校园的建设。

(三)高校工会的工作重点

民主监督、民主管理和教代会工作是中国高校工会最重要的一项工作。中华人民共和国《工会法》第六条规定"维护职工合法权益是工会的基本职责",并在其表述中,把维护职工的劳动权利、物质权益和政治权利、民主权利都作为"维权"的具体工作内容:"工会依照法律规定通过职工代表大会或者其他形式,组织职工参与本单位的民主决策、民主管理和民主监督。"

---

①郭大成:《民主管理与教代会工作》,中国矿业大学出版社2011年版,第16页。

中华人民共和国《劳动法》第八条规定："劳动者依照法律规定,通过职工大会、职工代表大会或者其他工会形式,参与民主管理或者就保护劳动者合法权益与用人单位进行平等协商。"《中华人民共和国教师法》(以下简称《教师法》)第七条规定教师享有下列权利:"对学校教育教学、管理工作和教育行政部门的工作提出意见和建议,通过教职工代表大会或者其他形式,参与学校的民主管理。"《教师法》第三十条规定:"学校的教学及其他行政管理,由校长负责。学校及其他教育机构应当按照国家有关规定,通过以教师为主体的教职工代表大会等组织形式,保障教职工参与民主管理和监督。"《高等教育法》第十一条规定:"高等学校应当面向社会,依法自主办学,实行民主管理。"第四十三条规定:"高等学校通过以教师为主体的教职工代表大会等组织形式,依法保障教职工参与民主管理和监督,维护教职工合法权益。"《中华人民共和国宪法》和《劳动合同法》中,也都有"通过职工代表大会和其他形式,实行民主管理"等相应规定。

高校工会履行基本职责,对于教职工的劳动所得和民主权利都要维护。虽然在高校中,也存在劳动权利和物质权益方面的问题,但是没有企业那么突出。随着人事制度改革、全员聘任制的施行以及非在编人员的大量加入,这方面的维权问题也会逐步提到日程上来,应引起高校工会密切关注。高校是知识密集的地方,教职工的文化水平都比较高,精英荟萃。无论是在适应"生产力发展的要求"还是在沿着"先进文化的前进方向"推进以及实现"最广大人民的根本利益"三个方面,高校都肩负着重要使命。在发展科学技术、创造先进灿烂的人类文化方面,高校应该作出更大贡献。从总体上讲,高校教职工应该是具有较高思想觉悟的民主意识的人群,他们对教学科研业务十分熟悉,对于学校的办学和改革十分关注,这些都与学校和个人的发展息息相关,教师特别是教授、院士,就有更多的发言权。学校的每一步发展都离不开以教师为主体的广大教职工的积极参与。推进民主建设,就是"全心全意依靠工人阶级"方针在高校落实的重要措施。工会只有在学校党委的坚强领导下,在学校行政的大力支持下,积极推进民主建设,让每一位教职工都真正认识到、感受到自己的主人翁地位和主人翁责任感,才能把广大教职工的积极性真正调动起来,凝聚起来,为建设有中国特色社会主义现代大学贡献力量。

三、中国的高校教代会

教代会是学校管理体制的重要组成部分,是校务公开的基本载体,是学校实行民主管理、民主监督,促进科学决策、民主决策的重要手段。职工代表大会和教职工代表大会是在中国、在社会主义条件下产生的一个全新的、亘古未有的、尚未定型的、亟待完善的事务,是中国人对国际共产主义运动乃至人类社会构成之完善的一项创举。①"教代会"是教职工代表大会的简称,教职工代表大会制度是从职工代表会议制度演变和发展起来的。

（一）教代会的产生

职工代表大会制度是在毛泽东的倡导下,于1948年8月在中国第六次劳动大会上根据解放区公营企业的管理经验首先提出来的。大会发出了"企业管理民主化"的号召,并决定在公营企业实行职工代表会议制。企业职工代表会议制度的建立,正处于两种社会制度交替时期,对于动员和组织广大职工群众改造官僚资本主义企业,促进基层工会组织的建立和发展,加强企业管理,增强职工群众的主人翁责任感,密切领导与职工群众的关系,恢复和促进生产发展,都起到了积极的作用。

1950年,邓小平就讲过:"所谓管理民主化,必须具体地体现在'依靠工人团结职工'之中,尤其是具体体现到工会、工厂管理委员会、职工代表会这三种形式中,否则就谈不上什么民主化,就没有民主的内容。现在许多工厂管理委员会是形式的。工会或者不起作用,或者被工人称为'军事代表的尾巴'。职工代表会一般只在困难时开,很少围绕生产任务和职工福利这些问题去开,尤其很少定期召开,即使开了这些会议的,也多半是由军事代表等训话一番。这种情况必须纠正。"②邓小平那时讲的是管理民主化,职工代表大会还没有如今这样明确的职权,还只是涉及工人利益的问题找工人代表进行协商的一种形式。

1979年,在一些重点高校开始教代会的试点工作,从20世纪80年代起,教代会制度逐步铺开。1985年1月,教育部、中国教育工会全国委员会联合颁发《高等学校教职工代表大会暂行条例》(以下简称《暂行条例》),高等学校教职工代表大会制度开始探索建立,目的是在高校建立健全教职工代表大会制度,把集中领导同民主管理结合起来,体现教职工的主人翁地位,充分发挥教职工的积极性,群策群力,办好学校,更好地为社会主义现代化建设服务。目前,全国的大中小学已经普遍建立了教代会制度。实行这种民主管理制度也是在高校落实党的十二大关于建设高度的社会主义民主的重要措施,是学校领导体制改革的一项重要内容,对于促进教育改

---

① 郭大成:《民主管理与教代会工作》,中国矿业大学出版社2011年版,第49页。

② 《邓小平文选》第一卷,人民出版社1994年版,第176、177页。

革和落实知识分子政策发挥重要作用。《暂行条例》的相关规定,直到2012年1月1日,才为中华人民共和国教育部颁行的新《学校教职工代表大会规定》所取代。

(二)教代会的性质和作用

《暂行条例》第二条规定:"高等学校教职工代表大会是教职工群众行使民主权利、民主管理学校的重要形式。"《学校教职工代表大会规定》(以下简称《规定》)第三条规定:"学校教职工代表大会(以下简称教代会)是教职工依法参与学校民主管理和监督的基本形式。学校应当建立和完善教职工代表大会制度。"[1]

从上述两个对教代会的基本表述中可以看到,"重要形式"变为"基本形式",认为这两种表述的区别还是挺大的。我们可以这样去理解:重要形式有很多,例如学校民主管理形式有教代会、校务公开、校长接待日、征求意见、联席会议等,这都是重要形式,但基本形式不同,它是必需的,是必须要做的。

《暂行条例》自1985年发布,"暂行"了27年。长期以来,各方面特别是教育界及高等学校曾对《暂行条例》提出过很多质疑,认为随着我国社会主义市场经济体制逐步建立和完善,学校劳动关系市场化,用人机制多元化,分配方式多样化,《暂行条例》与形势的发展远远不能适应,比如适用范围过窄、职权界定过死等。就从对教代会的概念表述上看,《规定》对教代会的定位更为准确。

《教育法》第三十条规定:"学校及其他教育机构应当按照国家有关规定,通过教师为主体的教职工代表大会等组织形式,保障教职工参与民主管理和监督。"

教代会是教职工依法参与学校民主管理和监督的基本形式,但不是唯一渠道。其他一些民主咨询渠道的作用亦不容忽视。作为学校民主管理的主渠道,教代会的覆盖面最广,汇集了学校各个方面、各个层面的代表,集中反映教职工的意见和利益诉求。

由此可见,教代会既不是权力机构,也不是咨询机构,就是一个民主管理机构;在学校整个管理体系中,校代会是必要的、重要的、不可或缺的、必经的一个环节;教代会集中反映了全校各个方面、各个层面教职工的意见和诉求;教代会只能在法律规定的范围内发挥其限定的作用。

根据《规定》,学校教职工代表大会是教职工依法参与学校民主管理和监督的基本形式。学校应当建立和完善教职工代表大会制度;教职工代表大会应当高举中国

---

[1]中华人民共和国教育部:《学校教职工代表大会规定》(2012年1月1日)。

特色社会主义伟大旗帜,以马克思列宁主义、毛泽东思想、邓小平理论和"三个代表"重要思想为指导,深入贯彻落实科学发展观,全面贯彻执行党的基本路线和教育方针,认真参与学校民主管理和监督;教职工代表大会和教职工代表大会代表应当遵守国家法律法规,遵守学校规章制度,正确处理国家、学校、集体和教职工的利益关系;教职工代表大会在中国共产党学校基层组织的领导下开展工作。教职工代表大会的组织原则是民主集中制。

因此,正确认识教代会的性质必须明确以下四点:一是教代会不是学校的最高权力机构;二是教代会不是一般民意咨询、参谋智囊性质的组织;三是教代会是广大教职工通过自己的代表行使民主权利、实施民主管理的重要形式;四是教代会与工会不同,教代会不是群众组织,而是学校的管理体制中负责民主管理工作的基本组织形式和制度。

(三)教代会的职权

我们在对教代会职权的理解和把握上,要站在《暂行条例》的基础上去比较,因为在新规定之前的27年间,教代会的职权一直是大家经常概括的四项:审议讨论、审议通过、审议决定、评议监督。而《规定》有八条,增加了四条,并且职权更清晰了。比如:第一项到第三项明确规定了对学校的章程、发展规划、工作报告提出意见和建议。对校园的建设以及其他的重大改革、重大问题的解决方案的报告提出意见和建议。这样的表述相当细致、明确,为工会作为教代会的工作机构在操作层面上提供了一个科学的、可操作性指导。其次,《规定》第七条第四项的内容是与教职工切身利益密切相关的问题,在当今劳动关系市场化的情况下,这几项必须要教代会讨论通过,这是非常符合实际要求的。这与《暂行条例》的表述是有很大的差异的。还有,《规定》中第七条第四项"审议上一届次教代会提案的办理情况报告"的规定是新增的。

在新的《学校教职工代表大会规定》中,教职工代表大会的职权已经十分明确,主要是:

听取学校章程草案的制定和修订情况报告,提出修改意见和建议;

听取学校发展规划、教职工队伍建设、教育教学改革、校园建设以及其他重大改革和重大问题解决方案的报告,提出意见和建议;

听取学校年度工作、财务工作、工会工作报告以及其他专项工作报告,提出意见和建议;

讨论通过学校提出的与教职工利益直接相关的福利、校内分配实施方案以及相应的教职工聘任、考核、奖惩办法；

审议学校上一届(次)教职工代表大会提案的办理情况报告；按照有关工作规定和安排评议学校领导干部；

通过多种方式对学校工作提出意见和建议，监督学校章程、规章制度和决策的落实，提出整改意见和建议；

讨论法律法规规章规定的以及学校与学校工会商定的其他事项。

教职工代表大会的意见和建议，一般以会议决议的方式作出。学校应当建立健全沟通机制，全面听取教职工代表大会提出的意见和建议，并合理吸收采纳；不能吸收采纳的，应当作出说明。

(四)教代会的工作体制

高校教代会的系统架构，是在全校范围内建立教代会，学校教代会代表按照学院(系)等二级行政单位划分为各个代表团(组)。

高校教代会的领导机构是学校教代会所设主席团。主席团由教代会选举产生，负责主持召开代表大会。主席团成员应由学校各个方面人员组成。其中，一线教职工(不兼具高于科级干部以上的身份)代表应占三分之一。主席团成员应该包括学校党政工团主要领导干部。主席团一般采取常任制，一般不作为常设机构。

近年来，许多高校教代会设置了执行委员会(简称"执委会")，作为教代会的常设机构，主持代表大会闭会期间的工作。教代会执委会经选举产生，设主任、副主任若干名。

高校教代会还设立有若干专门委员会，如教学科研、提案工作、劳动保障、生活福利等专门工作委员会，对教代会有关的决议决定的贯彻执行以及提案的落实进行督促检查；参与学校有关行政部门对改革发展重大问题的调研论证；收集整理教职工代表对有关方案的意见、建议，为修改议案决议提供依据等。

高校教代会的主席团、执委会、专门工作委员会的组成人员，都必须是应届教代会正式代表。

依据《规定》第二十五条，"学校工会为教职工代表大会的工作机构"，负责教代会的日常事务。第二十七规定："学校应当为学校工会承担教职工代表大会工作机构的职责提供必要的工作条件和经费保障。"该规定第二十六规定了学校工会承担教代会的相关工作职责是：

做好教职工代表大会的筹备工作和会务工作,组织选举教职工代表大会代表,征集和整理提案,提出会议议题、方案和主席团建议人选;

教职工代表大会闭会期间,组织传达贯彻教职工代表大会精神,督促检查教职工代表大会决议的落实,组织各代表团(组)及专门委员会(工作小组)的活动,主持召开教职工代表团(组)长、专门委员会(工作小组)负责人联席会议;

组织教职工代表大会代表的培训,接受和处理教职工代表大会代表的建议和申诉;

就学校民主管理工作向学校党组织汇报,与学校沟通;

完成教职工代表大会委托的其他任务。选举产生执行委员会的学校,其执行委员会根据教职工代表大会的授权,可承担前款有关职责。

高校教代会还设有代表团(代表组)长联席会议。代表团长联席会议采取不定期的方式召开,凡是遇到涉及教职员工的切身利益的问题,都可以及时提交代表团长联席会议讨论、审议。通过代表团长,可以在最短时间内联系到全体教代会代表,迅速通报学校准备采取的举措之意图及其背景,迅速汇集全体教代会代表意见。因此,代表团长联席会议成为教代会闭会期间教职工参与学校民主管理的最及时、最活跃、最有效的一种形式。

高校下属的学院(系)等二级行政单位现在也都在陆续建立二级单位自己的教职工代表大会。二级单位教代会也应该建立严谨的制度,设置类似于学校教代会的组织结构。但二级单位教代会不是学校教代会的下属单位。当然,学校教代会对于二级单位教代会负有责无旁贷的指导责任,但两者之间不是领导与被领导的关系。

(五)教代会制度的创新发展

教代会工作自1979年在一些重点高校开始试行到20世纪80年代教代会制度的逐步推行,到目前大部分大中小学甚至民办学校中都建立了教代会制度。三十余年来,教代会工作进展可观,成绩斐然,运作日趋规范,制度逐步健全,作用日渐增强。但全国各高校对于教代会制度的认识、建设和运行情况很不一样,效果也相差甚大。

就教代会制度本身来讲,在我国,学校教代会工作具有法律效力的是1986年由教育部和全国教育工会联合颁发的《高等学校教职工代表大会暂行条例》(后简称《条例》)。一直以来,各个方面,特别是教育界及高等学校对《条例》提出了很多疑问,认为其与形势的发展远远不能适应,有很多滞后的地方急需修改。各个方面呼声很高,愿望也很强烈,无论是大会、小会包括全国人大部分代表、政协委员都曾提出修改、完善《条例》要求,但直到2011年11月才得以实现。2012年1月1日《学校教职工代表大会规定》的实施是我国学校教代会制度从试行到发展三十多年来的经验总结和升华,也可以说是我国教育事业改革发展的顶层设计。

可以说,《规定》的颁布实施不是简单地在学校里面推行教代会制度和完善教代会制度的问题,更重要的是体现在如何更好地贯彻落实我们党的依靠方针,如何贯彻落实好全心全意依靠教职工办学思想的一个具体举措,也是党中央全心全意依靠工人阶级的指导方针在学校的具体体现;是进一步落实好我国《中长期教育改革和发展规划纲要》的具体体现;体现了党中央、国务院对学校民主建设高度重视、关怀和对学校教职工民主权益的高度重视;是完善学校内部管理体制、加强学校民主管理的需要。

《规定》的颁布和实施,虽然对学校教代会工作起过巨大的促进作用,但教代会真正要建立起"制度化、规范化、程序化"的工作模式还有相当的距离,教代会的组织机构、运作机制、代表的职责和要求、提案工作、闭会期间的日常工作等等,我们还没有配套的细则,各教育工会、学校工会还在探索中前进,虽然也积累了不少值得推广的经验,丰富了教代会的内涵和外延,但发展还参差不齐,没有形成一个规范的、系统的、程序的运作模式。甚至还有人提出教代会应该"实体化"的理论,这也体现出教代会发挥了越来越重要的作用,同时也说明,教代会有很大创新发展的空间,需要学校不断去创建适合自己的工作模式。

四、工会与教代会的区别与联系

工会是一个群众组织,是一个社团;而教代会是学校民主管理的基本形式和制度。这两者在民主管理方面虽然有许多工作交叉,但其内涵和外延却不尽相同。如《工会法》规定"各级工会委员会由会员大会或者会员代表大会民主选举产生",而教职工代表大会是以制度的形式参与民主管理,是学校民主管理的基本形式和制度。它们之间不存在上下级隶属之关系,也不存在相互依附之关系。

(一)工会和教代会存在的形式不同

高校工会和教职工代表大会的主要区别是两者存在形式的不同。也就是说,不能把一项基本管理制度和一个群众团体的概念相混淆。《工会法》规定:"工会是职工自愿结合的工人阶级的群众组织。"当前,工会组织具有以下几个特征:第一,会员的产生来自于自愿,因此会员们会自觉履行纳会费义务。第二,成立工会必须符合法律条件,有经费来源(会员会费、单位按全部职工工资总额比例拨款和单位的补助等其他收入),有处理事务的管理机构(处理日常来信来访,处理困难职工救济事务,参与行政重大问题讨论,组织公益活动等等)和制定章程(组织行为规则等)。第三,独立性。工会是具有法人资格的单位组织,有自己的独立财产,并运用这些财产独立自主地开展活动,最终独立地对外承担法律责任。第四,营利性。工会可以通过自己的生产、经营、服务等活动取得实际的经济利益,并将这种利益依法分配给会员。

而教职工代表大会是一种民主管理制度。《规定》指出:"学校教职工代表大会是教职工依法参与学校民主管理和监督的基本形式。""学校应当建立和完善教职工代表大会制度。"也就是说,教职工要行使民主权利、民主管理,是把它以制度的形式确定下来,由全体教职工将民主权利授予一定的人员去行使,民主选举代表,定期召开教职工代表大会,统一意志,行使民主监督,防止权力的滥用。由此可见,工会是以实体组织形式而存在,而教职工代表大会是以制度形式来发挥作用。作为一个群众组织,学校的重大问题没有必要都与其商量,可以听取或者不听取工会意见,但是,作为一个必经的民主管理程序,学校的重大问题必须交付教代会讨论。

(二)工会与教代会各自独立行使职权

工会与教代会各自独立行使职权,互不交叉,互不替代。《工会法》和《规定》各自都规定、规范了民主管理权利,学校工作既接受工会组织的民主管理和监督,同时又接受教职工代表大会的民主管理和监督,那么高校的全体会员也罢,全体教职工也罢,都可以通过这两种不同的渠道参与学校的管理和监督。这种双渠道管理监督机制无疑加大了推动高校民主管理力度,使管理层的决策科学化、政策合法化、办法合理化。[①]但我们要清楚,工会作为一个群众组织,在学校工作中是没有决策权的,而教代会在学校工作中是有一定决策权的。有的人把教代会比作是地方人大,这样是不合适的,地方人大是一个权力机构,而教代会则不是。但也不能说教代会没有权力,对教代会的权力的把握,既不能夸大,也不能缩小。在《规定》中是有权力限定的,它的权力要在界定范围内行使,所以它在学校工作中是有一定权力的。

(三)工会与教代会的角色和任务不同

教代会的任务主要是实行学校民主管理,工会在教代会中的角色主要任务是工作机构。《规定》中规定:"校工会为教职工代表大会的工作机构;学校工会承担以下与教职工代表大会的工作职责……"《条例》规定:"学校工会委员会承担教代会工作

---

①田明、杨苇:《高等院校工会与教职工代表大会的关系探讨》,《高等建筑教育》,2010年第4期,第161页。

机构的任务,在党委的领导下,会同有关部门做好下列工作……"由此可见,《规定》的出台,在一定程度上进一步凸显了工会组织在学校的地位和作用。但即便如此,也绝不能把教代会看成自己一家的事。首先,教代会是在学校党委领导下;其次,工会是教代会的一个工作机构,很多工作要工会来协调,但教代会开会的经费也应由学校行政列支。为了推进教代会工作,工会首先要加强与学校党政领导的沟通,努力营造民主管理的小气候。务必使全校干部群众充分认识到健全和完善教代会制度是大家自己的事,是集中民智、维护民益的基本建设。只有发动全校党政工群一起来关注、推进教代会建设,教代会才能在学校生活中取得它应该占有的位置,发挥其应有的作用。

作为一个群众团体,工会应在教代会中充分代表教职工的利益,反映群众的意见;在学校党委的领导下,积极完成交办教代会的有关工作任务。工会要发挥与教工群众联系密切的优势,"以解决人民群众最关心、最直接、最现实的利益问题为重点"①,着力扩大沟通,维护权益,凝聚力量,化解矛盾,促进学校的和谐发展。

应该说,工会和教代会都有维护教职工合法权益之职能,所以也有一些共同之处。比如,从立法角度来看,《工会法》和《工会章程》的颁布,代表了国家意志,明确了工会的政治、经济和社会地位,明确了工会权利、义务和权力。工会可以独立行使自己的权力,制定章程,建立各级组织,健全各种制度,召开各级会议,动员和组织职工维护国家政权,依法发挥民主参与和社会监督作用,直接参与行政事务管理、民主监督,维护职工政治权利、受教育权利、劳动权利和物质文化利益。工会还把参与协调劳动关系、调节社会矛盾作为一项重要工作,设立"职工之家",保持同会员群众的密切联系,来促进经济发展和社会的长期稳定。而《条例》的颁布和《规定》的出台,也使教职工代表大会作为民主管理制度行使管理监督权受法律保护。这样看来,二者均是依照法律法规独立行事,受法律保护。还有,工会、教代会的组织原则是民主集中制,民主贯穿于各项工作中。各级组织的委员会、代表大会、全体会员大会、教职工代表大会讨论表决的事项,都必须是以少数服从多数为通过,未经通过事项不得实施。另外,各级委员会委员、代表的确定,都是通过民主选举而产生。《工会章程》规定:会员代表直接选举产生,凡是会员均有选举权和被选举权。《规定》规定:凡

---

① 中国共产党十六届六中全会:《关于构建社会主义和谐社会若干重大问题的决定》(2006年10月11日通过)。

与学校签订聘任聘用合同、具有聘任聘用关系的教职工,均可当选为教职工代表大会代表。教职工代表大会代表以学院、系(所、年级)、室(组)等为单位,由教职工直接选举产生。这种选举制充分体现选举人和被选举人的一种意志。有了民主制度,就能更好地行使权力,从而保护集体利益、个人权利不受侵犯。

(四)工代会与教代会——"双代会"经常同时召开

说到工会与教代会的关系,不得不提、需要搞清楚的一个概念就是"双代会"。其实,会员或会员代表和教职工代表的权利和义务是有区别的。

当前,有一部分学校的教代会和工代会是两个体系,分别召开代表大会,各有自己的一套班子,协调运作。大多数学校采取"双代会"形式,即虽然承认教代会和工代会是两个不同意义的会议,各有各的名称,其届次也是各数各的,但是两个代表大会始终是合并召开,一般被称为某某学校第几届教职工代表大会暨第几届工会会员代表大会,两个大会的代表完全是同一个集合,每一个代表都具有教代会和工代会代表双重身份。还有的学校教代会的执委和工会委员会的委员是两者合一的。

考察高校工会、教代会的发展历程,不难发现经历了从工会"一会"到工会、教代会"两会",再到"双代会"的过程。1979年中国教育工会参照企业实行职代会制度经验,在部分高校和中小学开展建立教代会制度的试点工作,直到1985年,教代会制度建设才进入全面发展阶段。1992年全总《关于基层工会会员代表大会代表实行常任制的若干规定》中"会员代表大会与职工代表大会,可以分别举行,也可以结合举行,按会议议程分别召开"的表述,是能找到的"两会"合一的官方依据。当然,只是可选择的依据。事实上,不少高校为了减少会议,避免工作重复,再加上"两会"代表都是常任制,并都要求每年至少召开一次会议,所以"两会"就被合一了。遗憾的是,形式上的合一,导致了许多内容上的合一,无原则地扩大了工会与教代会功能的重叠部分;更为严重的是形式上的合一,造成了认识上的模糊,不仅混淆了一项基本管理体制和一个群众团体的概念,而且在实践中一定程度上取消了建立教代会制度的必要性。[1]

但我们要明确两个会议的区别:一是两者基于的主体不同,即其代表产生的群体不同,工会的主体是会员,而教代会的主体是教职工,而会员唯一的条件就是教职

---

[1]陈静源:《高校工会、教代会"两委"合一模式的理性思考》,《求索》,中国工人出版社2012年版,第288页。

工本人要自愿提出申请加入工会组织。二是两个会议的职权不同,《中国工会章程》第二十五条规定:工会基层组织的会员大会或会员代表大会,一般每年召开一次。会员代表大会的代表实行常任制,任期三至五年。工会会员大会或会员代表大会的职权是:审议和批准工会基层委员会的工作报告;审议和批准工会基层委员会的经费收支情况报告和经费审查委员会的工作报告;选举工会基层委员会和经费审查委员会。工会基层委员会和经费审查委员会每届任期三至五年。《规定》第七条规定:教职工代表大会每学年至少召开一次。遇有重大事项,经学校、学校工会或三分之一以上教职工代表大会代表提议,可以临时召开教职工代表大会。教职工代表大会每三年或五年为一届。教职工代表大会的职权是:听取学校章程草案的制定和修订情况报告,提出修改意见和建议;听取学校发展规划、教职工队伍建设、教育教学改革、校园建设以及其他重大改革和重大问题解决方案的报告,提出意见和建议;听取学校年度工作、财务工作、工会工作报告以及其他专项工作报告,提出意见和建议;讨论通过学校提出的与教职工利益直接相关的福利、校内分配实施方案以及相应的教职工聘任、考核、奖惩办法;审议学校上一届(次)教职工代表大会提案的办理情况报告,按照有关工作规定和安排评议学校领导干部;通过多种方式对学校工作提出意见和建议,监督学校章程、规章制度和决策的落实,提出整改意见和建议;讨论法律法规规章规定的以及学校与学校工会商定的其他事项。教职工代表大会的意见和建议,以会议决议的方式作出。从上述两个会议的职权方面,我们不难看出,工会会员代表大会在开会期间解决的是工会组织内部的事情,而教代会是参与学校的民主管理事宜,两个会议的内容、职权和任务均不同,在教代会中工会还承担着工作机构的任务。一定要清楚这仅仅是会议期间,在闭会期间,工会和教代会在参与学校民主管理和民主监督方面还是有工作交叉,这时工会就是以群众团体的形式来处理各项事务,但教代会则由教代会执委会或工会来处理日常事务。

教代会的职权体现了教职工作为学校办学的主体在学校民主管理中的作用,而工代会的职权主要体现在工会自身建设、联系党群之间的"桥梁、纽带"、政权的社会支柱以及教职工权益的代表者、维护者的作用。

五、山西大学的工会与教代会工作

山西大学工会成立于1950年10月,见证了新中国成立以来山西大学的变迁和发展。六十余年来,在学校的各个历史时期,为学校的稳定发展作出了重要贡献。新的时期,山西大学工会在校党委的领导和校行政的支持下,在上级工会的指导下,认真践行"三个代表"指导思想,坚持以科学发展观统领全局,针对本校工作实际,坚持贯彻"组织起来,切实维权"的工会工作方针,明确提出了"全力以赴地为学校的建设和发展服务,真心实意地为教职工服务,满腔热情地为教育教学服务,在服务中正确表达和维护教职工的合法权益"的工会工作思路。目前,山西大学工会有职工会员2500余名,合同工会员580多人,下设有27个分工会,设有办公室、女工部、组宣部、文体部等4个部门,有工作人员9名。工会主席由校党委副书记张汉静兼任,一名常务副主席主持工作,两名副主席。

近年来,山西大学工会始终以服务立会,以实干兴会,求真务实,开拓创新,在广大教职工的心目中树立了"信得过、靠得住、有作为"的形象。在工作中,一是以教代会为切入点不断促进学校的民主化进程。坚持完善教代会制度和二级教代会制度,逐步构建和完善了以教代会为基本形式的学校民主管理机制,构筑了全方位的校务公开、民主管理承载体系。二是以深入开展建家活动为主线积极推进和谐校园建设。先后在各二级单位全部建立了职工活动基地,积极开展校、院两级的建家活动。三是以开展各类争创和文体活动为载体全面提高教职工思想道德和科学文化素养。开展两年一次的学校"三育人"评比表彰工作,做好各类评模推优工作,包括劳模、十大知识女性、创新科技标兵等等。同时积极开展献爱心活动,先后为贫困地区、地震等灾区捐资捐物;举办了各类文化体育活动,包括教职工的运动会、篮球、排球等球类比赛,广播操的普及、培训和比赛,扑克、毽、球、跳绳等小型体育活动,并以山西大学教职工羽毛球协会为试点,做好各类体育、文艺团体的活动,为职工举办健康专题讲座和心理咨询活动,等等。四是以完善各项规章制度为保障,全面履行工会职能。学校先后出台和修订了《山西大学二级教代会实施细则》《山西大学落实〈二级教代会实施细则管理规定〉的意见》《关于进一步加强新时期工会工作的意见》《关于在全校深入开展建设"职工之家"活动工作的实施办法》《山西大学教职工代表大会提案工作规程》《关于加强和改进工会工作的实施意见》等六项重大文件和制度,同时工会建立和完善工会委员会议制度、教职工文化体育活动制度、教职工疗休养制度、教职工体检制度、教职工医疗保险制度、推优评先工作制度等一系列规章制度。其中一年冬、夏两次赴海南、山东、湖南、四川、安徽等地的教职工疗休养活动和两年一次的教职工体检和女职工专项体检工作,特别受到了广大教职工的普遍欢迎和好评。

此外,以后勤管理处工会作为务工人员管理和维权的试点单位,建立了后勤合同工工会小组。合同工工会会员享有与在编正式职工会员相同的民主政治与经济文化权益,有权参与学校的各项民主管理活动和文化体育活动,包括教代会、各类体育文化活动、"三育人"等推先评优活动等。

　　山西大学教代会制度从1990年开始实施,至今已有33年。三十余年来,山西大学始终坚持把教代会作为学校民主管理的基本形式,作为教职工民主治校、依法治校的重要途径,不断探索和完善工作机制,逐步向制度化、规范化、程序化发展。特别是百年校庆以来,我校结合建设研究型大学的办学目标,围绕每个时期学校发展的中心工作,将研究型、创新型理念融入教代会工作,确立了"推进民主政治文明规范化建设,探索创新教代会工作新途径"的工作思路,在以教代会为基本载体的民主政治管理建设上取得显著成效,形成"党委重视、行政支持、工会运作、全体教职工参与"的良性运行机制。健全组织机构,设立有常设主席团,处理教代会闭会期间的重要事务;设立有住房管理工作委员会、提案工作委员会、福利工作委员会、教育教学改革委员会、民主评议干部工作委员会等5个专门委员会;建立有教代会代表团团长联席会议制度、教代会代表培训制度、教代会代表咨询制度;全校建立有分工会的二级单位中,除学校机关外的26个二级单位全部实行了二级民主管理,推行了二级教代会制度,保障了教代会工作的顺利开展,使得教代会工作卓有成效。特别是在全面实施二级教代会制度和教代会题案工作两个方面取得了开创性进展,山西大学以教代会为依托的学校民主管理工作走到了山西省高校的最前列。

　　总之,山西大学工会、教代会在上级工会的指导下、在校党委的正确领导下,在校行政在有关部门的大力支持下,在全校教职员工的共同努力下,经过多年的探索,在工会工作和贯彻以教代会为主的民主建设的实践中,不断取得新发展、新进步,取得了一大批标志性成果。山西大学及其工会组织曾荣获"全国五一劳动奖状"、"全国先进工会组织"、"全国模范职工小家"、"全国三八红旗集体"、"山西省基层工会标兵单位"、"山西省民主管理模范学校"、"山西省五星级职代会"、"山西省五星级基层工会"、"山西省模范职工之家"、"山西省'育人杯'先进集体"荣誉,被省劳动竞赛委员会记"集体一等功"。今天的山西大学工会随着学校建设"有特色、高水平"大学的新的历史机遇,更备感责任重大,使命光荣,今后必将更加紧密团结、凝聚、引领山西大学全体教职工,为山西大学建设"区域特色鲜明的高水平研究型大学"目标而努力奋斗。

第一章　山西大学教育工会的成立

山西大学是中国近代高等教育史上具有重要影响的高等学府。新中国成立以来,山西大学始终紧跟时代步伐,在中国共产党的领导下不断完善各项规章制度和管理机构。诞生在新中国怀抱中的山西大学工会,行进在激情澎湃的伟大时代,团结依靠广大师生,将自己的命运融入祖国的建设和学校的改革发展中,为巩固新生的人民政权、提高山西大学的发展水平作出了积极贡献,成为学校维护师生权益的重要力量和行政工作的重要助手。

一、新中国成立初期的山西大学及其职工组织

山西大学创建于1902年,是我国最早创办的三所国立大学之一。新中国的成立,使历经沧桑的山西大学焕发了生机。新中国成立初期的山西大学,设有文、理、医、工、法5个学院,共18个系和6个专修科,是当时国内办学规模较大、学科门类齐全、办学水平较高的高等院校之一。[①]伴随着新政权的成立和山西大学的恢复与整顿,山西大学教育工会的前身——山西大学职工会也以饱满的政治热情和昂扬的斗争精神参与到了新中国成立初期学校的调整、改革及各项事业中,发挥了重要的作用,为学校教育工会的成立做了充分准备。

新中国成立初期山西大学校门

(一)百废待兴的山西大学

1948年,太原局势紧张,为保证学校教学、科研工作的顺利开展,山西大学迁校北平。1949年1月31日,北平和平解放,迁往北平的山西大学也获得了新生。2月3

---

①张民省:《山西大学的历史与办学传统》,《文史月刊》,2003年第12期。

日,中国人民解放军举行入城式,全校师生列队到前门大街欢迎解放军,又派学生百余人上街宣传,在城外解放军驻地进行慰问联欢,同时要求北平军事管制委员会对学校进行接管。2月5日,徐士瑚校长参加了由军管文教委员会主任钱俊瑞、华北人民政府教育部部长张宗麟、北平市副市长徐冰主持的在平各国立院校茶话会。会上,钱俊瑞指出,新民主主义的教育方针是反帝、反封建、反官僚资本主义,即以人民利益为根本的方针,要求各院校立即停止国民党、三青团等反动党团的特务活动,收缴武器,保管好公物档案,准备接管。在当时平津食粮由人民用笨重劳力运输的困难情况下,军管会将提供给各校临时救济,每人每天24两小米,自备口袋装运。

2月14日,山西大学开学,召开全校庆祝北平和平解放大会。2月22日,北平军管会文教接管委员会派教育部部长张宗麟与联络员苏哲、文安、韩放来校举行仪式,正式对山西大学进行接管,并向师生讲解了新民主主义的教育方针与党的政策,宣布撤销政治训导处,停止国民党、三青团、同志会等反动党团活动;山西大学原有人员全部留用,并按师生员工家属人数发放小米、高粱米。这些措施安定了人心,有效稳定了学校秩序。此后,校长徐士瑚宣布教育部改革课程方案:取消党义等反动课程,保留实用课程(文学、银行货币等),理工农医课程的理论与实践必须协调一致。学校正式上课后,学生们开始了新的学习热潮,上午学习马列与毛泽东著作,下午扭秧歌、开讨论会,新民主主义青年团员胳膊上都佩戴红袖章,在校园里维持秩序并向师生进行革命宣传;同学们虽然吃着杂粮,但高兴的心情却无法形容。①

4月24日,太原和平解放。山西大学全体留并人员立即清点了校产物资,清查了档案,配合军管会完成了接管。同时,北平军管会与教育部下达指示,要求将北平的山西大学迁回太原,并以联络员苏哲为组长,由助教王承启、谢益棠与学生李全希、高明远等组成先遣组至太原联系。当时山西大学除毕业班131名学生提前毕业分配工作外,许多学生都参加了北平的革命与建设,一些学生还参加了中国人民解放军南下工作团。其余师生员工眷属670余人于5月3日、13日分两批离平,乘火车绕经天津、德州至石家庄,再乘正定至太原火车返并。5月15日,在平师生全部回到太原与留守太原人员会合,并迅速准备复课。中共太原市委文教局局长武汝扬以太原军管会联络员名义到山西大学工作。太原市军管会根据"完整接管,迅速复课"的方针与"教职员一般留用,军训政训人员一般不留用,非有重大问题不轻易变动"的

①《山西大学百年校史》,中华书局2002年版,第95页。

原则,对山西大学旧有人员中的军训、政训人员进行了清除,彻底取缔学校里的国民党、三青团、同志会等反动组织,并组织一些不适合在教育系统工作的人员外出进行政治思想教育与学习,以另行安排工作。

从此,山西大学开始了新的历史阶段,走上了健康发展的道路。此时,学校有教师74人,职员58人,工友60人,附属医院医护人员69人,在校学生355人,其中大学一年级100人,二年级139人,三年级116人。

新中国成立初期的山西大学,百废待兴,面临着迅速医治战争创伤、尽快进行恢复整顿、早日恢复教学秩序的艰巨任务。由于山西大学原校址在战争期间被作为军火工厂,房屋器具损坏严重。面对残破状况,徐士瑚、严开元主持校务委员会迅速采取措施,在中国共产党的领导下对山西大学进行整顿,学校面貌发生了重大变化。

6月22日,徐士瑚经华北高教委员会批准辞去校长职务,高教委员会委托太原军管会以协商的方式成立山西大学校务委员会,为学校最高领导机关,处理新校长任命之前的一切事务。经协商,军管会决定张克昌、刘锡光、李贯英、郑文华、黄丽泉、史景苏、张静山、严开元、郭耀岸、李相显、梁晋都、王承启、职员刘廷敏、学生牛晔、王懿章等为临时校务委员会委员,并指定思想进步的法学院教授张克昌为主任委员,土木工程系主任刘锡光与外语系主任李贯英为副主任委员,教育系主任黄丽泉为秘书长,即日召开了第一次校务会议并开始工作。①

当时,国家十分重视对山西大学的改造和建设。9月8日,华北人民政府任命著名社会科学家邓初民为国立山西大学校长。13日,华北人民政府高等教育委员会正式下达委任令(邓初民因生病未到任),并任命新中国成立前长期从事中共地下工作、时任山西省文教厅厅长的赵宗复为山西大学副校长。同时,中国大学理学院也于1949年并入山西大学。

中国大学由孙中山先生创办于1912年,初名"民国大学",1917年改名"中国大学",校址在北京西城大木仓胡同端王府,校园建筑古朴,景致优美。宋教仁、黄云鹏、林长民、王印川、姚憾、王正廷、何其巩曾任该校校长。1949年1月31日北平和平解放。2月,中国大学停办,文、法学院撤销,理学院与图书馆并入北京师范大学,称为北师大理学院二部。根据山西建设发展的需要,以及山西高校中没有理学院的情况,9月,邓初民任山西大学校长后,经政务院与华北人民政府教育部、高等教育委员

①《山西大学百年校史》,中华书局2002年版,第97页。

会批准,决定将北京师范大学理学院二部调整到山西大学,改称山西大学理学院。10月,原中国大学理学院各系教职工(包括北师大调入一二部的职工)、学生、实验室设备仪器、药品及图书馆全部搬迁山西大学,院址为太谷铭贤学院旧址(现山西农业大学校址)①。1952年,理学院并入山西大学师范学院,成为师范学院新增数学、生物、化学三个系的基础。

上述调整和改造措施,充实健全了山西大学的组织机构,完善了山西大学的学科体系,增强了山西大学的教学和科研实力,为百废待兴的山西大学注入了生机和活力。同时,在学校全面改造和整顿中,山西大学教职工组织也不断得到充实和加强,并随着新政权的建立和工人阶级地位的提高,在学校各项工作中发挥着日益重要的作用。

(二)新中国成立初期山西大学的教职工组织

新中国成立前的山西大学,有教授会、职员会、学生自治会等自治组织。这些组织在维护师生权益、改善学校管理等方面发挥了一定的作用。新中国成立后,山西大学在中国共产党的领导下对这些组织进行改组,教授重新组织了教授会,讲师与助教组织了讲助会,职员与工友组织了职工会,学生建立了学生会。新组织的成立充分调动了山西大学师生员工的积极性,为迅速完成山西大学的恢复整顿、巩固新生的人民政权凝聚了力量。

1949年2月11日,在北平和平解放之际,学校第三届第一次职代会代表改选常务理事,改选后的常务理事为傅春云、马兆丰、解希周、田伟、徐槐寿。此后,山西大学职工会积极参与到学校各项事务的决策和管理中,为维护职工利益、执行党的方针政策做了大量工作,为1950年10月教育工会的成立奠定了坚实的基础。

1949年4月24日太原解放,山西大学师生热烈欢迎人民解放军入城

①太谷铭贤学院即1907年孔祥熙创办的私立铭贤学堂,是今天山西农业大学的前身。七七事变发生后,铭贤学堂被迫南迁,1943年改组为铭贤学院,成为本科院校。1947年铭贤学院迁往成都,1950年11月迁回太谷旧址。文中所述1949年10月中国大学理学院并入山西大学后的所在地即为铭贤学院早年在太谷的旧址。

8月10日,山西大学校务委员会联席会议召开会议,讨论向高教委请示成立山西大学合作社(已由庶务组拟定简章),决定先成立筹委会。山西大学职工会选派代表参加了筹备委员会。9月13日,高教委正式委任邓初民担任山西大学校长,随后,学校职工会与学生会、教授会、讲助会等组织联名致电邓初民,对其就任山西大学校长表示欢迎。10月19日,学生会系级代表大会召开,职工会和教授会、讲助会等组织派代表参加大会,经过激烈讨论与修正,用少数服从多数的原则通过了各项草案,并选出了戴海源等31人组成的学生会筹备会执委会。

11月初,副校长赵宗复到任,经省政府与太原军管会批准和邓初民校长同意后,赵宗复开始代理校长主持工作。赵宗复首先连续召开了临时院长会议、临时校务会议,正式通过了校务委员会、常务委员会人选,并规定校务会议每月1日举行,常务会议每星期三举行。从校务委员会人员组成结构看,职工代表占2人,代表学校职工直接参与到学校的管理中,反映职工和职工组织在新中国成立初期的山西大学中占有重要地位。

1950年初,学校对管理体制和行政机构进行调整。1月8日,学校召开第一次校务会议,决定成立行政机构及人事调整研究小组,由秘书长及教授、讲助、职工、学生会代表各一人组成,秘书长负责。除已成立房屋分配委员会、体育委员会、政治课委员会、工厂管理委员会、图书管理委员会外,准备成立修建委、财务委等组织,这些组织都有职工代表参与筹建和管理。1月17日,第六次校务委员会调整房屋分配委员会和体育委员会,在这两个委员会中,职工代表均参与其间。此后,职工会代表还参与到学校房屋评级委员会的工作中。另外,职工会在学校开展的节约救灾捐款、胜利公债推销、捐款援助上海失业工人以及劳动服务方面均做出了成绩。这充分表明,新中国成立后,工人阶级主动参与到了学校的管理和决策中,新中国成立初期的山西大学职工会已经成长为山西大学调整和改造工作中一支不可忽视的力量。

山西大学早期职工组织的建立和活动的开展,是工人阶级领导的人民政权建立后工人阶级地位提高、政治参与意识增强的必然结果,也是国家对百废待兴的山西大学进行调整和改造的重要手段。以1949年2月职工代表大会改选为标志,山西大学职工会在中国共产党的领导下,独立开展工作,积极维护权益,展示出了蓬勃的生机和旺盛的生命力,成为新中国成立初期山西大学行政工作的参谋助手、有益补充和重要监督,为日后学校教育工会的成立准备了重要的思想条件、组织条件和制度条件。副校长赵宗复在《国立山西大学一年来的基本情况工作总结与方针任务》中这样评价学校各类教职工组织："一年来,他们的工作虽然存在许多缺点,但对学校行政起到了助手作用。"①

二、首届山西大学教育工会及其活动

中华人民共和国的成立,开创了中国工人阶级和劳动人民当家做主的新纪元。随着工人阶级的社会地位和历史任务的根本改变,中国工会的地位和作用也随之改变。中国工会成为中国共产党领导下的群众组织,成为新民主主义——社会主义的拥护者和建设者。从此,中国工会进入一个崭新的发展时期。各级工会的各项工作在党和政府的关怀下蓬勃开展起来。

(一)山西大学教育工会的正式成立

山西大学教育工会的成立,是新中国成立后山西大学发展史上的重要事件。新中国成立初期的山西大学职工会,是山西大学教育工会的雏形和基础,为教育工会的成立准备了重要的思想条件、组织条件和制度条件。

1950年6月,中央人民政府颁布了《中华人民共和国工会法》,明确工会是工人阶级自愿结合的群众组织,规定:"凡在中国境内一切企业、机关和学校中以工资收入为其生活资料之全部或主要来源之体力与脑力的雇佣劳动者及无固定雇主的雇佣劳动者,均有组织工会之权。"②《工会法》的颁布为工人阶级通过自己的群众组织——工会发挥在国家、社会事务中的重要作用提供了法律依据。6月25日,山西省教育工作者工会工委会正式成立,负责筹备正式的山西省教育工作者工会。在这个委员会中,山西大学工学院院长郑文华担任副主任,山西大学副校长赵宗复担任委员。③6月27日,根据全国总工会下发的《出席全国教育工作者工会代表大会代表选举办法》的通知,山西省总工会下发了山西出席全国教育工作者代表名额分配与产生办法。山西省共有6名代表名额,其中,山西大学在全校教授会、讲助会、职工会及教育工会的联合代表会议上选出代表员工各1名,这充分体现了国家和山西省对山西大学的重视和肯定。8月1日,山西大学代表同全国329名代表一道,代表全国70万教职工出席了在北京举行的首届全国教育工作者工会代表大会。④

---

①《山西大学百年纪事》,中华书局2002年版,第288页。

②山西省总工会:《山西省教育工作者工会工委会》,1950年6月27日,山西省档案馆。

③山西省总工会:《出席全国教育工作者工会代表大会代表选举办法》,1950年6月27日,山西省档案馆。

④《中国教育工会代表大会闭幕,确定了面向工农兵的工作方针,通过扩大和平签名运动的决议》,《人民日报》,1950年8月17日。

这次大会是在中共中央主要领导的关怀和指导下召开的。早在1949年10月11日，刘少奇就来到全国总工会视察，主持召开了文教界著名人士参加的座谈会。刘少奇在会上明确指出我国教师是工人阶级的组成部分，解决了教师可以组织工会的重大理论问题，为教育工会的成立奠定了理论基础。1950年8月2日，大会正式开幕。吴玉章致开幕词，郭沫若作了《阶级的转变》的演讲。大会听取并讨论了刘子久《关于教育工会的方针任务》的报告，选举了教育工会的领导机构，吴玉章担任主席，通过了《中国教育工会章程》和《关于教师学习问题的决议》。大会还听取了教育部长马叙伦的报告。11日，大会闭幕。会议期间，毛泽东接见了会议代表，并为上海市教育工会题名；周恩来到会并作了国内外形势的政治报告。这次会议明确了我国教师是工人阶级的一部分，中国教育工会是中华全国总工会领导下的一个重要组织单位；建立了全国统一的中国教育工会并成为中国工人阶级大家庭中的一员，标志着体力劳动者和脑力劳动者在组织上的结合。

随着全国工会工作的迅速开展，山西大学原有的职工组织也加快了成立新式的、基础更加广泛的、社会主义性质的教育工会的步伐。早在1950年初，山西大学医学院就成立了医学院教育工会筹备委员会。全国教育工作者工会代表大会召开后，山西大学也紧锣密鼓地展开成立学校教育工会的筹备工作。

1950年10月28日，山西大学隆重举行教育工会成立大会，省政府教育厅厅长池庄到会祝贺，他指出，教育工作者是工人阶级的一部分，希望学校教职员工发扬工人阶级优良品质，团结起来，为新国家、新山西大学努力工作。副校长赵宗复讲话，对工会的成立表示支持，希望大家紧密团结，继续改造自己，努力办好人民的新山西大学。很多与会的教职员工也都作了发言，陈寿琦教授说："旧社会教育工作者做了统治者的工具，今天，我们做了主人，一定要努力把书教好。"工友张俊峰说："庆祝工会成立，我们要努力把山西大学办成人民的模范大学。"大会选举郑文华、王三一、温守一、张华、王贵林、汪玉堂、梁园东、樊振海为基层委员，选举梁发升、林其新为经费审查委员，由刘锡光担任山西大学第一任工会主席，副主席为朱景梓，张华兼任秘书。①

山西大学教育工会成立时，正值朝鲜战争爆发，中国人民志愿军也已开赴朝鲜。因此，大会决定以山西大学教育工会的名义上书毛泽东主席，坚决拥护周恩来

---

①《山西大学百年纪事》，中华书局2002年版，第300页。

外长向联合国控诉的声明,反对美国侵犯我边境。这表明,山西大学教育工会一经成立,就已经把自身的发展同祖国的前途命运紧紧联系在了一起。

这里还需要交代一下新成立的教育工会和之前的山西大学职工会的关系。应当看到,新成立的教育工会,是在山西大学早期工会组织——职工会的基础上,整合教授会、讲助会的力量,成立的新型的社会主义工会组织。与职工会相比,教育工会代表的群体更为广泛,将学校的教师、职工共同纳入到自身的组织体系中,有利于扩大工会组织的群众基础,更好地统筹各方面的利益诉求,较之前职工会、教授会、讲助会各自为政的状况更为科学合理。同时,教育工会取代职工会,将教师队伍一并纳入到工会组织中,也反映了人民政权视知识分子为工人阶级一部分的新转变,这对团结广大知识分子、巩固新生的人民政权、发展新中国的文化教育事业具有重要意义。

1952年中,山西大学教育工会曾进行改选,由成恒长担任主席。[1]成恒长担任山西大学教育工会主席时期,正是学校积极准备院系调整,深入开展抗美援朝,"三反"、"五反"、"新三反"等政治运动和进行思想改造、教学改革的重要时期。成恒长在前任工作的基础上,紧紧依靠学校广大教职员工,领导学校工会认真开展了"三反"、"五反"、"新三反"等运动,和学校行政部门协力推动教职工的思想改造和学校的教学改革,取得了明显的成绩。这一时期的山西大学教育工会,更加积极地投入到学校各项工作的管理中,充分发挥工人阶级的主人翁作用,为维护职工合法权益、解决职工生活困难、丰富职工文娱生活做了大量卓有成效的工作,使工会组织与会员的关系更加密切。[2]同时,学校教育工会积极响应和配合院系调整工作的开展,加强对广大教职员工的教育和引导,维护学校的正常秩序和安定团结,确保了院系调整各项工作的顺利进行,也为日后山西师范学院工会工作的开展做了思想上和组织上的充分准备。

总之,教育工会是对新中国成立初期山西大学职工会的直接继承和重要发展,教育工会的成立,表明工会组织在学校工作中的地位在提高,力量在增强,权限在扩大。

---

①《山西大学百年校史》,中华书局2002年版,第492页。

②《山西大学教育工会工作总结(初稿)》,1953年8月15日,山西大学档案馆。

(二)参与学校日常管理,维护教职工权益

山西大学教育工会成立后,以主人翁的姿态认真贯彻落实《工会法》有关要求,与校行政部门密切配合,积极开展工作,主动参与到学校的日常管理当中,不断完善自身建设,认真完成教育工会保护教育工作者的利益、改善教育工作者的生活的任务。

首先,教育工会积极参与学校日常事务的管理,在学校行政工作中发挥着日益重要的作用,有力推进了学校各项工作的开展。1951年10月9日,学校召开第68次常务委员会会议,决定成立学校治安保卫委员会,由委员11人组成,其中教育工会代表2人。1953年3月10日,学校第111次常务委员会会议决定由校长、副校长、教工会、学生会等机构代表组成毕业生分配工作委员会,各院也分别成立总工作组,由院长主持,吸收系科主任与毕业生代表参加。12月11日,校行政配合教工会、学生会成立迎新办公室、招待站,派员到京津负责办理新同学集体来校的手续,这项工作使新生从出发到履行入学注册手续,乃至生活饮食各方面,都得到很大方便,对学生学习情绪的稳定起到积极作用。上述事例表明,教育工会成立伊始,就参与到了学校日常管理当中,充分体现了其在学校行政工作中的地位。

山西大学赵宗复副校长、武汝扬秘书长等欢送参军的大学生(1952年)

其次,教育工会积极组织教职员工加强学习,适应新中国建设的需要。1951年11月16日,校工会同党支部、团支部、民盟和校行政组成理论学习委员会,推动办理干部近代史学习事宜。1952年4月8日,校工会成立板报组,并出版了第一期黑板报。为推动学校俄文学习的开展,1953年2月3日,在充分调查研究的基础上,教工会范维垣会同外文系田际升、中苏友好协会王衍臻,向学校第108次常务委员会会议汇报了教员、辅导员参加学习的人数,准备成立假期俄文速成班。

教工会还办起了职工业余学校,武占元、肖硕公、祁森焕先后担任校长。到1953年,学校学员发展到260余人,先后有两班学员毕业,人数共计50人,除部分眷属外,大部分是教职工。

第三,教育工会积极维护教职工的正当权益,改善教职工的生活条件。1952年6月3日,学校召开第89次常务委员会会议,会议修正通过《山西大学严发什物购置须用保管办法草案》,除公布施行外,要求教工会、学生会以及各单位结合该办法向群众宣传教育,共同发挥爱护公共财物的精神。同时,为了解决职工住宿用具卫生情况,教工会同学校人事室、庶务科、卫生室组成访问小组,到各宿舍进行访问,就进一步改善宿舍卫生情况征求意见。

教育工会还着力规范教职员工福利费用的使用办法。1953年4月14日,教工会和人事会计科共同起草了《教职员工福利费使用方法》,并在校第114次常务委员会上获得通过。6月23日,校第122次常务委员会会议决定成立员工福利费审查委员会,通过了委员会组成人员名单。其中,张忠厚、李春荣两名工友参与到委员会中,他们代表学校工人阶级的利益,认真履行职责,为保障学校教职员工的福利待遇、明确福利费用的使用作出了贡献。①

为解决职工遇事急用钱的问题,教工会成立了互助会,有90%的会员参加,会内基金累积到3400万元(旧币),贷款人数达165人,占会员人数的三分之二,除解决会员的特殊困难外,也逐步照顾到一般的困难。此外,福利贷款及会员困难补助费也解决了职工的若干困难问题。如有两位教职工因病死亡,教工会与校行政合力进行了善后工作,除给予必要救济外,对所遗子女也予以适当的安置。另外,教工会继续协助行政部门办理教工食堂事务,并建立各种制度,逐步提高食品质量,解决了教工的吃饭问题。教工会还协助会员办理婚事;向百货公司集体订购缝纫机,集体购买毛毯,70余人享受到分期付款政策;教工会办理的银行储蓄,每月在3000万元至4000万元(旧币)之间,使广大教职工养成了储蓄的好习惯。

第四,教育工会认真做好教职员工的思想工作,端正教职员工的思想态度,广泛开展批评与自我批评,纠正部分教职工的错误行为。1953年,工学院助教赵常智自荐到湖南大学工作,湖南大学当时正处在院系调整时期,不需要增加教员,复函予以回绝。5月26日,学校第119次常务委员会会议讨论了这一情况,决定由教工会出面对赵常智进行思想教育。会后,教育工会认真地对赵常智进行了帮助教育,引导他消除思想障碍,全身心投入到学校的教学科研工作中。12月,学校播音管理员

①《山西大学百年纪事》,中华书局2002年版,第346、349页。

在播送音乐时,误将美国之音的音乐节目播出,这在当时是极为严重的错误。为此,学校令其写出书面检查,并于当月22日召开的第143次常务委员会会议上专门讨论了这一事件,会议委托教工会对该播音管理员进行思想教育。会后,教工会组织开展了对有关责任人的批评教育,使其对所犯错误有了进一步的认识。

第五,教育工会努力充实工会活动内容,丰富教职工文化生活。1952年5月1日,教工会文化宫举行成立仪式,严德浩代表工会讲话:"今天是五一国际劳动节,是全世界人民自己的节日。我们工人阶级百战百胜的武器是马列主义。文化宫的成立将为教职工提供一个进行学习、提高思想、大力开展文娱体育活动的场所。文化宫由接洽房屋到成立,不过十余天时间,这与校行政的支持、十一社同志的自发帮助、会员同志们的爱护是分不开的。我们希望会员同志们要更加爱护和帮助自己的工会,自己的文化宫,也希望对我们的工作多提意见、多督促,以使我们的文化宫办得更好。"①会后,教职工进行了文娱活动。

学校成立的教工会文化宫,设阅览室、俱乐部、电影放映队办公室、文化室,并配备了活动器材,如电影机、无线电收音机、扩音器、油印机、单双杠、各种棋类球类用具、锣鼓钗、舞衣、图书(购买或捐赠,如副校长赵宗复即赠书25册)等。1953年4月14日,在学校第114次常务委员会会议上,学校决定由政治辅导员武汝扬召集教工会、学生会、体育部等相关机构,讨论组织统一机构,领导加强校群众性体育文化活动。在这次会议的推动下,学校群众体育文化活动广泛开展起来。教育工会还积极争取教职员工的文娱活动经费。6月8日,学校召开第120次常务委员会会议,同意了教育工会的提议,决定将教职员工福利费的5%作为文娱体育活动费,同时拨用一部分作为教工观看《曙光照亮莫斯科》话剧的补助。

为进一步丰富教职员工的文体活动,1953年,教工会成立了文教工作队,包括戏剧、舞蹈、歌乐三个分队。话剧组的演出尤为精彩,深受群众喜爱。教工会还多次组织观看电影,为教工缓解了疲劳,丰富了教工的政治生活和艺术生活。体育方面,教工会组织了篮球队、排球队、克郎球队、羽毛球队、乒乓球队、网球队,举办了乒乓球赛、羽毛球赛、网球赛。通过各种竞赛,教工会不仅积累了组织经验,而且提高了教职员工的运动兴趣,特别是克朗球、羽毛球参加的人数最多,每日文体活动时间教工都非常活跃。体育锻炼增强了教工体质,为学校教学及其他各项工作的开展提供了

---

①《山西大学百年纪事》,中华书局2002年版,第328~329页。

根本保证。

第六，教育工会认真做好妇女工作，发挥广大妇女职工的作用，调动其积极性。女工虽然人数较少，但表现积极，在为配合抗美援朝运动而开展的爱国卫生突击运动中，绝大部分女工参加了挖蛹和复原工作，她们带头竞赛，使全体教职员工的热情更为高涨。挖蛹突击的胜利，引导全校教工同学和眷属2000余人投入到经常性的清洁卫生扫除工作中。在贯彻婚姻法运动中，很多女工搜集了全校有关婚姻问题的材料，协同学校贯彻婚姻法办公室解决了一些家庭问题和邻里纠纷，从而团结了教工，团结了眷属，改善了相互关系，使教工安心投入到教学等各项工作中。对幼儿园和托儿所，妇女职工也做了不少协助工作，除政治学习外，还建立各种制度，如参加家长会议、解决经费问题等。

山西大学文教工作队在演出

山西大学教育工会的成立和上述六方面工作的开展，使其真正融入学校的日常管理中，密切了同学校行政机关的关系。到1953年8月，山西大学教工会会员人数已达到教职工总数的93%，真正发展成为一支具有工人阶级政治思想的文化队伍。教育工会的各项工作，改善了教职员工的生活条件，丰富了他们的业余文化生活，增强了他们的主人翁意识，从而有效提高了教育工会在师生中的地位，树立起了新成立的教育工会的威信。教育工会在总结这一阶段的工作时指出："在整顿组织中，事实上已经证明，每个会员在立场上、观点上、方法上，皆有不同程度上的提高，有的同志说，毛主席对咱们很关心，不但关心咱们的生活，而且对咱们的政治思想也特别关心，我们一定要把这一次整顿组织搞得像回样。有的大胆暴露地说，我过去从不关心工会，错误地认为它不发工资，疏远了关系。有的同志说，过去我把工会认为可有可无的东西。也有的说，过去从组织形式上看是个工会会员，但思想深处与感情上大有距离，今后要从思想上和行动上成为一个真正的会员。还有不少同志说，经过此次整顿组织，才认识到工会就是自己的家。从而密切了会员与工会的关系。经过五一劳动节，布置学习工会法，特别是暑期学习刘少奇同志对七代大会(按：中国工会第七次全国代表大会)的祝词，以及赖若愚同志关于中国工会的工作报告——《为完成国家工业建设的任务而奋斗》的文件以后,同志们明确了在大规模经济建设时期的工会的任务性质与作用,加强了会员的组织性与纪律性,也明确了自己为工人阶级在新民主主义社会时期教育工作的重要性。"[1]

(三)落实全国教育总方针,积极参与教育改革

高等学校的建设和发展,最终要落脚到教育质量的提高上。《共同纲领》指出:"中华人民共和国的文化教育为新民主主义的、民族的、科学的、大众的文化教育。人民政府的文化教育工作,应以提高人民文化水平,培养国家建设人才,肃清封建的、买办的、法西斯主义的思想,发展为人民服务的思想为主要任务。"[2]1949年12月召开的第一次全国教育工作会议将这段话作为全国教育的总方针,并进一步明确了改革旧教育的方针、步骤和发展新教育的方向,并指出新民主主义教育"其方法是理论与实际一致,其目的是为人民服务,首先是为工农兵服务,为当前革命斗争与建设服务,建设新教育要以老解放区新教育经验为基础,吸收旧教育中有用的经验,特别要借助苏联建设的先进经验。[3]

新中国成立初期,山西大学就根据《共同纲领》所颁布的文教政策与第一次全国教育工作会议精神,以及中央教育部和中共山西省委、省政府对山西大学的期望,制定了学校初期的办学方针和任务,即按照"教育为政治服务"、"教育为生产建设服务"、"坚决改造,稳步前进"的方针,完成培养适应生产建设,迎接国民经济高潮到来所需人才的任务。学校为贯彻以上方针,实现中央对山西成为仅次于东北的中国第二个工业基地的期望,将以发展工学院、充实理学院、改进财经学院,同时为适应随之而来的文化建设高潮,加快医学院、师范学院前进的步伐作为主要的办学方向。在学生的培养上,贯彻理论与实际相结合、政治教育与业务学习相结合、校内教育与实际环境相结合的教育方法,以达到教学统一、学用一致、教师教好、学生学好的教育目的。[4]

此后,随着政治形势和政治思想教育运动的开展与深入,为适应新民主主义教育和国家经济建设的需要,学校就教学内容、教学方法开始了初步改革。学校对旧

---

[1]《山西大学教育工会工作总结(初稿)》,1953年8月15日,山西大学档案馆。

[2]《中国人民政治协商会议共同纲领》,1949年9月29日中国人民政治协商会议第一届全体会议通过,《人民日报》1949年9月30日。

[3]《山西大学百年校史》,中华书局2002年版,第112页。

[4]《山西大学百年校史》,中华书局2002年版,第127~128页。

有的课程进行了调整、精简、取消,各院系首先取缔了反动的党义、伦理学、六法全书等课程,医学院则取消了法医学、医学史、医师伦理、战时救护等非必要和需改造的课程。1949年暑期后,公共必修课增添了新民主主义、新政治经济学、辩证唯物论、历史唯物论(包括社会发展史),其他公共课有俄文、政府政策法令等。通过取消反动的课程,开设新的政治课程,在学习政治课的基础上,学校开始了逐渐改造其他专业的教学观点、教学内容、教学方法的工作。财经学院增添了普通会计、成本会计、银行会计、统计会计等实务课程。

1950年6月,教育部在北京召开第一次全国高等教育会议。会议讨论了改造高等教育的方针和新中国教育建设的方向,指出新中国的高等教育应该以理论与实际一致的方法,培养具有高度文化水平的掌握现代化科学技术成就的、全心全意为人民服务的高级人才,准备和开始吸收工农干部和工农青年进入高等学校,以培养工农出身的知识分子。8月,政务院批准公布《关于实施高等学校课程改革的决定》以及《高等学校暂行规程》等文件,全国范围内以"课改"为内容的教学改革开始。根据教育部颁布的课程改革草案,山西大学各院系按不同情况开设了必修课与选修课,删除重复不必要的课程,有针对性地设置加强了重点课程。

山西大学教育工会成立后,围绕学校的办学任务,认真贯彻国家教育方针,积极投身到学校的教育改革当中。教育工会始终将提高教学质量作为自己的中心工作。"我们工会为了提高教学质量,不论组织工作、福利工作、文娱体育活动,皆以此出发,我们晓得,提高教学质量是一个过程,也就是工会工作的过程,就是群众思想觉悟和业务水平继续提高的过程。它是一个艰苦复杂、迂回曲折的过程,是以工人阶级思想为领导的团结斗争的过程。"①

1951年6月,为普及和推广科学知识,树立为工农兵服务的理念,在工会和校行政、学生会领导下,理学院组织学生举办了大规模的科普展览会,三天内共有工农兵与中小学生9000人参观展览,不仅推广了科学知识,也提高了学生的实践能力。

为增强学生体质,1951年11月开始,学校开展了广播体操活动,为此,学校将体育委员会(1949年设)更名为体育工作委员会,由教工会、学生会等部门代表组成,拨出5000万元(旧币)购置体育器材与设备。青年团与教工会为保证广播操成为师生群众性的活动,采取"点名制"、"小组检查制"等措施,各班还制定爱国公约加以推

---

① 《山西大学教育工会工作总结(初稿)》,1953年8月15日,山西大学档案馆。

动。学生也逐步认识到广播体操锻炼的重要性,自发组成锻炼小组,在每天做完广播体操后,又参加到篮球、排球、单双杠、跳绳等各种体育活动中,准备锻炼好身体,随时听从祖国召唤。山西大学群众性体育运动的普及开展与领导重视及经费保障、专门委员会的成立、体育锻炼时间的保证(专时专用)以及教工会的带头和协调有密切联系,山西大学群众性体育运动的正规化、经常化,为之后试行的"准备劳动,保卫祖国"的体育锻炼制度准备了条件。

为搞好教学工作,教工会还和教学小组举办了两次座谈会。座谈会上,教师们普遍认为:第一,团结互助、认真开展批评与自我批评是搞好教研组的主要条件之一,教研组作为教学的基本组织和一种先进的教学组织,必须在群策群力、互相帮助、紧密团结下才能发挥重要作用。例如,制图教研组起初有教师意见不一,经过教工会批评,做到了团结互助,改善了教学效果。第二,采取先进教学组织及教学方法的同时必须结合实际情况,有计划性地灵活掌握,而不能生搬硬套、机械教条。再如近代史教研组,实行三节制后影响了教学进度,后经精简教材解决了问题。第三,还应该特别注意各教研组间的相互联系。在教学业务上必须要有创造性,利用既有条件创造条件。如数学教研组利用模型帮助讲解主体部分,收效很大;制图教研组利用挂图及实物解决了不少疑难问题。

教工会在进行教学改革、提高教学质量过程中深入课堂,与师生一起讨论教学中存在的问题:有的教研组看重教而忽视学,未能及时提高自己;教材课本不够用,有的仅凭提纲讲课,影响了教学效果;集体讲课未能完全做到;同学对课程有偏轻偏重现象,未能按照规定平衡发展;排课不理想影响了集体听课等。通过认真思考,教工会提出了以下具有针对性的意见和建议:集体讲课时要做到在重点问题上交换意见,并做充分准备和反复讨论;要有组织地集体听课,改进教学方法和充实教材内容;利用实物教学特别是模型挂图,提高教学效果;讲课必须说明目的要求,使同学心中有数;随时掌握学生学习情况和意见,及时改进教学;一般问题和个别问题必须分别对待处理等。[①]这些意见和建议在日后的教学实践中很多都得到贯彻落实,为改进教学工作方法、提高教学质量起到了积极的作用。

同时,教工会和学校党、团、民主党派等组织一道,在中国共产党的领导下,结合各个时期的政治运动和各项中心工作,开展学校的思想教育,培养起师生的民族自

---

① 《山西大学教育工会工作总结(初稿)》,1953年8月15日,山西大学档案馆。

尊心,摒弃了封建的、买办的、法西斯的思想,初步树立起为人民服务的新民主主义思想。学校从教学思想、教学内容、教学方法、教材建设、师资培养上开始了教学改革。这次改革强调理论与实践统一的原则,力求课堂内容紧密结合国家建设的需要,要求不断培养师生和提高师资质量。在这一过程中,新成立的教育工会为引导教职员工自觉贯彻国家教育方针,在组织大家改造主观世界、投身教学改革等方面做了很大努力,同时也保护了教职员工的正当权益,充分展现出工会组织的重要地位和独特作用。

三、为巩固新生的人民政权而斗争

新中国成立后,国内国际形势错综复杂。国内方面,国民经济萧条凋敝,人民生活十分困难;共产党自身也存在着官僚主义、腐化变质的危险。国际方面,以美国为首的西方国家敌视新生的人民政权,朝鲜战争爆发后,以美国为首的

山西大学理学院党团支部欢送参加国防军事干部学校同志合影(1950年)

所谓"联合国军"悍然出兵朝鲜,并将战火烧到了中国边境。面对严峻的国际国内形势,新中国进行了艰苦卓绝的巩固政权的斗争。

诞生在这一时代背景下的山西大学教育工会,团结广大师生,凝聚人心,汇聚力量,自觉献身于反殖、反霸、反帝的伟大斗争中,认真开展工会系统的"三反"、"五反"斗争,积极配合学校进行高校知识分子的思想改造,为巩固新生的人民政权做了大量工作,为随后进行的山西大学院系调整做了重要的准备。

(一)积极参加抗美援朝斗争

1950年6月25日,朝鲜战争爆发,10月19日,中国人民志愿军在彭德怀总司令的率领下入朝参战。与此同时,我国国内也掀起了声势浩大的抗美援朝运动。11月2日,美帝侵略朝鲜的战火烧向祖国边界,消息传到山西大学,引起全体师生职工的愤怒,全校立即掀起了抗美援朝的热潮。在这一过程中,作为广大教职工组成的重要群众组织,新成立的山西大学教育工会主动走在学校抗美援朝斗争的前列,团结和依靠广大师生,开展了形式多样的活动,不断将学校的抗美援朝运动推向高潮。

11月2日，教育工会召开时事座谈会，并以大字报、黑板报、快报等方式表示自己支援朝鲜人民、反对美帝侵略的决心和愿望。学生纷纷组织宣传队，深入市郊做时事宣传。在山西大学举办的太原市大中学生联欢会上，山西大学学生会号召全市同学"加强团结，反对美帝侵略朝鲜"。学生会组织学习讨论时事，同学们出快报表示抗美援朝、保家卫国的决心。此外，学校的课外活动围绕这一运动得到加强，各民主党派也发表了有关抗美援朝的联合宣言。附属工厂和学校的工友们还利用晚上召开时事讨论会。在这种情况下，志愿报名要求参军的人越来越多。[①]

11月7日，教育工会和学生会、各学会结合"庆祝伟大的十月革命三十三周年纪念"与"抗美援朝运动"，纷纷出壁报，宣传美帝侵略一定要失败。当晚，全校师生职工1200余人在校大礼堂召开庆祝十月革命与抗美援朝委员会成立大会，选出了校工会主席刘锡光教授和李树滋、张君谟等25人为山西大学抗美援朝委员会委员，通过了向毛泽东主席及朝鲜人民军发的慰问电。会上，副校长赵宗复说："现在我们对美帝的仇恨和对朝鲜人民的同情已变成一种具体的行动，我们要抗美援朝，一直战斗到一个独立自由民主统一的朝鲜建立起来为止。"工学院院长郑文华说："美帝侵略朝鲜，是华尔街的老板的天性使然，但也就是他们几个人。美国的劳动人民是永远反对侵略战争的，胜利永远在我们这边。"历史系代主任陈超说："朝鲜这次在战略上的撤退，是有计划的，是为了保存实力，以便最后痛击美帝，我们相信，朝鲜人民一定会取得最后的胜利！"外文系主任江绍原说："我们要肃清恐美的思想，要和美帝斗争到底！"俄文讲师潘天觉说："大家都认清了美帝这个侵略者，我们要和朝鲜人民团结一致，打垮美帝的侵略。"经济系主任陈寿琦说："美帝侵略朝鲜表明了国际帝国主义的垂死挣扎，但这也挽救不了它灭亡的命运，而更加速了它的灭亡。"中国语文学系姚青苗说："救人就是救己，我们应该立即动员起来。"工友老王说："那些混蛋鬼们，满肚子装着侵略的炸药，但今天美帝的炸药，只能将自己炸死！"……[②]这些言论，反映了当时山西大学师生员工反对美帝国主义侵略暴行、积极参加抗美援朝的冲天豪情，而这与山西大学教育工会的组织、宣传、引导和发动是分不开的。

随着抗美援朝战争的胜利进行，山西大学师生的斗争热情也不断高涨。1951年2月13日，山西大学教育工会发出通电，坚决拥护周恩来外长的严正声明，通电指出："我中央人民政府外交部周恩来部长，于本月2日就联合国非法通过美国诬蔑我国议

①《山西大学百年纪事》，中华书局2002年版，第301页。

②《山西大学百年纪事》，中华书局2002年版，第300～302页。

案事,发表了严正声明,我们认为这个声明绝对正确,完全符合我们四亿七千五百万人的看法,我们绝对拥护。事实上美帝国主义已从上月25日起在朝鲜纠合其残余的败军,又向朝鲜人民军和我人民志愿军反扑,他是非'遭遇到最后的失败和破坏'不止!我们要加速这种伟大胜利的到来,要加强抗美援朝的工作,继续不断慰劳在朝鲜作战的将士,加紧生产竞赛,搞好岗位工作,严防匪特和一贯道的破坏活动,深入学习政治和时事,随时随地宣传美帝的脆弱性,更要随时准备响应祖国的号召,贡献一切力量。山西大学教职员工同仁,愿与山西各界同胞,共同努力,保证这些任务的实现。"①

6月,为响应抗美援朝总会山西省分会的号召,全校掀起了捐献飞机大炮的热潮。在"我们多流一滴汗,中朝战士少流一滴血"的口号下,校本部马上展开捐献运动,至月底,教工会发动会员捐献2500万元(旧币),组织会员对志愿军伤病员及军烈属进行四次慰问,共慰问志愿军700余人,烈军属320家。在第三届中国人民赴朝慰问团前去慰问时,教工会发动学校广大教职员工赠送各种慰问品达1389件。②

7月15日下午7时,山西大学全体师生召开朝鲜问题座谈会,工会主席刘锡光教授说:"我们坚决拥护周外长的声明,声援朝鲜人民!"③李毅民同学说:"我们要搞好经济建设,坚决保卫和平,粉碎美帝侵略。"

28日,山西大学教育工会《山西日报》上撰文,愤怒谴责美国飞机侵我领空的行为,并向我英勇的空军致敬,文中说:"美国空中强盗飞机8架,于今年7月21日上午8时29分侵入我东北领空,经我空军奋起迎击,当即击落敌机7架,我们觉得这种英勇善战卫国保家的精神是毛泽东时代毛泽东思想教养下的儿女高度热爱祖国的具体表现,这种事迹鼓舞了千万人的斗志和千万人的心,标志出爱好和平人类的光明远景。另一方面也警告了美国侵略者:它从哪里来我们就把它消灭在哪里!我们每个人应向英勇捍卫祖国的空军健儿们学习,应该做好优抚工作,应该向他们表示慰问和致敬,让我们用千万人的心声、千万人的嘴,为革命胜利而欢呼吧!"④

在此期间,学校教工会除了参加抗美援朝斗争外,还积极声援国外工会组织的斗争,体现了国际主义的精神和气概,反映了当家做主的山西大学教职员工高度的

①《山西大学百年纪事》,中华书局2002年版,第312页。

②《山西大学百年校史》,中华书局2002年版,第118~119页。

③《山西大学百年纪事》,中华书局2002年版,第316页。

④《美机侵犯我领空暴行,山大职工表示愤慨,并向我英勇空军致敬》,《山西日报》,1951年7月28日。

政治参与意识和强烈的斗争精神。1950年,在美国的支持下,日本吉田茂政府利用松川事件[①]迫害日本工会和日本共产党,8月26日,福岛地方法院以列车颠覆致死罪判处国铁工会会员10人和东芝松川工厂工会会员10人全部有罪,其中10人被判处死刑。消息传到中国,激起了无产阶级的强烈愤慨。山西大学教育工会于1951年1月14日在《山西日报》发表通电表示抗议。通电表示,山西大学工会对日本20个工人的遭遇,表示"极端愤慨"。同时指出:"我们除拥护总工会有力的抗议外,并号召全国人民,格外加紧反抗美帝的工作,使残暴者早日消灭,使日本的劳动人民早日脱离苦海,四亿七千五百万人的怒吼,是巨大无比的,我们应当继续怒吼,继续抗议!"[②]山西大学工会对日本工会组织和工人阶级的有力声援和对美帝国主义的愤怒声讨,配合了抗美援朝的斗争形势,也给新中国成立初期的山西大学工会写下了浓墨重彩的一笔。

在中朝军队的英勇奋战和全国人民的热情支援下,1953年7月27日,《朝鲜停战协定》正式签字。抗美援朝斗争以中朝两国人民的胜利和美帝国主义的失败宣告结束。消息传到山西大学,引起了学校广大教职员工的强烈反响,激发了大家的民族自尊心、自信心和自豪感。教育工会也迅速作出反应,表达全校教职员工对

1951年,山西大学师生为保卫世界和平签名

①1949年8月17日凌晨3时许,日本福岛县境内东北干线松川至金谷川路段的上行旅客列车脱轨翻车中,司机等3名乘务人员死亡,旅客30人受伤。这一事件被称为松川事件。事件发生后,吉田茂内阁官方长官增田甲子七未经调查就诬指为工会所为。检查当局遂以列车颠覆致死罪起诉国铁工会会员10人和东芝松川工厂工会会员10人。日本政府趁机迫害工会和日本共产党。1950福岛地方法院初审,判处被告全部有罪,其中10人判处死刑。1953年仙台高等法院复审,判处17人有罪,3人无罪。但社会上普遍认为罪名并不成立。1959年最高法院否决原判决,将该案退回仙台高等法院。1961年仙台高等法院判处全体被告无罪,1963年最高法院予以确认。1970年日本政府只得向原被告支付7625万日元的赔偿金。

②《中国教育工会山大委员会抗议迫害工人暴行》,《山西日报》,1951年1月14日。

战争胜利的喜悦心情,热情讴歌中朝军民不畏强敌、浴血奋战的伟大精神。7月,山西大学教育工会给志愿军写信表示祝贺,信中说:"三年来你们和朝鲜人民一起,为朝鲜人民、为祖国人民、为全世界人民建立了卓越的功勋,取得了无数辉煌的胜利,打退了侵略者,保障了祖国安全,保卫了世界和平。使敌人不管他怎样凶狠,怎样阴险,怎样疯狂,终于在节节败退后,不得不谈,不得不和,不得不在停战协定上签字。""我们在这三年中,经常为你们的英雄事迹所鼓舞,经常学习你们的爱国主义和国际主义的模范行为。现在祖国大建设业已开始,我们怀着崇敬的心情向你们学习,我们将在自己的岗位上,努力工作,和全国人民一起,在共产党和毛主席领导下争取社会主义社会的早日到来。"①

8月,山西大学教育工会又发出致朝鲜人民军的一封信。信中说:"我们以无比兴奋的心情,祝贺英雄的朝鲜人民军在争取民族独立自由的正义战争中获得了光辉的胜利!我们和全世界进步的人们一道向你们为亚洲和平而作的卓越贡献致以衷心的谢意!"信中指出,朝鲜停战协定的签字是"争取和平正义事业的伟大胜利",是"疯狂的侵略者在实力政策破产和恐吓讹诈手段失效以后才不得不低头接受的一次停战"。信中称摆在朝鲜人民面前的任务,一方面是医治战争创伤,重建家园,另一方面也要提高警惕,严防敌人蠢动。信中强调:"我们坚信,英雄的朝鲜人民和朝鲜人民军定会圆满地完成这一艰巨任务。中国人民无论在过去、现在和将来,永远是和朝鲜人民紧密团结在一起,并肩作战,打击帝国主义的任何侵略的!""朝鲜人民的勇敢勤劳、艰苦卓绝的战斗精神,不但教育了我们的战士,也教育了全中国人民。朝鲜人民的英雄事迹,大大加强了我们对祖国的热爱和保卫世界和平的意志。我们深以有这样的邻邦而感到光荣和骄傲!"信中表示:"我们愿尽一切可能帮助朝鲜人民迅速地医治战争创伤,重建起和平的生活,尤其在文化、教育事业上。""我们是教育工作者,我们愿为促进中朝两国的文化教育事业而共同努力。我们坚信:这一伟大的友谊,一定会在毛泽东主席和金日成将军的英明领导下,充分得到发展,取得更加辉煌的成就!中朝人民战斗友谊万岁!"②

同时,教工会对志愿军伤病员及烈军属进行了三次慰问、两次捐款,捐款数达63973501元(旧币),被慰问军人数500人,烈军属81家。慰问后,老志愿军深感社会

①《山西大学百年纪事》,中华书局2002年版,第350页。
②《山西大学百年纪事》,中华书局2002年版,第352页。

对他们关怀与热爱,并表示要安心疗养,早日恢复健康。还有的老志愿军在住房与工作方面有困难,教育工会及时向政府反映并使这些问题得到了解决。给志愿军的一些信件寄不走,工会就介绍到抗美援朝分会,代为转寄。这些贴心的工作感动了很多军烈属,有的说:"每逢过节,就盼望着山大的同志们来。"

山西大学教育工会代表山西大学全体师生员工对中国人民志愿军和朝鲜人民军的真诚歌颂和礼赞,也得到了朝鲜战场前线的积极回应。1953年10月20日,学校召开第137次常务委员会会议,主持会议的赵宗复副校长向大家报告,朝鲜前线志愿军来信,称他们已经收到了来自山西大学的慰问品及慰问信。志愿军的回信极大地鼓舞了山西大学广大师生员工,使广大教职员工深感荣幸和自豪。会后,教育工会刊登板报,登载了志愿军的回信内容。[1]

在轰轰烈烈的抗美援朝斗争中,山西大学教育工会以昂扬向上的斗争姿态带领广大师生员工投入到反帝斗争中,书写了山西大学矢志报国的壮丽篇章,为抗美援朝的胜利作出了积极贡献。

(二)在"三反"、"五反"运动中

1952年,在抗美援朝斗争进行的同时,中共中央又在全国范围内开展了一场"三反"、"五反"运动。1月1日,毛泽东在元旦团拜会祝词中号召全国人民和工作人员:一致起来,大张旗鼓地,雷厉风行地开展一个大规模的反对贪污、反对浪费、反对官僚主义的斗争,将这些旧社会遗留下来的污毒洗干净!随后,全国政协、中共中央先后发出了在各界人士与宣传文教部门开展"三反"运动的指示,全国性的"三反"运动开展起来。同时,为了打击不法资产阶级分子的破坏活动,中央又发动了以反对行贿、偷工减料、偷税漏税、盗骗国家资财、盗窃国家经济情报的"五反"运动。"三反"、"五反"运动交织进行,成为新中国为巩固新政权而进行的两次重要的政治运动。

1月8日,太原市召开"三反"斗争大会后,山西大学的"三反"运动大规模开展起来。副校长赵宗复、秘书长武汝扬多次给全校师生员工作报告,并带头大张旗鼓地在各院系展开了自我检讨,揭露检举有关贪污盗窃、浪费、官僚主义等现象。学生因从1月14日起开展"三反"运动,以致学期考试未能举行,最终以期中考试及平时成绩为期终成绩。至月底,共查出浪费与损失国家资财3.5亿元(旧币),揭发贪污教员

---

① 《山西大学百年纪事》,中华书局2002年版,第355页。

3人、职员41人、工友34人、学生26人。[①]

工会系统的"三反"运动也紧锣密鼓地开展起来。3月16日,《山西日报》全文刊登了《中华全国总工会关于进一步开展"三反"运动的指示》,文章指出,"工会系统的问题是严重的",要求全国的工会系统进一步认真开展"三反"运动。[②]根据总工会的指示,结合山西大学的具体情况,山西大学教育工会在学校师生中积极开展了"三反"、"五反"运动。5月10日,赵宗复在校本部大礼堂为全校1800名师生员工作《关于进行"三反"运动思想批判》的动员报告,要求在"三反"运动结束的时候,来一次思想批判,主要目的是要对"三反"、"五反"、"资产阶级思想"取得一个正确的认识,进一步划清界限,包括思想、行为、关系上,都必须交代清楚。当月,全校各院系师生员工进行了思想批判、交代关系与民主补课,在思想上均有了不同程度的提高。校长邓初民也向全校师生员工指出:"反贪污、反浪费、反官僚主义运动就是一种最切实最彻底的思想改造运动。主要的力量是依靠群众,把群众发动起来,但也要有正确的领导,把自上而下与自下而上的群众运动结合起来。不仅限于学校行政系统方面,而且包括教学系统方面;不仅包括反贪污、浪费、官僚主义方面,而且包括处己、处人、处事方面之最低准则方面,都来一次彻底的清算。"[③]

在声势浩大的"三反"、"五反"运动中,山西大学工会团结和发动广大教职工,揭露和批判了工会组织内部和教职工中的贪污、浪费和官僚主义行为,端正了学校风气,防止了资产阶级腐朽思想对学校师生员工的腐蚀渗透,为新中国成立初期的山西大学营造了风清气正、安定有序的良好局面。

此外,1953年,全国又开展了以反对官僚主义、命令主义、违法乱纪为主要内容的"新三反"运动。1月5日,中共中央发出《关于反对官僚主义、反对命令主义和反对违法乱纪的指示》,指出官僚主义和命令主义在我们党和政府中是一个大问题,各级领导机关要在1953年结合整党、建党及其他工作,从处理人民来信入手,检查一次官僚主义、命令主义和违法乱纪分子的情况,并向他们展开坚决的斗争。同时要求,在反对坏人坏事的斗争到了适当阶段时,又要将好人好事加以表扬,使全党都向这些好的典型看齐,发扬正气,压倒邪气。

①《山西大学百年校史》,中华书局2002年版,第122页。

②《中华全国总工会关于进一步开展"三反"运动的指示》,《山西日报》,1952年3月16日。

③《山西大学百年校史》,中华书局2002年版,第123页。

根据中央指示，工会系统也立即开展了"新三反"运动。1953年2月26日，中华全国总工会向全国各级工会发出关于开展"新三反"运动的通知。通知要求，各级工会组织在此次斗争中，必须充分发扬民主，开展批评与自我批评，"不但要把工会本身的官僚主义、命令主义、违法乱纪的现象彻底揭发与纠正，而且有责任帮助行政管理部门揭发和纠正这些错误"①。也就是说，工会系统一方面要认真开展组织内部的"新三反"运动，另一方面也要积极主动地参与到相关行政机关的运动当中。

按照这一要求，山西大学教育工会认真开展了组织内部的"新三反"斗争，严肃地开展了批评与自我批评。同时，教工会积极参加到学校内部的"新三反"斗争中。由于学校与一般行政机关不同，按照上级指示，5月12日，学校召开第118次常务委员会会议，提出不宜将行政机关反对官僚主义的办法用到学校，在学期当中一律不开展此种斗争，以免影响教学工作正常进行和避免可能发生的混乱现象。会议决定，学校可在适当时期内抽出五天到十天时间总结学校工作，在行政领导上，在教师职员当中开展批评与自我批评，克服官僚主义及其他错误的工作作风，以求加强团结，改进工作，提高教学质量。应当说，学校的这一安排部署，紧紧围绕学校中心工作，考虑到了高等院校和一般行政机关的差异，在不影响学校日常教学科研工作的前提下开展运动，符合山西大学的实际，得到了广大教职员工的拥护和支持。

（三）对教职工思想的改造

在"三反"、"五反"运动不断走向深入的过程中，山西大学对教职工的思想改造也逐步展开。思想改造运动，是高校知识分子的自我教育和自我改造运动，也是帮助广大高级知识分子摒弃封建的、买办的、法西斯的思想，初步树立起为人民服务的新民主主义思想，以巩固新生的人民政权的重要手段。教育工会作为学校教职工自发组织的群众性组织，是高校党政组织联系群众的桥梁和纽带，本身就担负着维护教职工权益、改造教职工思想的任务，因而在思想改造运动中同样发挥着不可替代的作用。

1952年5月23日，中国教育工会山西省工作委员会发出《为开展思想改造给全省教师的一封信》，信中指出："我们要以工人阶级主人翁的姿态，以饱满的精神，以百倍的勇气和信心，来迎接这一伟大的运动。各级工会组织，应把领导这一运动，当

①《中华全国总工会通知各级工会开展反对官僚主义的斗争》，《山西日报》，1953年2月28日。

作自己的中心任务。"①这封信向全省的教师提出了思想改造的明确要求,也指出了工会组织在这次运动中的地位和责任。6月14日,山西大学教职员生思想改造委员会成立,校长邓初民任主任委员,副校长赵宗复为副主任委员,严开元等为委员,下设办公室,由人事科长李光清任主任,学校教工会也有代表参加。根据省政府《关于大中小学教职员暑假集中思想改造的指示》,6月16日至7月15日,学习方法以自学为主,结合必要的报告进行讨论。学习初期,学校组织思想改造委员会委员、思想改造办公室工作人员、小组长等先学习了《山西省人民政府关于大中小学校教职员暑假集中进行思想改造的指示》《中共中央关于领导方法的决定》,以及刘少奇《论党》中关于群众路线的论述,使这些干部在思想上、工作方法上有了提高,掌握了领导大家的学习方法。

这一阶段,学校通过讲解、自学、讨论、交换心得等方式学习了中央和省里重要文件,端正了学习态度,为进一步思想改造做了准备。在这一过程中,山西大学教工会积极组织、宣传、引导,参与到学校教职员生思想改造委员会的工作中,将思想改造作为这一阶段工作的中心和重点,向广大教师介绍中央和各级党组织的方针政策,鼓励大家放下思想包袱,运用阶级分析方法,划清敌我界限,自觉检查每个人在新中国成立后历次政治运动中的表现与思想状况,成为学校和教师沟通交流的重要桥梁和纽带。在教育工会的引导和教育下,学校教师以工人阶级主人翁的姿态,主动融入工人阶级队伍,联系教学实际检查自己的旧的教学思想、教学观点以及教学中存在的问题,批判了封建的资产阶级的思想,初步树立了为人民服务的思想。需要指出的是,这次运动,自始至终是通过自我教育、自我改造的形式进行的,教职员生都感到十分舒畅,大家再一次对自己三年来的思想作了总结,放下了包袱。山西大学思想改造成果的取得,与教育工会穿梭在学校党政机关和教职员工之间,从事的大量艰苦细致工作是分不开的。

(四)积极开展劳动竞赛,落实过渡时期总路线

1952年底,伴随着国民经济的恢复和新中国政权的巩固,为加快国家从新民民主主义社会向社会主义社会过渡,中共中央提出了社会主义过渡时期总路线。它的基本内容是:要在一个相当长的时期内,逐步实现国家的社会主义工业化,并逐步实现国家对农业、手工业和资本主义工商业的社会主义改造。为了贯彻总路线,动员全

---

① 中国教育工会山西省工作委员会:《为开展思想改造给全省教师的一封信》,《山西日报》,1951年5月23日。

国职工积极投入到大规模的经济建设中,1953年5月召开的第七次全国劳动大会提出工会在国家建设时期的基本方针和任务是:在中国共产党的领导下,联系并教育工人群众,不断地提高工人群众的觉悟程度和组织程度,巩固工农联盟,团结各阶层人民,积极地完成国家建设计划,并在发展生产的基础上,逐步改善工人阶级和全体劳动人民的物质生活与文化生活,为逐步实现国家的工业化与过渡到社会主义社会而斗争。[①]

根据总路线的要求,国家制订了国民经济发展的第一个五年计划(1953-1957)。这个计划的制订与实施,迈出了我国社会主义工业化道路的第一步,也给全国工人阶级指明了奋斗的方向。"一五"期间,全国各地的工人阶级广泛开展了以"增产节约"和"技术革新"为内容的劳动竞赛。[②]1953年1月,全国总工会七届三次主席团会议通过《关于把劳动竞赛向前推进一步的决议》,提出在劳动竞赛中要努力把体力劳动同科学技术结合起来。9月,中共中央向全国工人阶级发出了开展增产节约的社会主义劳动竞赛的号召。随后,全国总工会也发出《关于进一步开展增产节约劳动竞赛,保证全面地完成国家计划的紧急通知》。

这一时期的劳动竞赛有两个明显特点:一是注重改进生产技术和劳动组织,改变过去简单的偏重于加强劳动强度和生产上的盲目性、突击性现象;二是把增加产量、降低成本、改善操作条件、注意生产安全、提高企业管理水平等列为竞赛主要内容,克服了过去片面追求产量的倾向。

山西大学教育工会认真组织学校职工开展劳动竞赛,在工作中注意结合高校的实际情况,产生了一些先进的生产技术和工艺,更加有效地服务学校教学、科研及各项中心工作。在实践中,食品小组与工厂小组发明了多刀切馍机,工作效率提高30倍;工厂小组还发明了电动刨温暖木机,有效改进了工作方法。这些成果的取得,展现了山西大学工人阶级中蕴藏的巨大积极性和创造性。

山西大学教育工会是在新中国成立后工会组织得到迅猛发展,特别是在全国教育工作者工会代表大会胜利召开的情况下,充分整合学校其他群众组织后对山西大学职工会的继承和发展。成立伊始,教工会就积极参与到学校日常事务的管理中,

---

①王建初、孙茂生主编:《中国工人运动史》,辽宁人民出版社1987年版,第362页。

②到1954年,由于全国总工会决定开展全国范围内的技术革新,以提高技术、改进技术、学习和掌握新技术为内容的群众性技术革新热潮在全国迅速掀起,涌现出了众多先进技术和先进人物,因而1954年后的劳动竞赛主要以开展先进生产者运动为主要内容。

维护了广大师生员工的切身利益,在学校的恢复重建、行政调整和教学改革中都发挥了重要作用。同时,学校教工会认真贯彻中国共产党的方针政策,把自身发展与国家命运紧密结合,为巩固新生的人民政权不懈奋斗。在抗美援朝运动中,教育工会充分发动教职员工,深入揭批美帝国主义的罪行,鼓舞了教职员工的爱国热情。在"三反"、"五反"和知识分子思想改造运动中,积极进行对广大师生员工的组织、引导、宣传、发动,成为党政机关和教职员工的桥梁和纽带,做了大量工作,取得了突出成绩。

总之,新中国成立初期的山西大学教育工会,是学校党政工作的重要助手和有益补充,在学校重大事件和决策中发挥了建设性作用,为保持新中国成立初期山西大学的政治稳定、思想稳定作出了贡献,为山西师范学院时期的工会工作积累了经验,打造了队伍,奠定了基础。

第二章　师范学院时期的工会工作

1952年5月，中央教育部明确提出全国高等学校院系调整原则和计划，决定取消大学中的学院，使高等学校的内容和形式按大学、专门学院及专科学校三类分别调整充实。到1952年底，涉及全国四分之三的高等院系调整基本完成。1953年，原山西大学的师范学院和理学院合并重组，改制为"山西师范学院"。这次全国高等教育院系调整对山西大学产生了巨大影响，使山西大学失去了昔日在国内乃至国外的重要地位和影响，是山西大学发展史上一个重要的转折点。

一、学习总路线和执行"一五计划"

为了实现我国由新民主主义向社会主义的转变，中国共产党在1952年12月提出了过渡时期的总路线。为了贯彻党在过渡时期的总路线，动员全国职工积极投入大规模的经济建设，全国总工会于1953年5月在北京召开了中国工会第七次全国代表大会，提出工会在国家建设时期的基本方针和任务是：在中国共产党的领导下，联系并教育工人群众，不断地提高工人群众的觉悟程度和组织程度，巩固工农联盟，团结各阶层人民，积极地完成国家建设计划，并在发展生产的基础上，逐步改善工人阶级和全体劳动人民的物质生活与文化生活，为逐步实现国家的工业化与过渡到社会主义社会而斗争。[①]

（一）全国高等教育的院系调整

山西大学作为1902年建校的三所国立大学之一，有着久远的办学历史，在20世纪初曾享誉海内外。1949年4月，成长在新中国怀抱中的山西大学经过扩充调整，共设有5个学院、18个系和6个专修科。1952年以前的山西大学，有文、理、医、工、法5个学院，是当时国内办学规模较大、学科门类齐全、办学水平较高的高等院校之一。

1952年至1953年，国家本着发展为经济建设发展所迫切需要的学科专业，予以

---

①王永玺等：《简明中国工会史》，中国工人出版社2005年版，第122页。

山西大学部分校、院领导合影(1953年)

分别集中或独立,建立新的专门学院,使之在师资、设备上更好地发挥潜力,在培养干部的质量上更符合国家建设需要。决定基本取消原有系统庞杂的、不能适应培养国家建设干部需要的旧制大学,改造成为培养目标明确的新制大学,将原来设置过多、过散的摊子,予以适当集中,以便整顿。①此即影响全国高等教育发展格局的"院系调整"。

根据这一部署,山西也进行了规模较大的院系调整。在调整中,虽然山西省的高等教育基础十分薄弱,但山西大学作为全省仅有的一所综合性大学却被列为条件庞杂、不能适应培养国家建设干部的旧制大学,进行了彻底的调整与改造。1952年,先是医学院从山西大学分离,独立建立"山西医学院",山西大学财经学院被划归并入中国人民大学;1953年,工学院冶金工程系划归并入北京钢铁学院(今北京科技大学),纺织工程系和采矿工程系划归并入西北工学院(今西北工业大学)。所余机械工程、电机工程、土木工程、化学工程4个系,分设为机械制造工艺、工业与民用建筑、无机物工学、发电厂电力网及电力系统4个本科专业和机械、土木两个专修科,独立建为"太原工学院"。师范学院、理学院合并重组,改制为"山西师范学校"。至此,一所学科门类齐全、规模宏大、具有较强办学实力的综合性大学被调整分解为独立设置的3所专门学院。

1953年9月11日,中央人民政府高教部、教育部发给山西大学公函:"关于你校工学院、师范学院分别独立及财经学院并入中国人民大学的调整方案,业经报请政务院政务会议通过……你校工学院独立后,定名为'太原工学院',师范学院独立后定名为'山西师范学院'。"②至此,山西大学的院系调整基本结束。

①赵存存:《山西大学之变——上世纪50年代山西高等教育的"院系调整"》,山西大学百年校庆宣传资料。

②《山西大学百年校史》,中华书局2002年版,第148页。

1954年,山西师范学院主体工程基本完工,师范学院迁往太原市南郊坞城路新址,即现在山西大学校址。调整后的山西师范学院由中央人民政府教育部统一领导,由华北行政委员会教育局及山西省人民政府分层管理,旨在培养具有马克思列宁主义基本知识与观点、共产主义道德品质、高度文化与科学水平和教育专门知识与技能、强健的体魄,全心全意为人民教育事业服务的中等学校师资。山西师范学院实行院长负责制,在院长领导下,设院务委员会,每学期开三次会,必要时召开临时会议。系科设置有中国语文系(科)、历史

山西师范学院校门(1957年)

系(科)、教育系、俄语系(科)、数学系(科)、化学系(科)、生物系(科),理化科(后改为物理系)、地理科、体育科共7系9科,本科修业4年,培养高等中等学校师资;专修科修业2年,培养初级中等学校师资。各系科设教研组16个、教学小组6个、教学互助小组3个。山西师范学院工会也随学校各部门迁至新校区,开始顺利开展各项工作。

这次的院系调整是我国高等教育史上的一件大事,它对于改变旧中国高等教育区域分布不平衡,改善高等教育结构,形成与国家经济建设相适应的高级专门人才的培养体系起了很大的作用,一定程度上促进了高等教育的发展,规模有所扩大,效益有一定提高,还初步形成了我国高等教育的办学模式。从全国"一盘棋"的大局看,是有得有失,得大于失,同时也正如高等教育部认识到的:"也存在一些缺点,主要是由于要求过高过急,有些院校独立过早,摊子摆得太多。"联系山西省的实际情况,这次院系调整对山西大学以后的发展、地方建设人才的培养,乃至社会、经济的长期发展,形成了不可估量的影响。

(二)第一届工会基层委员会及其工作

1953年5月,中国工会第七次全国代表大会在北京召开,这次大会总结了全国

第六次劳动大会以后,特别是中华人民共和国成立以后国民经济恢复时期的全国工会工作的经验,确定了有计划的经济建设时期的工作的任务是:团结全国人民,积极地完成国家经济建设计划,为逐步实现国有的工业化和过渡到社会主义社会而斗争。教育工会作为教师的代表,在新中国成立初期其主要任务就是领导教师同资产阶级作斗争,教育工会自成立之初就有着严重的政治化倾向,这对其后来的发展有着重大影响。而随着我国教育工会第二次全国代表大会的召开,教育工会越来越多地履行政府组织的职能,与政治紧密联系,工会组织实际上享受着政党或政府组织待遇。

1954年1月16日,山西师范学院工会召开会员大会,选举产生了院工会第一届基层委员会,主席为严德浩。①这一时期,随着计划经济体制的确立和国家及社会事务泛政治化的强化,社会成员的一切经济权益由政府计划调节,客观上使教育工会的作用主要表现为政治需要。

9月10日,新生入学,山西师范学院学生会与教工会联合主办了迎新联欢晚会,会上,工会主席严德浩在致辞中说:"通过这个晚会,表达学生会和教工同志对全体新来同学和新来教工的由衷和热烈的欢迎,也想通过这个晚会,取得经验,以便今后大力开展文体活动,使得我们全院的同学和教工同志,在这优美的最高学府,能够更加愉快地学习、工作和生活。……我们学校在党和行政的正确领导下,日益发展,我们热烈欢迎我们的新伙伴和新战友,有了你们的到来,我们大家紧密团结,努力学习和工作,尊师爱生,将把我们的学校建设得更好、更美丽。亲爱的同学们,祝你们通过学习,将来成为具有马列主义的基本知识和观点、共产主义的道德品质、高度的文化与科学水平和教育的专门知识和技能的全心全意为人民教育事业服务的优秀人民教师。亲爱的教工同志们,在我国教育界面前,在进行马列主义和毛泽东思想的这种条件下,才能很好地完成这个任务。祝你们在教学工作中取得辉煌而伟大的成就!最后,敬祝大家全体身体好、学习好、工作好,在总路线灯塔照耀下,胜利前进!"②

9月28日,山西师范学院党总支成立并举行总支与分支选举大会,工会主席严德浩代表工会发言指出,党是工人阶级的先锋队,教工是工人阶级的一部分,工会是

---

①严德浩(1913—1994),广西桂林人。在1953年至1960年曾担任三届山西师范学院工会基层委员会主席,曾任山西师范学院、山西大学化学系教授、系主任。

②讲话摘自严成镭所提供的严德浩《工作杂记》手稿。

工人阶级的群众组织,只有在党的领导下,工会才能胜利完成各项任务。在工会的工作中,也充分地获得了证明:工会所获得的日益扩大的成绩,皆是学校党密切关心、万分爱护、英明领导的结果。同时严德浩代表工会向党提出五项保证:必须在教工同志中,不断地进行阶级教育,宣传马克思列宁主义,宣传毛泽东同志关于中国革命的学说,不断地提高工人群众的阶级觉悟;必须尽最大的努力,团结全体教工,充分发挥全体教工同志的积极性和创造性,为胜利完成学校的行政计划而奋斗;必须对教工同志加强共产主义教育,提高教工同志的觉悟程度,并采取批评与自我批评的方法去克服各种工作中的缺点和错误,遵守劳动纪律,提高教学质量和工会质量;必须经常地关心教工同志的生活,按照需要与可能,逐步改善教工同志的物质文化生活和工作条件;必须密切联系群众,把教工同志团结在中国共产党的周围,使工会成为党联系群众的桥梁。[①]

随着山西师范学院的发展壮大,教工人数由340余人增加到450余人(包括非编制人员在内),分三批共有72位教工加入工会。在入会时,教工会都组织会员学习了工会章程及中国工会第七次代表大会重要文件,会员通过学习,首先认识到作为工人阶级的光荣与任务的重大,也初步明确了工会的性质与任务,有效地减少了对工会的错误认识。到1954年1月底,工会会员共发展到383人,占教工总数的85%,按工作性质共分编了29个小组。这一阶段共组织了6次小组活动,3次进行工作检查,2次学习讨论,1次文体活动。小组活动内容由院党委及院行政负责人在研究后及时向小组布置下去,避免了临时乱抓的情形,小组干部事先进行准备,并通过小组活动,使教工在不同程度上提高了思想觉悟,改进了工作。

教工会配合院党委及院行政组成理论学习办公室,并参加办公室工作,在整个学习过程中,教职员工分阶段分组开展了两次讨论会,许多教工联系实际批判了个人在教学中的资产阶级观点,并表明了态度,决心通过理论学习,提高觉悟,进一步搞好岗位工作。虽然学习时间短、内容多,但全体教工对学习很重视,学习情绪非常高涨。通过学习中国共产党三十多年来的经历,教工的思想觉悟水平和搞好工作的信心得到了不同程度的提高。在全国一致反对美蒋签订所谓《共同防御条约》的运动中,教工按小组分别召开了座谈会,全体教工一致表示拥护周外长声明,反对美蒋《共同防御条约》。全院教职工都认真地学习和讨论了世界和平理事会为禁止使用

---

①《山西大学百年纪事》,中华书局2002年版,第373页。

大规模毁灭性武器的《告全世界人民书》，并在上面签上了自己的名字，教职员工总签名数共为459人，占教工总数的98.7%。全院教职员工共认购了1955年度国家经济建设公债7216万元（旧币），其中历史系教授许防如同志一人便认购200万元。图书馆职员康一鹏同志把自己平时省吃俭用的约合本人两月工资的110万元都买了公债。另外还有许多同志都积极地认购了公债。①

因迁院，职工业余学校至10月初才开始上课，又由于中途电路发生故障，停课3周，因此实际只上了8周课。最初有学员240多人（包括附近学校职工及近村农民在内），业余学校教员大多数是各系科较优秀的学生担任，经过两个多月的教学，在提高职工文化水平方面取得了一定成绩。有许多学员反映，经过两个月的学习后，文化水平有了明确的提高，特别是各兄弟学校职工反映，由于职工业余学校吸收他们参加学习，解决了他们单位因人少不能办学的困难，对此他们感到十分高兴，并对教员的教学感到满意，还多次向夜校提出改进意见。但由于业余学校干部水平较低，因此夜校工作上还存在着许多缺点。首先是制度不够健全，与其他单位联系较少，许多学员没能坚持到课；其次对任课教师了解帮助不够，致使个别教师在教学上不够负责，影响了教学质量。

教工板报在配合院行政保证完成教学任务、提高教工共产主义觉悟水平方面是起了很大作用的。通过板报的宣传，如在开展对《红楼梦》研究的批判讨论时，板报曾几次报道了这一活动的动态，向教工指出了开展这一批判讨论的重要性，并号召教研组结合思想及工作实际，广泛开展对《红楼梦》研究中错误观点的批判讨论，以改进教学。其次，在调薪及进行工作量试算工作上，也通过板报进行了报道，并号召教工正确地认识、对待这些工作。

由于院址离市区较远，教工对文体活动要求更为迫切，而事实也说明开展文体活动对搞好教学工作是有着重要关系的。在添置了一批文体活动用具的同时，还经常组织舞会，进城看电影、戏剧，并聘请新的晋剧团及山西大众蒲剧团在山西师范学院演出两次。在新年晚会上，教工演出的红绸舞及诗朗诵，获得了全院好评；开展了工间操，并参加了分区教工广播操表演、篮球比赛及全院的田径运动会。广大教职工由于参加了体育锻炼，身体逐渐健康起来，能够精力充沛、愉快地完成各项工作任务。但一方面由于工会工作还没有充分发挥群众力量，因此文体活动开展得不够经

---

①《山西师范学院第一届教工委员会工作总结报告》，1955年6月，山西大学档案馆。

常与平衡;另一方面文体活动的物质条件依然不足,客观上限制了群众参与文体活动的广泛性。在图书方面,除添购了一批文艺、政治书籍外,还添置了大批连环画册(小人书),这些连环画册成了教职工及家眷普遍心爱的读物,每日借阅人数相当多,收到了良好效果。

教工会为了配合院行政培养新师资的计划,对助教的教学工作作了一些了解,特别是助教在教学上存在的问题及对学校方面的一些意见及时反映给教务处,组织座谈会,讨论交流了克服忙乱现象的办法及经验,以作为改进工作的根据。为了提高教师的教学水平,将《中国人民大学教学方法》翻印出来发给各教师,每人一份,并将上级工会发给的《教工学习》分发各组学习,受到了教工的欢迎。配合关于工作量制度的学习及评薪工作,业务部同志曾参加了工作量的计算工作,协助院行政搜集了各系、科的情况,并通过参加评薪代表,反映了各系、科情况。评薪后曾组织了升等晋级助教座谈会,通过座谈鼓励升等晋级的助教同志继续努力,争取更大成绩。组织了一次各教研组主任关于《红楼梦》研究的讨论批判会,并聘请山西师范学院马列主义教研组副主任张伊林及历史系讲师乔志强出席了市教育工会举办的关于《红楼梦》研究问题座谈会,通过座谈会对批判教学工作中的资产阶级观点起了一定作用。

互助会会员发展到274人,但财务问题十分严重。在1954年5月份新旧交接时,积累会员互助金共29130200元(旧币),另有互助基金4743000元(旧币),但会员借款总数有34820000元(旧币),除把互助费及福利基金全部借出外,尚欠工院工会946800元(旧币)。这是因为有很多会员借款后不按期还款,甚至有个别会员拖欠借款达一年之久。从5月至9月借出款回收少,会内经常没有存款,因此造成许多紧急需款的会员借不到款,会员对互助会非常不满,互助会失去了互助作用。根据以上情况,10月份经过工会基层委员会会议研究,并向各小组布置,利用小组活动时间,对存在的问题广泛展开了群众性的讨论,对无故不还欠款的会员进行批评,并提出了改进意见,使同志们从思想上首先对互助会有一个明确认识,然后改进了借款办法,严格了制度,在院行政大力支持下,委托财务科代从借款会员薪金按个人还款计划扣还借款。这样,在11月、12月两月内,共收回借款1959万元(旧)。12月底会员存款增至2079万元(旧),除了保证急需用款的会员能随时借到款以外,在并不影响借款的条件下,还抽出一定款项举办了一些集体福利项目。由于互助会情况完全好转,会员对互助会感到满意,互助会也真正发挥了集体互助的作用。[1]

福利事项及慰问病休教工及军烈属也是教工会的一项重要工作。教工会当时曾集体向百货公司分期付款购买了一批自行车、收音机及进口派立斯毛布120余米,从互助费内垫款购买了绒衣及自来水笔一批,解决了教工个人购买的困难;中秋节、新年、春节、元宵节通过书面及物质方式慰问军烈属及病休教工,在安慰病休教工心情、鼓励其安心休养恢复健康方面起了一定作用。通过慰问军烈属,使他们更加感到大家庭的温暖,鼓舞了其教学及工作情绪;另外,还补助了两位非行政编制内经济特殊困难的女教工共35万元(旧),及时解决了他们的生活困难,给幼儿园托儿所孩子们添购了10万元(旧)书籍。[2]

1954年9月20日,《中华人民共和国宪法》第一届全国人民代表大会第一次会议通过,共4章106条。这是中华人民共和国的第一部宪法,是在对新中国成立前夕由全国政协制定的起临时宪法作用的《共同纲领》进行修改的基础上制定的。在学习宪法草案时,请苏贯之副院长根据眷属中存在的一些思想问题,做了关于宪法草案的报告,解决了教工一些疑问。迁院后把眷属分成了4个组,选出了组长,开展了经常的读报及其他工作,在工会的领导及一些积极分子的带动下,对提高家属思想觉悟、搞好家务工作上帮助很大。

(三)第二届基层委员会及其工作

1955年3月3日,山西师范学院召开全体工会会员大会,大会上选举产生了第二届基层委员会主席及各部委委员。主席严德浩;副主席常风、李呈俊;组织部长田佩冉,委员任茂棠、李春荣;宣传部长李呈俊(兼),副部长卢赞卿,委员马兆丰、辛治华、陈育信、李连海;业务部长常风(兼),副部长乔志强,委员吴国庆、冯月冬;福利部长田润霖,副部长窦之锦,委员阎国杰;女工部长李树兰,委员杨立杰;财务委员会主任柴作梓,秘书贺雄年。

会上,工会主席严德浩作了讲话,代表第一届基层委员会对一年来所做工作进行了总结[3]:第一届基层委员会是在1954年1月16日产生的,1953年8月下旬,山西师范学院迁到许坦,工会也开始单独工作。第一届基层委员会所做的主要工作,有

---

① 《山西师范学院第一届教工委员会工作总结报告》,1955年6月,山西大学档案馆。

② 《山西师范学院第一届教工委员会工作总结报告》,1955年6月,山西大学档案馆。

③ 摘自严成镭提供的严德浩《工作杂记》手稿。

下面六项：

首先，吸收新会员并进行会章教育。随着山西师范学院的发展扩大，教工人数显著增加，吸收新会员73人。现在会员总数是383人，占全院教工总数的85.1%，是当时全省高等学校工会中规模最大的一个。新会员都学习了教育工会章程及工会第七次全国代表大会重要文件，认识到工人阶级的光荣和任务重大，初步明确了工会的性质和任务，也有效地减少了对工会的错误看法。

其次，具体参加领导教工的政治理论学习及时事政策学习，初步向工会是共产主义的学校这一伟大目标迈进，来为会员谋取最大的福利，提高工人阶级的觉悟水平。教职员政治理论学习已进入系统化和经常化阶段，学习情绪饱满。全体教工一致坚决拥护反对美蒋《共同防御条约》的庄严声明，并决心以做好教学的实际行动来声援，在反对使用原子武器签名运动中，全体教工都在世界和平理事会常委会告全世界人民书上庄严地写下了自己的名字。

再次，成立业务部，体现了高等学校教育工会的特点。根据"推动、保证、协助、配合"的八字方针，为具体的提高教育质量而努力是业务部工作的目标。业务部虽然刚刚成立，但在介绍学习苏联先进经验和吸收兄弟学校教学经验、组织讨论《红楼梦》问题、批判胡适的反动的实验主义、检查教学中的资产阶级观点、及时反映教工的教学情况、参加工作量的计算等方面，都起了不同程度的作用。

第四，继续开办职工业余学校，并吸收附近学校职工和农民参加，学院最多时达到240余人。许多学员的学习兴趣是高涨的，而且文化水平有显著提高。特别是兄弟学校职工和农民学员反映，由于师院职工学校吸收他们学习，为他们单位解决了人少不能办学的困难。

第五，大力开展文体活动，促进教工的健康和丰富文化生活。经常演电影，举办

20世纪50年代，山西大学春季教职工运动会

舞会,除组织进城看电影和观剧外,也邀请剧团来院演出。在职工中,开展了工间操活动,曾参加分区职工广播操表演、篮球比赛和举行全院的田径运动会。陆续购置了大批的书和体育器材。在新年晚会上,教工演出的红绸舞及诗朗诵,获得了全院好评。连环画册成为教工、眷属工作余闲时的心爱读物。

第六,整顿互助会,改善借款办法,严格制度,保证了会员的正当或紧急需要。

1955年9月10日,《人民日报》发表社论《加强党对工会工作的领导》,提出:"必须加强党对劳动竞赛的领导;党必须运用工会组织巩固劳动纪律;党必须运用工会组织,经常了解职工群众的生活状况和思想状况,了解职工群众的情绪和要求,并且要热情地关怀职工群众的物质、文化生活;党的各级组织必须注意发挥工会组织对国家机关和经济机关的群众监督作用。工会的这种自下而上的群众监督,是发挥群众积极性,克服国家机关、经济机关中的官僚主义所绝对必需的,任何取消或削弱工会的这种群众监督作用的想法和做法都是错误的;党的各级组织必须重视工会组织在社会主义改造事业中的作用;党的各级组织必须通过工会经常向职工群众进行工农联盟的教育,农村党的组织也要经常向农民群众进行工人阶级和共产党的领导作用的教育;党的各级组织还必须注意工人阶级和工会组织的阶级纯洁性。"①

11月9日,山西师范学院工会基层委员会集体学习了这一文件精神,把做好教工思想工作放在首位。搞好教工政治理论学习,继续提高教工马克思、列宁主义思想觉悟水平,搞好教工的团结、时事政策学习。在教工中继续以马列主义业余大学的形式学习马列主义基础第一至八章,工会除派人协助行政搞好马列主义业余大学办公室工作外,并通过组织活动批判轻视政治理论学习的思想倾向,使教工认识到政治理论学习的重要性,端正学习态度,从而认真学习,深入钻研,逐步掌握马列主义思想、观点、方法,并体现在教学工作中;配合院党委与院行政在教工中开展批判资产阶级唯心主义思想观点的学习和讨论,通过对资产阶级主观唯心主义具体人物的批判,初步认识资产阶级唯心主义的反动本质,从而联系实际,努力学习马克思唯物主义,逐步清除在教学中的资产阶级唯心主义观点,以改进教学方法,提高教学质量。工会除配合院党委及院行政组织教工开展这一工作外,并及时地介绍与印发一些有关文件,帮助教工参政学习;通过政治理论学习,在思想觉悟提高的基础上,密切新老教师的关系,增进教工的团结,以发挥集体互助的积极作用;组织教工学习时

---

① 《加强党对工会工作的领导》,《人民日报》,1955年9月10日。

事政策,扩大教工眼界,使大家关心国内外时局的变化,了解党每一个时期的号召及政策,提高教工爱国主义思想觉悟,从而使其为支援社会主义建设更努力地工作;在教工中以小组为单位进行时事抽测,了解教工对时事政策学习的情况,并有效地推动了这一工作的开展。[1]

政选基层,明确分工,建立健全会议汇报制度,调整小组,发展组织,加强对小组的领导及对教工思想情况的了解及教育工作。教工会各委员明确分工,实行了责任制,并建立健全了一些必要的会议报告制度,实行每月一次基层委员会,每两周一次接头会,每周一次主席会议,每两周一次小组会,定时向工会主席汇报工作中的问题并研究解决方法,以推动工作的顺利开展;基层委员会深入群众,协助院党委和院行政真正掌握教工的思想情况,通过院刊板报、组织活动及其他方式表扬好人好事,教育提帮助较落后同志,全面搞好工作,达到了集体进步。

配合院行政组织教工学习苏联先进教学经验,提高教学质量,改进教学,初步开展科学研究工作,培养新师资。动员教工学习苏联先进教学经验,并介绍、推荐有关文件,对学习苏联先进经验有显著成绩的教工予以推广、表扬。与院行政配合召开有关座谈会、报告会,交流学习先进的教学经验;配合院行政培养助教的计划,工会对新担任课的助教进行了解与帮助,及时向行政反映助教进修中的问题与情况,并教育助教向有经验的老同志虚心学习,努力提高自己的知识与业务水平,以满足国家对高等教育师资的需要。

大力开展文体活动,加强对职工业余学校的领导,以保证教学任务与工作任务的顺利完成。院工会聘请了群众中各运动项目的积极分子参加组织领导工作,

1954年,化学系教师李执芬被选派到苏联列宁格勒理工学院学习

按照工作性质、年龄组织了各种球队及戏剧歌舞队,目前已经相当活跃,广播操已经经常化,青年教师组织了锻炼小组,坚持了锻炼,老年教工每天至少参加广播体操一次,同时与院行政研究设立教工俱乐部;发挥教工板报的作用,利用板报报道学校中心工作,宣传党的政策,并介绍先进教学经验,表扬好人好事;委派专人加强对职工

①《加强党对工会工作的领导》,《人民日报》,1955年9月10日。

业余学校的组织领导和政治思想指导,建立了必要的制度,教学走上正轨,虚心听取教员及学员对业余学校的意见。结合学期考试对模范教员、模范学员予以表扬、奖励,鼓励其教学、学习情绪,以保证广大职工文化水平的迅速提高,更好地为教学服务;指定专人做好暑期教工的计划工作,以便教工能充分利用暑假时间休息好,为新学期教学做好准备工作。

工会互助会除了不断发展新会员,在严格规范借还款制度上取得了明显成效;在不影响借款的条件下,抽出一部分互助金为会员集体购买了一部分较贵的生活必需品,改善了教工会员的生活条件。

组织女工及家属学习妇幼卫生、家庭关系处理经验,并给眷属订了《山西日报》及一些杂志,方便了其政治及科学知识的自主学习;帮助教工与组织教育孩子,组织儿童从事有益的活动;在物质上对幼儿园、托儿所予以帮助,并对保育员在政治思想方面、提高工作责任感和专业知识的学习上予以教育和指导。

根据收好、管好、用好的方针,除加强对基层预决算的审查、执行与按季公布外,与组织部密切联系,对个别欠交会费的同志进行教育;与宣传部配合,根据需要及面向教学的方针添置必要的文体活动用具;定时检查工会财产的保管、节约及爱护工作。进一步加强了向院党委及上级工会的请示报告制度,及时争取院党委及上级工会的指导帮助,并加强学习每一时期的中心任务与指示,认真研究院行政的工作计划,并按工作性质具体分工,发挥与组织教工完成行政工作计划;加强集体领导,加强正副主席的工作研究,工会干部具体分工,深入基层,了解与听取群众意见,帮助群众解决存在的问题;加强工作的计划性,克服工作乱抓的盲目事务作风,定时召开各种会议进行汇报研究与检查、总结工作,并组织基层学习有关工会性质、作用、任务及工会业务的文件,提高干部工作能力;加强对小组长的领导教育与帮助,有计划地组织小组干部学习工会工作的文件,发挥小组干部的积极性、创造性,大胆放手地让小组长进行工作,并介绍先进小组的活动方法,以全面推进工会工作。[1]

参加全国先进工作者代表大会的化学系教授孙颖纯在做实验

---

[1]《山西师范学院第二届教工会工作总结报告》,1956年6月1日,山西大学档案馆。

1956年3月10日下午,山西师范学院基层工会代表大会召开,选举参加4月在在北京召开的全国先进生产者代表候选人会议,化学系助教孙颖纯、马列教研室助教陈绍兴、历史系主任许予甲当选。4月7日,孙颖纯当选山西省高等学校出席全国先进生产者代表大会代表,他在超过工作量的情况下积极工作,在领导工业化学实验、改进教学方法方面取得很大成绩。

二、在"向科学进军"的过程中

随着肃反运动的基本结束,第一个五年计划的实施,农业、手工业、资本主义工商业社会主义改造的完成,我国的社会主义建设掀起一个新的高潮。学校的各方面工作在独立建院的基础上,也开始进入一个新的阶段。

(一)中国共产党"八大"为工会发展指明了道路

1956年是个不平静的年份。国际上,苏共"二十大"揭露了斯大林的错误,造成社会主义阵营内部的混乱,波兰和匈牙利先后发生了罢工、骚乱事件,帝国主义乘机掀起了反共反社会主义的浪潮。在国内,社会主义改造基本完成以后,中国实现了由新民主主义到社会主义的转变,进入到社会主义初级阶段。面对国内外出现的新情况,中共中央开始积极探索中国自己的社会主义发展道路,工会各项工作也面临着新的挑战。

1955年11月,苏贯之副院长向全体师生员工作了关于全国文教工作会议精神的传达报告,指出:根据国家在过渡时期的总任务和发展国民经济第一个五年计划所规定的基本任务,根据文教工作当前情况,今后以提高质量为重点,有计划有重点地稳步发展,同时贯彻在地区分布上的合理布置和公私事业的统筹安排,使文教事业更有效地为经济建设和提高人民文化水平服务。院根据全国文教工作会议精神,制订了《1955-1956年度工作计划纲要》,提出了学校的总任务:在全面发展的教育方针下,努力改进教学,改进工作作风,健全各种制度。[1]在此同时,梁园东院长也向全体师生员工作了《掀起热烈学习五年计划的高潮》的报告,指出第一个五年计划是我们建设社会主义的行动纲领,是我们工作的总方向与总动力。建设社会主义的目的是要不断提高人民的物质文化生活,五年计划即是达到这个目的的具体步骤。对于师范学院师生来说,不仅要结合山西五年计划来进行工作,而且要培养建设干部,提高他们的社会主义觉悟,要学习苏联先进经验,掌握先进的技术,建设我们的国家。

---

[1]《山西大学百年校史》,中华书局2002年版,第400页。

山西大学师生抬着"向科学进军"牌匾游行

他号召师生投入到五年计划实施的高潮中去。

1956年1月，中共中央召开了关于知识分子问题的会议，周恩来代表中共中央作了《关于知识分子问题的报告》，毛泽东在闭幕式上作了重要讲话。会议要求各单位制订科技发展十二年远景规划，并向全国发出了"向现代科学进军"的伟大口号。

这个号召极大地鼓舞了全国人民和知识分子建设我们国家的热情。苏贯之副院长将参加知识分子会议的情况向全院师生进行了传达，指出党对科学文化工作和知识分子提出的要求是：坚决向科学进军，为迅速赶上世界科学先进水平而奋斗！通过社会生活实践、业务实践、理论学习，加强自我改造，以便成为马列主义的知识分子，四年内完成高等学校的教学改革工作，提高教学质量。为响应党的号召，学校按党对科技文化和知识分子的总要求结合山西师范学院的实际情况，开始制定院十二年远景的事业、科研、教学改革、培养计划等规划。除全院总计划外，教职员和行政干部也要制订一个规划。在制订计划与初步实施计划以及改善知识分子待遇，调动知识分子积极性，引导他们向科学进军的过程中，党组织与院行政做了以下工作：一是加强党的组织建设，调整行政机构与教学组织。二是改善知识分子待遇，为其创造适宜教学科研的环境。三是贯彻党的"百花齐放，百家争鸣"的方针，积极开展科研活动。

1956年9月，中国共产党第八次全国代表大会在北京举行。大会指出，社会主义制度在我国已经基本建立起来，国内的主要矛盾已经不是无产阶级同资产阶级之间的矛盾，而是人民对于经济文化迅速发展的需要同当前经济文化不能满足人民需要的状况之间的矛盾。党和全国人民当前的主要任务是，集中力量发展社会生产力，尽快地把我国从落后的农业国变为先进的工业国。会上，刘少奇和赖若愚分别阐述了在新的历史条件下工会组织的任务和作用。刘少奇在《政治报告》中指出，工会组织在社会主义建设事业中的任务是，一方面应当用说服教育的方法吸引工人群众,通过社会主义竞赛和先进生产者运动,为不断提高劳动生产率而奋斗;另一方面,应当密切关心群众生活,发挥群众的监督作用,向一切企业中违法乱纪、侵害群众利益、不关心群众生活的官僚主义现象进行勇敢的斗争。忽视这两种任务的任何一方面的倾向都是错误的。[1]赖若愚在大会发言中,论述了工会有着区别于党和政府的独特作用、工会要保护职工群众的物质利益和民主权利、群众监督是防止和纠正官僚主义的一种有效办法以及工会要参与和执行国家机关的某些职能等等。党的八大关于社会的主要矛盾和党的根本任务的论述反映出当时中国社会发生巨大历史转折的实际情况,标志着党的工作重心由抓阶级斗争转移到搞经济建设上来,这就为工会组织在社会主义建设事业中发挥更大的作用提出了新的要求。[2]

历史系教师学习讨论八大精神

(二)第三届基层委员会及其工作

1956年4月29日,山西师范学院教育工会改选,会员人数由450余人发展到620人,占教职工总人数的97%。主席常风,副主席严德浩、李呈俊,委员史国雅、任茂棠、李呈俊、李春荣、李风彧、李树兰、陈育信、盖秀莲、许预甲、常风、董金华、严德浩,候补委员高节文、冯月冬、刘应文、卢赞卿。财务委员任茂桐、佘崇义、辛续义、韩伟堂、任培基;互助储金管理委员李文郁、刘绳武、罗润生、魏树勋、窦之锦、许竹亭。[3]

山西师范学院工会第三届基层委员会对有关会员进行了一次社会主义思想教育,也是一次劳动教育;组织会员学习了会员的义务与权利;换发了新的会员证;出版黑板报7期,出版油印《钟声》小报4期;组织表演晋剧、京剧、豫剧、话剧、秧歌剧等多场,组织进城观戏多次,每周演电影一次;与院行政共同组织安装了有线广播,满足了教工及家属文娱生活的需要;开展了经常性的文体活动;遇重大节日,组织教工参加庆祝,或举办舞会及游艺室,春节期间参加省市领导组织的工会联欢;组织会员

---

① 王永玺等:《简明中国工会史》,中国工人出版社2005年版,第138页。
② 王永玺等:《简明中国工会史》,中国工人出版社2005年版,第139页。
③《山西大学百年纪事》,中华书局2002年版,第402页。

1956年，山西大学师生参加义务植树

参加各种体育竞赛；办理教工集体福利，由工会垫款，如购买自行车、手表、皮鞋、衣料等；假期组织教工疗养，到各地参观旅游；逢年过节慰问军烈军属；帮助幼儿园托儿所，寒假里开办儿童临时俱乐部；配合行政和街道办事处，协助眷属干部处理眷属工作；职工业余学校自从改由教务处领导后，实际工作和一切开支仍由工会负责承担，任课老师都改由会员同志担任，消灭了以前在山西师范学院大考期间，夜校误课多的现象，参加学习的学员，除会员和眷属外，还吸收外来的学员，夜校更加正规化。

宣传工作委员会指定专人负责，配合马列主义业余大学的教学工作，解决了学员学习上的困难；组织和督促全体教工进行时事政治学习；宣传了工会各部门的工作及工会组织的各项活动；对重大节日进行针对性的大力宣传；设立了校报编辑部，由马作楫任总编辑；初步开设《钟声》板报，从5月1日开始，每逢1、15日出版（寒暑假除外）；5月底设立了广播室，6月底开始播音。

生活女工工作委员会深入群众，了解会员生活情况，搜集了会员关于改善生活的意见并及时反馈，协助领导改进会员生活条件；在不浪费条件许可的原则下力求改进会员生活，如与教工食堂、保健科合作社、缝纫组理发室取得密切联系，推动他们改进工作；和互助会密切配合，在照顾到会员的全面需要情况下，加强集体购买，以满足会员的需要；号召女工部积极参加马列主义业余大学和文化学习，了解学习情况，协助解决学习中存在的问题，配合领导推动学习；注意了解女干部的特殊问题，如生产、疾病、家庭、婚姻等，及时反映给领导并协助解决；协助眷属干部加强家属读报组，使眷属每周抽出一定时间学习时事政策及有关新闻，提高认识，更好地搞好家务，保证会员专心工作；协助眷属干部加强缝纫组，使他们从思想上认识到组织的作用和意义，提高为群众服务的热情，解决单身职工和同学们生活上的需要；加强儿童组管理,解决因儿童恶作剧影响教学和破坏公共财物等问题;配合学习卫生委员会搞好眷属区的清理卫生工作;协助幼儿园定期举行家长座谈会;协助幼儿园做好保育员的思想教育工作及解决生活上、学习上的困难问题。

业务工资组调查会员在科学研究上存在的问题,特别是对于工作条件的意见,加以分析研究,向院行政提出积极的改进意见;调查会员的工作情况,着重了解学用不一致或兼职过多影响教学的情况,向院行政提出改进意见;调查会员对现行工资的意见和对过去评定工资方法的意见,加以综合,以供院行政参考;配合教务处举行教学经验交流会;选印有关提高思想和业务的重要文件,发给会员学习和讨论。

(三)第四届基层委员会及其工作

1957年10月18日,山西师范学院召开教育工会第四届工会会员代表大会,选举了第四届基层委员会。

11月1日,山西师范学院教工会第一次全体会议上进行了具体分工。主席严德浩,副主席史国雅、李呈俊;组织委员会主任委员郭东江,副主任委员贾光岳,候补委员李银禄;宣传委员会主任委员宋广祥,副主任委员卢赞卿,候补委员周仲麟;文体委员会主任委员任茂棠,副主任委员李凤彧、贺雄年,候补委员邢敬书;福利女工委员会主任委员陈育信,副主任委员李洪威、艾斯超,候补委员蒋慕兰;业务委员会主任委员郑广盛,副主任委员王涛、张保德,候补委员董全群;财务委员会主任委员李呈俊,副主任委员任培基、佘崇义、辛续文、任茂桐,候补委员姚师忠;经济审查委员会主任委员田儒臣,副主任委员柴作梓,候补委员李树桂;互助储金会委员会主任委员窦之锦,副主任委员王国麟、尹鹏贵,秘书宋秀令,审核许竹亭,会计李文郁、罗润生,出纳马汉杰。[1]

互助储金会管理委员会委员由4人增为6人,在财务工作上作了适当分工,会员人数由1956年5月份的347人增加到1957年9月的476人,新入会129人,增加了37.17%;16个月中,共收入互助储金4267.58元,平均每月收入储金266.72元,至1957年9月底累计互助金11632.30元。共收入利息115.95元,累计利息191.59元。16个月中会员借款共计1514人次,借款总数达53999.00元,平均每月借款人次为946人次,平均每月借款数为3374.94元(其中借款数量最多的月份是1957年1月,共有185

---

①《山西师范学院第四届教工会工作报告》,1958年10月10日,山西大学档案馆。

人借款,借款数6794元)。①

审批借款的两次手续改为一次,随时为会员办理借款、缴纳储金、申请入会事项等。为照顾广大会员在春节期间回家借款,曾为会员准备了大批存款,向工会挪借了一部分款项以满足大家的借款要求。对于一部分会员长期积欠的借款,采取了不同催还方式,除极个别的一二人外,借款均已收回。对会员借款的审批,有时过分迁就或照顾了个别人,不能坚持一定的制度,引起对另外一些特殊借款问题的无法处理,也引起了一些会员的不满和责难;没有订立严密的组织规程和办法细则;由于工会组织对会员的教育不够,一些会员对互助会的精神缺乏了解,入会只是为了个人借款,特别是有一部分人,给予其借款方便,不仅不能解决他们的困难,反而助长了他们奢侈浪费的习惯,增加了他们的困难。另有一些会员刚一入会就来借款,也有人辗转挪借,长期不还,甚至有的人存在特权思想,不愿按照规定办理借款手续;借款手续欠严密,审核也不够细致。同时向会员宣传解释也不足,因而形成一些手续上的错误混乱;个别会员拖欠借款好几年,屡次催要,并未收回。

1957年夏,工会俱乐部工程完工,山西师范学院工会终于有了自己固定的办公场所和职工活动场所,墙厚层高,结构宏大,采用人字木构架屋顶,灰色外墙,使用面积300多平方米,能容纳200多人同时活动。在此后的山西师范学院时期直至今天,学校的很多重要活动都在此举行。这里既是召开很多重要会议(党代会、教代会、宣布领导班子)的地点,也是各种演出、比赛、群众舞会、体操以及书画展览的多功能俱乐部。

三、在"大跃进"等革命运动中

1958年5月,党的八大二次会议正式通过了毛泽东提出的"鼓足干劲,力争上

1957年,广大师生积极参加义务劳动,建设校园

①《山西师范学院第四届教工会工作报告》,1958年10月10日,山西大学档案馆。

游,多快好省地建设社会主义的总路线"。中共中央和国务院于1959年10月25日至1月8日召开了全国工业、交通、运输、基本建设、财贸方面社会主义建设先进集体和先进个人代表会议(简称"全国群英会")。1960年6月1日,中共中央和国务院又召开了全国教育和文化、卫生、体育、新闻方面社会主义建设先进单位和先进工作者代表会议(简称"文教群英会"),积极推进"文化大革命"。

（一）整风运动对工会工作的影响

毛泽东在1957年1月召开的省市区党委书记会议上提出要好好研究建设时期的阶级斗争和人民内部斗争问题。接着,他在2月27日召开的最高国务会议上发表了《关于正确处理人民内部矛盾的问题》的讲话。在这篇讲话中,毛泽东论述了社会主义社会存在着敌我矛盾和人民内部矛盾两类不同性质的矛盾,强调在处理人民内部矛盾时应采取"团结——批评——团结"的方针和有针对性的具体方法,还阐述了走具有中国特色的工业化道路的思想。毛泽东的讲话传达以后,工会工作者通过学习讨论和调查研究,积极探索工会组织在正确处理人民内部矛盾问题上的作用,认真思考工会在新的历史条件下的性质、地位、作用以及存在的客观基础,形成了新中国成立以来又一次研究工会理论的热潮。[1]1957年5月7日,《工人日报》发表赖若愚答记者问《工会怎样对待人民内部矛盾》,他认为,工会组织在正确处理人民内部矛盾中应发挥调节作用,就是要通过工会认真细致的工作,协调好工会与群众、工会与行政、工会与党的关系,努力化解或缩小各方的矛盾。[2]

1957年,中共中央发出《关于整风运动的指示》,决定在全党开展一场以反对官僚主义、宗派主义和主观主义为内容的整风运动,并于5月4日又发出指示,肯定了两个月来党外人士对党政所犯错误提出的批评意见。然而,在党外人士帮助共产党整风的过程中,极少数人发表的过激言论引起了毛泽东的严重关注,他于5月17日写出《事情正在起变化》的文章,要求全党做好反击的准备。6月8日,毛泽东为中共中央起草了《关于组织力量准备反击右派分子进攻的指示》,并为《人民日报》撰写《这是为什么?》的社论。整风运动由此转向反右派斗争。7月,毛泽东在青岛会议上的《1957年夏季的形势》一文,提出"资产阶级右派与人民的矛盾是敌我矛盾"的论断,并要求用几个月的时间开展反右派运动。此后,反右派斗争迅速扩大。[3]

---

①王永玺等:《简明中国工会史》,中国工人出版社2005年版,第140页。

②《工会怎样对待人民内部矛盾》,《工人日报》,1957年5月7日。

③王永玺等:《简明中国工会史》,中国工人出版社2005年版,第142页。

从7月至9月的三个月,全国有6万多人被划成"右派",到1958年夏季这一运动结束,全国被划成"右派"的人数达到了5万多人。工会系统的整风反右运动是根据中央指示精神进行的。1957年5月10日,赖若愚在全总机关干部会上作了关于《整顿工会的领导作风,密切与群众的关系,充分发挥工会在解决人民内部矛盾中的调节作用》的整风动员报告,指出,工会与群众的关系问题是工会工作中的根本问题,而当前工会脱离群众的现象比较突出。民主改革后,职工群众闹事增加了,主要是由于行政领导存在着官僚主义,工会往往得不到群众的信任也是重要原因。这次整风运动,应该坚持中央提出的整风办法,充分发挥工会在处理人民内部矛盾中的调节作用,研究并解决几年来工会工作中存在的问题。[①]

1957年10月,党的八届三中全会讨论了整风运动的报告,毛泽东同志从严重扩大化了的反右派斗争的结果中得出了一个结论:"无产阶级与资产阶级、社会主义的道路与资本主义的道路矛盾,仍然是当前我国社会的主要矛盾。"[②]会上,通过了《1956到1957年全国农业发展纲要》,揭开了以农业为起始的全国"大跃进"序幕。11月毛泽东在莫斯科会议、12月刘少奇在中国工会第八次全国代表大会上宣布:争取在15年的时间里,在钢铁和其他重要产品产量方面赶上和超过英国。

1957年12月2日至12日,中国工会第八次全国代表大会在北京举行。出席大会的代表有989人,代表全国1630万会员。党和国家领导人毛泽东、刘少奇、周恩来、朱德、邓小平等出席了开幕式。刘少奇在谈到工会问题时说,工会过去在社会主义建设事业中起了很大的作用,现在应该加强党对工会工作的领导,使工会真正成为教育群众的共产主义学校,成为党联系自己阶级的桥梁。他勉励工会干部在生活上同群众打成一片,克服脱离群众、脱离实际的作风,处理好各种利益关系和人民内部矛盾,把自己锻炼成坚强的干部。赖若愚向大会作了《团结全国人民,勤劳节俭,建设社会主义的新中国》的工作报告,强调工会要积极参与整风运动,协助党把整风运动进行到底。[③]工会"八大"在以赖若愚为代表的工会工作者的共同努力下取得了一定的成绩,但是由于受整风"反右"和经济上批评反冒进的影响,大会在许多重大的工会理论和实际问题上没有取得实质性的突破,就连工运方针都没有进行修改,而是沿用工会七大的方针;一些正确的主张在此后的工会工作中也没能得到贯彻实

①王永玺等:《简明中国工会史》,中国工人出版社2005年版,第143页。

②《毛泽东选集》第5卷,人民出版社1977年版,第218页。

③王永玺等:《简明中国工会史》,中国工人出版社2005年版,第145页。

行。

1957年冬,随着社会主义改造的基本完成,全国各地掀起以兴修水利、养猪积肥和改良土壤为中心的农业生产高潮,掀起了"上山下乡"运动的热潮。山西师范学院师生员工热烈响应党和国家的号召,纷纷表示要到劳动中锻炼自己,要求学校党委批准"上山下乡",支援农业生产。根据师生们的要求,学校党委批准了青年教职工25人去关帝山林区进行长期劳动锻炼,39人回乡参加长期农业劳动。同时,根据省委指示,决定在不影响正常教学秩序的情况下,组织全校教职工和学生利用寒假下乡参加短期劳动。

1958年3月3日,中共中央发出了《关于开展反浪费反保守运动的指示》,全民"大跃进"至此兴起,伴随着全民"大跃进",高等教育的"大跃进"(大革命)也从此开始。

1958年1月,院党委根据省委批示,组织全体师生员工3100人分4个大队去榆次、寿阳、祁县、平遥及太原南郊的35个乡、131个农业社参加生产劳动,并和农民一起进行社会主义大辩论、整社、选干、制订远景规划与当年年度"大跃进"计划。1月6日,山西省工会主任、工会第八次全国代表大会代表王煜和工会八大代表范维垣分

1957年12月,山西大学师生参加修建汾河堤劳动

别来山西师范学院传达八大会议精神与周恩来总理在八大会上的时事报告。3月,院党委又发动群众,开展了"双反"运动,此后,运动又转入猛攻"三风"、"五气"、"除五害"阶段,同时开展了红专大辩论。6月,党委作了《把整改运动搞深批透》动员报告,号召师生"自觉革命""灭资兴无""搞臭资产阶级个人主义",展开"三比"(比鼓足干劲、行动快速、思想自觉)、"五查"(查教学大纲、讲义、课堂教学、辅导实验、科研著

山西大学师生在榆次参加生产劳动

作)活动。在批判中,党委又提出"照镜子"口号,以别人缺点为鉴,所有教学人员检查自己。当月,梁园东院长调离,杨蕉圃代理院长。7月,中央教育工作会议精神传达后,为贯彻党的教育方针,师生思想开始解放,破除迷信,动手大办学校、大办工厂,修订教学大纲,编写新的教材与讲义。省委为加强学校思想政治工作,抽调一大批政工干部充实各系科担任党支部书记与班主任;原4个政治课教研组合并为政治研究室,杨蕉圃、周秀清分别任正、副主任。9月,制订了新的教学计划,生产劳动正式列入教学大纲。至12月间,学校成立了民兵师,并以民兵师建制响应党的号召,先后有2515人停课赴西山参加了全民大炼钢铁运动。

　　1958年10月5日至11月18日,山西省工会召开了一次全省工会工作中的党员专职干部的整风会议,全省各市、县、工厂、矿山、学校等各级工会组织中的党员专职干部1000多人参加,会议的主要内容是批判揭露赖若愚反党反社会主义,指出"山西有相当一部分干部对赖若愚迷信,这种迷信必须破除;其次,在实际工作中不少干部有'三气',特别是怨气很大,认为党对工会干涉太多,工会的作用不大;反对工会和行政一个鼻孔出气;强调职工生活福利等"[1]。通过这次会议,工会摈弃了以往的工会理论,无论在政治上、组

山西大学师生参加大炼钢铁运动

──────────

[1]山西师范学院教工会:《整风情况汇报》材料,1958年12月10日,山西大学档案馆。

织上、业务工作上都绝对听从党领导指挥。工会的整风运动从1957年5月10日召开的全总直属机关党员干部大会中提出的工会与群众的关系，到1958年由于受党内"左"的势力影响，工会与党的关系成为讨论的主要问题，工会完全成为党的组织机构，基本失去了与群众的联系，丧失了其应有的相对独立性，工会的发展受到了很大限制。

（二）在教育革命中工会工作的开展

1958年的教育革命，首先应肯定的是贯彻了党的教育方针，通过一系列政治运动、社会活动、生产劳动、大炼钢铁，使理论与实际相结合，从与工农接触中学到了许多知识，增进了与工农的感情，提高了师生的政治思想觉悟，增强了体质。

但是在这场教育革命运动中，从教学质量上分析，有以下一些弊端违反了教育的规律：学校的首要任务是学习，学校的目标是培养人才，而在这一年里，劳动、政治运动、科研"放卫星"使课程常被中断，考试全部变为考查，正常的教学秩序被打乱，学生学习时间减少；由于劳动多，学生上课学习情绪不高，思想不集中，很少有复习功课和巩固专业知识的时间，甚至由于劳动时间过长（大炼钢铁三个月），连已学的东西也忘掉了，1958年较1957年考试及格率下降。[1]因此，教育革命从另一个侧面看是不成功的，导致了教学质量的下降，基础课、专业课课时的急剧减少，也导致了教学内容的缩减与专业知识的缺乏，给毕业后的工作产生了负面影响。工会工作受到了不同程度的影响，但总体来说，大部分日常工作还在正常开展，为广大教职工的工作解决了一些实际问题，更主要的是在会员的日常生活和精神文化生活方面依旧发挥着重要作用。

当时，根据群众要求，校工会重新布置和整理了工会俱乐部，除原有的活动外还开展了青年舞会，邀请了山西乒乓球队进行了表演，使广大教工得到了丰富多彩的文娱生活；和院行政配合，表演了晋剧、蒲剧、豫剧，并特约了北京艺人、北京实验歌剧院陕西话剧团、山西话剧团等来院进行精彩的演出，使广大教工感到满意；组织观看了我国戏剧家梅兰芳、周信芳等名家的戏，使广大戏剧爱好者得到满足；组织游览了晋祠公园；在与体育系、民兵师的配合下开展了教工的劳卫制，进行军事化训练工作，使广大职工得到了军事知识；开展了足球及拔河比赛，举行系与系、单位与单位之间的比赛，从而使足球运动普及全体教工，增强了教工体质；选出田径篮球代表队

---

[1]《山西师范学院教工会工作总结报告》，1959年10月10日，山西大学档案馆。

参加了市举行的运动会,取得总体第一的好成绩;修建了教工篮球队和网球队(全体工友参加的);组织教工参观了国家篮球队及乒乓球队的比赛,满足了广大职工的要求。

生活女工委员会协助宣传委员会开会家属者工作,协助幼儿园进行幼儿体格检查,每逢年节慰问病休家属,为会员办理特殊困难补助,会同院行政办理免年度;协助改进员工食堂工作,年节办理炊事人员慰劳座谈,给炊事员及工友嘉奖,年节组织员工帮厨,给炊事人员轮休;每逢重大节日为工会聚乐部组织小吃部,会同其他委员会代交水费;三八节召开妇女会议,评选巧姑娘及办电影晚会;办理分期付款购买茶壶、茶盘、衬衫、背心、裤子、球鞋、雨衣、闹钟、花布、棉布、毛料、毛毯。

教工互助储金会工作新入会会员43人,时有会员449人,约达全院教工总数的67%强,储金共计为7665.76元,互助借款共1164人次,每月平均60人;会员绝大多数都能自觉遵守规定,每次借款不超过本人月工资总额,也多能在借款后三个月内分期还清,因而经常能有一部分储金流通,根本上扭转了过去存在的会员有时急需而无款可借的情况;对持有特殊紧急困难的同志,借款时给予照顾,如因家庭重病、婚丧事或其他意外事故花费较多,借款数额最高仅限本人工资数不能解决问题时,就酌情多借一些。[1]

(三)参加全国"文教群英会"

从1958至1960年,在全国开展了一场轰轰烈烈的技术革命运动。"大跃进"时期,全国工矿企业开展了以机械化、半机械化、自动化、半自动化为中心的技术革新和技术革命运动,概括为"双革四化"运动。全国总工会很快总结出上海、天津、沈阳、旅大、哈尔滨、太原、重庆等七大城市开展技术革新和技术革命的经验。全国总工会在1960年五六月间通过召开现场会议、工会干部座谈会等形式总结交流技术革新和技术革命运动的经验,以推动生产事业的进一步发展。

1960年,山西师范学院掀起学习马列主义毛泽东著作热潮,党委带头,从3月开始,建立了每周一、三、五上午集中学习制度,各系党委领导干部则在星期四下午、星期五晚上学习。1月,全国掀起了一场全民技术革新与技术革命("双革"运动)的高潮。2月,教育部同志各高等院校本着"立大志、鼓干劲、攀高峰"的精神,编制三年(1960年至1962年)科学技术发展计划。学校于当月反右倾整风运动结束后,开始

---

[1]《山西师范学院教工会工作总结报告》,1959年10月10日,山西大学档案馆。

了以提高教学质量为中心的全面"大跃进"和大搞技术革新、技术革命的运动。至6月，"双革"运动已取得显著成绩，如外语系的短距离放映机及物理系的半导体发射器、电动切菜机、铪铬机、蒸汽锅、压面机等。

1960年6月1日至11日，中共中央和国务院又召开了全国教育和文化、卫生、体育、新闻方面社会主义建设先进单位和先进工作者代表会议（简称"文教群英会"），积极推进"文化大革命"。学院工会主席严德浩出席了群英会，并与6月30日传达了会议精神，指出："这是新中国诞生以来文教战线上一次空前盛大的群英会，是对当前我国文化革命高潮中取得成就的一次检验，是将文化革命推向新高潮的动员大会。陆定一副总理提出了新中国文化革命的特点，是由无产阶级领导的，不是由资产阶级的，只要是人类社会存在，这个革命就会不断地进行下去；文化革命的主要内容是社会主义和资本主义之间在意识形态的斗争，是工农群众知识化，知识分子劳动化。"在这次大会上，全国人大副委员长林枫与会并作了报告，提出：为了在将来实现共产主义这一目标，文化战线根本任务是：在党中央和毛泽东同志领导下，在社会主义建设总路线的光辉照耀下，全体人民的共产主义思想觉悟和道德品质普及，提高全民教育，为消灭工农差别、城乡差别、脑力劳动和体力劳动差别而奋斗。杨秀峰部长讲：当前教育战线上的要进行教育革命，要批判资产阶级教育理论，做教育改革促进派。①

"双革四化"运动是发展生产力和提高科学技术水平的必然要求，其本身没有错误。但在"大跃进"中开展这一运动的目的，是为国民经济的全面跃进服务，虽然也取得一定成绩，但实际效果并不理想，存在严重弊端。首先，"双革四化"不能单凭政治热情，还需要群众具备一定的科学知识和技术基础，离开必要的投资和技术培训，片面强调群众运动，往往造成人力、物力的巨大浪费。其次，"大跃进"中较长时间内，人为地制造了技术开发主体和技术实践主体之间的矛盾，把专家排斥在"群众"之外，使专家和群众对立起来，不利于"双革四化"的深入和发展。第三，用群众运动的方式进行"双革"，虽在地质探矿、气象预报、地震测量等需要大量人力的领域有一定效果，但其他许多项目虽然进行得轰轰烈烈，但实际收效甚微。工人的所谓技术革新无非是设计的简单化、小型化以及工艺的省略，并没有增加多少科技含量。

---

① 王永玺等：《简明中国工会史》，中国工人出版社2005年版，第147页。

（四）"反右倾"活动对工会的影响

1958年12月，中共中央批转教育部党组《关于教育问题的几个建议》指出：自贯彻党的教育方针以来，产生了某些劳动时间过长忽视教学质量的现象，要求各类学校在基本结束大炼钢铁与"三秋"任务后，尽量恢复上课，并提出高等学校每年的劳动时间以不超过2至4个月为宜，同时要注意保证师生的休息时间。

1959年2月，院党委就1958年教育革命中出现的问题召集师生进行讨论，然后根据中央精神与省委指示制订出新的教改方案与教学计划，明确规定了学习与生产劳动时间为"一二九制"（假期1个月，劳动2个月，学习9个月），周学时为"1114制"（一天休息，一天政治课，一天劳动，四天学习）。

1959年8月，党的八届八中全会召开，9月中共中央发出通知，要求高等和中等学校组织教职员和高中以上学生认真学习会议文件，展开一场反对右倾机会主义、保卫总路线的学习与大辩论。8月27日，院党委扩大会议决定在全校开展学习八届八中全会文件的运动，掀起"反右倾，鼓干劲，继续跃进"的高潮，要求进一步加深对总路线、"大跃进"、人民公社、教育方针、党的领导、群众运动的认识，并就以上问题展开辩论。这次运动，把上半年逐步走向正常的教育秩序又引向新一轮的教育革命中，对已纠正的失误与所获得的成果又加以否定，对在大辩论中一些党员干部提出的对1958年教育革命不同看法的正确意见，也被当做"右倾"言行进行了批判与组织处理。

1959年，山西师范学院教工会在教学上批判"形形色色的资产阶级思想"，大搞教学改革，大破大立，兴无灭资的大方向是对的，但采取的是"左"的做法，用大字报、小字报的形式给教师"送礼"，搞所谓的"拔白旗，插红旗"运动，在当时造成了思想上的混乱，贬低了教师的作用，产生了不良后果，直到20世纪60年代初期才逐个甄别平反，得以纠正。

1960年元旦，山西师范学院院刊发表的《新年献词》指出："1960年，我院的任务是培养又红又专的人民教师，因此，全院要开展一个以学习毛泽东思想为纲的政治理论学习运动，加强马列主义教育；其次，以提高教学质量为中心，进一步全面深入贯彻实现党的教育方针。在党的八届八中全会鼓舞下，我们一定要反右倾，鼓干劲，政治挂帅，走群众路线，争取取得比1959年更大的胜利。"[1]

---

①《山西大学百年校史》，中华书局2002年版，第522页。

　　可以说，整个20世纪50年代，新中国第一代工会领导人和工会工作者在中国自己工会道路上的探索，基本都是以斯大林时期的生产、生活、教育三位一体的苏联工会理论和模式为标准的，并在不断得到强化的高度集中统一的政治、经济体制成为党对中国工会道路的现实选择，最终在20世纪50年代中期凭借着政治权威而被强加于中国工会的理论和实践中。

　　这一时期，山西师范学院的全体教职工在党委领导下，认真贯彻执行了党的"教育为无产阶级政治服务，教育与生产劳动相结合"的教育方针，开展了教育大革命，批判了脱离政治、脱离劳动、脱离实际的现象，组织师生上山下乡、劳动锻炼、大战钢铁，深入工厂农村办学，到中小学实习，建立教学、科研、生产劳动三结合基地，使教育理论与教育实践相统一，学院各方面工作都取得了许多成绩。特别是在三年困难时期，全校师生发扬艰苦奋斗、自力更生的精神，勤俭办校，共渡难关。在师生员工中涌现出许多先进集体、先进个人、优秀党团员、模范人物，他们在各个方面树立了榜样，使山西师范学院的工作有了很大的发展。

　　为了巩固革命的发展，维护人民的政权，全体教职工积极参加新中国成立后党中央发动的一系列的政治运动，如"镇反"、"三反""五反"、"肃反"运动等。但是，在反右派斗争中，由于受"左"的错误思想影响太深，致使反右派斗争严重扩大化，挫伤了许多知识分子的积极性。

第三章　曲折前进中的山大工会

山西大学教工会自从新中国建立之初成立后,一直致力于围绕学校中心工作,积极参与和开展各种活动,极大地丰富了教职工的文化生活。"文化大革命"发生前约六年间,山西大学工会伴随着一个又一个政治运动,做到了努力地为学校的稳定和发展发挥重要作用。

一、山西高等教育调整与山西大学名称的恢复

1958年,全国各地在教育大革命和"大跃进"的形势下,片面追求工农业生产和建设的高速度,大幅度地提高和修改发展指标。在此背景下,中共山西省委与山西省人民委员会[①](简称"省人委")准备建立"山西科技大学",但未获国家高教部批准。于是山西省便积极争取计划恢复山西大学,即建立新的山西大学(简称"新山大")。[②]

(一)"新山大"的建立

1959年1月,建立"新山大"的计划得到了国家高教部的批准,"山西大学建校筹委会"随即展开工作;2月,山西"省人委"批准了筹委会所报请开设系科及专业、招生人数、开学日期、基建经费的计划。4月,开始了招集师资工作,先后在天津南开大学、天津师范大学联系商调教师事宜,在中共河北省委、天津市委,在南开大学、天津师范大学、山西师范学院、太原工学院、山西医学院、山西农学院等兄弟高校的支持下,调入了一批教师与工作人员。教师的生活用房一方面暂用山西师范学院校舍,

①人民委员会,指1954年颁布的《中华人民共和国宪法》规定的我国地方各级国家行政机关,即地方各级人民政府,是地方各级人民代表大会的执行机关,地方各级国家行政机关。第六十三条规定:地方各级人民委员会分别由省长、市长、县长、区长、乡长、镇长各一人,副省长、副市长、副县长、副区长、副乡长、副镇长各若干人和委员各若干人组成。

②赵立法编著:《山西高等教育简史》,山西人民出版社1989年版,第121页。

一方面选址太原市南郊区小店公社的大马村建立校区。

1959年暑期,"新山大"的教职员达130余人,设物理、化学、生物、数学四个系,招收一年级学生267人。9月17日,"新山大"成立大会在山西师范学院召开,中共山西省委书记、山西省省长卫恒,省委书记处候补书记、文教部长王大任,省委文教部副部长解玉田、黄维,中国科学院山西分院党委书记徐志远,副院长吴德凯,省教育厅厅长冯毅、副厅长张岷山等亲临大会。山西师范学院、太原工学院、山西医学院、山西农学院等高校的负责人出席大会并亲切祝贺。会上,卫恒省长热切鼓励山西大学的师生:"你们不要怕困难,要让山西大学放出万丈光芒,要给山西大学创好名誉,要开始就树立起光荣的榜样。"王大任部长希望将来的山西大学成为培养文化革命、技术革命人才的"老母鸡",要师生埋头苦干十几年,使山西大学成为全国的知名大学。中共山西大学党总支书记秦瀛宣读了高教部批准山西大学成立的批示;吴德凯副院长介绍了学校筹建经过;教师代表申泮文讲话,表示将积极投身到今后的教学生活中去,为建立一个新型的高等学校而奋斗。[①]

1959年10月,中共山西省委常委、副省长焦国鼐被任命为山西大学校长,后来又兼任了中共山西大学党工委第一书记,李铁生、李子康任副校长,李希曾任党委书记,吴德凯、陈舜礼任校务委员会正、副主任。学制五年,设数学、物理、化学、生物四个系,共招收新生281人。[②]"新山大"成立后,工会组织也随之建立起来。工会组织一方面鼓励教职工重视教学工作,一方面努力活跃教职工的文化生活。因为时间久远,我们以见诸档案的第二届教育工会代表会议资料推断,"新山大"在建立之初就任命或召开了第一届教育工会,产生了第一届工会委员会。

"新山大"开学伊始,学校党委就提出了"高速度提高教学质量"的口号,得到了全体教师的热烈响应。各系制订了教学、科研、生产劳动,结合以教学为主的教学计划,开始正式上课。按照中共山西省委、省人委的要求,山西大学专业设置及专门化教学组织,除培养基础科学的研究人员外,还着重强调其他两方面人才的培养:一是适应山西自然资源和经济建设的特点,如化学系设煤炭专业,培养煤炭综合利用研究人员;生物系设资源植物专业,培养能运用先进生物科学成就的人才,发现和挖掘省内的植物资源。二是研究尖端科学,如物理系原子核物理专业和无线电电子专

---

①《山西大学百年校史》,中华书局2002年版,第202页。
②赵立法:《山西高等教育简史》,山西人民出版社1989年版,第121页。

业,都属于当时的尖端科学,当时的学制规定为5年,前四年学习专业课专业基础课,后一年学习专门化课程。

当时,有不少教师都是刚从大学毕业的年轻人,教学经验还比较缺乏。学校针对这种情况,采取了集中培养、集体成长的办法,将他们与教辅人员组成许多不同类型的教学与学习集体组织,除鼓励教师在又红又专的道路上刻苦钻研外,组织教师进行集体备课、专题讨论、相互听课、互相评议,并研究如何在教学内容中贯彻党的教育方针。中年教师指导青年教师,青年教师互教互学,青年教师又给教辅人员上培养课,高中以上程度教辅人员给非高中的教辅人员实行讲课和带徒弟的形式培养。这样,各类型的教学组织成了群众性互教互学的教学培养基地。同时,让学生对教师的教学内容、教学方法提出评议与建议,教师也在备课外从报纸期刊中,从生产单位、科研单位搜集关于最新科学成就和联系国家建设与生产实际的资料,作为讲义中理论联系实际的活知识。学校还让教师经常进行教学经验小结,不时进行评论、交流、互相学习。这样,就使得一些好的做法得到了推广,使青年教师不论是担任讲授的还是担任实验辅导的,都很快提高了自己的教学水平。

后来,在进行“双反”“双革”[①]运动、向山西省及全国群英会献礼的活动中,新山大的全体教工积极投入。起初他们认为,教师少,力量小,设备仪器缺乏,教学科研经验少。在学习了中共八届八中全会文件后,教辅人员以及一些教师开始带领一年级学生共同展开科研活动,除进行正常教学外,编写出教材、教学大纲、讲义17种,学术性专题论文与结合教学的专题报告27篇,其他科研选题23项,自制科研设备、教具1347件。在技术革新中,没有仪器材料,采取了能借就借、能替就替的办法,如没有耐酸反应锅,就用搪瓷脸盆代替,砝码不够就用砖块、洋铁片代替,用自行车轴、风扇马达、废钢筋等材料制成电动联合搅拌机、锤钉振筛机等自动化的设备。化学系为提前建立分析化验室,没有房子就钉上几块铺板,把教学楼的门庭隔成实验室和天平室,并在三个月内就开始上实验课。数学系学生对学习数学有畏难情绪,在学习方法上处于背诵定理、硬套公式的被动状态,教师们在学校开展的教学改革运动中,主动联系学生融洽感情,使学生们能够比较全面灵活地掌握运用理论,并对教材进行评论。当年全系二年级学生51人,在1960年3月份就写了学习体会、评论教材

①“双反运动”,是1958年由中共中央发起的一场反浪费、反保守的政治运动。“双革”,指技术革新和技术革命,简称“双革”。1960年,根据中共中央主席毛泽东的指示发起。

的论文50篇,并举行了一场科学报告会。

到1960年8月,新山大举行建校以来的第二次教育工会委员会代表会议,健全了工会的组织机构。主席刘廷玉,副主席史国雅、李呈俊,组织委员会主委郭虎江,委员郭计旺、范文成、连海成;宣传委员会主任姚师忠、艾斯超,委员王吉祥、陈育信、陈绍兴、窦希彦、李连海;职工教育委员会主委柴作梓,委员宋广祥、李文泰、李进;职工生活福利委员会主委王唯理,委员盖秀莲、李洪威、杨桂梅、郑向荣;财务委员会主委田汝臣,委员会佘崇义、韩伟堂、任茂桐、王令皋;互助储金会主委许竹亭,委员郭喜川、任培基、李光宸、李文郁。到1961年底时,工会的组成人员有一些变化,王福麟替换李呈俊为副主席,有办公室秘书郝复生、工友李明。[①]

(二)"新山大"与"山西师范学院"的合并

1960年,省政府给山西大学新校址基建投资计划为400万元,设计新址建成面积为37万平方米。但到了1961年,由于国家经济发生严重困难,国家决定实行精简机构与缩减人员以及控制基建规模的政策,于是新校址的基建工程被迫下马。为贯彻党的"调整、巩固、充实、提高"八字方针,中共山西省委决定将"新山大"与山西师范学院合并,恢复使用"山西大学"校名,将"新山大"的建设投资转移到"山西师范学院"校舍(今山西大学)的建设中去。

1961年6月26日,省委召开"新山大"与"山西师范学院"合并工作大会,省文教部部长王大任宣布了省委决定,提出合并后山西大学的任务是"既培养高等学校和中等学校的师资,又培养科学研究人才",学制保持四年制和五年制。

根据校史记载,合并后的山西大学立即组建了新的党委行政领导班子和组成了新的校务委员会,实行党委领导下的以校长为首的校务委员会负责制。合并后山西大学负责人是:李希曾任党委第一书记,焦国鼐任校长,李铁生、李子康、刘梅任副校长。周秀清、李奇为书记处书记。陈舜礼任教务长,阎宗临、张永仑任副教务长,宋华青为秘书长;校务委员会组成人员有:李希曾、李铁生、李子康、刘梅、宋华青、陈舜礼、阎宗临、张永仑、林再然、康丁、史国雅、贺凯、许预甲、郑广盛、严德浩、何锡瑞、王铭、南曲、刘子威、李长林、郝树侯、申泮文、张文洸、郭威孚、陈绍兴、樊振中、张元恺、吉福洪。

6月29日,山西省文教委批准中共山西大学党委的请示,同意原山西大学外语

---

① 《山西大学教职工名册》,山西大学档案馆。

系党总支书记刘廷玉任教工会主席。[1]各系的系务委员会由系主任提出名单提请校务委员会批准设立。系务委员会由正副系主任、党总支（支部）书记、教研组主任、教师代表组成。学校内的各级工会组织也同时建立起来。学校还为包括教工会在内的党委会、监委会、校办、人事处、教务处、图书馆、教务科、教学设备科、行政处、膳食科、财务科、保健科、基建科、材料科、教材印刷厂、农场、幼儿园等党政各单位配备了领导干部与秘书。[2]

"新山大"与"山西师范学院"合并后，山西大学血脉重续，肢体健康开始恢复。时学校占地面积560亩，有一定规模的校舍和设备齐全的教学楼、实验室、体育馆，图书馆藏书61万余册，拥有一支622人的教师队伍，在校学生达1111人，干部职工730人[3]，设政治、教育、中文、外语、历史、数学、物理、化学、生物、地质地理10个系。"并校后的山西大学，在当时具有综合大学、高等师范学校两重性质，既培养高等学校和中等学校师资，又培养科学研究人才。[4]"如并系之初的生物系，"教职工人数曾一度多达80余名，学生总数也有400余名。……各种仪器、图书等资源也经过重新组合，使其尽可能地发挥最大作用。生物楼虽然还是原来的那座小楼，但是里面的所有教室全都改建成了实验室、资料室和标本室，甚至连厕所也都改成了实验准备室，后来还在小楼外的东侧，建造了一排几百平方米的平房用作实验室。由于学校性质的改变，加上教学科研的外部条件有了较大的改善，进而促进了系里的教风、学风的好转，学术气氛也较前浓厚多了，有的老师开始打出了'娘子关'，国家正式出版社出版了他们的著作，在国家一级报刊上也开始出现山西大学生物系老师撰写的学术论文了"[5]。

为了便于开展教学工作，学校对原教研组织进行了统一调整，把600多名教师全部安排在36个教研组、2个教研室与9个直属系领导的教学组中开展教学工作，即马列主义教研室、公共体育教研室，政治系的哲学、中共党史、政治经济学、中国语文教研组，中文系的文艺理论、现代文学、文选习作、外国文学、古典文学、语言教研组，历史系的中国古代史、中国近代史、世界古代史、世界近代史教研组，外语系的俄语、英语、公共俄语教研组，数学系的教学分析、高等代数、几何、函数论、高等数学教研组

①见"刘廷玉"个人档案资料，山西大学档案馆。
②薛觉民：《生物系的五十年发展回眸》，《历史的情怀》，中国社会出版社2012年版，第85页。
③《山西大学百年校史》，中华书局2002年版，第206页。
④发刊词，《山西大学》，1961年11月23日。
⑤《山西大学百年校史》，中华书局2002年版，第206页。

与概率统汁、计算数学、微分方程教学组,物理系的普通物理、理论物理教研组与电子物理、固体物理教学组,化学系的无机化学,有机化学、分析化学、物理化学教研组与放射化学、高分子化学、化学工艺、煤化学教学组,地质地理系的普通地理测绘、矿物岩石、自然地理、区域地理教研组,生物系的动物生理、植物生理教研组,教育系的教育学、心理学教研组。

(三)关心教职工成长,提高工作积极性

合并以后的山西大学教工会,认真配合学校的中心工作,贯彻、执行中共八届九中全会确定的对国民经济实行"调整、巩固、充实、提高"八字方针精神,开展了关心教师队伍成长、提高教学质量的活动,使学校出现了教学、科研普遍提高,积极向上的好局面。

1961年2月21日,学校教工会等部门邀请全国著名劳动模范李顺达、育羊专家宁华堂、模范支部书记魏美华,向全校教职工、学生代表等作报告。李顺达指出,平顺西沟农民群众在党的领导下,以顽强的革命精神,将原十年九旱的荒山秃岭变成了丰衣足食的山村。……虽然国家连续三年遭受了自然灾害,但西沟人民在党的领导下,三年来仍取得了胜利。不仅年年向国家卖余粮,而且正争取收获更多粮食和蔬菜,支援城市人民和国家建设。宁华堂介绍了陵川县普及优质细毛羊的经验。魏美华报告了她关心群众、以身作则的事迹。校党委书记处李奇书记要求广大师生好好座谈讨论,学习他们的精神,将教学搞得更好。[①]5月1日,教工会还组织教职工到太原市西南的晋祠游览,以此纪念和欢度"五一国际劳动节"。

8月,曾任山西师范学院党委书记处书记、副院长的刘梅教授受命担任山西大学党委副书记、校务委员会副主任委员。他到职不久,就把化学系、中文系作为办学实践的试点来抓,经常到基层了解情况、指导工作,以促进和深入教学改革。"有一次刘校长来化学系亲自参加系务会,让大家讨论化学系怎么办,并深入到一些教研室和老师们一起讨论教学改革和提高教学质量问题。他常给老师们讲要有三个自觉,即阶级自觉、历史自觉、革命自觉,引导老师们认识自己培养革命事业接班人的历史责任,积极进行自我革命,并推进教学改革和教育革命"。[②]9月初,他在1962级新生开学典礼上,阐述了关于学校发展中专业设置、教学计划、课程安排、基础课教学、生产

①《山西大学百年纪事》,中华书局2002年版,第573页。

②常学将:《走进山大一甲子》,《历史的情怀》,中国社会出版社2012年版,第351页。

劳动、科研工作等十个问题。在刘梅副校长的直接指导下,各系都大抓了教学改革工作,大多数系科的课程都重新编了教材,或改革了实验课,提出了教改方案。

不久,在刘梅副校长主持下,学校成立了研究部,副教务长、历史系教授阎宗临任主任,部务委员有数学系教授郑广盛、化学系教授严德浩、中文系教授贺凯、历史系教授许预甲,均由校长直接聘任,还配备了一些工作人员。下设工具参考、阅览、图书室,专门负责研究生培养与组织青年教师脱产进修。研究部成立后,先在文科试点,选择师资较强的历史、中文两系试点招收研究生。经过严格的考核,中文系招收了首批研究生7名,其中中国古典文学5人、中国古代史2人,除开设公共课程外,中国古典文学专业课程有古文字学、古典文学通论、《汉书艺文志》等,中国古代史专业有文字学、专书研究(《尚书》、《左传》、《史记》、《汉书》、《资治通鉴》专题报告)等。据老同志回忆,"1961年,山西师院与新建的山大合并为山西大学,在学科建设方面有了新的发展和规划",各系都成立了专业教研室,规划自己的研究方向和培养学生的计划。[①]

之后,研究部还从数学、物理、化学、生物、地理、中文、历史、政治等8个系(室)抽调34名青年教师在校进修,给他们配备指导教师,并保证给他们一定的学习时间。在这批教师中,有需进一步提高业务水平的,有准备开课独立进行教学的,有需补充一般基础理论的。他们在指导教师和教研组的帮助下制订了个人进修计划,本着"教什么,学什么"、"缺什么,补什么"的原则,在各自指导教师帮助下进修学习。进修方式以自学为主与小组讨论、导师辅导相结合,强调教师通过进修达到"博"与"专"的目标。通过进修学习,提高了青年教师业务水平,其专业基础课理论与基础技术训练也得到进一步加强,部分教师在进修期间还发表了有一定学术水平的学术论文。

10月,教工会参与学校成立的消费合作社,在国营部门的领导下,执行国家商品供应政策和价格政策,协助国营商业部门沟通城乡物资交流,改善供应状况。合作社的资金来源为社员股金、学校福利资金和银行贷款,全体师生员工及家属都可参加。社员购物凭股金多寡优待,年终盈余以20%为社员分红利,按股分配。此外,教工会也十分注重对后勤职工的培养。如学生食堂的炊事员陈体仁同志因为在工作中积极负责、热情肯干,就被教工会推选为1961年度太原市的先进工作者。当年的教工会的材料上记载了陈体仁同志的主要事迹:一是热爱岗位工作,有明确的为教

---

①吕耀忠:《缅怀刘梅副校长的工作方法》,《历史的情怀》,中国社会出版社2012年版,第440页。

学服务的思想;二是精打细算,量入为出;三是爱护炊具,清洁卫生;四是团结群众,处处以身作则。①

(四)关心并解决教职工的生活困难

1959年至1961年期间由于"大跃进"运动以及牺牲农业发展工业的政策所导致的全国性的粮食短缺和饥荒,每个单位都面临着精减职工、压缩家属的任务。为了贯彻城市支援农业的方针,校工会首先在教职工中进行了压缩家属工作的动员报告,使广大职工对此有了明确的认识。如校办公室秘书王吉祥、中文系秘书聂庆垒等同志就动员自己的家属返了乡。经过摸底排队,又耐心动员返乡的人达到73户、213人。查出因病和无家可归需要照顾的人有27户、56人。到1963年6月,山西大学时有教职工1371名(包括附中),其中工会会员1123人,分布在20个分会。

在1961、1962年间,第二届工会委员会在关心和解决教职工的生活困难方面做了以下工作②:

一是为了搞好集体灶的单身职工的生活,不少基层分会的生活委员参加了伙委会并与炊管人员配合,使大家的生活逐渐有了改善。为调动炊事员和服务人员的积极性,开展评比活动,评出先进食堂4个,模范个人109人,极大地促进了炊管人员服务态度的改进。

二是为了使教职工能够安心工作,配合幼儿园、托儿所加强对保育人员的组织思想工作,对一些好人好事及时表扬、鼓励。还对幼儿园、托儿所在物质上给予一定帮助。为使教职工不耽误工作,对理发室的工作时间也作出了调整。

三是加强互助金、互助储备金的管理和发放。为了更好地发挥互助金的作用,设专人管理这项工作,并合理安排办公时间。当时因为资金只有7241.54元,不够周转,工会拨出资金9900元予以弥补,解决了教职工的临时借款问题。仅1962年,借用互助金人员就达到1360人次,累计借用金额49422.14元。

四是为了管好、用好职工救济金,普遍对教职工的经济收入情况先后进行了两次摸底。借助行政福利费对维持最低生活水平有困难及发生特殊事故而造成生活困难的职工给予合理补助。1962年共发出补助金37803.60元,补助了802人次。

五是在物资供应不足的情况下,与行政处配合到各地联系,为教职工和家属买

①教工会:《陈体仁被评为先进工作者》,《山西大学》,1962年4月30日。

②《山西大学第二届工会委员会工作总结报告》,1963年6月1日,山西大学档案馆。

回蔬菜、瓜果20余万斤、家庭用煤200余吨、火炉20个及信息用品等，解决了不少职工的学习和生活困难。另外，还组织了一些家庭服务组等。

二、参与教育改革，提高教学质量

1961年9月，《中华人民共和国教育部直属高等学校暂行工作条例（草案）》（简称"高校六十条"）发布，中共山西省委宣传部和省教育厅于11月召开山西省属高校座谈会，决定首先在山西大学、太原工学院、山西农学院、山西医学院试行。山西大学接此要求后，在校工会俱乐部对全校教师进行了传达，讨论如何正确处理教学工作与生产劳动、科学研究、社会活动之间的关系。

（一）学习"高校六十条"，规范教学工作

在学习讨论"高校六十条"的过程中，山西大学各系按文件精神制订了教学方案，并在执行过程中又进行了修订，进一步重视和加强了基础理论和基本技能训练，重视了教育课和教育实习。鉴于1958、1959、1960级学生在校期间或多或少因为停课参加了大炼钢铁大搞科研、支援农业"三秋"而致使教学时间相应减少，特别是1958级将很快面临实习与毕业的情况，学校决定将1961至1962年度第一学期的教学计划作为一个过渡性方案，之后本着实事求是精神，该补的补，该复习的复习，尽快使1958级学生在毕业时能完成原定培养目标。而对1959、1960级也相应采取了补课措施。此举对于刚入校的1961级学生加强基础课来说是十分有益的，因为各系按照不同的学制、不同年级特点，进一步理顺了原来的方案。各门课程使用的教材，无论是选用还是自编，均在课前发给学生。各门课程比例，经研究讨论后重新进行了调整。

为便于开展教学活动，各系教研组、教学组还对同类课程成立了教学小组，主要研究教学与其他相关问题。各系在抓基础理论和基础知识课程的教学方面，均选配业务水平较高、经验较丰富的教师充实第一线讲授，如历史系中国古代史

教学小组在进行集体备课

教研组,安排有经验教师郝树侯、班书阁、罗元贞、康秋泉担任基础课,7个班、5门课中,他们担任的就有5个班、4门课。文科加强了阅读、写作、整理资料和使用工具书的训练;理科加强了实验、操作和演算习题的训练。在1961年12月山大民盟支部召开的教学经验交流会上,张晓台、李恩普、郑广盛等教授先后介绍了有关教科书的使用与特点、教研组工作、教学方法等经验。

在提高教学质量的过程中,教工会配合学校党委对广大教师也采取了团结、教育、改造的政策,在政治上关心他们,组织他们参加省里举办的国际国内形势报告会,选派教师参加省里召开的知识分子座谈会,召开小型座谈会,听取他们的意见,或亲自登门拜访,帮助他们解决一些实际的生活问题。对过去处理不当的问题,也进行了研究处理。对中老年教师的业务进修、补充基本知识等,也做了一些工作。此后,青年教师向老教师学习的氛围逐渐加强,新老教师关系因此有了较大改善。

随着教学工作的加强和读书风气的形成,学校的学术活动也开展了起来。由于教学工作需要和教师进修工作的加强,各系与图书馆分别举

1962年,中文系教师董冰竹(前排右三)被教育部选派到波兰华沙大学进行汉语教学

办了一些学术报告会与讨论会,其中有结合专业和研究方向的专题报告、探讨基础理论的报告、介绍国内建设问题的报告、对学生指导学习方法和治学方法的报告、从事进修教师的读书报告,特别引人注目的是邀请校外、省外专家作学术报告。这些报告对拓宽师生学术视野、增进师生学习,起到了良好作用。除此以外,还经常与省内各高校共同举行公共课互相观摩教学,进行校际间学术交流。教师们不论是在校内还是去校外参加学术讨论会,都体现出“百花齐放,百家争鸣”的方针,大家自由发言与讨论,共同得到提高。活跃的学术气氛,对于提高学校的教学质量起到了良好的促进作用。

(二)广泛开展群众性的文化体育活动

自教工会建立以来,就一直在大力抓职工体育工作,每年都会想方设法添置职工身边的健身器械,开展各种体育比赛活动等。可以说,"文化大革命"之前的山西大学教工会,一直是学校文体活动的重要组织部门,校工会俱乐部总是年轻教师闲暇之际最喜欢去的场所。教工会经常在这里举行下棋、打扑克、打乒乓球、跳舞等活动,在室外也经常组织举办全国职工乒乓球、羽毛球比赛等大型活动,把文化娱乐、体育健身纳入了高校校园文化中,旨在提高职工队伍整体素质。

在工会的办公经费中,每年都有一定的给职工增强体质、丰富文体生活方面的投入,用于教育职工正确贯彻劳逸结合,并根据不同的体质条件开展不同的文体活动,每年组织的篮球、排球、乒乓球、羽毛球比赛有十余次。同时,教工会还经常开放俱乐部为教工放映电影。

重视对体育工作的领导,取得了较好的成绩和效果。如1962年10月,山西省高等院校体育教研组联席会在山西大学体育馆召开第一次会议,通过了该年度的体育计划。11月,在山西省大专院校篮球联赛中,山西大学教工男、女篮双获冠军。

1963年4月,学校为进一步加强体育教育,增强师生员工体质,提高教学质量,成立了山西大学第一届体育运动委员会,副校长刘梅任主任委员,下设秘书、组织宣传、竞技指导、群众体育、国际体育、运动保健等6个小组。教工会也参加了这一机构。当月,教工会组织了第二届教职工乒乓球团体比赛,有12个系分会组织教职工参加。经过18场的顽强拼搏,数学、化学、物理、艺术四个系分获小组男子冠军。在第二

1962年11月,山西大学教工男女代表队双获山西省大专院校篮球比赛冠军

阶段的比赛中,艺术系以两战两捷的成绩夺得冠军,数学系为亚军,化学系、物理系为第三名。女子比赛中化学系夺得冠军,外语系获亚军,生物系为第三名。[①]

①《教工第二届乒乓球团体赛结束》,《山西大学》,1963年5月18日。

在1963年4月底学校举行的第二届春季运动会上,各系、处都派出了教工队员和学生选手参加了66个项目的角逐,在团体比赛中,物理系的教工组、普通学生组均获总分第一,体育系学生组本科四获总分第一,数学系在射击团体赛中夺冠;单项比赛有女子标枪张秀英、女子铁饼师廷英、男子跳高安天祥、男子五项全能郭新民与曹延悟、男子标枪张有理同时破校纪录,张有理手榴弹破省纪录。为促进各系群众体育的开展,学校还开展了全校男、女篮甲、乙队升级赛。后来,在全省大学联院校乒乓球团体赛中,山西大学女队获冠军,男队获亚军。6月,大学联院校排球赛中,山西大学男队获冠军。

为了使教职工能够在教学之余很好地休息,校工会除加强俱乐部的活动外,在寒暑假还成立"少年儿童之家",设有玩具、书报、杂志、画报、连环画等,并有专人负责,使小学一至六年级的小朋友有了自己学习和娱乐的地方。这不仅使职工的孩子们学习好、玩好,并教育他们养成良好的习惯。在每学期结束时,还评出了模范儿童给予一定奖励,并把他们的成绩介绍给他们的学校。这样一来,教育奖励了孩子们本身,二来使他们学校也了解他们在假期的情况,家长们都很满意。

(三)工会委员会第三次代表大会及其活动

1963年6月8日,中国教育工会山西大学委员会第三次代表大会在校工会俱乐部举行。在本书中,这次会议被认定为山西大学工会在新中国成立以来的第二届工会委员会的标志。

出席这次会议的工会会员代表116人,列席代表26人。大会听取、讨论和通过了上届委员会所作的工作总结报告、财务工作报告和福利工作报告。大会通过的《山西大学第二届工会委员会总结报告》指出:"我校工会委员会从1960年8月份改选以来,已经两年零十个月了。……二年多来,我校工会工作,在校党委和上级工会的领导下,以提高教学质量为中心,组织教职工为教学服务,加强职工思想教学(学习),关心职工生活,发挥党的助手作用等方面,也取得了一定成绩。"[①]会上,校党委常委宋华青秘书长到会讲话,代表党委对工会工作作了指示,工会委员会发出倡议书,呼吁全校工会会员认真贯彻党的教育方针,加强思想改造,提高教育质量。外语系等工会分会向大会写来贺信。

大会认为,工会组织必须进一步协助党的教育方针,以提高教育质量为中心,

---

① 《山西大学第二届工会委员会总结报告》,1963年6月8日,山西大学档案馆。

1963年6月，中国教育工会山西大学委员会第三次代表大会全体代表合影

发动全体教职工搞好学校工作。大会号召全体会员积极响应毛泽东主席向雷锋同志学习的号召：学习雷锋爱憎分明的无产阶级立场、言行一致的革命精神和公而忘私的共产主义风格，不断改造和提高自己。大会认为，工会组织今后要进一步关心教职工的物质文化生活，贯彻勤俭节约的精神，办好伙食，办好集体福利，搞好文体活动。全体教职工要全面认识提倡晚婚节育的重要意义，用实际行动保证晚婚节育收到实效。

1963年6月8日，时任工会副主席李长林在中国教育工会山西大学委员会第三次代表大会上作工会工作报告

本次大会选举产生的新一届工会委员是：史国雅、王福麟、郭虎江、李长林、姚师忠、盖秀莲、王吉祥、阎英、曹生福、张志圣、李树桂、王红星、李生华、魏国民、吴长福、佘崇义、白慧元。选举产生的福利评议会委员组成人员是：陈良瑛、郝建梁、李长林、吴金铎、王长义、陶然、连海成、曹生福、刘开瑛、王丕耀、董同勤、吴长福、陈育信、张椿、白根海、孙玉林、高馥翠。教育系史国雅教授当选为本届工会委员会主席，副主席王福麟、郭虎江、李长林。

1964年8月，山西大学党委对教工会机构进行调整，调山西大学附属中学总支副书记李珍任职工会副主席，"文化大革命"开始后，调李长林到后勤处膳食部门工作。

这一届工会开展的工作，与当时我国所处的国际大气候和国内形势密切相关。在中文、外语、教育、地理等系工会组织的教工集会上，教师智亚南、张文郁、武树元、吴增和、陈纪秀、陈安庆、王进宝等同志都发表感想，表示一定要紧紧团结在党的周围，勤俭建国，奋发图强，努力做好工作，为不断提高教学质量贡献力量。

　　1964年1月17日，山西大学师生员工两千多人再次集会，抗议美帝国主义，声援巴拿马人民。工会主席史国雅教授在集会上发表演讲："巴拿马人民不畏强暴，反对美帝国主义侵略，完全是正义的。我们全国六亿五千万人民紧密地团结在党和毛主席的周围，坚决支持巴拿马人民的正义斗争！"这是代表山西大学师生发出的正义的呼喊！集会之后，师生们扛着标语牌，高举红旗，情绪激昂地举行了游行示威活动。[1]

　　教工会工作逐步展开后，还建立了层层负责、公开透明的工作机制，进一步健全了会员组织生活和各项活动。5月5日，学校在工会俱乐部举办了教师外语进修班，刘梅副校长、研究部阎宗临主任、陈舜礼教务长等领导都先后到课讲话。后来，在教工会组织的支援河北灾区的活动中，截至1964年12月底，全校教职工捐款4899.67元，粮票3745.1斤，粮食2519斤（其中有学校和附中的生产粮各1000斤）。物品方面，有棉衣裤180件，绒衣裤102件，单夹衣裤781件，毛呢衣裤35件，小孩衣裤140件，棉夹单被褥19件，各种鞋688双，各种帽335顶，袜子176双，手套49副，毛巾8条，各种布票47.2尺，围巾29条，线毯6条，其他棉花、包袱皮等若干。[2]从这些捐赠的物品清单中，我们可以看出：山西大学的教职工尽管也不富裕，但是，都力所能及地响应了教工会的号召。

　　另外，为了改善广大教职工课余生活条件，教工会曾多次对活动场所进行修整。如增加和开放阅览室、游戏室，增添书报和文娱器材，想办法活跃教工的业余文化生活。认真清点工会的各类财产，建立起详细的账目。是年7月31日，中共山西大学首届党代表会议就是在整洁的工会俱乐部召开的。可以说，直到1992年9月山西大学九十周年校庆前的三十年时间中，由于国家财力所限，学校的基础设施建设迟滞，工会俱乐部一直是山西大学的政治、教学、文化活动的中心，非常热闹。

三、积极配合各项运动的开展

　　1963年2月，中共中央决定在农村进行以"四清"（清理账目、清理仓库、清理财物、清理工分）为主要内容的社会主义教育运动，在城市开展"五反"（反对贪污盗窃、

---

[1]《我校师生员工集会游行声援巴拿马人民》，《山西大学》，1964年1月24日。

[2]《全校教职工捐赠财物援济河北灾区》，《山西大学》，1965年1月20日。

反对投机倒把、反对铺张浪费、反对分散主义、反对官僚主义)运动。10月14日,教育部发出《组织高等学校文科学生参加农村社会主义教育运动的通知》,1964年1月又扩大到全体在校学生。3月,团中央提出要继续发动青年参加社会主义教育运动(简称社教)。9月,中共中央、国务院发出通知,要求组织高等学校文科师生分期分批参加社教。在上述一步步展开的政治运动中,山西大学教工会也认真地配合了这些工作。

(一)开展学习雷锋同志活动

雷锋同志是中国家喻户晓的全心全意为人民服务的楷模、共产主义战士,他作为一名普通的中国人民解放军战士,热爱集体,关心战友,关心群众,把"毫不利己,专门利人"看成是人生最大的幸福和快乐,并身体力行,认真实践。1962年8月15日在一个战友倒车过程中,被倒下来木杆砸在太阳穴上,经抢救无效不幸牺牲。雷锋的一生,虽然只经历了22个花开的季节,但他的模范事迹和高尚思想在军内外产生巨大影响。因此,1963年3月5日,《人民日报》发表了毛泽东题词"向雷锋同志学习",接着又发表了刘少奇、周恩来、朱德、邓小平等党和国家领导人的题词,全国掀起了学习雷锋的热潮。

1963年3月6日,山西大学教工会联合校武装部、校团委、学生会作出决定,在全校开展学习雷锋活动,要求"全体共青团员、民兵、教职工和学生,积极地、自觉地投入到这项学习中去。着重学习雷锋同志阶级立场坚定、永远忠于人民忠于党忠于毛主席,在困难面前胜利前进的革命精神;学习他处处以党的利益为重,处处从革命的需要出发,决心做个'永不生锈的螺丝钉',全心全意为人民服务的精神;学习他艰苦朴素、克己利人的共产主义高尚品德;学习他坚持又红又专方向,将专建立在红的基础上,将红落实到专业的成就上,努力地完成工作任务",指出:"雷锋同志的高尚品质,都是在日常的、平凡的工作、学习和生活中表现出来的,雷锋同志做的许多事情,我们只要努力,就能学到做到,就会对社会主义事业作出伟大的贡献!"号召"教职工和同学们,在实践斗争中以雷锋为榜样,像雷锋那样工作、学习和生活,做雷锋式的无产阶级革命战士,做共产主义事业的接班人,做毛主席的好学生"[①]。

3月16日,雷锋生前战友张国平同志来校为全体师生作了《关于雷锋同志生前事迹的报告》,校党委宣传部长逯行号召全校教职员和同学把雷锋当做一面镜子检

---

① 教工会:《关于开展学习雷锋活动的联合决定》,《山西大学》,1963年3月9日。

查自己。向雷锋看齐,让雷锋思想在全校开花。3月18日,学校组办的"雷锋事迹展览馆"开馆,供师生参观。之后,全校12个系70多个班近3000名学生开展了向雷锋学习的活动,同学们普遍自觉地学习毛泽东著作,在进行自我改造、提高思想觉悟的基础上学习雷锋精神,校风校貌发生了新的变化。

　　当年的学习雷锋活动分为普遍学习、对比学习、系统提高三个阶段进行。普遍学习阶段,主要是组织大家学习有关雷锋事迹的文章,分批参观雷锋事迹展览、收听雷锋事迹广播、放映雷锋事迹幻灯片等,千方百计地使大家得到受教育的机会;对比学习主要是在普遍

1963年3月,山西大学举办雷锋事迹展览

受到教育的基础上,大家都把雷锋同志当成一面镜子来对照自己,密切联系自己的思想、工作、学习和生活,进行活生生的自我教育。同时结合座谈和讨论以及表扬模范人物等方式,达到互相启发、互相教育、共同提高的目的。系统提高主要是在大家受到活生生的教育以后,给予理论上的系统提高,制订出切合自己实际的一些切实可行的计划。

　　(二)在"四清"、"五反"运动中

　　1963年5月,中共中央发布了《关于目前农村工作若干问题的决定(草案)》(简称"前十条"),不久又发布了《关于农村社会主义教育运动的一些具体政策的规定(草案)》(简称"后十条"),全国农村的部分地区开始进行社会主义教育运动的试点。同时,党中央发出了在城市中开展"五反"(反贪污盗窃、反投机倒把、反铺张浪费、反分散主义、反官僚主义)运动的指示,以"四清"(清政治、清经济、清组织、清思想)、"五反"为主要内容的社会主义教育运动在全国大部分城市逐步展开。

　　山西大学的"五反"运动,是从1963年8月7日开始准备,9月9日正式开始,至1964年7月25日基本结束。参加运动的教职工共1187人,包括正副教授41人、讲师135人、助教411人;教辅人员55人、干部275人、工勤人员270人;党员282人、团员

280人、民主党派成员65人；未参加运动57人（包括在外进修教师31人，因病修养26人）。运动中，教职员与行政部门提出批评意见2127条，学校针对提出的有关教学改革、培养师资、科研、生产劳动等问题拟出整改方案，各单位也拟出相应的整改方案进行整改。全校形成了一种"上改下帮，下改上帮，我改你帮，你改我帮，上下左右一齐改"的风气。经过这场运动，教职工提高了政治思想觉悟，划清了无产阶级与资产阶级思想的界限，检查了个人主义思想与大大小小的浪费现象，清查了一批贪污盗窃、蜕化变质分子，初步树立了"学校革命化"思想，领导作风有了一定改进，工作作风上出现了一些新气象，铺张浪费、损公利己的现象减少了，勤俭节约的现象出现了，工作积极性提高了。

1963年10月4日，教育部发出《关于高等学校文科学生参加农村社教运动的通知》指出，全国各地的农村社教运动正在进行，这是向学生进行阶级和阶级斗争教育的良好时机，设有文科的高等学校，应该积极地有计划地组织文科学生参加这一伟大运动，使他们在实际斗争中受到锻炼和教育。通知安排参加运动所需时间应为2至6周，在原先的劳动、社会调查时间进行，并指出文科的中青年教师也应随同学一起参加。

学校根据中央与省委部署，从1964年1月16日开始，校党委书记李希曾、副校长刘梅、组织部长李奇、宣传部副部长陈枫等先后向全校师生员工及附属中学师生4892人宣讲了"前十条""后十条"等文件，收听了中共山西省委第一书记陶鲁笳动员干部参加农村"四清"运动的录音报告等。1月26日，学校组织了中文、历史、外语、教育、艺术、数学、物理、化学、生物、体育10系师生2124人赴忻县、定襄、五台、原平、代县、宁武、繁峙7县91个公社1181个大队与178个直属生产队参加农村社会主义教育运动。这场运动大体经过了思想动员学习文件、宣讲"双十条"、接受反修任务、"双十条"补课与"四清"、总结经验共五个阶段。师生在这次运动中，进行了"双十条"的宣传，协助配合县社干部不同程度进行了当地"四清"，并通过访贫问苦，重点写出家史221份，村史16份。1964年三四月间，参加农村社会主义教育运动的学生在老师的带领下陆续返回学校。

但是，是年7月，1959级的大部分同学未能如期毕业，而以省委农村工作队的名义，重返晋中地区祁县，参加了"四清"试点工作。工作队在太谷县经过40多天的集训以后，近千名工作队员，分别组成15个工作团，在祁县的12个公社和太谷县的3个公社（白城、贯家堡和水秀），开始了为期一年的"四清"试点工作。据一些当年参加

"四清"运动的教师回忆："大学毕业并顺利走上工作岗位，无论对个人的发展定位还是对改善家庭经济生活状况，都是一个十分重要的转折点。能够留在山西大学工作，曾是自己向往但在当时条件下不可能主动去追求的事。愿望实现了，自然十分高兴。但山西省委组织部在宣布这批毕业分配方案的同时，又明确宣布，这批毕业生，除极少数人因工作需要到单位报到上班外，其余绝大部分毕业生，仍然继续赴祁县参加农村'四清'运动，暂不到单位工作。"而"原以为'四清'运动的时间最多也不过一年，就可能回校从教上课。不料'四清'运动还没有正式结束，又遇上了1966年开始的'文化大革命'，又整整耗费了6年的功夫，直到1972年，我才开始真正走上了教师的岗位。"①

而据当时的报刊资料显示，这次下乡锻炼"对知识分子来说是一次深刻的革命，无论在思想、工作还是在体制上都有很大的收获。在与贫下中农同吃、同住、同劳动中，师生们放下了知识分子的架子，收起了学生腔，不怕脏、不怕苦、不怕累、不怕冷，他们住在贫下中农的家里，像老八路一样担水、扫院子、推磨、哄娃娃、拉风箱……师生们从贫下中农身上学到了许多高贵品质。特别是家住在城市的师生，一直是在学校长大的，过去很少同劳动人民接触，因此缺乏劳动人民的思想感情，思想上总认为

山西大学师生参加农村社会主义教育运功

农民是迷信、落后、保守的，看到的只是落后的一面。经过参加社会主义教育运动，逐步改变了他们对农民的看法，密切了同劳动人民的关系"②。广大师生在政策宣讲

---

①徐志明：《七十年回眸》，天马出版有限公司2007年版，第97页。
②《知识分子革命化的重要一课上得好》，《山西大学》，1964年4月21日。

与访贫问苦、写村史家史过程中,了解了旧社会的剥削与压迫,了解了当地人民革命史,受到一次深刻的阶级教育和政治思想教育。通过参加运动与贫下中农实行"三同",改造了思想,逐步树立起无产阶级世界观。在进行工作过程中,锻炼了师生做细致政治思想工作的能力,引导师生自觉进行思想改造,密切了师生之间的交往与团结。

1965年暑期,中共山西省委又抽调了山西大学大批干部、教师和中文、历史、教育、艺术、物理、化学、生物、体育、政治等10系的部分学生共1212人,去忻县、原平两县参加农村社会主义教育运动,至1966年暑期才陆续返校。

新中国成立初期的"四清"运动,"清政治",是为了解决农村基层党组织政权掌握在谁手里的问题,目的是通过清理使农村基层党组织的政权牢牢掌握在贫下中农出身的正派干部手里,以巩固党在农村的基层政权;"清思想",是为了使农村的基层干部和广大社员群众,从思想上树立永远跟党走,坚持社会主义和集体主义道路,全心全意依靠贫下中农,为人民服务,防止资本主义腐朽思想的滋生和蔓延;"清组织",是为了把混进党组织内部的有这样那样严重问题的人,和只挂党员牌子、不起先进模范作用的党员,劝退或者清除出党的组织,保持党组织的纯洁性、先进性;"清作风",是为了改变农村基层干部懒、馋、占、贪、变的不良作风,要树立艰苦奋斗、不怕吃苦、勇于奉献、密切联系群众的优良作风。

(三)在"教育思想革命运动"中

1964年2月13日,毛泽东在人民大会堂召开教育工作座谈会(简称"春节座谈会")。在会上,毛泽东指出,"教育的方针路线是正确的,但是路子不对,我看教育要改变","学制可以缩短","课程多,压得太重是很摧残人的,学制、课程、教育方法、考试都要改"。7月3日,毛泽东看了《北京师范学校一个班学生生活过度紧张,健康状况下降》的材料后,给时任中共中央宣传部部长陆定一写了一封信,指出:"学生负担太重,影响健康,学了也无用。建议从一切活动总量中,砍掉三分之一。"(这封信被称为"七三指示")

1964年7月25日,"五反"基本结束后,中共山西大学党委根据山西省委进一步贯彻落实毛泽东主席对教育工作指示的部署,由"五反"转向了"教育思想革命运动"。9月18日,校党委通过《关于开展教育思想革命运动的计划》,决定从9月中旬至1965年1月底,开展"教育思想革命运动",共分为三阶段:第一阶段认识开展这次运动的意义,学习毛泽东主席指示、《人民日报》8月3日发表的《培养和造就千百万无产阶级革命事业接班人》的社论,以及中共中央、国务院《关于高等学校文科师生参加社会主义教育运动的通知》精神等文件;第二阶段根据文件检查自己的思想工作,总结经验教训;第三阶段进行运动的总结,提出改进意见。时间安排从9月19日至次年1月22日结束,共18周,126天。教职工每周参加运动8至12个小时,内容主要是贯彻教育思想革命精神,改进工作时间。当时,校工会安排在以李奇为组长的党委第二小组领导下开展运动。

在"教育思想革命运动"中,9月2日,学校举行了1964级新生开学典礼,机关各处室的领导、工会主席、各系负责人都参加了会议。党委书记李希曾代表学校和全体教职工向新入学的730名新生表示欢迎,"要求学生端正学习态度,树立艰苦奋斗、团结互助的学习作风和生活作风,防止资产阶级思想和资产阶级生活方式的侵蚀,要当革命大学生、革命接班人"[1]。9月4日,工会主席史国雅还参加了党委武装部组织的实弹射击活动。

9月中下旬,校党政干部、教师及文科各系二、三年级920名师生分批前往晋南、晋东南、雁北、忻县、太原市郊等地区,外语系290名师生抵达阳高县,参加农村社会主义教育运动。学校党委书记李希曾亲自挂帅组建了5个工作队,分别由王青野、张华、徐浩、李建国、刘廷玉、张诚斋、郭勇、萧凤舞等同志领队,到长子、洪洞、阳高、五台、原平、定襄、清徐等地参加农村社会主义教育运动。大家出发前,山西省卫恒省长、校党委书记李希曾和副校长刘梅分别讲话动员。卫恒省长号召所有参加"社教"的老师和同学要过好训练、"三同"等难关,李希曾书记向队员们提出了"五好"、"五不怕"和"六不准"的要求。在讨论中,干部和师生们一致表示,一定要努力学习,做好工作,使社会主义教育运动获得彻底胜利。为了使下乡人员全力以赴地投入工作,学校党委组织部、人事处、工会等有关部门组建了后勤工作组,负责安排下乡教师和干部家属的生活,并帮助他们解决实际困难。各系工会也安排专人为下乡干部家属提供便利。[2]在这次农村社会主义教育运动中,教育系的多数师生于1964年9月至次年6月在洪洞县参加农村社教运动,运动结束后,中共山西省委在洪洞县召开了社教工作队员代表大会,社教工作组副组长杨学仁和1962级学生高守忠还在大会上作了典型发言,受到了中共山西省委书记处书记兼晋南地委第一书记赵雨亭的表

---

①《山西大学百年纪事》,中华书局2002年版,第646页。

②《920名干部师生分批下乡》,《山西大学》,1964年9月30日。

扬。[1]

与此同时,留在学校的教职员工也在党委领导下开始了思想、教学、机关革命化运动。1964年9月15日到23日,全校计有3000多人次主动参加了大规模的体力劳动,大家填平凹地、清除杂草,都能按预定要求完成任务,有些党委还提前超额完成任务,许多系、科还主动地利用星期日进行劳动。当年,参加这次体力劳动的刘梅副校长、张永仑副教务长、党委宣传部陈枫副部长、党委监察委员会张全民副书记、郝肯堂副秘书长、教务处王静处长、行政处赵参处长及中文系贺凯主任、数学系郑广盛主任、化学系张燮友副主任等都是年届花甲的老教师,他们不但自觉参加劳动,而且干劲很大。可以说,自机关革命化以来,全校干部为了更好地锻炼自己,都自觉地参加了定期的体力劳动。在11月份,有200多人次自觉出勤,在校办公室的安排下,协助基建科、校产科、行政科、幼儿园和膳食科等进行整修工作。如挖下水道40多米,抹新建围墙墙缝200多米,装围墙上的防护玻璃刺150多米。此外,还参加了清理东北围墙内外砖头、浇树施肥、搭菜窖等劳动。每次两个小时,校党委和行政各级领导同志都是带头参加,给同志们很大鼓舞。有些劳动量较大的活,同志们都是抢着去干。[2]

10月9日,校党委、校务委员会联合发出贯彻执行毛泽东主席"七三指示"的紧急通知,指出:"减轻学生负担,保证学生在德、智、体诸方面生动活泼地主动地得到发展,是我校当前极为迫切的任务。"同时,制定了一些措施:规定学生上课、自习、开会、课外民兵训练、公益劳动等活动总量,每周最多不超过54小时,每天不超过9小时;学生每周上课总时数,文科不超过42小时,理科不超过46小时;学生参加统一规定的课外集体活动,每周参加各种会议总时间不超过2小时,党团会不超过4小时;公益劳动不超过2小时;民兵训练按课表规定平均每周1小时,代表队训练不超过4小时;学生干部以一人一职为宜,召集学生开会、布置检查总结工作及墙报、板报、广播等活动,要克服形式主义烦琐哲学;每日下午5时至6时、晚上睡眠与午睡、星期六日晚上不经党委同意不得安排集体活动;适当照顾女生与有病体弱学生。

在这场运动中,学校党委要求教师与教辅人员应认真改造自己的世界观,破除名利、单纯业务、轻视体力劳动观点与教条主义思想、资产阶级生活方式影响,要确

---

① 杨学仁:《留在山大是我的幸运》,《历史的情怀》,中国社会出版社2012年版,第325页。
② 《全校干部参加体力劳动》,《山西大学》,1964年12月8日。

立为人民服务、政治统率业务、知识分子劳动思想和理论联系实际的学风,艰苦朴素的作风,要在教学内容、教学方法,考试方法上进行初步改革,教导学生在德智体诸方面生动活泼地主动地得到发展,要重视身教;对于职员工人,则要求进一步树立为教学服务的思想。搜诸1964年的山西大学校报,我们看到了一个"教书教人全面负责"的典型人物——化学系助课教师王丕耀,他以"立志为无产阶级的教育事业奋斗"、"全面关心学生"、"帮助学生解决思想问题"、"学习中严格要求学生"、"谦虚谨慎,注意身教"的事迹,被树为"教育思想革命运动"的先进典型。[①]可以说,王丕耀老师堪称是山西大学工会在二十年后广泛开展教书育人活动的雏形与最早典型。通过这些运动,一定程度上促进了学校干部教师思想、教学、机关的革命化,创造了一个培养无产阶级革命事业接班人的环境。

四、学习毛泽东著作和学习英雄活动

1964年的国庆节刚过,山西大学师生热烈响应党的开展机关革命化的号召,在校党委的领导下,全力以赴投入了学校革命化的运动。1965年春以来,全校上下在革命化运动的基础上,掀起了学习毛泽东著作的高潮。之后,又有1000多名干部、教师和同学参加了城乡社会主义教育运动。校教工会的干部职工也积极地参与和配合了这场活动。

(一)学习和传播毛泽东思想

山西大学师生的大学毛泽东主席著作运动是从1964年国庆前夕开始的。当年9月30日,山西大学组织了1400名师生冒雨参加了在太原市五一广场举行的省城各界庆祝中华人民共和国成立15周年纪念游行活动,其中红

1964年9月30日,山西大学教职工参加庆祝中华人民共和国成立15周年游行活动

①《化学系助教王丕耀教书教人全面负责》,《山西大学》,1964年12月8日。

旗大队400人,民兵大队200人,仪仗大队600人,学生大队150人,教育工作者大队50人。在游行中,教工会副主席李长林走在教育工作者大队的前头。教育工作者大队肩扛的宣传牌上写着"教育为无产阶级政治服务"、"教育与生产劳动相结合"、"提高教育质量,为祖国培养建设人才"的标语。

10月学校革命化运动开始后,校党委指出,这是一次毛泽东思想的学习运动,是一个由领导带头的群众性的活学活用毛泽东著作,改造思想、改进学习、改变作风的自觉革命运动。许多干部、教师深切地感到,毛泽东的著作是"灵芝草",是"防腐剂",是"照妖镜"。他们庆幸"进了政治医院","感谢白求恩大夫割掉了自己身上的毒瘤",认为自己过去的"自留地主义"、"家庭主义"、"小队主义"都是不对的。①在下乡的过程中,工作队员"学在先,带头用"。他们强调自己认真学习毛泽东著作,事事、时时、处处都要用毛泽东思想来对照自己的思想、言行和作风。他们有两条雷打不动的制度:一是无论向下交代什么工作,都首先交代运用毛泽东主席的哪些观点去解决问题,然后再交代执行的方法;二是无论开会、工作、办一切事情,都要学习毛泽东的有关著作,或一篇,或几段,或几句语录,以毛泽东思想为指针解决问题。他们自觉批判自己有时"身在大队、生产队,却怀念家庭,吃不下苦的错误思想,决心要学白求恩,要学张思德,立志身在大队、生产队,胸怀国家,放眼世界"。大家把农村的小学校、把单位的俱乐部等文化阵地都充分地利用了起来,一边教读毛泽东的文章,一边颂记毛泽东语录。在农村地区,下乡师生把学毛著与学文化结合起来,一定程度上既消除了农村的文盲、半文盲现象,又提高了农民的文化素质。

通过大张旗鼓的学习、宣传毛泽东思想活动,在校的职工同志们也取得了显著的进步。大家越来越认识到,自己所担负的工作,同样是学校工作的重要组成部分,做好自己的岗位工作,就是为教学服务,就是为人民服务。在这处精神鼓舞下,"图书馆编目人员往常平均每人每天编7.2种16.7册;今年平均每人每天编19.4种65册,工作效率大幅度地增长。这样一来,不只是做到了不积压新书,而且多年来积压下的七八万册图书,也完全编了目,上了架。教材科印刷厂职工,不论上班时间还是休息时间,什么时候有急任务,什么时候就排就印"。"学校维修工程和部分基建工程改为自己设计、自己施工,在师生投入劳动支援下,不只项项提前完工,而且为国家节

---

①《山大又一年》,《山西大学》,1965年9月30日。

省开支数以万元计。幼儿园职工力求做到'为家长服务，为教学服务'，一切制度办法，都从有利于教职工的工作和教学出发。……炊管人员'为革命做饭'的思想加强了，饭菜做得比以前精美，花样多，食堂卫生也好了"①。整个校园出现了彼此关心、互相帮助、热情对人、助人为乐的新气象。

为了使工会干部和会员群众更好地突出政治，活学活用毛泽东著作，教工会于1966年4月8日、9日召开了工会干部及积极分子突出政治学习会。出席会议的有教工会和各分会委员及积极分子90多人。校党委委员王西同志在会上作了关于突出政治学习的讲话，太原市总工会办公室副主任吴永义作了关于工会的性质、作用和任务的报告。大会报告后进行了典型发言，外语系分会吴长福、化学系分会王礼成、膳食科分会姚师忠、家属委员会杨桂梅、生物系分会赵宗普和基层委员会张志圣等同志，分别代表集体或个人介绍了他们突出政治，以毛泽东思想挂帅，做好工会工作的情况和经验。会上，代表们对照毛主席的指示，检查了过去工会工作由于不突出政治而产生的一些问题，集中讨论了今后如何突出政治问题。通过学习和讨论，大家感到明确了方向，提高了认识，鼓足了干劲。纷纷表示，要永远突出政治，坚持毛泽东思想挂帅，努力做好工会工作，真正把工会办成传播和学习毛泽东思想的学校。②

（二）学习王杰、焦裕禄活动

1965年，各种政治运动不断冲击，使山西大学的正常教学秩序受到了极大的影响，教工会活跃职工生活、维护职工权益的作用也逐渐为参与这些政治运动所代替。这年11月4日，中共山西大学党委发出《关于建立政治工作联席会的通知》，决定由"政治工作联席会"统一管理党办、组织部、宣传部、统战部、武装部、人事处、保卫处、教工会、团委的经常工作。不久，中国人民解放军总政治部、全国总工会、团中央、全国妇联等分别发出通知，山西大学教工会即和党委宣传部、武装部、团委会联合发文，号召全校各级民兵组织、工会组织、共青团组织和学生会组织，积极行动起来，大张旗鼓、扎扎实实地开展学习王杰同志的活动。

王杰，山东省金乡县人，中共党员。1961年8月入伍，生前系装甲二师工兵营一连五班班长，模范共青团员和一级技术能手。1965年7月14日上午，王杰在江苏省

---

①《山大又一年》，《山西大学》，1965年9月30日。

②《教工会召开工会干部及积极分子突出政治学习会》，《山西大学》，1966年4月20日。

邳县张楼公社(现邳州市运河镇)组织民兵进行实爆训练时,因炸药包发生意外爆炸,为保护在场的12名民兵和人武干部,他临危不惧,毅然扑向爆炸点,献出年仅23岁的生命。1965年11月,毛泽东、朱德、周恩来等老一辈无产阶级革命家先后题词,称"王杰同志是董存瑞、黄继光式的英雄,是雷锋式的伟大共产主义战士",号召全国军民学习和发扬王杰"一不怕苦,二不怕死"的"两不怕"精神。

1965年、1966年,山西大学开展了学习焦裕禄、学习王杰的活动,图为当时校报的报道

　　山西大学教工会要求,全体教职工一定要像王杰同志那样,时时、处处坚持活学活用毛泽东著作,切实在'用'字上下工夫。按照毛泽东的教导,严格要求自己,积极参加阶级斗争、生产斗争和科学实验三大革命运动,自觉改造思想。通过学习王杰同志,在教职员工中掀起一个学习毛泽东著作的新高潮;要像王杰同志那样,心怀祖国,放眼世界,一心一意为革命。一不怕苦,二不怕死,巩固地树立起无产阶级世界观和为革命而学、为革命而教、为革命而工作的思想,乐于干平凡的工作,用于挑重担子,练好杀敌本领。随时准备为了革命的利益,为了最大多数人民的最大利益,贡献自己的一切;要像王杰同志那样,爱憎分明,热爱祖国,热爱人民,热爱社会主义,憎恨美帝国主义,憎恨一切反动派,做中国革命和世界革命的彻底促进派。①通知还明确了学习王杰同志活动的时间、内容、方式,指出全校教职工要在自学的基础上,对照自己,提高认识,产生行动。要求各级党、团、民兵、工会在组织学习王杰同志的活动中,必须同学校当前的中心工作密切结合,作为促进工作不断前进的动力。要全面贯彻执行党的教育方针和毛泽东主席的"七三指示",继续深入教学改革,积极提高教学质量,提高各项工作的效率,使全校教职员工更加劳动化、革命化,团结一致,同心协力,共同提高,为更

---

　　①《关于在全校教职工、民兵和学生中开展"向王杰同志学习"活动的通知》,《山西大学》,1966年4月20日。

好地进行教育思想革命、教学改革而奋斗。

1965年,山西大学的工勤、技工人员在党委领导下,通过机关革命化运动,坚持学习毛泽东著作,政治觉悟不断提高,工作做出了比较显著的成绩。他们克服过去认为工勤人员是"伺候人"、"低人一等"的错误思想,大大增强了为人民服务的观点,为教学服务的观念。他们当中,越来越多的人,在工作中不辞劳苦,动脑筋、想办法,努力搞好各项工作。为了表扬先进,交流经验,进一步开展以学赶帮后运动,1966年新年前夕,校教工会和行政处联合组织了1965度的先进集体和先进个人的评选工作。一共评选出先进集体2个,先进个人87名。如行政科技工汽车司机刘继彪,坚持和活学活用毛泽东著作,对工作热情、认真、负责,他处处从工作着想,守时、安全、出色地完成了工作任务。校产科泥工组长程兴太思想进步快,工作干劲大,修砌半工半读工厂烟囱的时候,学校没有造架工人,他就主动大胆地挑起了这副担子。在砌阳水沟的时候,他全部利用废旧砖,保证了工程质量,节约了新砖,并总是提前完成工作任务。膳食科炊事员李钱来,坚持活学活用毛泽东著作,关心集体,不怕苦不怕累。他利用工余时间清扫食堂库房、洗刷炊具,自费购买领袖像、绳子、墙围纸等,把饭厅打扮得又清洁又美观。他带头学习毛泽东著作,改造思想、改进工作,取得了比较突出的成绩。物理系工厂技工李海龙,通过学习毛泽东著作,学习党的教育方针,认识到半工半读教育对培养又红又专、能文能武的革命接班人具有重要意义,因此对学生徒工非常关心爱护,经常用回忆对比的方法,对学生进行政治思想教育,在技术上对学生教诲不倦,耐心指导。生物系饲养员康雅琴能把饲养工作与教育工作、革命工作联系起来,工作中不怕苦、不怕脏,任劳任怨。在养兔子的饲料缺乏的时候,他经常早上班迟回家,到处拾菜叶。她用自己的白面小米喂养刚出生的幼畜,把自己的棉衣拆开,取出棉花,给幼畜铺上。印刷厂技工任贵宏学习毛泽东著作,敢想敢干,改装了打样机的滚子,提高了工作效率和工作质量。学习王杰同志以来,经常提前上班生火,整理铅线,充分利用废旧材料节约了国家财产。图书馆装订工贾根宝,有工作拣重担挑,不管分内分外都是积极主动去干。他主动承担了装订精装本书刊的任务,当年就节约经费500多元。幼儿园炊事员刘凤琴,坚持学习毛泽东著作,力争学一点,用一点。她学习了《愚公移山》,积极地向领导提改进工作的意见,积极地展开批评和自我批评,工作中总是把困难留给自己,把方便让给别人。在这次群众性评议活动中,全体工勤、技工人员,突出政治,发扬民主,认真进行总结,正确开展批评和自我批评,使大家都受到了一次深刻的政治思想教育,进一步看清了自己的优点和缺点、成绩和不足,明确了努力的方向。

1966年2月7日,《人民日报》发表长篇通讯《县委书记的榜样——焦裕禄》,全面介绍了河南省兰考县县委书记焦裕禄的感人事迹,同时还刊登了《向毛泽东同志的好学生——焦裕禄同志学习》的社论。随后,全国各种报刊先后刊登了数十篇文章通讯,全面介绍了焦裕禄坚持实事求是、坚持群众路线的领导方法,同全县干部和群众一起,与深重的自然灾害进行顽强斗争,努力改变兰考县面貌的做法。焦裕禄用自己的实际行动,铸就了亲民爱民、艰苦奋斗、科学求实、迎难而上、无私奉献的焦裕禄精神。于是,全国由此掀起了一场学习焦裕禄的热潮,山西大学教工会也积极在全校教工中组织和开展了这一学习活动,各单位教职工对于焦裕禄的感人事迹也反复进行了学习讨论。广大教师以焦裕禄为榜样,认真对照自己寻找差距,纷纷撰写文章,表达决心,表示要去掉"我"字,改造思想,当好人民的勤务员,做毛泽东的好学生。

据20世纪的五六十年代参加工作的一些老同志回忆,无论是职工的思想教育还是针对学生的政治教育,基本上思想都是健康的,内容也是丰富的,对学生着重进行的是又红又专的教育。在20世纪60年代初至"文化大革命"前,主要的教育内容是学习"九评",进行反修防修教育,教育学生要做无产阶级革命事业的接班人,尤其是1963年3月,毛泽东主席发出了"向雷锋同志学习"的号召,广大青年学生积极响应,很快在学生中掀起了学雷锋的热潮。一时间,学雷锋做好事、学毛著改造世界观,蔚然成风。[1]

(三)在下乡"半农半读"活动中

1965年7月14日,中共中央同意并批转了教育部党组《关于全国农村半农半读教育会议的报告》,指出:"推行两种劳动制度、两种教育制度,是努力促进文化革命,逐步消灭工农之间、城乡之间、脑力劳动和体力劳动之间的差别,防止资本主义复辟的大事情,必须引起全党重视。"[2]要求各省、市、自治区党委,中央各部、委,国务院各部、委党委(党组),军委总政治部,共青团中央,全总、妇联党组,必须在党委的统一领导和部署下,由教育、劳动、工业、农业和其他有关部门,与共青团、群众团体通力合作,积极主动地做好这项工作。在工作中,除了要抓好方针、政策和思想工作以

---

[1]贾一民:《我在山大做青年工作》,《历史的情怀》,中国社会出版社2012年版,第495页。

[2]《关于在全校教职工、民兵和学生中开展"向王杰同志学习"的活动的通知》,《山西大学》1965年11月27日。

外,还应该进一步研究并妥善解决半农半读学校的学制、课程、教材和师资等重要的实际问题,使这种学校能逐步定型,逐步形成体系。

1966年春,新学期开学伊始,副校长逯行传达了全国半工(农)半读高等教育会议的精神以后,全校师生员工在突出政治的学习运动中,对文科实行半工(农)半读问题进行了热烈的讨论,从而认识到,"高等学校试行半工(农)半读,是教育战线上的一场革命……就是要造就一代新人,为逐步缩小和消灭工农之间、城乡之间、脑力劳动和体力劳动之间的差别创造条件"。为此,校党委决定,组织中文、历史、教育、外语四个系214名学生、教工40人到晋西北的岚县半农半读。①

4月14日晚,全校师生举行欢送大会,党委副书记刘梅代表校党委讲话:"之所以把地点选在岚县,不仅是因为那里地广人稀,容易找到生产基地;也不仅是因为那里土质好、有水源,可种植的粮食作物品种多,发展农林牧副的潜力大,而更重要的原因是因为,我们要为建设吕梁山区,发展这个地区的政治、经济和文化教育作一支'志愿兵',同当地人民群众一起艰苦奋斗,进行改天换地的斗争。"②会上,校工会副主席李珍代表教工会致欢送词。她说:"我校正在进一步深入开展突出政治的学习运动,师生员工纷纷下厂、下乡、到连队当兵,向工农兵学习。你们响应校党委的号召,到岚县实行半农半读,担当了我校教育革命的尖兵。""岚县是过去晋绥老革命根据地的一部分,那里的人民在抗日战争和解放战争时期,和敌人进行过英勇的斗争,对革命事业有过很大的贡献,群众政治觉悟高,具有勤劳勇敢、艰苦奋斗的优良革命传统。"她还希望同志们到那里以后,"继续深入开展突出政治的学习运动,用毛泽东思想武装自己的头脑,树立完全彻底地为人民服务的世界观,在三大革命中改造自己,锻炼自己,成为无产阶级革命事业的坚强接班人。…… 一定要很好地学习当地人民的革命精神和革命传统,学习群众的政治斗争经验和生产斗争经验,和群众打成一片,自力更生,艰苦奋斗,在建设吕梁山区的斗争中做出自己的贡献"。"当同志们遇到困难的时候,一按照毛主席战略上藐视困难,战术上重视困难的教导去做。我们一定要经得起考验,把教育革命进行到底!"③4月15日,参加半工半读的全部师生到达岚县分校。当时下乡师生的主要任务是共同参加建校劳动和帮助群众进行生产劳动,并没有正式上课。"文化大革命"开始后,8月份吕梁分校撤销,全

---

① 《中文、历史、教育三系部分师生到晋西北岚县半农半读》,《山西大学》,1966年4月20日。
② 《山西大学史稿》,山西人民出版社1987年版,第108页。
③ 《在全校欢送下乡半农半读师生大会上的讲话》,《山西大学》,1966年4月20日。

体师生返回学校。

4月25日,山西大学党委召开全校师生员工大会,号召全校师生"高举毛泽东思想红旗,积极开展学术批判"。会后,各系师生纷纷撰文在学术领域展开了批判邓拓、吴晗、廖沫沙同志所谓"反党反社会主义的流毒"的运动。5月,各系师生纷纷走出校门到工厂、农村、军营和工农兵一起召开声讨所谓"三家村"罪行大会。中央《五一六通知》下发后,"文化大革命"的浪潮席卷而来,教学工作无法进行,学校陷入一片混乱的状态。

从1963年下半年自上而下的"五反"运动开始,山西大学的教师带领学生从始至终参与了之后的一系列社会主义教育运动,直至"文化大革命"开始后在忻县参加社教的最后一批师生1212人返回学校。在当时"社教"运动大的时代背景下,学校只能不断组织师生参加这些运动。虽然通过这些运动,也使他们接触了实际,了解了工人农民,在实际斗争中受到了锻炼和教育,提高了社会主义觉悟,有利于克服学校教育脱离社会实际的现象,有益于改进教学工作,但这一时期,由于社会主义教育运动本身的局限性,由于大多数教师、学生成天忙于运动、检查,占用了许多教学时间,使师生精神思想状态、身体状态常处于紧张疲惫中,影响了正常的教学工作。同时,由于这场政治运动是在"以阶级斗争为纲"的指导思想下进行的,使青年学生在运动中也受到了一些消极影响,如错误地接受了阶级斗争扩大化、绝对化的教育,不能正确认识和分析社会矛盾,习惯用阶级斗争的观点看待一切。

而1965年至1966年,全国性的政治运动更趋频繁,"高校六十条"越来越无法执行,山西大学的教学秩序同全国其他高校一样遭到严重破坏,教师的教学科研无法展开,学生无法正常上课学习。随着"学术批判"的深入与以发动"文化大革命"标志的《五一六通知》的下发,学校的一切正常工作被迫停止。

第四章 "文化大革命"时期的山大工会

1966年5月至1976年10月,长达十年的"文化大革命"是全局性的、长时间的"左"倾错误,它使党和国家的各项事业都遭受到新中国成立以来最严重的挫折和损失。

一、工会工作濒于瘫痪

所谓的"无产阶级文化大革命",首先是从文化教育领域开始的。和全国一样,山西大学作为山西省的主要大学,首当其冲地卷入了其中。在这场运动中,山西大学连续五年没有招生,停止了正常的教学工作。其间,教工会机构虽然没有撤销,办公地点也没有变化,甚至仍有人在坚持上班,但实际工作却处于名存实亡的境地。

(一)停课闹"革命"

1966年5月16日,中共中央政治局扩大会议通过了由毛泽东主持制定的《中国共产党中央委员会通知》(简称《五一六通知》),提出全党高举无产阶级"文化大革命"的大旗,彻底批判学术界、教育界、新闻界、文艺界、出版界的资产阶级反动路线,夺取在这些领域的领导权,揭开了"文化大革命"的序幕。

5月25日,北京大学聂元梓等人在校内贴出大字报,矛头直指中共北京大学党委和北京市委。6月1日晚,中央人民广播电台首先向全国播发了这一大字报。次日,《人民日报》全文转载,并配发题为《欢呼北大的一张大字报》的评论员文章和《触及人们灵魂的大革命》的社论。消息传到山西大学,立即在校内引起一片混乱,不少师生纷纷举行集会、座谈、写信、贴大字报进行声援。一时间,学校的教学秩序也变得无法维持。

6月3日,中共山西省委在太原召开大专院校负责人会议,省委书记卫恒到会讲话。根据刘少奇、邓小平为确保高校有秩序地进行运动而提出的向北京市高校派出工作组及开展运动要注意的八条意见精神,卫恒书记宣布了山西高校搞好运动的八条规定,要求各高校大字报不许上街,不许上街游行,不许随便点名批判,不许各校联合召开批斗大会,不许泄露国家机密,不许用大字报侮辱人格。他宣布省委成立七人临时领导小组(山大党委副书记、副校长刘梅参加),负责协调这项工作。次日,省委向山西大学派驻了工作组和联络员。而部分学生因为对省委限制造反感到不满,6月6日就在省委门口贴出了大字报,声称"山西省委和北京市委一样,要求中共中央改组山西省委",把造反矛头指向了省委。

6月9日,全国总工会力图紧跟中共中央的部署,发出了《关于工会各级组织高举毛泽东思想伟大红旗,积极参加社会主义文化大革命的通知》,要求各级工会在各级党委的领导下,坚决贯彻执行中央指示,切实当好党的助手,把"文化大革命"放在一切工作的首位。之后,各省、自治区、直辖市总工会也相继发出了同样内容的通知。由此开始,各级工会组织的业务工作陷入停顿的状态。

7月29日,中共中央决定撤销进驻高校的工作组。山西大学的造反派趁势加强反对省委工作组,贴出大字报攻击工作组是"灭火器",是来限制和束缚群众手脚的,强烈要求"欢送"工作组,"赶"工作组出校。当天下午,造反派在学校大操场召开了声势浩大的所谓"声讨大会",公开批判校党委推行的是所谓"资产阶级反动路线"。8月1日,山西省委无奈地撤走了派驻山大的"文革工作组",于是学校的造反活动开始逐渐失控。

8月5日,《山西日报》发表了《一封山西大学的读者来信》和化学系5位学生合写的《调查研究,透过理论看本质》的文章,同时配发了《这是为什么?》的社论,公开点名批评山西大学校党委副书记、副校长刘梅和校党委常委、秘书长宋华青同志,说他们是"压制民主"、"镇压学生运动",是"山西大学进行无产阶级文化大革命的'绊脚石'",对"敢于揭发批评校党委问题的一部分师生员工一直追查压制",鼓励造反派搬掉这两个绊脚石,把山西大学的阶级斗争盖子彻底揭开,"把山西大学的问题彻底澄清,并且把那些党内走资本主义道路的当权派、资产阶级的反动学术权威以及一切牛鬼蛇神,统统揪出来,批倒、斗臭"[1]当天下午,在学校大操场就召开了所谓的"声讨大会"[2]。

---

①《这是为什么?》,《山西日报》,1966年8月5日。

②樊汉祯:《我的学府人生》(未出版),第69页。樊汉祯,1939年1月生,山西晋城人。1964年7月,在山西大学参加工作,曾任政教部书记、主任。"文化大革命"期间,在党委办公室工作。

（二）"派性"斗争

1966年8月8日，中国共产党八届十一中全会通过《中国共产党中央委员会关于无产阶级文化大革命的决定》（即"十六条"），对"文化大革命"的目的、任务、对象、动力、方法和领导等一系列根本性问题，作出了一系列规定。"十六条"一发布，山西大学顿时掀起了查抓"走资派"、批判"资产阶级反动学术权威"、揪斗"牛鬼蛇神"的恶浪，领导干部层层过关，教师、干部大批挨整。

8月16日，学校一部分师生员工召开声讨副校长李子康的大会。同一天，还有千余人跑到省委造反，大呼"罢王大任的官、停卫恒的职"、"李子康、李希曾、王大任、卫恒是一条黑线"的口号。造反派认为这是打响山西大学炮轰省委的第一炮。

从这时起，在"踢开党委闹革命"的叫嚣中，山西大学各级党组织遭到破坏，学校的正常工作陷入瘫痪。干部不能正常上班，教师无法上课，学生无法上学，党团组织生活被迫停顿。"炮轰"、"打倒"的大字报、标语贴满校园，"怀疑一切，打倒一切"之风猛烈刮起。学校百余名教师、干部被诬为所谓"牛鬼蛇神"，在校园内游斗和揪斗。8月19日，数学系副教授王耀堂因遭批斗被迫害致死。

8月20日，中共山西省委在太原召开15万人参加的"欢庆'文化大革命'大会"，宣布成立山西省红卫兵组织筹备机构。会后，山西大学的红卫兵组织也迅速成立，大部分学生及一部分教师、职工也纷纷参加到走向全国各地的"大串联"当中。

8月25日，刘梅、李子康、宋华青等被迫在全校师生大会上做检查，省委书记卫恒出席大会并代表省委宣布上述三位校领导被隔离、停职、反省。[①]

与此同时，学校出现了一些群众组织，并逐渐分裂成两大对立阵营，分别是"八八"和"八一四"[②]两个群众派别。这两派组织因为都怕被人说是资产阶级保皇派，因此争当"革命造反派"，在校园内掀起了大破"四旧"（即所谓旧思想、旧文化、旧风俗、旧习惯）的活动，对许多学者教授、党政干部的批判、揪斗、迫害也日益升级。一些珍贵书籍、文物以及学校规章制度等作为"四旧"被毁于一旦。同时，也有部分师生由

---

①《山西大学百年校史》，中华书局2002年版，第243页。

②1966年8月14日，中共山西省委给山西大学送毛泽东著作，因此有了毛泽东思想宣传队，即"八一四派"。8月15日，这个组织批斗李希曾、李子康。8月15之后，山大明确分为两派，一派为"八一四派"，另一派为红旗战斗队，即"八八派"（因8月8日，八届十一中全会制定"十六条"，明确提出打击党内走资本主义的当权派而得名），目标是批刘梅、宋华青。"八八派"保二李、批刘宋，"八一四派"保刘宋、批二李。

于对山西大学的情况不甚了解,"从'四清'农村回校后,没有贸然参加任何群众组织和他们的活动,被有些人讽刺为'观潮派'、'逍遥派'。1967年初……几乎所有教工和学生都分别参加了一定的群众组织"①。

9月5日,中共中央、国务院发出《关于组织外地革命师生来北京参观革命运动的通知》,全国大规模的"红卫兵"运动和大串联活动日益扩大。10月26日,山西大学的造反派会同省城其他学校的造反派,开着宣传车围攻省委机关及省政府领导王大任、武光汤达12个小时之久。28日,山西大学师生在收听陈伯达在中央工作会议上作的《无产阶级文化大革命的两条路线》报告后,在学校内又掀起了批判所谓"资产阶级反动路线"的浪潮,许多中层干部因此被揪斗、批判、罢官、做检查。

这一时期,连学校层面的工作也无法正常开展了。当时,山西大学校长仍是山西省副省长焦国鼐兼任,李希曾任党委第一书记,周秀清、李奇为书记处书记,李铁生、李子康、刘梅任副校长。陈舜礼任教务长,阎宗临、张永仑任副教务长,宋华青是秘书长。据当年在党委办公室的同志回忆,虽然"运动搞得轰轰烈烈,但我们还要到办公室上班。不过这时候上班就是接接电话、看看报纸,正常工作基本停止了。那时学校订了一份'大参考',每天上午一大卷,下午又来一大卷,因为它是上下午版,这是新华社的内部刊物,以前只有厅级领导才能看。现在领导都不来办公室了,我每天上班就主要是看'大参考'。除了上班,还要参加运动"②。

(三)"造反"夺权

1967年1月6日,以王洪文为首的上海造反派,召开"打倒市委大会",夺了上海市的党政领导权,之后在全国刮起了所谓的"一月风暴"。

于是,之后在全国很快掀起了一场由造反派夺取各部门、各级党和政府领导权的风暴,各高校也出现了"造反"组织竞相夺权的高潮。在此形势下,山西大学也刮起了夺权风。继参与1月12日对山西省委、省人委的夺权之后,1月13日,山西大学的群众组织也夺了学校党委的领导权。1月27日,又夺了学校各部、处、室和大部分系的领导权。学校从上到下大搞夺权,导致学校的局面更加混乱不堪。

"文化大革命"不仅破坏了党委领导,而且在全国也分裂了工人阶级队伍。从运动一开始,工人中就建立各种派性组织,挑动工人斗干部、工人斗工人,一时间,以工

① 徐志明:《七十年回眸》,天马出版有限公司2007年版,第104页。
② 樊汉祯:《我的学府人生》(未出版),第69页。

人群众组织名义出现的各种派性组织遍及全国各地。在山西大学的夺权过程中,两大派群众组织都不同程度地卷入了打、砸、抢、抄、斗、批活动。2月24日,山西大学成立了以"八一四毛泽东思想先锋大队"为首、有七个群众组织参加的"山西大学红色造反者革命委员会",3月3日,他们印发了《新山大》报,实际控制了学校的领导权。

"一月风暴"以后,山西大学两派群众的对立情绪不断升级,其根本原因是在夺权过程中,两派之间人为地把对方的不同认识和观点,无限上纲到政治高度,划分为"造反派"和"保皇派"。在当时舆论氛围下,"造反派"就是革命的,"保皇派"就是不革命或反革命的。因为两派谁也不想被戴上不革命或反革命的帽子,所以在校园内出现了"殊死"斗争的局面。今天看来,这样低劣、简单地划分群众组织的性质,明显的意图就是挑动群众斗群众,进行自相"残杀"。这种划分和对立是完全错误的。

"文化大革命"中山西大学派性斗争的出现,标志着教职工队伍出现了分裂和工人运动的挫折;派性斗争的泛滥,显示包括知识分子在内的工人运动方向的迷茫。这是"文化大革命"导致的严重恶果。但是应该看到,参加派性组织的职工,绝大多数人仍然是怀着通过"文化大革命"来改变自己价值观的阴暗面这一良好愿望而投身到这场运动的。后来未到"文化大革命"结束,许多人经过各种斗争或提高觉悟之后,已经开始对"文化大革命"产生了怀疑、观望以至抵制、反对的态度。

二、"斗批改"造成的严重混乱

1967年,在全国"一月革命"的风暴中,许多省、自治区、直辖市工会以至基层工会都被造反派夺了权。机关被冲、被砸、被占领,物资财产被毁坏,高校许多单位的图书档案、研究资料遭抢劫、烧毁,给教育、科研事业造成了极大损失。因此,1968年6月13日中央文革小组等发出《关于任命中华全国总工会军事代表的通知》,对全国总工会机关实行军事管制。而各省市、单位工会的基层工会被层层"砸烂",整个工会系统完全瘫痪。

(一)军政训练与武斗事件

1967年3月7日,中共中央发出《关于大专院校当前无产阶级文化大革命的规定(草案)》,要求高校按照"十六条"规定进行"文化大革命",外出串联的师生限期返校,在校内进行"斗批改"。3月31日,中共山西省核心小组决定成立全省大中专院校"斗批改"领导小组。之后,派出了解放军代表进驻高校,参与各学校建立由革命学生、教职工和革命领导干部组成的"三结合"领导机构并完成"斗批改"任务。

3月15日,按照中共中央、国务院《关于对大中学校革命师生进行短期军政训练的通知》精神,一队中国人民解放军官兵进驻山西大学,组织在校的2000余名师生开展军事训练活动,同时还开展了活学活用毛泽东著作运动。在军训中,军代表改变了学校过去的领导机构,把教学、行政、党务、总务等机构改为政工组、教育革命组、后勤组,撤销教研室,设连队委员会、政治指导员。应该说,在当时极其复杂的情况下,军队干部进驻山西大学执行任务,做了大量的工作,对缓和两派群众组织的紧张局势、维护学校秩序、减少动乱造成的损失起了一定的作用。但是,在当时的大形势下,林彪、江青一伙又提出了"文攻武卫"口号,煽动武斗。受其影响,山西大学的派性斗争不但没有减弱,反而日渐加强。在这种形势下,很多师生感到十分迷茫,于是离开了学校,成了"逍遥派"①。后来,群众派性组织的联合甚至超出了本校范围,一部分造反派成员还参与了全省一些地、市的夺权活动。

9月,中共中央、国务院、中央军委、中央文革小组发出《关于在外地串联学生和在京上访人员立即返回原单位的紧急通知》,规定串联的学生要无条件地返校,各种联络机构一律撤销,回本单位搞"斗批改"。但是,当时仍有部分人因对"文化大革命"产生怀疑或因对无休止的派性斗争感到厌烦,采取了消极态度,或拒不回校,或继续当"逍遥派"。10月,中央又发出《关于大、中、小学校"复课闹革命"的通知》和《关于按照系统实行革命大联合的通知》,要求各地大、中、小学校一律立即开学,停止派性斗争,搞大联合,恢复正常的教学秩序。因此,山西大学两派组织响应毛泽东主席"铲平山头,填平鸿沟"的号召和中央的要求,宣布实现校内"革命大联合"。但两大派的联合问题其实并未得到根本性解决。

1968年,"文化大革命"已进行了一年半,山西大学仍未能实现复课,而是在极左思想的指导下,继续进行所谓的"政治革命",或举办全校性毛泽东思想学习班,或斗私批修、反复辟,或批判山西所谓"黑戏、黑画、黑诗、黑歌、黑刊物",不少干部、教师被深深卷入到山西省的政治斗争和派性斗争之中。

(二)"工宣队"进校

从"一月风暴"以后到1968年底的两年时间中,为了适应"夺权"和建立"革命委员会"的需要,一部分省、自治区、直辖市在"砸烂旧工会"之后,开始成立"工代会",我国不少省、市和基层厂矿、企事业单位比较普遍地成立了"工代会"组织,取代了工

---

①徐志明:《七十年回眸》,天马出版有限公司2007年版,第105页。

会委员会长达六七年,短的也有两三年时间。"工代会"组织直到1973年中央提出整顿健全工会时,才在中国政治舞台上消失。其间,山西大学虽然没有出现"工代会",却出现了"工宣队"组织,并在当时学校进行管理和开展政治运动中作用很大。

1968年8月,为了收拾"文化大革命"中出现的混乱局面,25日,中共中央、国务院、中央军委、中央文革发出《关于派工人宣传队进驻学校的通知》,要求各地以优秀的产业工人为主体,配合人民解放军战士,组成毛泽东思想宣传队,分批分期进驻学校,制止武斗,推动教育革命。山西省革命委员会遵照中央关于"实现无产阶级教育革命必须由工人阶级领导"的指示,派出了省内第一支以产业工人为主体、有解放军指战员参加的工人毛泽东思想宣传队(简称"工宣队"),进驻了山西大学。

9月27日,由太铁分局、西山矿务局、红卫纺织厂三个单位的部分工人,和驻晋4642部队的部分解放军干部战士组成的"工军宣队"1000多人,在一片欢迎的锣鼓声中浩浩荡荡开进山西大学,负责领导山西大学的斗批改运动,和做消除两派群众组织长期对立的工作。"工宣队"进驻学校伊始,就开展了促进两派大联合、稳定局势的工作,组织成立了"大联委"。此举不仅实现了学校两派的全校大联合,而且使学校10个系和12个行政单位也实现了大联合。当时,工宣队还创办了《斗批改》报纸,进行思想教育和支持宣传。还把全校师生员工按连队编制,要求因武斗回家的教师、学生返校。举办了各种不同类型的毛泽东思想学习班50多个,在全校展开"斗批改"运动。但是,由于在一些工军宣队员中也有人早染上了派性思想,所以进驻山西大学后开始不同程度地把他们的派性作风也带了过来,出现了支持一派、打压另一派的现象。

11月21日,山西大学成立全校群众专政小组。随后,各系也仿效成立,把批斗知识分子的"恶浪"推向了高潮。各个群专小组"组自为战",采用以小会斗争为主、大会斗争为辅,小会批透、大会批臭相结合的斗争方法,对各自确定的斗争对象进行批斗。到12月底,仅工宣队组织召开的大型批斗会就达31次,另外召开4次全校性的斗争大会。全校各系、各部门揪出所谓的"叛徒、特务、死不悔改的走资派、地主、富农、反革命、坏分子、国民党残渣余孽"竟达130多人,许多党政领导干部遭到迫害。许多共产党员、共青团员、一般干部、教师遭到批斗,学者、教授遭到揪斗。全校36名教授、副教授,被揪斗的教师达32人。清理阶级队伍中或捕风捉影,或无限上纲,或将党组织已作出的结论推翻,甚至采用"逼、供、信"的办法,揪出的"坏人",绝大多数属冤、假错案,伤害了一大批教职工。当年12月12日,新华社曾以《山西大学革命大批判搞得轰轰烈烈》为题,报道了山西大学所谓革命大批判和两条路线斗争教育的"经验"。当年的《人民日报》、《山西日报》还分别在重要位置刊登了这一消息。

1969年初,山西大学两大派群众组织,受社会不正之风的影响,又开始恢复派性名称,重组群众派性组织,开展派性活动,大搞游行示威,要求师生员工退出大联合,"彻底砸烂大联委"。一时间人心惶惶,导致有的师生退出了学习班,有的回了老家,有的系一个班几十个人只剩下几个学生在校。学校再次陷入派性斗争之中,全校一片混乱。6月9日,在工宣队指挥部和校大联委的组织下,全校2000余名师生召开了"热烈欢呼毛主席最新指示和中央'两报一刊'①社论发表,加强革命团结夺取斗批改更大胜利"大会,派性斗争才逐渐降温。

1969年6月,山西大学工会副主席李珍调任数学系任"文化大革命"领导组副组长。②引用这一资料旨在说明至此时,山西大学的工会机构仍然尴尬地存在着。

7月23日,中共中央发布了《关于解决山西问题的布告》(简称"七二三布告"),要求两派停止一切武斗和各种打、砸、抢破坏活动,实行两派归口大联合。之后,"山大成立了校、系'大联委',全校师生员工均按连队编制"③。至此,山大两派群众组织的严重对立情绪才缓和下来。同时,退出大联合的师生纷纷归口,回家的师生也陆续返校。

这一年的夏秋之际,在军工宣队领导的倡议下,山西大学的部分干部和教师怀着对伟大领袖毛泽东主席的无限敬仰,在主楼前修建了一尊毛泽东主席塑像。这尊塑像从寻找塑像原型到进行雕样、模块制作、备料、搭钢筋、浇筑等多个环节,均由工宣队的工人师傅与部分干部自主完成。塑像"高12.26米,袭戎装,身材伟岸,两眼深邃,以坚定的目光,直视前方;右臂高扬,挥手致意;左臂背后,手拿军帽。每一个仰视他的人,都会顿觉伟大领袖迎面而来"。敬塑毛泽东像的过程,凝聚着全校师生对中国共产党和毛泽东主席的伟大热爱,部分职工付出了辛勤的劳动。20世纪80年

---

①"两报一刊"社论,是《人民日报》、《红旗》杂志、《解放军报》联合发表、同时刊出的社论。两报一刊联合发表社论始于1967年10月1日《无产阶级专政下的文化大革命胜利万岁——庆祝中华人民共和国成立十八周年》,结束于1978年4月1日《神州九亿争飞跃——欢呼全国科学大会胜利闭幕》。

②李珍:《干部履历表》,山西大学档案馆。

③刘剑菁:《美术学院的历史轨迹》,《历史的情怀》,中国社会出版社2012年版,第115页。

代初曾有人主张拆掉塑像,但终"因广大师生不接受而作罢……得以保存至今"[1]!这尊毛泽东塑像,是"文化大革命"在山西大学留下的标志性文物,至今在全国也是为数不多的几尊,有特定的历史价值。2009年9月30日,太原市人民政府批准该塑像为市级文物单位。

8月下旬,在驻校工军宣队指挥部的领导下,"山大各系相继成立了革命领导小组,以领导各系工作。在山西省革命委员会党的核心小组的领导下,山西大学也正在紧锣密鼓地酝酿成立校革命委员会,以领导全校工作。在此情况下,山大校内原两派群众的对立情绪日益缓和,校园的秩序日趋稳定,广大教职员工的日常生活也逐步走向正常"[2]。

(三)走"五七"道路和"清理阶级队伍"中

1969年9月16日,省革命委员会党的核心小组批准成立"山西大学革命委员会"。委员会由27人组成,卢秉铎(解放军代表)任代主任,穆子谦(解放军代表)任第一副主任。李希曾、郭虎江任副主任。11月15日"中共山西大学委员会核心小组"成立,由7人组成,张子严(解放军代表,10月接替卢秉铎任革委会主任)任组长,穆予谦、李希曾任副组长,成员有郭虎江、申安民、高中午(解放军代表)、李虎林。1970年10月,山西大学革委会

山西大学革命委员会时期的校门(1969年)

---

[1] 魏国明:《回顾敬塑毛泽东像的过程》,《历史的情怀》,中国社会出版社2012年版,第525、527页。

[2] 叶昌纲:《"文革"期间山大部分教师到附小任教始末》,《历史的情怀》,中国社会出版社2012年版,第231页。

改组,至1971年10月,山西省军区政治部主任王黎生任革委会主任;1971年10月至1972年1月,省革委文教部副部长李蒙任中共山西大学委员会核心小组组长,1月至4月任党委书记。

在"斗批改"中,为加强工农兵对知识分子的"再教育",彻底改变知识分子"过去从资产阶级教育中接受的资产阶级思想",全国高校的情况是大部分教师依托学校,走"五七"道路。早在同年5月,山西大学就根据中国共产党九大精神,以"五七"指示为纲,解散了原来的基础部和教研室(组),把师生混编成专业连队或教育革命小分队,实行"开门办学",与工厂、农村社队挂钩,下乡、下厂参加劳动,接受工农群众的直接改造。9月,山大附小及其增设的初中班正式开学、复课,以解决学校教职工子女的就学问题。因此,驻校工军宣队指挥部决定从山大各系抽调部分教师到附小初中班任教。"之所以如此,是因为山大师资力量比较雄厚,加之当时的山大既未复课,亦未招生,广大教师平时除参与学校开展的所谓'斗、批、改'和一些社会实践活动之外,可以说基本上都是无所事事。"当时,抽调到附小任教的教师,共20名左右,他们是数学系的宫秀毓、王惠珍、高立人、夏乃煜、范东武,物理系的黄婺彩、周本清,化学系的夏炽中,生物系的傅玉英,体育系的邵祥,中文系的冯续宗、任文贵,历史系的叶昌纲、李裕民,马列主义教研室的陈玉芝,外语系的邱瑞华,艺术系的苑丁,教育系的刘永灏、冯申禁等。后来,应附小的请求,又陆续从各系抽调一些教师到附小初中班和小学班任教,他们是数学系的侯淑琴,体育系的樊振中,中文系的马作楫、郑培义、叶晨辉,历史系的田树茂、刘旭,教育系的段文显,教务处的任培基等。①

10月,林彪在全国发出"加强战备,防止敌人突然袭击"的所谓"第1号令"后,许多高等学校的教师被剥夺了教学、科研的权利,在"进行战备疏散的名义下"被迫下乡、下厂。10月19日,山西大学连夜召开革委会议,传达太原市紧急战备动员会议精神,成立人防领导小组,组织以大学生为主的专业抢救队、抢修队、消防队、纠察队;大办战备学习班,每周进行一次战备教育,进行两次军事训练,内容包括队列、投弹、刺杀、防空、防原子、防化学等。组织专业挖防空洞队伍,挖出可容纳两千人的防空工事。12月14日,学校接到山西省革命委员会的"限期疏散"的战备疏散令,全校师生开始准备疏散到昔阳,24日召开疏散动员大会。26日起分4批,除老弱病残乘车前往外,只留下一两个看门的,全校师生员工2100余人徒步行军,开始了向昔阳县

①叶昌纲:《"文革"期间山大部分教师到附小任教始末》,《历史的情怀》,中国社会出版社2012年版,第232页。

的疏散工作。1970年元旦,不少师生就是在步行去昔阳的路途中度过的。1月3日,全体师生到达昔阳,分别安营驻在城关、巴州、洪水、安平4个公社的9个大队。在外迁过程中,学校大量的图书、资料、仪器设备被毁坏和散失,造成很大损失。

战备疏散到昔阳不久,在工宣队的领导下又开展了"一打三反"(打击现行反革命,反贪污、反浪费、反投机倒把)和"清理阶级队伍"的运动。就是在这几个月的运动中,工宣队主要领导同志极左思想达到了登峰造极的程度,再加上不了解山大的情况,主观武断,偏听偏信,开展了声势浩大的大检举、大揭发、大批判运动,全校先后召开7次宽严大会,抓所谓"现行反革命集团案"、"伪中国大学潜伏特务集团案"、"里通外国案"、"反标案"、"纵火烧楼案"、"贪污盗窃、投机倒把案"等达41起,造成严重恶果,形成一大批冤假错案。上百名教工被无故涉嫌其中,被隔离审查。在严重违反中央有关政策,大搞"逼、供、信"的情况下,出现了一大批冤、假、错案,仅在大战所谓"红五月"的一个多月时间里,因受不了各种折磨,无奈之下采取各种不同方式自杀身亡的教师和干部就有7人之多。同时,在历史系进行整党试点,试图为即将展开的全校整党运动取得经验。

在昔阳时,山西大学师生与农民同吃同住同劳动,一起学毛著,开批判会,开展社校挂钩活动,继续走"五七"道路,搞"开门办学"。1970年3月,"物理系师生从昔阳县河西大队率先返回太原。根据当时复旦大学'建立教学、科研、生产三结合基地'的经验,在系党支部书记王志英的主持下,物理系的老师们参加了创办电子工厂的工作。……车间负责人是苗德嘉和宋绍华,参加者有电子物理组全体教师,基础物理和中级物理组部分教师,理论物理组个别教师,还有太原玻璃厂的老工人和刚招进来的青年工人"[1]。年底,"厂领导率人抬着电视机敲锣打鼓向省革委报喜,全厂喜气洋洋。这是山西省的第一台电视机,是山西大学的骄傲,是物理系电子工厂发射的一颗卫星"[2]。生物系的教师从1970年8月起开始土法生产"920",并承担了省"920"协作组分配的测定任务。化学系和生物系的师生分别与大寨大队、河西大队、昔阳县人民医院一起进行醋化饲料的分析、"920"的生产应用及制取医用葡萄糖。他们与大寨氮肥厂的工人一起摸索出生产"聚硫橡胶"比较适宜的反应条件,提高产

①孙孟嘉:《我所经历的光电子学专业和研究所建立过程》,《历史的情怀》,中国社会出版社2012年版,第61页。

②张新昌:《回忆筹建"电子工厂"的那段日子》,《历史的情怀》,中国社会出版社2012年版,第72页。

量30%,进行了"耐酸水泥"的耐酸性能和机械强度改进的试验工作,取得实效。

1970年冬天,全校师生从昔阳返回学校后,新任的工军宣队领导主持落实政策,纠正清理阶级队伍过程中发生的扩大化错误。"由于当时客观环境等复杂因素的影响,不少人犯了这样那样的错误。多数属于认识问题,是难免的",时隔不久,"上级领导及时发现了山西大学主要负责人严重违反政策造成严重后果的问题,并及时撤换了军宣队主要领导的职务,对清理阶级队伍的工作进行'回头看',总结教训,平反冤假错案,并为遭受不白之冤的同志平反昭雪"。①

此时,学校的管理仍然以工、军宣队代替学校的党政领导,校、系两级主要领导由工、军宣队担任,重大问题仍须经工、军宣队同意才能办理。是年的11月2日,校革委常委办公会议明确规定了各办事机构的职责范围,"教工会"一时再也无人提起。当时有人把这种不正常的情况视为"无产阶级专资产阶级的政",说是"工人阶级牢固占领学校阵地"。学校革委会继续推进"斗批改"运动,增设由校核心小组直接领导的"一打三反整建党办公室",把过去"一打三反"、"清经济"、"专案"办公室等都合并其中。11月,省委对学校领导班子进行调整,张子严调离,由省军区副政委王黎生接任学校革委会主任、核心小组组长。北京军区组织部副部长刘毅任学校革委会副主任、核心小组副组长。学校根据省革委指示,对"清队"和"一打三反"运动进行"回头看"落实政策,纠正了一些错误,但学校的"斗批改"教育路线没有改变,并很快又卷入到以清查所谓"五一六"阴谋反革命集团为中心的政治运动中。

1971年4月15日至7月31日,中央在北京召开全国教育工作会议,通过了由张春桥、姚文元修改完稿的会议纪要,提出所谓"两个估计",即新中国成立后十七年"毛主席的无产阶级教育路线基本没有得到贯彻执行",在教育路线上"资产阶级专了无产阶级的政",原有教师队伍中的大多数"世界观基本上是资产阶级的"。"两个估计"全盘否定十七年教育事业所取得的成绩,成了强加在广大干部和教师身上的精神枷锁,大大挫伤了他们的积极性。11月11日,中共山西大学革委会核心小组召开会议,决定成立各系处整建党领导组。

但是,对"两个估计"的说法,广大学校干部、教师中也有不同看法,但不敢公开表露出来。同时,学校极左的审查、批斗活动有增无减,从学校开展"一打三反"运动,到1971年9月林彪反革命集团"九一三"事件发生后,"斗批改"运动才随之中

---

①徐志明:《七十年回眸》,天马出版有限公司2007年版,第107页。

止。其间学校被立案审查的对象有265人,还有虽未被立案但在各种场合受到批判斗争的教职工147人,两项共412人,占当时全校教职工的34.3%,有的系、部门高达60%。除此以外,还有100多名家属和学生被审查、批斗,很多人受到株连,仅仅所谓"伪中国大学潜伏特务集团"一案,校内外被牵连受审查的就有100多人。其中,在"一打三反"运动刚刚开始后的短短几个月里,就有了人被迫害致死,7人无辜坐牢,80人挨过打。

三、招收工农兵学员与开门办学

1971年"九一三"事件以后,周恩来总理主持中央日常工作,使全国各方面工作有了转机。周恩来集中主要精力抓批判极左思潮,清算林彪反革命集团的罪行,着手整顿经济秩序,努力消除"左"倾错误在经济领域的危害。

(一)工农兵学员入学和教学秩序的恢复

1970年6月27日,中共中央批准《北京大学、清华大学关于招生(试点)的请示报告》,高等学校在停招4年学生之后开始恢复招生。同年10月15日,国务院发出电报,通知各地认真执行中央批准的请示报告精神,要求各省市高等学校试点招收工农兵学员。但是,经过"文化大革命"的破坏,此时山西大学的各级管理机构已经残缺不全了。

而这一年9月底,学校终于对1966届至1970届的五届毕业生先后完成了分配工作。1966届毕业生434人是到1968年7月才分配的;1967届毕业生411人是到1968年9月才分配的;1968届毕业生645人是于劳动一年后于1970年7月才分配的。1969届毕业生650人、1970届毕业生728人于9月底分配完毕。这几届毕业生的学业,除1966届基本学完大学课程外,其余各届都没有学完,有些虽然学了一些,但因参加"文化大革命"而遭到不同程度的荒废,因而耽误了一代知识青年,给他们的成长造成了无法挽回的损失。[①]因此,这也是数百名山西大学干部、教师心中永远的痛。

1971年4月,中共山西省委召开第三次代表大会,选举产生了新的省委领导班子,并着手恢复各级党组织。同年10月,山西省委对山西大学领导班子进行调整,王黎生调离学校,省革委文教部副部长李蒙兼任山西大学核心小组组长,李希曾任山西大学革委会主任。1972年1月4日,根据省委安排,山西大学在教工俱乐部召开了第一次党代会,选举产生中共山西大学委员会正式委员23名。1月18日省委批准建

---

① 《山西大学百年校史》,中华书局2002年版,第251页。

立中共山西大学委员会,李蒙任书记,李希曾、穆子谦任副书记。校党委成立以后,传达和贯彻了周恩来总理的指示,在落实政策方面做了一些工作。在全面分析知识分子队伍的状况和进行路线教育的基础上,坚持边使用、边改造的原则,对过去犯有错误而又有专长的知识分子,重在教育,并加以团结和使用,充分发挥他们的业务能力,在使用中继续进行教育和改造。对有严重政治历史问题的知识分子,重在"清"字,在弄清问题之后,按本人实际情况,安排适当工作,用其所长,在使用中加强教育、改造。到1972年2月,学校将原有的142名讲师、副教授、教授中的90%以上的人分别安排了工作,在不同岗位上发挥作用。2月24日《山西日报》以《山西大学党委认真落实党的知识分子政策》为题,介绍落实知识分子政策的经验。

与此同时,山西省委根据1971年底全国高教工作会议招收"工农兵学员"、"复课闹革命"的精神,决定全省高校在1972年春季招收工农兵学员新生。招生在省委领导下统一进行,成立全省招生领导小组,下设招生办公室。各系选派政治可靠、路线觉悟高、了解专业情况人员组成招生小组,分赴各地进行复审工作,招生选拔阶级斗争、路线斗争觉悟、政治表现好,具有三年以上实践经验,年龄20岁左右,具有相当初中以上文化程度的优秀工人、农民、解放军战士上大学。1972年4月5日,山西大学迎来了经过自愿报名、群众推荐、领导批准、学校复审层层把关的765名第一批工农兵学员报到入学(其中工人132名,农民568名,解放军战士65名)。政治、中文、历史、体育、生物、艺术、外语、化学、物理、数学共10个系的政治、汉语言、历史学、体育、生物、音乐、美术、英语、俄语、分析化学、无机合成、光电子学、无线电技术、计算教学、数学计15个专业招收了学员。学校恢复招生,工农兵学员入校,使当时空无一名学生的山西大学又有了一些生机和活力。虽然第一届工农兵学员的文化程度参差不齐,但他们入学后大都非常珍惜上大学的机会,如饥似渴地求学,并与老师们建立了深厚的友谊。

值得一提的是,如今属于山西大学重点学科"领头雁"的光电子专业,就是在这一时期酝酿诞生的。"光电子学教研室成立后,立即分两个组开展科研,由张新昌负责气体激光组,成员有王持正、杨旭光、周国生、张维仁、张守仁、戚伯荪、司徒达和我;陈昌民负责固体激光组,成员有唐文亮、李德明、彭堃墀、苏大春等,后来又有黄茂全参加。当时国家经济状况极度困难,省科技局尚未恢复工作,科研经费没有着落,教学教材费每学期也只有区区数百元,没有条件进行高水平的学科基础研究。于是,我们确立了以应用研究为主,以应用带动基础研究的方针,尽量与外单位合作,争取项目和经费,以科研促进实验室建设,创造实验教学条件。教研组内许多老师是刚从'学习班'里的那种人人自危和战战兢兢转入较为宽松的状态,故在科研工作中爆发出前所未有的热情,而我的主要精力就放在为老师们创造工作条件上。"

"由于老师们的顽强拼搏、无私奉献,多种激光器在不太长的时间内就相继研制成功。其中,张新昌、王持正、戚伯荪、张维仁等研制成氦氖激光管后,由戚伯荪负责小批量生产;周国生、杨旭光、张新昌等用自己镀膜的反射镜研制成二氧化碳激光器;唐文亮、李德明、彭堃墀、苏大春、陈昌民等研制成红宝石激光器;司徒达、张守仁、张维仁等研制的横向放电二氧化碳激光器也出了激光。在此基础上,周国生、张维仁等试制成功氦氖激光准直仪并在阳泉煤矿矿井投入应用;张新昌等人与太原量具标牌厂合作生产氦氖激光治疗仪;周国生、杨旭光等人研制成二氧化碳激光手术刀并在山大二院投入使用;张守仁、张维仁后来又研制了气体激光综合治疗仪在太原河西光电器件厂投产……各种激光器在省内工业、医疗、文教等单位中的成功应用产生了良好的社会影响。"[①]

1972年4月,省委对学校领导班子进行调整,由李希曾担任学校党委书记、革委会主任,穆子谦、李奇任党委副书记、革委会副主任。1973年9月,省委对山西大学领导班子再次进行调整,任命焦国鼐兼任中共山西大学委员会第一书记,李希曾为第二书记、校革委会主任。接着,学校党委整顿了中层领导班子,建立健全了机关和各系的党政领导机构。学校机关将原先办事组、政工组、校务组、教育革命组改为3处1部1室,即政治处、校务处、教育处、武装部、办公室。从9月份开始,各系也重新建立党总支,机关设立机关党总支,各系党总支之下建立教工党支部,并按年级设立学生党支部。学生党支部书记为专职,同时兼任学生年级主任,吸收学生担任党支部副书记。同时,恢复系分团委和学校团委机构。10月,根据省文教部会议精神,各系设立主任、副主任负责教学行政领导,同时设教育革命小组,由系主任、副主任、教研室主任及老中青教师代表参加。省里和学校选拔了一批学有专长,业务水平高,有一定组织工作能力,能适应教育革命形势发展需要的知识分子担任系处行政领导,使学校的教学、科研秩序缓慢得到恢复。重新建立了教研室,制定了教研室规章制度,恢复教研活动,重视课堂教学和实验课,提高教学质量。

---

①孙孟嘉:《我所经历的光电子学专业和研究所建立过程》,《历史的情怀》,中国社会出版社2012年版,第63页。

针对工农兵学员的实际学习基础,各系结合当时"教育革命"的形势,展开了自编教材的活动。于是很多教师被解放出来,重新登上讲台,他们没有抱怨曾遭到不公正对待,以高度责任心,深入了解学生情况,四处收集材料,努力编写适合学员特点的讲义、教材,以保证教学的需要。有的教师为编好教材,放弃了休息日和假期。在教学过程中,广大教师为了让学员掌握好文化科学知识,学校注重基础课教学,有的系十分重视外语教学,教师们课前认真备课,课堂上循循善诱,不厌其烦,课后认真辅导。有些教师甚至晚上打着手电筒到学生宿舍给基础差的工农兵学员做个别辅导,使学员们深受感动。

当年山西大学的部分教师参加了华北地区五所院校的教材协作编写工作,协作编写的教材有:中文系《现代汉语》,历史系《中国近代史》,外语系《英语》、《俄语》,物理系《基础物理》、《无线电基础》,化学系《基础化学》、《分析化学》、《有机化学》,生物系《动物学》、《植物学》、《动物生理学》、《植物生理学》、《微生物学》、《生物化学》,数学系《高等数学》。到1975年,全校仅文科系自编和合作编写的基础教材就达77部,其中正式出版13部,自印64部。另外,还出版其他文科图书41部。这些教材和出版物,对正式恢复教学秩序、加强基础理论教学、提高教学质量起到了促进作用。但是,由于受大的社会形势和极左思想的影响,这些教材和出版物的内容不可避免地带有时代的局限性。

除此之外,这一时期,山西大学在省委文教部、省计委、省教育局的支持下,还筹建起在当时全国比较领先的"电子计算站"工作。从1972年开始,"当时在山大校领导和省教育局的重视和支持下……从解放军通信兵第十九研究院(1902所——现中辐院)调了我国国产的第一代103型电子管计算机,并在原数学物理楼一层建造了第一个机房。经过该计算机的拆运、安装、调试、运转等,锻炼培养了一大批人,并经过对外服务取得了明显的社会效益。……1975年6月,省委文教部、省计委、省教育局同意拨款138.8万元,为我校又购置一台TQ-16电子计算机(中小规模集成电路)。1976年1月由上海将该计算机接回,在原数学物理楼二层又建造了第二个机房。1976年7月17日,省教育局批准建站面积1000平方米。1976年9月17日,省编制委员会(晋编[1976]22号)发文,同意山西大学建立计算站,核定事业编制25名。……建站后的第一任站长是郑跃坤,副站长是王定远同志。……1978年6月,又新建了第三个机房——计算机小楼(现学校档案馆占用的小楼),购进了第三代

mv-6000系列计算机和一些微机"①。

（二）参与"开门办学"和"教育革命"

1973年1月1日，《人民日报》《红旗杂志》《解放军报》联合发表《新年献词》，提出工会、共青团、妇联等群众团体，要经过整顿逐步健全起来。4月11日，中共中央发出[1973]17号文件，指出整顿工会要以基层为重点，在基本实现革命大联合等条件具备时，要召开省、自治区、直辖市和工业集中的大、中城市的工会代表大会，将省、自治区、直辖市和大、中城市的工会组织建立起来。从此，工会的整顿与健全工作在全国各地相继展开，到1973年底，全国有28个省、自治区、直辖市召开了工会代表大会，选举产生了领导班子。高校工会组织的整顿与恢复，结束了"工宣队"的管理格局。作为基层工会的山西大学教工会部分恢复了"文化大革命"前的业务工作，如开展一些文体活动、审批职工的生活困难补助等。

而随着"工农兵学员"的入学，一度降温的"开门办学"的口号，又被狂热地追捧起来。所谓"开门办学"，是"文化大革命"中"教育革命"的重要内容。"开门"，指的是走向工厂、农村，使教育"与生产劳动相结合"。"文化大革命"中，毛泽东发出的"五七指示"家喻户晓，其中的一个重要内容就是："学生……以学为主，兼学别样，即不但学文，也要学工、学农、学军，也要批判资产阶级。"②在这个指示中，毛泽东要求全国各行各业都要办成一个大学

山西大学师生在开门办学中参加劳动

校，学政治、学军事、学文化，又能从事农副业生产，又能办一些中小工厂，生产自己需要的若干产品和与国家等价交换的产品。这一指示提出的道路又叫"五七道路"，体现了毛泽东缩小"三大差别"（工农差别、城乡差别、体力劳动与脑力劳动的差别）

①金克义：《筹建山西大学计算机科学系》，《历史的情怀》，中国社会出版社2012年版，第57页。

②毛泽东：《给林彪同志的一封信》，《人民日报》，1966年8月1日。

的战略思路。"开门办学"就是走"五七道路"的具体实践。但是,由于"文化大革命"的冲击,政治运动频繁,学生们很难做到"以学为主"。大量的时间用到了"批判资产阶级"和"学工、学农、学军"上,以至于许多"文化大革命"中的过来人在回首往事时,感叹自己蹉跎了宝贵的青春岁月。

当时,根据理科要搞"厂校挂钩、校办工厂、厂带专业",按"综合生产、科研任务中的典型工程、典型工艺、技术革新等"组织教学;文科要以"社会为工厂"、"在斗争中学,在斗争中用","结合现实斗争任务组织教学"的办学要求,山西大学从工农兵学员入学后,再次加大了"开门办学"的力度。学校农场成为校内"五七"道路的锻炼基地,学生每学期在农场劳动两周、战备劳动两周。物理系继续大办电子工厂,化学系办起了"的确良"工厂,有些系的学员在各系教师的带领下,在大批判和劳动之余分赴农村、工厂、部队,以社会为工厂进行学习。以1972级工农兵学员1973年搞"开门办学"为例,政治系学员到山西省绛县作社会调查,到晋城办《哥达纲领批判》学习班;艺术系美专学员到太钢进行学工创作,音专学员到汾阳县贾家庄进行学农表演,到第六十九军进行学军表演;外语系学员去文水县云周西村学农,用英、俄两种语言翻译刘胡兰纪念馆解说词;中文系学员到省建二处宣讲无产阶级专政理论活动,到山西日报社、太原日报社做实习编辑工作,到第六十三军与部队官兵一起批儒评法,去汾阳县贾家庄学农并编写《阳关路上》一书,去霍县学农并编写了《石兰峰的故事》一书,去朔县学农并编写《徐小宁的故事》一书,去昔阳县学农并编写《昔阳盛开大寨花》一书,到太钢、定襄县、祁县、忻县、繁峙县等地与工人农民及驻地部队一起批林批孔等等。

据《历史的情怀》一书记载:"1972年初,学校准备开招工农兵学员,我回到历史系编写党史教材,并给学生上课。1973年春,结合我的课程,系总支书记带领全系师生到武乡进行抗日战争根据地调查,为完成《武乡革命史》一书作出了贡献。1974年'批林批孔'时,我带学生到原平的部队108医院实行开门办学,曾和李裕民教授带领学生郝天喜、田永才、刘燕等翻译、注释了章太炎的《驳康有为论革命书》。1974年下半年,我又结合课程,与本系教师叶昌纲等带领学生到昔阳,讲'抗日战争史',领学生到西南沟编村史。1975年3月,全国开展'无产阶级专政理论'学习、宣传,我曾和梁鸿飞、任茂棠、陈文明、金嗣焜等带领1973级学生到永济参加夏收,与农民群众同吃、同住、同劳动。"[1]

---

[1]黄仁杰:《我在山大的五十五年》,《历史的情怀》,中国社会出版社2012年版,第241页。

1974年初,全国掀起"批林批孔"运动后,中共山西省委派工作组到山西大学进行批林批孔试点,使学校的"开门办学"走向又一个高潮。从4月份到年底,各系教师、干部、学生纷纷到工厂、农村搞所谓"开门办学",总结当地所谓"批林批孔"经验,按照"文科要把整个社会作为自己工厂"的精神,文科系基本上放弃了课堂教学,下工厂去农村到部队搞所谓教育革命实践;理科系则围绕以典型产品来组织教学,强调"做中学",忽视基础和系统教育,如物理系普通物理专业,重点是围绕"三机一泵"(电动机、拖拉机、柴油机,水泵)进行教学。

在"文化大革命"前,党的教育方针明确提出"教育与生产劳动相结合","教育方法为理论与实际一致","开门办学"本应成为落实这一方针的有效途径,但在"文化大革命"的"教育革命"中,形而上学猖獗,"四人帮"一伙蓄意从"左"的方面曲解教育与生产劳动相结合,割裂理论与实践的统一,片面抬高实践的教育作用和直接经验的作用,要求在学生培养和教学上也要事事从"直接经验"开始,这在理论上是错误的,严重违背教学规律,在实践上也是行不通的。实践证明,由于忽视基础和系统、科学的知识教育,只强调"做中学",打乱了科学系统,严重影响了工农兵学员业务能力的培养。这样培养出来的学生分配到基层单位,单位普遍反映毕业生的基本知识残缺,适应能力和独立工作能力较差。分到科研单位工作的毕业生,更是难以开展工作。因而,"开门办学"虽然客观上对开阔学员视野,增进对农村、工厂、部队及工农兵的了解,增强学生的动手能力有一定的作用,但与培养高水平、高素质的合格社会主义现代化建设人才要求却是背道而驰的。

(三)在"批林批孔"运动中

1974年1月,毛泽东批发中共中央"1号文件",在全国开始了所谓的"批林批孔"运动。江青、王洪文等人借这一运动打压周恩来等一批中央领导人,以便全面篡夺党和国家的最高权力。之后,中共山西省委派工作组到山西大学开展"批林批孔"试点工作,在学校层层布置,要求联系实际,以批判林彪、孔子的"克己复礼"为名,批判所谓"今不如昔"论,批"资产阶级复辟势力"。

在这场"批林批孔"运动中,"四人帮"把矛头直指周恩来等老一辈无产阶级革命家。他们拿周恩来批准的国务院关于在高校招生中要进行文化考查的文件精神开刀,诬蔑进行文化考查是"复辟",树立"白卷先生"张铁生为反潮流"英雄",指责文化考查"是资产阶级向无产阶级反扑",彻底否定文化考查。他们还把高校师生对"文化大革命"的不满、对"教育革命"和"两个估计"的抵制,说成是在教育界"出现了一股翻案风",是"搞反攻倒算",说知识分子队伍中"暴露了一小撮右派",提出要"毫不留情地揭露批判",进而又掀起"反击右倾回潮运动"。

在这种形势下,山西大学部分系科师生又被派下乡、下厂宣讲儒法斗争史、编写儒法斗争材料,掀起"反回潮"的批判运动。学校提出重视教学、提高教学质量,被一些人指责为"修正主义教育路线的复辟"、"回潮",扬言要"揪出山西大学修正主义回潮黑手"。教务处提出要各系制订教学计划,却遭到"反潮流分子"的反对,拟定的"系、教研室工作条例"、"设备工作条例",被当作"复旧"材料收回,不许印发。9月24日,校党委还在教工俱乐部召开"批孔座谈会",各系党总支书记副书记、部分教师和学生代表参加,旨在提高"对批孔意义的认识和重视,要抓路线、抓批林整风"。这次座谈会影响很大,省宣办、文教部、教育局、出版局、省电台、山西日报社、太原报社、新华社山西分社、省调研室、各大专院等校外组织和机构都派人参加。①

12月,全国掀起"学习朝阳农学院"的热潮,国务院科教组、农业部、辽宁省委联合在辽宁省朝阳农学院召开了教育革命现场会②,总结、推广他们"几上几下、社来社去","和十七年修正主义教育路线对着干"的精神,提出要使"学校真正成为无产阶级专政的工具"。此后,全国掀起宣传、学习"朝农经验"的高潮,大搞"阶级斗争"。于是在地处黄土高原的山西大学上下也掀起了学"朝农"、找差距的教育革命新高潮,甚至有的学生提出了回乡当农民的要求,也得到了党委的支持和批准。

"批林批孔"和学"朝农"经验的政治运动,在教职工中大肆宣扬"儒法斗争史",再一次搞乱了教职工的思想,使教育整顿、健全工会中刚刚出现的"大联合"又致分裂,也使山西大学教工会的工作重陷瘫痪。

四、在逆境中抗争

尽管"文化大革命"在表面上有千百万职工群众的狂热参加,然而这绝不表明人们对"文化大革命"认识和行动的统一。在"文化大革命"中,山西大学的工会工作者和广大教职工都进行过不同程度、不同方式的抵制。

---

①《山西大学百年纪事》,中华书局2002年版,第718页。

②朝阳农学院原是沈阳农学院的一部分。"文化大革命"前,校址在沈阳。1970年5月,大批革命师生遵照毛泽东主席关于改革农业大学的教导,把校址迁往辽宁省朝阳县离县城几十里的两处山沟里。同朝阳地区农业科学研究所、朝阳水利学校、朝阳农校合并组成辽宁农学院朝阳分院,设有农学、牧医、果林、农田水利、水工建筑、陆地水文等6个专业。时有学生1200人,教职员工300多人。

(一)教学秩序的逐渐恢复

1975年1月,第四届全国人民代表大会第一次会议在北京举行,周恩来抱病作了《政府工作报告》。他重申了三届人大提出的发展中国国民经济的两步设想:第一步,在1980年以前,建成一个独立的比较完整的工业体系和国民经济体系;第二步,在20世纪内,全面实现农业、工业、国防和科学技术的现代化,使中国国民经济走在世界的前列。这次会议重新提出实现"四个现代化"的目标,得到工人阶级和全国各族人民的热烈拥护。

四届人大闭幕后,邓小平在毛泽东支持下主持国务院日常工作。为使国家摆脱"文化大革命"造成的困境,邓小平明确提出了全面整顿的指导思想,其主要内容是:全国工业、农业、商业、财贸、教育、科技、文艺、军队都要整顿,核心是党的整顿,关键是领导班子。要搞好安定团结,发展社会主义经济。只敢抓革命,不敢抓生产,这是大错特错。要恢复和健全规章制度,加强组织性、纪律性。要加强党的领导,发扬党的优良传统。要坚决地同派性作斗争,对派性要寸土必争、寸土不让。要认真落实对老工人、老干部、老劳模和技术骨干的政策,调动他们的积极性。他批示:工会不能只抓阶级斗争,对生产、生活福利还是要抓的,对困难补助、劳保福利、食堂、托儿所、文体活动都要管。邓小平还特别要求,做好科学技术工作,要办好教育。

四届人大第一次会议决定撤销国务院科教组,恢复中华人民共和国教育部,任命周荣鑫为部长。周荣鑫上任后,努力贯彻邓小平同志有关教育整顿工作的指示精神,批判教育领域的极左思潮,积极推动教育整顿工作。山西大学遵照中央指示,组织教职员工学习和讨论,在一定程度上促进了学校的各项工作,教学秩序逐渐趋向安定。应该说,邓小平提出和实施的对各方面工作整顿的方针,实际是要理顺被"文化大革命"搞乱了的各条战线的工作,系统地纠正"文化大革命"的错误。广大教职工对"四人帮"借"批林批孔"重新搞乱全国的行径十分不满,衷心拥护这些关于整顿的方针,也努力用实际行动促进学校的安定团结,扭转教学秩序混乱的形势。

反对动乱,坚守工作岗位,是众多职工当时消极应付"文化大革命"的一种手段。可是,"文化大革命"一开始就煽动工人停工停产,煽动教师、学生"停课闹革命",包括主流媒体在内的舆论工具也对遵守生产秩序、劳动纪律、努力工作的干部、教师和工人肆意批评,说这些人是"绵羊"、"奴隶"和"驯服工具"。尽管如此,在实际工作中仍有许多的干部和教师、工人不受他们的迷惑,在本职岗位上勤奋工作。如生物系是"文化大革命"运动中的重灾区,"第一是在所谓的清理阶级队伍中,许多教职工被错搞成'特务'、'反革命分子',大约有50%的人都被隔离审查过,使他们的心灵上受到了伤害;第二是在所谓的教育革命中,全国掀起了一阵'砸烂生物系'的歪风,使生物系一度迷失了办学方向,后来经过全系同志的努力,在创办《农业生物学》专业的曲折过程中,才躲过了被"砸烂"的一劫,并为后来能够顺利地创办《微生物学》、《昆虫学》和《植物生理学》三个专业打下了一个良好基础,这三个专业从1972年至1976年连续招收了五届工农兵学员,直到文革运动结束恢复高考后,仍然是这三个专业继续招生"[1]。

但仅几个月时间,到1975年1月,"四人帮"一伙又酝酿发动了所谓"批邓、反击右倾翻案风"运动,使教育战线再度陷入混乱。在这个运动的冲击下,已经开始取得一定成效的整顿工作被迫中断,已经有所好转的政治、经济、教育局面又被打乱。山西大学的大多数师生员工对长期持续的"文化大革命"运动感到困惑,对"四人帮"的倒行逆施也更加不满。

(二)在"四五运动"中

1976年1月8日,深受全国人民敬爱的周恩来总理逝世,教育战线的师生员工和全国广大人民群众无限悲痛,以各种方式寄托自己的哀思。而"四人帮"集团则趁机加快篡夺党和国家最高权力的步伐,他们疯狂压制人民群众对周恩来的悼念,加紧煽动批判邓小平的所谓修正主义路线。

1976年清明节前夕,山西大学师生悼念周恩来总理

从3月下旬至4月5日,各大城市的人民群众冲破"四人帮"的重重禁令,在全国范围内掀起了以天安门事件为代表的悼念周恩来、反对"四人帮"的强大抗议运动。

和全国人民一样,山西大学广大师生对此怒不可遏,冲破禁令,愤然举行追悼大会,沉痛哀悼敬爱的周总理。3月下旬至4月初,全国各大城市的广大群众纷纷自发展开声讨"四人帮"、悼念周总理的活动。太原的广大群众和山西大学的广大师生在

---

①薛觉民:《生物系的五十年发展回眸》,《历史的情怀》,中国社会出版社2012年版,第85页。

全国各地学生、工人愤怒揭露和声讨"四人帮"、悼念周总理的革命活动影响下,在4月5日"天安门事件"为中心的悼念周总理、声讨"四人帮"的强大群众抗议运动的激励下,纷纷到人民公园、五一广场写诗词、献花圈、做漫画等形式作为怀念英烈、团结人民、教育自己、打击黑恶势力的重要武器,以实际行动支持"天安门事件"的革命行动。包括山西大学的许多师生的悼念活动在内,在全国汇成了一股悼念周恩来、反对"四人帮"汹涌澎湃的革命洪流,加速了"四人帮"一伙的倒台。但此后,许多教师、学生因为悼念周总理,而受到清查或迫害。

1976年的"四五运动",实质上是拥护以邓小平为代表的党的正确领导,它为后来粉碎江青反革命集团奠定了群众基础。中国工人阶级的先进分子在这场运动中起了先锋和主力军作用,特别是广大高校教师、青年学生,在全国各地群众自发的抗议活动中的表现得尤为突出。这是当代中国工人运动史上的一大创举,也为中国工人阶级的斗争历史添加了闪光的一页。在"四人帮"残暴统治和用假马克思主义愚弄人民的黑暗日子里,包括知识分子在内的工人阶级先进分子,敢于在政治上宣判他们的死刑,奋起保卫共产党的形象和马克思主义的纯洁性,这种革命精神是极为可贵的。

由于周恩来同志和邓小平同志的努力,在"文化大革命"后期曾部分地落实了知识分子政策。广大教师虽处在"四人帮"横行的逆境中,但他们仍以对党、对国家、对人民、对社会主义教育事业的高度责任感,顶着极左思潮的巨大压力,努力教学,刻苦研究,并取得一定成绩。广大干部、工人,抵制"四人帮"的倒行逆施,尽力为教学、科研创造有利条件,所以学校仍得以在逆境中艰难前进。在动乱的岁月,一些老教师,如陈盛甫、姚奠中、郝树侯、田世英等人,顶着风险,潜心读书和治学,为粉碎"四人帮"后继续取得学术成果准备了条件。难能可贵的是还有一批中年教师,如刘波、程人乾、杨颊、乔志强、周国生、彭堃墀等人,不畏艰险,刻苦攻关,在各自研究领域内做出了成绩,为此后成长为新的学术带头人奠定了基础。

上述事实说明,在"文化大革命"中,工会工作者和职工群众中的先进分子,以当时可能采取的方式,进行了一定程度的抵制和反抗。然而,这毕竟是少数人的行动,而且主要是对打砸抢、揪斗干部和停工停产等错误行为的不满。多数人对"文化大革命"的"战略部署"还是盲目跟风的。少数干部和教师对"文化大革命"的抵制和反抗毕竟是有限的,它始终没有成为工人阶级整个阶级的行动,因而不可能扭转当时工会工作被逆转的形势。

(三)庆祝粉碎"四人帮"反党集团

1976年9月9日,中国人民的伟大领袖毛泽东同志逝世,这是党和国家的巨大损失。噩耗传来,山西大学全体师生员工和全党全军全国各族人民一样沉浸在巨大的悲痛之中。而此时"四人帮"加紧秘密阴谋策划,企图篡党夺权。在历史的紧急关头,10月6日,以华国锋为首的中共中央执行党和人民的意志,采取果断措施,彻底粉碎了王洪文、张春桥、江青、姚文元反革命集团。消息传来,山西大学师生奔走相告,欢欣鼓舞。

10月21日,省城太原军民40万人在五一广场举行了声势浩大的庆祝游行活动。山西大学的全校师生员工无不群情振奋,积极参加了这一活动。他们自发制作条幅、宣传标语,手举红旗,载歌载舞,热烈庆祝粉碎"四人帮"反革命集团的历史性胜利。之后,校党委、校革委按照中共山西省委的指示,组织师生员工揭批"四人帮"祸国殃民的巨大罪行。

长达十年之久的"文化大革命",使中国共产党的革命事业遭到了极其严重的挫折

1976年山西大学师生悼念毛泽东主席

1976年山西大学师生参加省城庆祝粉碎"四人帮"游行

和损失。林彪、江青反革命集团践踏党的知识分子政策,严重摧残教师队伍。他们看不到我国知识分子的阶级属性早已随着我国三大改造的基本完成而成为工人阶级的一部分,却硬给广大知识分子扣上"资产阶级知识分子"、"反动学术权威"、"臭老九"等帽子,对他们实行了长达十年之久的"法西斯式专政"。以致当时山大许多教师痛感"山穷水尽",纷纷要求改行,并把自己多年珍藏的著作手稿、图书资料和文

物字画统统当作废纸卖光,发誓不让自己的子女再当知识分子。据初步统计,在"文化大革命"中,山大教师由原来的643人减少到535人,其中老弱病残、丧失工作能力者近百人,实际上能坚持教学第一线的只有400余人,比"文化大革命"前减少了三分之一。

但是,在严峻的实践考验中,山西大学的师生员工的绝大多数人甚至遭到打击和折磨最重的老教师、老干部,都没有动摇他们热爱祖国、拥护共产党、忠于社会主义教育事业的坚强信念。绝大多数山西大学的师生员工在"文化大革命"期间,对"左"倾错误和林彪、江青两个反革命集团的阴谋活动,都进行了不同程度、不同形式的抵制和斗争。而这种抵制和斗争是在非常艰难曲折的过程中进行的。正是由于广大师生员工的共同斗争,才使"文化大革命"对山西大学的破坏受到一定的限制。由于广大师生员工共同努力,在教学上、科研上和其他各项工作中,也取得了一定的成绩。

总之,十年"文化大革命",给山西大学的工会工作和教育事业带来了深重的灾难。众多的山西大学教职工正是在社会大形势的裹挟下参与到这场运动当中,这在当时特定的历史条件下,是难以避免的。

第五章　改革开放初期的工会工作

　　"文化大革命"结束后,响应党中央号召,山西大学进入了全面恢复工作的阶段。山西大学工会也逐步恢复工作,投身于教学工作恢复与教职工思想政治建设中,从思想政治上到物质生活上全面改善了教职工的工作与生活状况,促进了学校的快速恢复,并为学校在下一阶段的快速发展奠定了坚实的基础。

一、山西大学工会工作的恢复

　　1976年10月,中共中央采取果断措施粉碎"四人帮"反革命集团,结束了"文化大革命",山西大学进入了恢复发展时期。1977年10月6日,教育部发布《关于1977年高等学校招生工作的意见》,高考制度全面恢复,山西大学工会在拨乱反正中逐渐恢复生机。

(一)山西大学恢复招生,工会组织重获生机

　　粉碎"四人帮"后,山西大学招生、教学工作逐步恢复。"1977年1月7日,山西大学开始招收新生入学。"[1]这一时期,大学的招生依据是"文化大革命"时期所奉行的"十六字方针",即:"自愿报名,群众推荐,组织审查,领导批准。"这种招生方式,学校没有完全的自主招生权利,所招收的学生学习程度良莠不齐,学校在进行教育工作时遇到很大的困难,教学水平也得不到保障。

　　"文化大革命"结束后,"十六字方针"已经不符合我国大学发展的招生要求,学生要求改变"十六字方针"政策下只学习一年的工农兵体制,希望可以真正地接受大学高等教育。山西大学工农兵学员要求延长学制:"1977年3月12日,山西大学艺术系76级音乐专业31名工农兵学员要求将其学制从1年延长到3年,以更好地掌握专业知识技能。""1977年3月18日,山西大学艺术系美术专业的工农兵学员给上级写

---

　　[1]《山西大学百年纪事》,中华书局2002年版,第739页。

报告要求延长学制。"①学校开始寻求一条新的、更适合时代要求的发展之路。

1977年8月，国务院副总理邓小平同志主持召开科学与教育工作座谈会，会议决定恢复中断10年之久的高考。10月6日，教育部发布《关于1977年高等学校招生工作的意见》。该文件指出：凡是工人、农民、上山下乡和回乡知识青年、复员军人、干部和应届毕业生，符合条件均可参加高考，高考制度正式恢复。山西大学夜以继日地加紧进行高考恢复后的大学教育准备工作，积极迎接招生制度改革后的第一批新生，决心为祖国培养和造就出专门建设人才。

为了迎接新生的到来，学校对其原有专业进行了调整，并引入了新的专业，制订了新的教学计划和教学大纲。1977年8月22日，"全国高等教育会议决定山西大学开设日语专业，并于同年度暑假开始招生"②。11月，《山西日报》刊登了1977年山西省内外招生的高等院校专业名单，其中，"山西大学文科专业有：汉语言文学、历史、英语；理科有数学、普通物理、普通化学、分析化学、植物生理、昆虫"③。截至1978年3月，山西大学已经为新生编制出13个专业的教学计划和教学大纲，36种教材也基本编写完毕。新时期下的教材大纲和教材中充满新时代特色，彻底改变了"文化大革命"期间对知识的"篡改"，既注重基础理论知识、基本技能，又具有系统性、科学性和针对性，积极吸取了国内外现代科学技术的最新理论。

教务处从各专业选出优秀的任课教师承担教学工作，迎接新生的到来。"文化大革命"结束后，山西大学教师队伍仅有400余人，一些教师虽然在"文化大革命"期间受到迫害，但是仍然积极地等待组织的批准，准备随时投身到教学工作中去。校工会配合教务处，一起去向教师传达党对其任用消息，使教师认识到新的时期已经到来。虽然"文化大革命"时期不少教师被戴上了"资产阶级知识分子"、"反对学术权威"、"臭老九"的帽子，但是教师们依然期待为学校作贡献，期待能够重新回到教学岗位上，为祖国的建设培养出有用的人才。校工会帮助校党委做了知识分子政策落实工作，教师重新回到了教学岗位上，他们摩拳擦掌，迎接新生的到来。

校工会还协同教务处、后勤处等单位，安抚教学辅助人员和工人的工作情绪，让其积极投入到实验室整修、仪器设备维修、图书资料增购及必要的仪器设备、药品的配备上。在大家的积极准备下，物理教学大楼和部分学生宿舍得以粉刷，教室黑板

①《山西大学百年纪事》，中华书局2002年版，第739页。

②《山西大学百年校史》，中华书局2002年版，第384页。

③《山西大学百年纪事》，中华书局2002年版，第741页。

和桌椅得到了配备,学生宿舍电灯进行了检查,检修了迎接新生的车辆,调整了炊事管理人员。校工会工作人员不仅协调各项工作,以使其顺利进展,还积极地投入到具体的劳动中去,激发其他教职工的工作热情。^①在校工会组织的协调下,学校恢复招生的准备工作秩序井然地展开。

"1978年3月,山西大学1977级新生顺利报到入学。4月20日,山西大学补录了一部分走读生,1978年度山西大学共招生936人,其中走读生86人。9月19日,山西大学招收首批硕士研究生进校,实际录取62人,其中文科录取44人,理科18人。"^②"文化大革命"结束后的第一批大学生入学,教学工作有序地开展起来,这同校工会所做的周到的准备工作是息息相关的。

在全面恢复时期,为了使高校工作更快恢复,山西省政府对山西大学校领导班子进行了调整,"1977年11月19日,山西省委任命张念先为山西大学校党委副书记、革委会副主任"^③;"1978年3月15日,中共山西省常委会议决定,任命焦国鼐为山西大学校党委书记、校长,阎二旺、张念先、杜玉、赵立法、秦正溪等5人为山西大学党委副书记、副校长,王耐群、宋华青为山西大学党委常委、副校长,徐浩、李良、张全民、苏以当为山西大学党委常委"^④。新领导班子的到来,给学校注入了新鲜血液,也为全体教职工重塑了工作信心。在新的校领导班子的带领下,校工会工作逐渐展开,步步深入。

1978年10月10日至11月4日,中共中央组织部分批召开落实知识分子政策座谈会。会议认为,知识分子队伍的状况相比新中国成立初期已经发生深刻变化,新中国成立初期提出的对知识分子"团结、教育、改造"的方针已经不适于目前的情况,当前的主要任务是继续做好复查与平反昭雪知识分子中的冤假错案工作;对知识分子要充分信任,放手使用,做到有职、有权、有责;调整用非所学,做到人尽其才,才尽其用;努力改善他们的工作条件和生活条件。会后,中共中央组织部发出《关于落实党的知识分子政策的几点意见》。知识分子的社会地位被重新确立,校领导、校工会工作人员宣传了中共中央的决定,全校教师的工作热情被极大地焕发出来。

---

①郎永杰主编:《历史的见证——新闻媒体中的山西大学》,中国社会出版社2012年版,第370页。

②《山西大学百年校史》,中华书局2002年版,第385页。

③《山西大学百年纪事》,中华书局2002年版,第741页。

④《山西大学百年纪事》,中华书局2002年版,第743页。

12月18日,中共中央召开十一届三中全会,在全党重新确立了马克思主义的思想路线、政治路线、组织路线。12月24日,中共中央十一届三中全会公报发表,知识分子政策落实被提上日程。校工会宣传了中央将对知识分子政策进行落实的消息,学校教师激动万分,纷纷表示要深入地投入到教学活动中去,为国家作贡献。随着学校广大教职工为社会主义建设奉献力量的激昂热情,12月25日,山西大学校党委第169次常委会议研究学校的机构设置,会议决定党委部门设置"四部三委",即组织部、宣传部、武装部、保卫部、纪律监察委员会、共青团委员会、工会委员会。虽然"文化大革命"之后,原山西大学校工会的工作人员一直参与对党中央政策的宣传,配合学校各部门进行工作的恢复活动,但是这次会议正式确立了山西大学工会委员会在学校的地位。

(二)在拨乱反正中参与做好稳定工作

山西大学工会委员会正式成立后,校工会作为独立机构开始运行,积极配合校党委做好稳定工作,投入到学校稳定恢复的工作中来。校工会配合校党委为受迫害的教职工平反,积极落实党中央的知识分子政策,学习十一届三中全会精神,迎接80周年校庆,学习十二大精神,开展五讲四美三热爱活动。

1978年9月19日,中共山西大学委员会召开平反昭雪大会,为"文化大革命"中受"四人帮"迫害的200余名员工及家属平反。[①]校工会代表学校向这些在"文化大革命"期间受到迫害的员工和家属进行了慰问。12月,山西大学恢复职称评审工作,以提高知识分子的学术地位。校工会联合教务处对学校的教师队伍进行了摸底调查,深入教职工队伍中了解其科研、教学、生活等实际情况。经山西省委审核批准,山西大学提升正副教授27名,解决324位教师夫妇两地分居问题,改善了54户教师住房条件。校党委开始对"文化大革命"期间的冤假错案及1957年被错划为右派同志的问题进行改正。[②]校工会对党委的决定积极配合。

1979年2月6日,校工会配合党委在教工俱乐部传达党的十一届三中全会文件和中共山西省委四届二次会议扩大会议精神,随后组织全校教职工利用每周政治学习时间,连续学习6周。学校教职工通过学习充分了解到了党的政策,解除了后顾之忧,将精力更积极地投入到了对学校的建设中去。在"文化大革命"期间,由于人才

---

① 《山西大学百年纪事》,中华书局2002年版,第743页。
② 《山西大学百年纪事》,中华书局2002年版,第744页。

缺乏,工会正处于恢复之时,1979年3月,山西大学党委任命时年已经77岁的体育系教授陈盛甫为校工会主席。

7月5日,校工会配合校党委举办为期10天的教师党员集训班,对党委进行党纪党规教育,以提高党员的觉悟,增强党性观念和组织纪律性。此次集训班结束后,教师党员的觉悟都得以提高。同时,校工会开始全面配合校党委贯彻党的十一届三中全会实事求是的路线,结合真理标准讨论,联系山西大学发展实际,总结新中国成立以来的办学经验,并审查十年"文化大革命"中和历次政治运动中的冤假错案,落实党的各项政策。

然而,由于陈盛甫教授年事已高,而且社会活动较多,难以保证工会工作的正常进行。因此,1979年9月山西大学党委对工会主席作出调整,任命刘廷玉为校工会主席,李珍为校工会副主席。

1980年2月2日,校工会组织欢迎中共山西省委领导阮泊生对山西大学师生的春节慰问,并举行了教师座谈会。座谈会上部分教师对党对知识分子的关心表示了感谢并表达了为祖国作贡献的决心。

2月15日,校党委书记兼校长焦国鼐调任山西省人大常务委员会副主任,中共山西省委任命张念先为山西大学党委书记,甄华为山西大学校长、党委副书记,任命张念先、阎二旺、赵立法、王耐群、宋华青、徐浩、李良、张全民、苏以当为党委委员。

3月,校教工俱乐部召开全校师生大会,校党委书记张念先主持会议,并传达学习党的十一届五中全会公报,热烈拥护党中央解决"文化大革命"中最大冤假错案,为刘少奇同志平反的决议。5月,校工会配合校党委全面展开落实政策,对"杨韶华死案"的受害者巩二同志平反和恢复名誉,对在"文化大革命"和历次政治运动中受到错批和处理的345位同志当众平反并安排工作。之后中共山西省委表彰山西大学为全省落实政策先进单位,这与校工会的努力是分不开的。

1981年11月7日,中共山西省委晋发干字[1981]291号文件,任命程人乾为山西大学副校长。11月20日,中共山西省委晋发干[1981]308号文件,任命李奇为校党委委员、党委副书记,中共山西省委晋发干[1981]314号文件任命陈舜礼教授为山西大学代理校长。

1982年2月17日,中共中央办公厅转发中共中央宣传部《关于深入开展"五讲四美"活动的报告》。19日,中共山西大学党委书记张念先向全校师生员工作了《开展社会主义精神文明建设》的报告,要求在全校范围内开展"文明教室"、"文明宿舍"、

"文明科室"竞赛活动,美化净化校园,推进"五讲四美"活动的进行。校工会在"五讲四美"活动中积极做宣传工作,帮助教职工认识"五讲四美"活动的意义,指出"五讲四美"是建设社会主义精神文明的重要组成部分,促进了学校校园精神面貌的改进,为山西大学精神文明的建设奠定了良好基础。

9月1日至11日,中国共产党第十二次全国代表大会召开。会议总结了过去六年的历史性胜利,为全面开创社会主义现代化建设的新局面确定正确的道路、战略步骤和方针政策。第十二次全国代表大会提出"走自己的路,建设有中国特色的社会主义"。在贯彻党的十二大精神的热潮中,山西大学于10月26日召开了成立80周年庆祝大会。校党委书记张念先主持大会,校长陈舜礼作报告,总结了在高考制度恢复后取得的工作成绩,对在此期间为学校工作恢复作出贡献的单位给予了表彰校工会名列其中。

山西大学80周年校庆活动的顺利举行,说明山西大学在走出"文化大革命"阴影的道路上迈出了坚实的一步,克服了教师数量少、教学设备简陋困难,解决了教职工在"文化大革命"期间所遭受的心理创伤等问题,走上了恢复发展的道路。校工会在山西大学工作的稳步恢复中发挥了重要的作用,是教师力量可以在短时间内恢复的重要保证,使教学活动在短时间内步入正轨的有效保障,是学校工作顺利开展的支撑力量。

12月31日,山西大学成立教职工"夜大",使教职工的业余学习逐渐开展起来。教职工学习班的创立,有助于提高教职工的文化素养和专业水平,有助于帮助教职工更好地投入到学校的建设中去,为学校在恢复阶段的发展铺了路。

1983年3月,校党委决定成立"山西大学五讲四美三热爱"活动委员会,阎二旺任主任委员。5月25日,中共山西大学党委下发《关于进一步开展学习张海迪活动的通知》,要求各总支、支部加强领导,把学习宣传张海迪与"学雷锋、树新风"、"五讲四美三热爱"密切结合起来,有计划有步骤地开展各项活动。

1984年3月5日,学校全校范围内掀起了"五讲四美三热爱"活动。校工会在"五讲四美三热爱"活动中做了良好的宣传工作,向学校各单位发放了"五讲四美三热爱"的文件,帮助学校各单位认识到活动对精神文明建设的必要性和重要意义。

3月19日,山西省对山西大学校领导班子作出调整,任命程人乾为校长,杨频、周国生、梁鸿飞为副校长,高兆忠为党委书记,涂荫森、冯克聪、杨宗为副书记。

6月18日,山西大学召开全体教职工大会,校长程人乾作了《走改革之路,打开振兴山西大学的通道》的报告,指出在改革开放的特殊阶段山西大学应该打破陈规走改革开放之路,教师的工作不仅仅是照着旧的书本教学,要走出去,要学习新的知识,要同国际接轨。全体教职工的发展应该立足现在,放眼未来,运用新的、科学的方法改变学校的现状,加快学校发展的脚步。在改革时期,校工会顺应时代发展要求,运用全新的知识、方法武装自己,推动山西大学在新时期的稳步发展。①

(三)第三届工会代表大会召开

步入1984年,山西大学的发展迈上了一个新的发展台阶。1984年6月18日,在山西大学召开全体教职工大会上,校党委作出校工会换届的决定,同时制定了第三届工会主席、副主席的人选的选举办法。

11月28日,山西大学第三次工会会员代表大会在太行招待所会议室召开,83名教职工代表参加会议。第三届工会委员会在第三次工会代表大会上成立,会议选举了第三届工会委员会委员并进行了分工,任茂棠任主席;李元生、张玉凤任副主席;冯月冬任组织部部长;孙秀乾任宣传教育部部长;李涤生任生活福利部部长;吴增和、王富新、伍当瓦、李福来任生活福利部副部长;李连海任文娱体育部部长;桑建华、张志圣、郝玉梅、石敬铭任体育部副部长。

第三次工会会员代表大会还选出了第三届工会基层委员会和经费审查委员会成员,其中第三届基层委员会委员有王富新、冯月冬、石敬铭、任茂棠、伍当瓦、吴增和、李元生、李连海、李涤生、李福来、张玉凤、张志圣、罗还报、孙秀乾、桑建华、郝玉梅。经费审查委员会成员有张碧霞、赵生岚、郑玉梅。

会议通过了《关于建设山西大学教职工之家的决议》,号召全体教职工积极参加社会主义劳动竞赛,积极进行教书育人。教职工之家的成立为广大教职工提供了活动的场所,为教职工之间的交流提供了便利,也便于校工会工作的展开。

第三届工会委员会成立于校工会恢复发展的之时,这时校工会制度还没有严格确立,各院系分工会也没有完全组建起来,还面临着教职工物质生活水平低、物质条件缺乏、工作压力大、工会工作展开难等现实问题,为解决教职工生活中的实际问题,第三届工会委员会付出了艰辛的劳动。

第三届工会委员会产生后,重新建立了各系分工会组织。第三届工会委员会开始工作后,发现一些系、处的工会分会组织机构不健全,有的有分工会之名而无实际

---

① 《山西大学召开全体教职工大会》,《山西大学》,1984年6月20日。

的工会负责人,有的单位甚至没有分会组织机构,有的两个不相干的单位共同设立一个分会。根据这种情况,第三届工会委员会向校党委作了汇报,提出健全分会组织机构的意见和计划,主管工会工作的副书记冯克聪对这一情况高度重视,并立即按照按工会的申请,以山西大学党委的名义通知全校各系处的党总支协助校工会建立健全分会组织机构:已成立的分会要另行改选,未设分会的单位要按工会的要求立即设立,有需要共同设立分会机构的几个单位,也需按照工会的计划建立分会机构。经过这次整改,校工会就与各单位分工会建立了总支的联系,经过大约一个月的努力,各个分会的机构的筹建工作基本完成,山西大学工会网络正式建立了起来。

为了发挥工会在高校的作用,第三届工会委员会召开工会会员代表会议与分会主席会议,进一步明确分工会的任务:参政议政,反映教职工对本单位、校工会以及校领导的意见和建议;抓好三育人工作;组织本单位教工的文娱体育活动;为本单位的教职工谋取生活福利。同时,校工会向校党委申请分会主席在系处的地位,校党委对此问题作出决议,决定工会各系、处分会主席政治上按副处级待遇,并有权直接参加系、处领导的会议。并将这一决定,以校党委正式文件的形式下达到校内各单位。至此,山西大学工会各分会拥有了参政议政的权利和地位。

在为教职工谋取各项利益方面,校工会做了一系列福利工作:20世纪80年代中期,教职工生活还不富裕,校工会加强福利工作,满足了广大教职工在物质上的需要。为了搞好福利工作,校工会多次向学校校长、副校长、总务处长等校领导进行汇报和具体工作情况说明,要求学校行政各级有关领导予以支持,最后得到批准:凡工会需要用车(卡车和大客车),有关部门在条件允许的情况下优先给予安排。另外,校工会鉴于校工会在"文化大革命"期间受到严重破坏,损失惨重,恢复困难,特别向山西省总工会申请经费补助,得到4万元的经费支持。总工会批给经费促进了校工会各项活动的开展,帮助校工会购置了办公用品以及活动中的具体设备。

校工会还积极解决职工购买不到新鲜蔬菜、水果的问题,多次派工作人员前往山西太谷、河北石家庄、河北定县等蔬菜和食物的原产地为教职工进行食物采购。据任茂棠主席回忆,其在任期间,有一个月共计购回橘子2500千克、红枣4000千克、土豆25000千克、白萝卜10000千克、花生5000千克、食用油5000千克。这些蔬菜、水果都直接从原产地进行采购,价格低廉,质量可靠,缓解了教职工吃菜难、吃水果难的问题,受到了广大教职工的欢迎。除了蔬菜、水果之外,校工会还为广大教职工采购大米和白面,曾在太原晋祠采购大米3500多千克。为了解决教职工物质生活上的困难,第三届工会成员加班加点,多次奔赴各食品、蔬菜的原产地进行采购,工作十分辛苦。

校工会还采购了许多其他物资:校工会副主席张玉凤亲自赴上海采购回200多件物美价廉的呢子大衣,按原价售给学校教工,颇受教工们欢迎。山西大学位于太原市郊区,到了春节之时,教职工采办年货交通不便,校工会联系太原市多家副食品公司,将其所生产的货物送到校园来进行销售,各商家在校园设立销售点,方便了教职工采购。且上门卖货的厂家产品比市场上价格低廉、新鲜。第三届工会委员会每年都会多次联系山西省各大书店来校教工俱乐部大厅展销各类特价书籍,方便山西大学教职工和学生购买书籍,展开阅读工作。

校工会不定期地协同学校人事处到医院探视住院治疗的教职工,对生病教职工表示慰问和关心;校工会还会帮助参加高考的教职工子女联系并解决前往考场的交通问题;请附近工厂的技术人员来学校为教职工维修家电;在春节期间参与慰问一线值班的教职工。

二、山西大学工会工作的稳步开展

1982年9月,中国共产党第十二次全国代表大会胜利召开,确立了中国人民迈向21世纪的宏伟目标和战略重点。10月11日,十二届二中全会通过《中共中央关于整党的决定》。在此形势下,第三届工会委员会积极展开工作,从物质上到精神上对山西大学教职工进行关怀、教育。

(一)加强教职工思想政治工作

加强和改进高校教职工的思想政治工作,是保障教职工全身心地投入到山西大学建设中的必要措施。山西大学校工会配合校党委进行了整党运动和思想政治研究会的建立。

1984年12月17日,山西大学整党工作正式启动。整党运动是遵照中央整党决定的精神,在山西省委的统一部署下展开的。山西省委副书记王克文、山西省委宣传部副部长韩承璜亲临山西大学整党工作启动会议进行指导。山西省委副书记王克文根据山西第一批整党的经验,结合高等学校的实际,着重强调在整党过程中进行彻底否定"文化大革命"教育的必要性和紧迫性。

1985年1月开始,中共山西大学党委采取了十项措施,防止整党文件学习走过场。为此,校党委采取了以下措施:领导带头;拟定详细的学习日程安排;召开离休老干部、民主党派、台胞、侨属、老知识分子等座谈会,广泛征求对学校整党工作的意见；组织辅导报告；向党总支及直属支部派20名联络员；建立严格的请假制度；建立考勤制度；进行开卷考试，检查对文件掌握的程度；抓薄弱环节，对领导配备不齐、不力的单位，帮助尽快建立整党领导组；坚持边学边议、边整边改，抓住群众意见大且又能尽快解决的问题立即解决。

从1984年底到1985年1月，山西大学的党员干部遵照边学边议的方针，重点研读《整党的决定》和有关否定"文化大革命"的文件，紧密联系学校实际，全面展开了否定"文化大革命"的教育。当时，在校园里，派性的幽灵不仅还在徘徊，甚至伺机策动，需要提高警惕，因此必须把彻底否定"文化大革命"的思想作为整党的头等大事来抓，要从思想上彻底否定"无产阶级专政下继续革命"理论及其带来的后果；彻底否定"文化大革命"中"一派正确"、"一贯正确"的观点。在整党和改革工作的实施过程中，校工会派出代表同这些同志进行思想上的沟通，以事实为依据，从中央政策到群众反映来分析问题，帮助他们看清楚时代的发展方向和要求，为整党工作的进行铺平了道路。

在整党工作期间，校党委要求所有党员干部集中精力，集中时间，学好文件，联系实际彻底完成否定"文化大革命"教育的任务。在整党中，党员不能当指手画脚的评论员，应当是消除派性，投身改革的战斗员。这是对每个党员是否达到党员标准的重要考验，彻底否定"文化大革命"的教育搞好了，为下一步端正业务指导思想、整顿党风打下良好的基础，从而更有信心去夺取学校整党和改革的全面胜利。

1985年3月7日，山西大学工会召开庆祝国际三八妇女节大会，1300多名女教工隆重集会。校工会组织女教工听了从美国留学归来的物理学教师谢常德有关美国妇女生活情况和社会地位的报告。

1985年3月，山西大学举办纪念三八报告会

3月8日，学校召开全体教职工大会，全面掀起否定"文化大革命"动员大会。党委书记高兆忠在动员报告中传达了否定"文化大革命"教育的指导思想，化学系严成华、校党委宣传部

副部长傅振杰等在会上作了否定"文化大革命"的典型发言。3月22日,山西大学召开《整党工作转入党性党风党纪教育动员大会》。根据中指委的指示精神和省委的具体部署,山西大学的整党工作由彻底否定"文化大革命"转入党性党风党纪教育阶段。校党委书记高兆忠作动员,山西省整党联络组组长武天祥讲话,校党委副书记涂荫森对党性党风党纪教育作具体安排,全校党员积极响应。

4月11日,为适应改革的新形势的需要,研究当前人们的思想状况和解决的方法,山西大学成立了职工思想政治工作研究会。这是根据全国及山西省职工思想政治工作研究会章程中关于高等学校成立研究会的精神,经过充分的酝酿和准备成立的,目的是为了响应上级工会的号召,关注改革开放过程中的职工思想变化,真正做到在思想上引领群众前进。"职工思想政治工作成立大会上,宣读了山西省研究会的章程和有关文件,宣布了会员名单和35名理事名单,会议选举了校党委副书记涂荫森任研究会长。"[①]

5月22日,山西大学召开全体党员大会,党委书记高兆忠在会上作了山西大学整党进入第三阶段的动员报告,对第二阶段在党员中开展党纪、党性、党风教育作总结,并对下一阶段的整党工作作了部署,指出下一阶段的整党工作主要是统一思想认识,端正业务指导思想,把教育改革扎扎实实搞起来。

6月17日,山西大学党委邀请民主党派、台胞、侨眷和老知识分子等14人召开座谈会,征求对提高党委和校领导工作质量的意见和建议。与会者畅所欲言,真诚发表意见,对校党委主动征求意见的做法表示赞赏,同时也对当前学校存在的问题提出了中肯的批评,受到校党政领导的欢迎。会后民盟盟员、山西大学附中王银兰还送来了书面发言。

1986年3月25日,山西大学思想政治工作研究会召开汇报会。学校思想政治工作研究会会长、党委副书记涂荫森着重指出了1986年山西大学要抓的四件事是:做好改革中的思想政治工作,为教育体制改革扫清道路;改变政工干部孤军奋战的情况,思想工作要当作系统工程,齐抓共管;提高职工素质,首先要提高政工队伍的素质,要尽快把政工干部培训班办起来;群策群力,拿出有一定质量的关于思想政治工作研究方面的文章。

12月9日,山西大学举行纪念"一二·九"运动50周年大会。中共山西省委书记

---

①《山西大学职工思想政治工作研究会成立》,《山西大学》,1985年4月15日。

李立功、山西省顾委主任王克文、政协主席李修仁、省委宣传部、团省委、教育厅等部门的领导和2000多名师生一起参加了纪念活动。在纪念活动上，"一二九"学生运动的参加者、中文系副教授于靖嘉以自己的切身经历，情深意长地勉励同学们珍惜美好的时代，珍惜青春年华，为祖国好好学习。省委书记李立功在会上讲话，希望在校大学生可以做到刻苦学习，多作贡献。最后李立功、王克文、李修仁同志与师生一起观看了校合唱团演唱的《祖国颂》、《十送红军》、《保卫黄河》等合唱演出，并同唱了《毕业歌》。

从1984年12月17日至1986年1月20日，历时一年零一个月的整党工作，从彻底否定"文化大革命"入手，经过加强党性、党风、党纪教育，端正业务指导思想，全面对照检查和总结提高五个阶段，使学校党员受到了一次深刻的马克思主义教育，党性党纪有所增强，工作作风显著好转，安定团结的局面已经形成，各项工作出现了好的态势，为山西大学的振兴奠定了良好的基础。

11月3日，校党委宣传部举办第二期政工干部讲习班，旨在解决政工干部不齐、不稳、不力等问题。而此前在上半年，党委宣传部就曾举办过一期政工干部讲习班，效果很好，因而受到省委宣传部、教育厅的重视和支持，许多高校和厂矿企业也派政工干部来参加学习。这期讲习班，有来自16所院校的40名政工干部参加了学习。整个教学内容涉及8个学科，讲授了100余学时，把思想政治教育这门学科较完整、系统地加以阐述，使学员受益匪浅。

1987年5月，在第三期政工干部讲习班开学典礼上，山西大学党委副书记涂荫森宣读了中共山西大学委员会关于成立"山西大学业余党校"的决定，指出业余党校是以提高党员、党员干部的政治思想素质、增强党性修养和党性锻炼为宗旨，分层次进行轮训，使他们受到系统的关于坚持四项基本原则、反对资产阶级自由化、关于党的基本知识和党的优良传统、关于党的基本知识和党的优良传统、关于党的路线方针政策和马克思主义科学世界观和方法论的教育，并以此作为党委考察党员、干部的重要依据。校党委书记、业余党校校长高兆忠同志到会，强调业余党校重在提高党员的政治素质和思想觉悟，端正党风，使得每个党员树立坚定的共产主义新年，以身作则，充分发挥党员的先锋模范作用和党组织的战斗堡垒作用。

6月5日，山西大学中层干部第一期轮训班开学，党委宣传部根据山西省党委的布置，要求在职干部学习《建设有中国特色的社会主义》、《坚持四项基本原则，反对资产阶级自由化》以及《科学社会主义概论》。系处级干部脱产分批集中学习，于6月

5日正式开始第一轮轮训班学习。

1990年2月19日至24日,校工会组织教职工集中学习国际形势。根据山西省委和山西省高校工会委员会的统一要求,对寒假期间同学老师在学习国际国内形势的信息时所产生的模糊认识和错误认识进行纠正。这次形势教育以关心、疏导、引导为中心,集中进行三方面的教育。一是国际形势教育,特别要认清东欧及苏联的形式;二是国内形势教育,充分认清当前中国的政治稳定和经济发展前景;三是寒假见闻座谈,全面了解学生思想状况、家庭状况,努力为师生解决好实际困难。校党委宣传部为这次形式教育积极印发了学习材料,并组织规划了教育的日程安排,同时还组织机关多名同志下系学习指导,了解动态,收集信息,汇总思想,有力地推进了这次形势教育的落实。

山西大学整党工作的开展和思想政治工作研究会的成立、干部学习班的开设,扫清了学校教职工思想中的"文化大革命"残余,为学校教职工更好地投入社会主义建设之中扫清了思想障碍,有利于学校教职工更好地投入本职工作中,为学校的建设添砖加瓦。

(二)参加教职工住房政策的制定和分配工作

在"文化大革命"之前,山西省对山西大学基本建设的投入严重不足,学校教职工住房紧张,教职工宿舍建设进展缓慢,在"文化大革命"期间更是停滞不前。"文化大革命"结束之后,学校广大教职工住房情况十分紧张,不少教职工住在筒子楼里,一些教职工几代人挤在一起,还有一些教职工由于校内无住房,只好在校外居住。虽然山西大学在1983年兴建了几栋宿舍楼,使教职工的住房问题有所缓解,但是教职工住房的拥挤状况并未得到根本解决,因此广大教职工对学校住房建设和分配问题十分关切。为此,校工会在配合山西省教育工会做好城镇职工教师住房情况调查的基础上,先后多次向学校党政领导反映教职工的住房状况。

当年,山西大学党委书记高兆忠指示基建处和总务处,将学校所建宿舍房和教工住房情况详细澄清,特别要把讲师以上教师的住房间数、面积等详尽弄清,并写出详细汇报,以向山西省委、省政府提出申请,以解决教职工住房问题。要求校工会配合总务处深入教职工家中进行详细调查。到1985年初,中共山西省委、省政府下决心为省城五所院校拨专款2080万元,建造教授、讲师住宅楼。"2080工程"是山西省省委、省政府贯彻落实知识分子政策,改善教师住宅条件拨专款兴建的重点项目。其中拨给山西大学专款560万元,兴建教授楼4幢共160户,每户90平方米;修建讲师楼5幢210户，每户70平方米，共计9幢楼370户，29200平方米。"2080工程"自1985年4月份开工，8月底已经完成主体工程，安装和装修工程同时展开，室外工程和配套工作也全面展开。"2080"工程计划年底交付使用，迎接1986年元旦的到来。

10月，"2080工程"即将竣工之际，山西大学开始做分房前的准备工作。即将建设完成的9幢宿舍楼，共有370户住房，而住房对象不仅有教授、讲师之分，在面积上也有大小之分、层次之别，只有先成立分房领导机构并制订出合理的分房方案，分房工作才可得以顺利展开。这一工作由校党委领导，党委书记高兆忠、工会主席任茂棠、领导建房的郑华文副教授、总务处处长李造唐为分房领导组成员。

参与学校的分房工作，是当时校工会的重要任务之一，也是校工会维护教职工合法权益的一部分。在以往日常的房屋分配中，校工会多以向有关行政部门提建议和意见为主，而此次"2080工程"建成后的房屋分配，工会主席任茂棠进入了分房领导组，其他人员有的也参加了具体工作。在这次分房过程中，制定了公平合理的分房原则：所有新建房均遵照教育厅的要求一律分给讲师以上教师居住，设法腾出与新建"教授楼"面积相差无几的新楼，分给系处级以上干部居住；成立有各系处代表参加的分房委员会，分房方案的制订以及一切与分房有关的原则问题均通过分房委员会提交党委批准后执行。

最后，经分房委员会反复论证，制订出最终的分房方案：教授住房由教授们在一起任意在各楼二层挑选，70岁以上的副教授，均以来校工作年数依次在各楼一层挑选；70岁以下的副教授和讲师，均用打分多少决定选房次序；极个别的特殊问题用具体办法解决。另外，还专门制定了打分办法。

1986年1月17日，山西大学专建住宅工程通过了山西省"2080工程"验收委员会验收。"2080工程"实现了当年设计、当年施工、当年竣工的设想。专建工程验收委员会对山西大学的9幢住宅楼的施工质量进行了鉴定，一致通过验收，同意使用。验收委员会对这项工程实行向社会建筑单位招标的新做法给予了充分的肯定，同时还对在施工期中保证工期、保证质量的铁三局建筑工程队给予表扬。

5月9日，山西大学向在"2080工程"中作出贡献的12名先进个人颁奖。省教育厅对在专建工程中坚守岗位、吃苦耐劳，对工作认真负责、任劳任怨，对工程质量一丝不苟，严格检查督促，工程效果良好、成绩显著的个人给予了通报表彰。山西大学受到表彰的同志有：郑华汶、阎英、张喜明、董金华、吴增和、李造唐、荆书林、吕新利、赵生岚、郎砚田、程兴太、张润琴。"2080工程"的建设和分房工作的展开，解决了学校存在多年的教职工住房紧张问题,物质条件的改善也极大地激发了学校教职工的工作热情。校工会在"2080工程"的顺利进展中发挥了极大的作用。

9月,山西大学家属区1003户住户通上煤气。总务处、校工会在人员少,经费严重短缺的情况下,分批分期对学校楼区的煤气工程进行了抢建。尤其是新建9幢教授、讲师楼落成后,太原市煤气气源不足,送气工作受到影响,总务处同校工会积极与有关部门进行联系,使全校1003户居民于9月下旬全部用上了煤气。校工会在此次活动中积极配合总务处展开工作。

(三)创造性地开展"三育人"工作

根据全国教育工会的要求,山西省教育工会于1984年向山西省各高等院校布置开展以教书育人、管理育人、服务育人为内容的"三育人"工作。1985年初,山西大学"三育人"工作初步展开。

山西大学的"三育人"工作以开展教书育人为起点。校工会召集各系分会主席开会,传达山西省工会的要求,向各分会讲解教书育人的意义,要求各分会组织本系教师开会,讨论教书育人工作的重要性,讨论个人在教书育人方面的成绩和体会,最后选出本单位教书育人的先进人物,校工会在各系上报的先进人物中再进一步选出先进代表,并将他们的先进材料整理好,上报山西省教育工会。马列主义教研室的副教授周思公、经济系青年教师刘建生、生物系副教授赵庚等三位被选为先进代表。

第六届全国人民代表大会第九次会议决定设立教师节,1985年9月10日,是新中国成立后的第一个教师节。校党委作出在1985年9月10日首届教师节表彰优秀教师的决定,奖励在教书育人和教学改革中有突出表现的教师,为执教40年以上的老讲师颁发荣誉证书,为他们长期献身于祖国的教育事业表示尊敬和感谢。

1985年9月,山西大学庆祝首届教师节大会

9月9日下午,山西大学召开全体教师大会,庆祝新中国第一个教师节。校长程人乾代表学校向教学、科研第一线辛勤工作的同志致以节日的问候,并指出党的三中全会以后,党中央提出了尊重知识、尊重人才的号召,

全面落实知识分子政策,还建立了教师节,这意味着教师的工作一定会逐步得到社会更多的承认、更高的尊敬,教师的地位进一步得到了提高。

9月15日下午,山西大学党委召开各民主党派代表、各系教师代表以及校领导参加的座谈会,热烈庆祝党的十二届四中全会召开。在学校大会议室参加座谈会的同志,畅所欲言,各抒己见,对中国共产党十二届四中全会的召开表示热烈祝贺,对四中全会原则上通过的中共中央关于制订七五计划的建议、确定的进一步实现中央领导机构成员新老交替的原则表示拥护。10月山西省教育工会召开了山西省高校教书育人表彰大会,会议选出周思公副教授作为山西代表出席全国教育工会举办的教书育人研讨会。

为了深入"三育人"工作的开展,山西省教育工会作出指示,要求各高校在开展"三育人"工作时一定要争取党政方面的支持。校工会向校党委对"三育人"工作在教育育人阶段的工作进展作了汇报,向校长、副校长要求各系处领导支持"三育人"工作的展开。这一请示得到了学校党委的支持,并同意对校工会开展的"三育人"工作进行表彰。在校党委的支持和鼓励下,校工会做好"三育人"工作的信心进一步增强,于是,决定扩大教书育人工作的规模,在各系进一步展开教书育人的讨论,适时组织召开"教书育人经验交流会"。

1986年9月6、7日,校工会组织召开"教书育人经验交流会",出席会议的有教师代表84人,各单位领导代表43人。副校长周国生致开幕词,会上马列主义教研室教授周思公传达全国教书育人经验交流会的大会精神,生物系副教授赵庚和经济系教师刘建生介绍了自己在教书育人方面的经验和体会。在分组的热烈讨论中,各位教师和领导都积极发表意见,对本校本系教书育人现状作出估计,进一步提高了对新时期做好教书育人工作重大意义的认识。会上,副校

1986年9月,山西大学在教职工俱乐部召开山西大学教书育人经验交流会

长梁鸿飞作了总结发言,指出:"我们教师应尊重党和人民给我们的荣誉,更加明确我们的职责,把教书育人的工作作好,促进教育改革和人才成长。"①

校工会"三育人"工作在1986年多次受到山西省教育工会的表彰。进入1987年后,校工会决定进一步引深教书育人工作,同时开始展开管理育人和服务育人的工作。

首先,校工会争取相关职能部门的支持,在开展"三育人"的活动中请党委宣传部和教务处参加。凡组织较大的活动,先由校工会提出具体方案,再由宣传部、工会、教务处共同研究确定后,以三家名义举办,而具体工作全部由校工会负责办理。"三育人"工作的号召得以加强,各系处的党政领导对"三育人"工作有了明确的责任感、任务感,于是"三育人"工作的开展变得更加顺利了。

在学校教书育人工作有了一定基础的情况下,为更深入开展这一工作,及时总结推广教书育人的经验,解决存在的问题,在上级有关部门的关心和支持下,校党委宣传部、校工会、教务处共同筹建了教书育人研究会。4月21日,山西大学教书育人研究会召开成立大会,出席大会有各单位选出的教书育人先进人物代表和部分单位的领导共计150余人。大会确定了研究会是山西大学开展教书育人活动的"决策、咨询、研究、推广的机构"。选出了研究会的理事34人,常务理事16人;理事长涂荫森,副理事长周国省、梁鸿飞、任茂棠、周思公、秘书长王新龙。

这个研究会是山西省第一个教书育人研究会,是山西大学党政领导开展教书育人活动的决策咨询机构,其宗旨是使学校培养出来的学生能坚持四项基本原则,反对资产阶级自由化,有理想、有道德、有文化、有纪律,热爱社会主义祖国,具有为国家富强和人民幸福而艰苦奋斗的精神,能不断追求新知识,具有独立思考、实事求是、勇于创新的科学精神。

在开展教书育人工作的同时,校工会开展了服务育人的工作,校工会在总务处、计财处、图书馆、校医院等单位发动职工讨论开展服务育人的意义,在此基础上通过群众选举出各单位服务育人的先进代表。

6月5日,山西大学首届服务育人经验交流会在校教工俱乐部举行,总务处、计财处、图书馆、校医院、印刷厂、基建处、劳动服务公司等单位的56名代表参加了会议。会上,王贵升、刘启慧、陈桂芳、倪育贤、宋培业、赵生岚、王建新、罗玉珍、杨艮根

1987年6月，山西大学在教职工俱乐部召开首届服务育人经验交流会

等同志作了经验介绍。副校长陈学中讲话，总结了山西大学近年来后勤服务工作中的成绩和存在的问题，号召广大后勤干部职工要坚持服务育人的原则，提高服务水平，为培养"四有"新人作出应有的贡献。山西省总工会教工委主任王树相、校党委副书记冯克聪出席了会议。

9月9日，山西大学召开庆祝教师节暨"三育人"先进集体先进个人表彰大会，校长程人乾代表山西大学党政领导向奋战在教学、管理、服务第一线的全体教师、全体干部、全体职工致以崇高的敬意、亲切的慰问和节日的祝贺。他指出，进入新时期以来，随着四个现代化事业的进展和各项政策的落实，山西大学知识分子和社会上广大知识分子一样，政治地位、社会地位、工资待遇都有了很大的改善。①

校长程人乾号召全校教职工一定要在各自的工作岗位上勤奋工作，加强纪律，推进改革，用自己的实际行动，迎接党的十三大召开。他还指出，全校教职工没有辜负党和人民的期望，通过自己的辛勤劳动，在各自的工作岗位上教书育人、管理育人、服务育人，为培养德智体美劳全面发展的"四有"新人作出了自己应有的贡献，为各条战线输送了大批高层次的人才。但学校各项工作还不能完全适应新形势的要求，与党和人民的要求还有差距，需要全体教职工进一步努力。

党委副书记冯克聪向大会介绍了学校教书育人、管理育人、服务育人先进个人的评选过程，共评出"三育人"先进个人127名，其中教书育人77名，管理育人30名，服务育人20名。在此基础上学校向省推荐6名先进个人和2个先进集体，并获批准，副书记冯克聪号召全校教职工向做出显著成绩的同志学习，使"三育人"的活动广泛地开展起来。会后，艺术系师生向大会作了汇报演出。②

①《庆祝教师节暨"三育人"先进集体先进个人表彰大会》，《山西大学》，1987年9月10日。

②《庆祝教师节暨"三育人"先进集体先进个人表彰大会》，《山西大学》，1987年9月10日。

1988年9月8日，山西省总工会对山西省教育系统100名教书育人的先进个人、先进集体给予了表彰和奖励，其中，化学系分析化学基础课教学小组获先进集体，教育系副教授郑俊杰和经济系讲师管理教研室副主任容和平分别获教书育人、管理育人、服务育人先进个人，山西省总工会为他们颁发了荣誉证书、奖状和奖品。

连续多年，在校党委领导下，山西大学全体教职工积极加强思想建设，政治思想觉悟得到普遍提高。1990年9月10日，学校庆祝教师节大会上，133名"三育人"先进工作者受到了表彰。副校长苏以当代表校领导向全体优秀工作者表示衷心的祝贺和亲切的慰问，并鼓励大家珍惜光荣称号，继续努力奋斗。这次大会的召开使得"三育人"工作进入了新的高潮。"三育人"工作由山西省工会提倡布置、由校工会单独开展的工作，已经转变成由校党委直接领导、校党政共同开展日常性工作。

1990年9月，学校召开庆祝教师节暨表彰"三育人"先进工作者大会

此外，校工会在组织召开教师节前教书育人、管理育人和服务育人经验交流暨表彰大会之前，制定了"三育人"先进工作者的条件，这是对"三育人"工作的科学规范。

山西大学制定的教书育人先进代表评选的条件是：用马克思主义世界观方法论指导教学，并取得较好的效果；重视德育，能将共产主义思想品德寓于教学的各个环节；为人师表，以自身的模范行为影响学生；深入学生，帮助学生解决思想、学习、工作中的各种困难问题。这些条件的提出使得教师们在实践教学中有了行为依据，而且在先进人物的选拔过程中，校工会等评审人员对教师的资格进行了全面的衡量，这样保证了评优活动的公平、公正展开。管理育人、服务育人先进工作者评选条件是：牢固树立为学生服务的思想，为给学生创造良好的学习条件和生活环境积极工作，成绩突出；以身作则，文明服务，能以自己的模范行为影响学生；真诚爱护学生，敢于对学生严格要求，大胆管理；在管理、服务的制度和方法上有所创新，并取得明显效益。①

校工会对"三育人"先进工作者的评选办法提出了要求:学校各单位在继续发动教职工深入开展"三育人"活动的基础上,于6月下旬召开各单位的"三育人"经验交流会,并评选出全校"三育人"的经验交流会的先进工作者,各单位向学校推荐的教书育人先进工作者人数不得超过本单位教师总数的6%;管理、服务育人先进工作者人数不得超过该单位职工总数的10%(机关、总务不超过5%),先进工作者的推荐名单及经验材料务必于7月1日前报山西大学校工会。②

多年来校工会坚持展"三育人"先进工作者的评选和表彰活动,在一定程度上使全体教职工增强了教书育人、管理育人和服务育人的意识。

(四)丰富教职工的业余生活

山西大学工会肩负的任务不仅是对教职工进行思想政治上的教育,组织"三育人"活动,除此之外,还举办了各种形式的文化活动,丰富教职工的业余生活。

庆祝节日、对教职工进行嘉奖是对教职工在工作岗位上的奉献作出的肯定,是对教职工具体工作意义的肯定,激励教职工更好地投入到本职工作中去。山西大学校工会用这样的方式激励教职工,大大激发了教职工对学校的热爱、对工作的热爱。1985年,校工会召开了"三八"妇女节表彰大会、"九九"重阳敬老日、与离退休教职工共贺新年等,还组织青年教职工赴双塔寺烈士陵园进行扫墓活动。这些活动全是在教工俱乐部召开的,校领导、山西省有关单位领导等参加了这些活动。

9月7日,山西大学举办山西省大、中、小学师生书法展览。山西省教育厅领导、山西省书法协会负责人、山西省青年书法协会负责人出席了开幕式。这是山西省第一次举办大中小学师生书法展览。此次展览参赛人员年龄跨度大,上

1985年4月,山西大学召开纪念"三八"先进表彰大会

---

① 《教师节召开"三育人"经验交流暨表彰大会》,《山西大学》,1990年4月5日。
② 《教师节召开"三育人"经验交流暨表彰大会》,《山西大学》,1990年4月5日。

至80高龄的老教授，下至4岁幼儿园小朋友，共有3000多件参赛作品参赛。展览开幕后，山西省书法协会副主席徐文达、朱焰及山西省内著名书法家在展览大厅内即兴挥毫，进行了精彩的表演。山西省委副书记王建功在开幕后第二天也专门来到山西大学参观展览。

1985年，学校组织青年教职工赴双塔寺烈士陵园扫墓

9月27日，山西大学举行全校教职工革命传统歌曲和爱国主义歌曲演唱会。这次演唱会是为了纪念世界反法西斯战争胜利和中国抗战胜利四十周年，庆祝党的十二届四中全会、全国代表会议和五中全会，迎接新中国成立三十六周年。在这次歌咏比赛中，全校各单位合理安排时间，认真排练，老教授也登台高歌。学校的党政领导和各单位的领导也参加了演唱队。在演唱中，教职工们情绪热烈，歌声激昂。演唱会结束之后，举行了评比颁奖。获得这次比赛的大队组前三名为机关、图书馆和外语系。小队组的前三名为图书馆系、幼儿园和经济系。历史系和马列主义教研室获得精神文明奖。

校工会关心广大教职工的身体状况，为教职工提供多种体育锻炼的场所和体育用品装备，多次举办各式体育活动，以激励教职工强健体魄，从而更好地为学校的发展作贡献。12月17日到19日，校工会举办第一届离休干部文体比赛。为了使离休老干部真正做到老有所学、老有所为、老有所养，欢乐快活地安度晚年，举办了跳棋、象棋、康乐球、武术、太极拳、麻将、书画展览、花卉展览等比赛。广大离休干部积极参加了本次活动，校党委书记高兆忠、副书记涂荫森及冯克聪、副校长周国生等校领导亲临现场观看比赛和表演。

12月16日，校工会举行首届职工网球赛，成立山西大学网球队。12月25日，在教工俱乐部举行颁奖仪式。获老年组第一名的是陈显隽、刘森，中年组第一名杜新镜、田世思，青年组第一名任卫群、孙旭东，女子组第一名张秀蕙、刘瑶。12月20日、21日，又举行了元旦越野比赛，245名运动员参加比赛。12月27日在教工俱乐部举行颁奖仪式，获得这次越野赛男子团体前五名的为：环保系、生物系、物理系、教育系、数学系；女子团体前五名的为：教育系、生物系、化学系、计算机科学系、数学系。

1986年9月,校工会举办庆祝教师节游泳表演赛。9月15日,校工会组织教工合唱团参加省里举办的"园丁奖歌曲比赛",并获得一等奖。10月,校工会在教工俱乐部举办了中国象棋表演赛,比赛采用国家体

1986年9月,学校举办庆祝教师节游泳表演赛

委规定的竞赛规则,并邀请参加全国高校象棋赛的两位同志在大厅挂盘讲解。12月29日,校工会举行首届教工越野赛。为丰富广大教工业余生活,使大家愉快地度过新年,提高锻炼身体的积极性,校工会举行首届教职工越野赛,340名运动员参加了比赛,比赛分老、中、青三组进行。

为提高学校广大师生员工的音乐欣赏水平,陶冶师生员工情操,1987年3月6日,山西大学举办了中外名曲音乐欣赏会,每个周五晚上在教工俱乐部举办。音乐欣赏会采取音乐和讲解相互穿插的方式。采用这种方式使得观众能更清楚地了解音乐的内涵,丰富大家的音乐知识。

10月31日,是山西省第一个"九九"重阳敬老日。在学校举行的重阳敬老茶话会上,校党委书记李镇西、副校长杨频分别代表校党委和行政领导在会上讲了话,向参加会议的老前辈、老同志表示节日的祝贺。会上,老人代表——八十岁高龄的中文系教授靳极苍和离休老干部代表王青野,表达了老同志们对学校发自内心的感谢。

1988年1月2日,校领导向离退休教职工恭贺新年。党委副书记刘铁桥主持新年茶话会,党委书记李镇西、副校长李旦初等校领导到会祝离退休教职工晚年幸福,福如东海长流水;健康长寿,寿比南山不老松。

6月30日,校教工合唱团获山西省直属机关歌咏比赛第一名。七一前夕,山西省直属机关举行纪念中国共产党成立67周年歌咏比赛,多支队伍参赛,校教职工合唱团以精巧的构思、新颖的编排、精湛的技巧完美结合,征服了广大的观众和评委,获得了比赛第一名的好成绩。

11月10日至22日，校工会举办首届教工七人制足球比赛，公体部获第一名，体育系获第二名，机关队获第三名。

1989年4月27日，校工会举行教工拔河比赛，数学系教工以绝对优势夺

1988年6月，学校参加省直机关职工迎七一歌咏比赛

取第一名，总务处获第二名，外语系获第三名，教务处、生物系并列第四名。

另外，校工会还组织教职工外出参观学习。曾组织部分教工在太原市内景点旅游；组织200至300名教工到五台山、大同旅游。旅游之前，主席任茂棠和李涤生到大同先进行了联系。之后，教工旅行团一百多人乘火车抵达。在大同期间，先后到云冈石窟、大同市内的上下华严寺以及应县木塔等4个景点进行了参观。外出参观旅行，使得学校教职工在校工会的带领下走出校园，走出太原，看到了太原以外的景色，了解了太原之外的地方风土人情，陶冶了情操，这些都调动了教职工在情感上更好地投入到教学活动中的积极性。

三、为建立省级重点大学而努力

1990年3月，中共中央十三届六中全会发出了《关于加强党对工会、共青团、妇联工作领导的通知》，校工会根据学校工作的实际情况，以迎接山西大学校庆90周年为契机，制定了落实十三届六中全会精神的实施意见，把工会工作又推向了一个新的水平。

（一）首届教代会暨第四次工代会的召开

1990年1月10日，中国山西省委常委、副省长吴达才，山西省委组织部部长毕增福，山西省委主任宋玉岫代表山西省委、省政府宣布了对山西大学领导班子进行调整。新的党委班子相从智任书记，李镇西、苏以当、刘铁桥、张志敏任副书记。李镇西任校长，苏以当、周国生、梁鸿飞任副校长。

3月19日，中共山西省委副书记王茂林等一行来校调研，了解山西大学师生员工思想动态和学校急需解决的问题。党委书记相从智、校长李镇西分别就师生的思想状况和总的工作安排、工作重点以及如何加强思想政治工作作了汇报。

10月12日，校党委决定召开山西大学首届教职工代表大会暨第四届工会会员

代表大会。经过第三届工会委员会认真务实的工作,校工会在1990年时已经具有完整的组织机构,其作为教育机构的工会已经起到了协助校党委进行教职工思想政治教育、维护教职工基本权益等职能。

11月29日,山西大学首届教职工代表大会暨第四次工会会员代表大会开幕。参加会议的正式代表207人,列席代表35人,特邀代表23人。山西省副省长吴达才、山西省政协副主席姚奠中、山西省高校工委副书记梁豫秦、山西省工会副主席田玉凤、山西省教育工会副主席董秀莲等出席了开幕式。太原工业大学、山西师范大学、山西医学院、山西财经学院、山西警官学院、太原机械学院、太原重型机械学院、山西教育学院、长治医学院、太原师专、忻州师专等十几所高等院校的党政领导和工会领导出席了开幕式。

1990年11月,学校召开首届教职工代表大会暨第四次工会会员代表大会

党委书记相从智在闭幕式上发表了《教职工代表大会制度是民主管理学校的重要形式》的重要讲话,指出:"工会是党领导下的工人阶级的群众组织,是党联系群众的桥梁与纽带,是国家政权的重要社会支柱之一。在学校建立教职工代表大会制度,是教职工群众行使民主权利、民主管理学校的重要形式,它体现了教职工的主人翁地位。山西大学首届教职工代表大会召开并取得成功,反映了我校政治上的安定团结,标志着我国民主化、科学化管理进入新的阶段。教职工代表大会讨论通过的文件在我校范围内具有法规效力,全校上下必须认真贯彻实行。"[1]

校长李镇西在大会上作了《团结进取、奋力拼搏迎接建校九十周年》的报告。李镇西校长对过去三年山西大学的发展情况进行了总结,指出:"山西大学走过一段艰

---

[1]相从智:《学府履新集》,北京文化出版社2011年版,第31页。

巨而又特殊的历程。各项工作,综合治理整顿,稳定学校局势;处理遗留问题,调整人际关系;端正办学思想,深化内部改革;狠抓校风建设,强化管理职能;改善办学条件,优化育人环境等都取得了令人欣慰的结果。"①但是,国际环境的动乱、国内环境中资产阶级自由化思想、"厌学风"导致广大师生心理失衡,学校面临部分专业招生难、分配难的问题,在如何适应经济和社会发展的问题上缺乏具体理论指导和实际的经验借鉴。此外经费紧缺制约着山西大学的发展。面对这些问题和困难,校长李镇西指出,要在正确把握社会主义办学方向的原则下对形势作出清晰的认识。他提出六条治校的基本思路:"坚持稳中求进,一切方案和措施的实施都要有利于维护安定团结的大局;坚持从上到下进行整顿,首先要搞好校级领导班子的建设;坚持公正、公开的办事原则,下工夫创造

任茂棠(时任山西大学工会主席)在首届教职工代表大会暨第四次工会会员代表大会上作工作报告

一个健康和谐的人际环境;扎扎实实地抓基础管理,强调下内功,打基础,把指标和治本结合起来;要遵循客观规律,推进综合改革,给学校注入持久的活力;开辟新的经费来源,不断改善办学条件,提高办学质量和效益。"②在接下来的两年,学校工作的指导思想是:"把握方向,弘扬校训精神;强化管理,深化教育改革;优化环境,改善办学条件;提高质量,办出自身特色。"③

山西大学首届教职工代表大会是根据国家教委、中国教育工会全国委员会和山西省教委、省总工会的有关文件精神而召开的。教职工代表大会和工会会员代表大会是党密切联系群众的桥梁和纽带,也是教职工群众行使民主权利、民主管理学校的重要形式。首届教职工代表大会会议通过了第三届工会主席任茂棠的《工会工作报告》和郑玉梅的《关于上届工会经费管理使用的报告》。通过了《山西大学工作报告》、《工会工作报告》、《山西大学教师教学工作规范》、《山西大学人员交流暂行规

---

①《团结进取奋力拼搏迎接建校九十周年》,《山西大学》,1990年12月5日。
②《团结进取奋力拼搏迎接建校九十周年》,《山西大学》,1990年12月5日。
③《团结进取奋力拼搏迎接建校九十周年》,《山西大学》,1990年12月5日。

定》、《山西大学职工住宅分配调整暂行规定》。

山西大学首届教职工大会、第四次工会代表大会会议选举产生出新的工会委员会是：主席冯良植，副主席张存宝、郭宝珍，工会委员会常委冯良植、张克、张守仁、张存宝、李生华、郭宝珍、董子峰，工会委员会委员戈成隆、于平等。会议还选举出第四届工会经费审查委员会委员：朱康林、康春林、彭斌。

根据这次大会的决议，四届工会决心从实际情况出发，关心教职工生活，搞好福利事业，组织好有益教职工身心的文体活动，丰富教职工的文化和精神生活。采取多种形式维护教职工的合法权益，了解不同岗位不同层次教职工的愿望和要求，征求教职工的意见和建议，向有关方面及时反映，沟通领导与群众之间的信息渠道，在领导与群众之间架起互相理解、互相信任的桥梁。

（二）奋力拼搏，迎接90周年校庆

为了充分发挥教工会的作用，不致使校工会成为单纯的福利单位，校工会围绕党的中心工作独立自主地开展各式活动。首先，校工会建立了民主制度，建立了常委会议负责制，使工会能真正倾听教工心声，帮助教工办事；其次，增加文体活动内容，丰富教职员工的生活，除继续积极组织原先就有的网球、羽毛球、桥牌、健美操、京剧等活动外，还从中老年的身体状况出发，组织了教工7人制足球活动；此外，每周三、六晚上举行舞会，满足了教职员工跳舞的要求，丰富业余生活；校工会报刊橱窗放入报纸，方便群众阅览。还积极主动地配合各部门开展工作，其他单位可以使用校工会教工俱乐部大厅举行活动。

1991年3月，化学系教授杨频被评为国家教委1990年度"全国高等学校先进科技工作者"，哲学系副教授郭贵春荣获国家教委、国家人事部颁发的"有突出贡献的回国留学人员"奖章。7月，教授杨频获美国名人传记中心"终身成就学会"金奖。9月，哲学系教授张家治荣获"全国教育系统劳动模范"，化学系副教授何明威获"全国优秀教师"称号。两位教授荣获国家教委表彰，两位教授获奖，大大激发了全校教职工的奋斗热情。

1991年8月22日，中共山西省委、省政府任命彭堃墀为山西大学校长兼党委副书记，山西省教委副主任杨树国代表山西省政府向彭堃墀颁发了山西省省长王森浩签发的任命书。山西省副省长吴达才在会上号召全校教职工理解、帮助、支持新的领导班子的工作，为把山西大学办成繁荣昌盛的万人大学而共同奋斗。新的校领导的到任为山西大学的发展注入新的鲜活的力量，新的校领导班子提出："努力实现安定团结,力争1992年山大90周年校庆时,办学水平达到全国地方综合大学的上游水平。"①

之后,校工会协助校党委展开了各项活动。首先是关心教职工的物质生活,学校从经费中挤出了100多万元,为青年教工筹建了23号宿舍楼,解决了72户青年教工的住宿问题;改善学校的供电、供水状况。校工会配合总务处对山西大学家属区的电线线路进行改造,扩大容量,解决了山大家属区双回路供电稳定性的问题。接通了自来水,解决了学校自有井供水量不足的问题;组织各系同成人教育学院合作,举办成人学历班,所收费用用来改善各系的教学办公条件;其次是关心教师的精神生活,20世纪90年代山西大学同美国院校合作交流,选送教师到美国进行留学,吸引留学人才回国。这样一来,全校教职工的生活被极大地得以保障,工作热情也再次被调动起来。

山西大学90周年校庆的到来,对于山西大学的发展既是机遇又是挑战。但是,90周年校庆前的学校经费缺乏,教师士气低落,如何办好校庆成了一个棘手问题。山西大学党委决定排除万难,办好校庆。

为此,校党委提出,"我为山大添光彩,培育四有新人才","爱我山大,建设四化,振兴中华","团结协作,奋力拼搏,苦战三年,把山大办成全国有名的地方性综合大学","抓教风,带学风,树立山大新校风"等口号,制定了争取在1992年时使山西大学建设进入全国地方综合大学的上游水平,个别重点学科到达全国重点水平,某些科研成果达到世界先进水平的目标。

1992年初,山西大学90周年校庆准备工作正式展开,校工会也将工作重心放在90周年校庆上。校党委经过多次研究,要把90年校庆变成学校尽快实现安定团结的手段,将举办90周年校庆指导思想定位:"回顾历史,凝聚办学精神;总结经验,坚持适时创新;展现成果,激励师生志气;扩大影响,推动学校发展。"②按照这个思路,山西大学的办学精神被归结为"团结、勤奋、信实、创新"。根据山西大学在20世纪国运兴衰的每一个关键时刻都走在时代前列,和新中国成立以后的跌宕起伏所表现的自强精神和报国情怀,校党委将办学经验概括为:"同祖国共命运,应时势求发展,靠人才上水平,真善美育桃李。"③

---

①相从智:《峥嵘岁月集》,北京文化出版社2011年版,第31页。
②相从智:《峥嵘岁月集》,北京文化出版社2011年版,第81页。
③相从智:《峥嵘岁月集》,北京文化出版社2011年版,第81页。

作为全国最早创办的三所国立院校,山西大学是中国最先在联合国备案的大学之一。因此,校党委决定,校庆活动既要反映隆重热烈,又要体现文明典雅,为此要注意增加其环境内涵、文化内涵和政治内涵。开展五项活动:在维修装饰校园的基础上,增加经典,建新校门,展现山西大学的新貌;收集资料和成果,重新规划设计,办学校校史和教学科研成果展览,体现山西大学新水平;发挥学科优势,邀请境内外专家学者,举办一系列研讨会,开展学术大交流;依托山西大学中文、历史和艺术系师生,编排相关内容节目,举办一场文艺晚会,扩大山西大学在社会上的影响;组织全校师生,广邀请各级领导、新老校友和友好单位人士,举办一次庆祝会,增强山西大学的凝聚力,校工会负责协助具体部门开展工作。还决定对校园环境进行绿化、硬化、美化、亮化,增加校内经典,在北校区花园建立渊智园们,装饰清晰了毛泽东塑像,并在周围新建了花坛。在中校区建造数学计算机楼花园,在南校区建造了物理楼花园,并适当增加亭台雕塑;在文化方面,一面鼓励教师对已有的科研成果尽快申报、发表、出版,争取进入校史展览;一边组织书法家、画家举办书画笔会;请薄一波老先生题写校训;请江泽民总书记题写山西大学校名。

此外,山西大学成立了专门的校友联谊会筹备组,组织人员到山西省各地座谈成立山西大学校友联谊分会。校长彭堃墀在《山西日报》上发出《山西大学建校90周年致校友》的一封信,介绍了山西大学的发展情况,欢迎山西大学校友参加90周年校庆;组织以对母校怀念为主的征文活动,并在此基础上编辑出版了《群星璀璨话摇篮》的回忆文集;编订《学府之光》一书;组织山西大学教职工捐款活动。校工会工作深入到校庆准备工作的每一个部门、每一个环节中去,既配合不同部门的工作,又联合各系工会积极投入到每一项准备工作中去,组织全体教职工为校庆活动进行募集捐款。

校工会在90周年校庆活动的准备过程中,任务繁重,但是其仍然不忘从全方位发挥自己的作用。1991年入夏以来,我国南方江苏、安徽等十多个省份连降暴雨,遭到百年不遇的特大洪水,国家和人民的财产遇到了很大的损失。为了帮助灾区人民抗灾自救、重建家园,学校教职工纷纷捐款捐物援助灾区,表现出了极大的爱国主义和共产主义精神。灾难发生后,山西大学教职工主动打听捐款事宜,有的直接将捐款、粮票汇往灾区。7月19日,校工会根据校党委的指示发出了捐款赈灾的通知,号召全校师生发扬集体主义和爱国主义精神,支援灾区。通知发出后,学校教职工纷纷响应工会的号召,迅速展开了捐款活动,校领导和校工会的同志捐出了第一笔钱款和粮票,为捐赠活动带了好头。从7月19日至7月31日,全校参加捐款人数达1548人,共收到捐款人民币17395.75元,粮票18337.5斤。在向灾区人民的捐款活动中,校工会的同志们付出了辛勤劳动,在校工会主席冯良植的带领下,起早贪黑每天公布捐助情况,一方面接受广大教师的监督,一方面又激起了捐款的新高潮。

1992年6月,山西大学工会俱乐部的南门兴建了一座古色古香的小门楼。鉴于校工会教工俱乐部是山西大学自"文化大革命"结束之后唯一的大型活动场所,也是校友同教职工心目中的校园中心,因而对校工会的整修就变得很有现实意义。为了迎接90周年校庆的到来,校工会的小门楼设计,飞檐翘首,红柱托底,它的建成自然增加了一片喜庆色彩。值得一提的是,校工会委员会在建造这个门楼时花费极少,工会工作人员参与到门楼的设计和建设中,节省了一大笔费用。

(三)在90周年校庆活动中

1992年3月10日,山西大学党委、校行政发布《关于在全校开展"爱我山大、振兴中华,以实际行动迎接90周年校庆"活动的决定》,指出:"山西大学是中国近代史上最早的高等院校之一,山西大学成立90年来,特别是建国以来,为现代文明的传承、为新中国的繁荣昌盛、为山西经济建设和文化教育事业的发展作出了巨大的贡献。"为此,校工会极力配合学校工作,努力使校庆活动更为丰富多彩。

1992年5月25日,校党委书记相从智、校长彭堃墀在社会媒体联合发表《山西大学建校90周年致校友》,告知校友建校90周年纪活动定于9月10日举行,代表全校师生员工热烈欢迎各界校友光临校庆活动,回顾光辉历程,畅述校友经历,共商办学大计。

在山西大学建校90周年之际,国家主席江泽民及山西省市领导人和一批著名的书法家、画家纷纷为山西大学题词作画。8月11日,收到中共中央总书记江泽民同志在8月8日亲笔题写的"山西大学"四字,以及时任中顾委副主任薄一波题写的"勤奋、严谨、信实、创新"八字校训。党和国家领导人亲自为山西大学题写校名、校训意味着党和国家对山西大学的关怀。

9月1日,山西省委书记王茂林向山西大学教职员工和校友发来贺信,充分肯定了山西大学在过去为社会培养出的54000多名大学毕业生,为社会主义建设作出了积极贡献,并殷切希望山西大学能在改革开放的大潮中,"紧紧围绕经济建设的中心,抓住社会主义人才的根本,以兴晋富民为己任,进一步提高教学质量,提高办学水平,加快科学研究和科技开发的步伐,共同开创山西教育发展的新局面"①。

为了迎接90周年校庆的到来,学校精心准备了校庆文艺晚会。"山西大学90周年校庆文艺晚会"原打算小范围地演出给师生和校友,但后来为了让山西省人民看到山西大学的发展现状,扩大山西大学的影响,特将节目上了山西电视台。9月4日,"山西大学90周年校庆文艺晚会"在山西电视台《五彩缤纷》节目中的直播引起了轰动。当时,这次演出成了山西省党政机关、企事业单位团体和社区居民街谈巷议的中心话题,山西省许多乡镇农村的农民同志们也收看了这场文艺表演。

9月7日,以山西大学师生捐款建造的新校门落成,中共山西省委原书记、山西省关心下一代工作委员会主任赵雨亭等为山西大学新校门进行剪彩仪式。9月9日,学校校史暨成果展览馆开馆。

9月10日,山西大学校门上彩旗招展,校园内横标高悬,各院系都在自己楼门口挂起了校庆和欢迎校友的红色条幅。庆祝大会会场安排在学校大操场,主席台上方是"庆祝山西大学建校90周年"的徽标,两边是用建房预制板临时搭建的四层观礼台,全长100米,全部用红色地毯铺就。主席台正对面的操场南边,一字排开新树起的21根旗杆,正中悬挂国旗,高出其他旗杆1米,校旗和18个院系的系旗及山西大学附属中学的校旗分别挂在两边20个旗杆上。整个大操场显得姹紫嫣红。时任中共山西省委书记王茂林、省长胡富国等领导,原中国科协党组书记、新中国成立后山西省首届省长裴丽生,原财政部顾问戎子和,原福建省委书记、山西省人大主任贾久民,全国政协常委、民进中央常务副主席、原山西大学校长陈舜礼等参加了90周年校庆活动。

9月10日9时10分,山西大学90周年校庆大会在升国旗、奏国歌中开始,90响礼炮齐鸣,900羽信鸽腾空飞起,山西大学校歌随之悠扬播放。校党委书记相从智宣布到会领导及贺电、贺信单位,校长彭堃墭代表山西大学讲话。中共山西省委书记王茂林在大会上高度评价说:"山西大学的90年是艰苦创业的90年,是奋力开拓的90年,是不断发展的90年,是勇于贡献的90年。"②庆祝大会进行了两个多小时,校工会组织的教师大合唱参加了会后的文艺表演。9月10日、11日,校工会在教工俱乐部举办舞会庆祝90周年校庆。

---

①《无愧于历史的重托》,《山西大学》,1992年9月8日。

②相从智:《峥嵘岁月集》,北京文化出版社2011年版,第92页。

从 1976 年 11 月到 1992 年 9 月，校工会工作处于恢复发展阶段。1976 年，"文化大革命"结束，校工会工作随着山西大学教学工作的恢复而展开。1977 年 10 月 6 日，教育部发布《关于 1977 年高等学校招生工作的意见》，高考制度恢复，校工会工作开始走向轨道。1978 年 12 月，党的十一届三中全会召开，知识分子社会地位得以提升，校工会协助校党委改善教师待遇。1982 年 10 月 26 日，校工会协助校党委顺利召开 80 周年校庆大会。 1984 年 11 月 28 日，第三次工会代表大会召开，成立第三届工会委员会，校工会全方位地投入"整党运动"、思想政治研究会、"三育人"活动，在全面改善教职工宿舍，提高教职工物质、精神生活方面作出了积极贡献。1990 年 11 月 29 日，山西大学首届教职工代表大会暨第四次工代会召开，以积极的姿态迎接 90 周年校庆的到来。从此，山西大学开始走向团结进取、奋力拼搏的快速发展阶段。

第六章　改革发展上水平阶段的
工会工作

　　1992年10月，中国共产党第十四次全国代表大会召开，确立了邓小平建设有中国特色社会主义理论在我国各项工作中的指导地位，制定了加快改革开放步伐、推动国民经济再上新台阶的宏伟蓝图，把中国改革开放和现代化建设推向了一个新高潮。面对机遇与挑战，山西大学抓住时机，确立发展目标，加快改革步伐，加速学校发展，把学校推上了一个新的水平。山西大学校工会紧紧围绕学校的中心任务，发挥工会职能，充分调动广大教职工的积极性和主动性，以高度的责任感和紧迫感，积极参与，从而在学校改革、发展、上水平的全局中发挥了重要作用。

一、贯彻落实"三·五"目标

　　在全国上下深入学习贯彻中共十四大精神，加快改革开放步伐，中国经济进入一个新的发展阶段的形势下，山西大学提出了"改革发展上水平"的新思路、新任务，制定了争进"211工程"的"三·五"目标。校工会积极动员、组织广大教职工团结奋进，扎实工作，为实现"三·五"目标而努力。

（一）山西大学"三·五"目标的确立

　　山西大学90周年校庆之后，全校的各项工作都转向了以提高教学科研水平为中心，大力提高办学水平。1992年11月20日至22日，中共山西大学第二次党代表大会在工会俱乐部举行，讨论如何贯彻中共十四大精神，加快改革开放步伐，把学校教育事业全面推向前进。校党委书记相从智作了《贯彻十四大精神，加快改革开放步伐，为使我校跨入全国地方综合大学的先进行列而奋斗》的主题报告，党委副书记、校长彭堃墭在大会上宣读了《加快改革步伐，推动我校上水平的意见》。

　　这次会议的指导思想是：以中共十四大精神为指针，坚持社会主义办学方向，面向社会、面向世界、面向未来，解放思想，实事求是，深化教育改革，转换办学机制,加强并改善党的领导和思想政治工作,调动师生员工的积极性,促进教学、科研和高新技术开发上水平,努力把山西大学办成具有自己特色的地方综合大学。

根据中共十四大的战略部署,结合山西大学的实际,这次会议确立了学校的奋斗目标:山西大学作为全省唯一的一所综合大学,作为全国资历最长的三所高校之一,必须认清形势,找准位置,把握时机,以高度的历史责任感和紧迫感,加快改革开放的步伐,努力发展自己,力争三年时间达到全国地方综合大学的先进水平,到本世纪末跻身于全国重点高校的行列。这是"三·五"目标的雏形。

这次会议提出"改革发展上水平"的新思路、新任务有五项:认真贯彻中共十四大精神,用建设有中国特色的社会主义理论武装头脑;以社会主义市场经济为导向,加快教育改革,把山西大学办成兴晋富民的人才基地;积极培养,严格要求,建设结构合理、德才兼备、团结奋进的教师和干部队伍;落实德育首位,积极探索新路,进一步做好思想政治工作;强化班子建设,抓好支部工作,加强和改善党对学校工作的领导。

在改革开放的大潮席卷全国的有利形势下,为了全面贯彻落实山西大学第二次党代会精神,使会议精神变为全校教职工的实际行动,把大家的思想统一到党代会精神上来,为加快山大的改革步伐扫清思想上的障碍,校工会组织各分会学习、宣传党代会文件,要各分会在认真学习、深刻理解、全面领会的基础上,把握文件的精神实质;要结合各单位、各部门的实际,认真组织讨论,用党代会的文件精神统一思想、统一认识,使大会通过的各项决议真正成为广大教职工的自觉行动,以崭新的姿态投入到教学、科研、管理、高新技术开发等项工作中去;要振奋精神,改进作风,密切配合,求实创新,贯彻落实党代会精神,为把山西大学早日办成全国先进的地方综合大学、为兴晋富民和振兴中华作出应有的贡献。在学习文件的基础上,教职工结合学校实际,围绕山西大学上新台阶,从教学、科研、高新技术开发、人事管理、分配制度、招生制度等各个方面献计献策。如郭庆梅的《统一认识,真抓实干》、王守桢的《几点具体建议》、张克的《转换机制,转变职能》、高耀的《关于财务管理改革的意见》、刘维奇的《山西大学如何上新台阶之我见》等多篇文章发表在《山西大学报》上。

1992年12月,国家教委制订的《关于加快改革和积极发展普通高等教育的意见》提出,推进改革开放、实现祖国社会主义现代化,必须发展高等教育;发展高等教育,必须把提高质量放在突出地位。为此,要求各省、自治区、直辖市和国务院有关部门要加大对高等教育的投入,着重办好一两所代表本地区、本行业先进水平的高等学校和一批重点学科专业。1993年2月,中共中央、国务院发布《中国教育改革和发展纲要》再次说明:"为了迎接世界新技术革命的挑战,要集中中央和地方等各方面的力量办好100所左右重点大学和一批重点学科、专业,力争在下世纪初,有一批高等学校和学科、专业,在教育质量、科学研究和管理方面,达到世界较高水平。"[1]这就是后来对20世纪90年代乃至21世纪中国高等教育发生重大影响并最终成为中国高等教育跨世纪战略工程的"211工程"。

国家"211工程"的实施,对山西大学来说,是一次难得的历史机遇。为了全面贯彻中共十四大精神,适应社会主义市场经济的需要,达到国家"211工程"的标准,中共山西大学党委决心抓住机遇,团结奋进,加快学校改革发展步伐。1993年3月,学校出台了《山西大学关于奋战五年跨入全国百所重点大学行列的实施方案》(后简称《方案》)及其八个附件,作为以后五年建设发展的总体规划。《方案》对山西大学改革和发展的几个重要问题,提出了思路和对策。在《方案》制订期间,校工会会同各单位、各部门组织教职工为学校上台阶、上水平建言献策。

《方案》确立的山西大学改革和发展的目标是:通过深化改革,真正把山西大学办成山西高教体系中名副其实的基础部分,成为山西新学术思想的"辐射源"和交流中心,成为培养各类建设人才和高科技研究开发的重要基地,成为具有自己特色的综合大学。争取三年达到全国地方综合大学先进水平,五年进入全国百所重点大学行列。改革与发展的战略是:面向经济,面向未来,抓好一个龙头,壮大一个躯体,强化两个翅膀,实行飞鸟式战略,带动学校更多更好地出人才、出成果、出效益。"抓好一个龙头",就是抓好专业学科改革;"壮大一个躯体",就是要全面提高学校的基础工作;"强化两个翅膀",就是把基础理论上水平、应用开发出效益作为两翼予以加强,推动学校发展。改革与发展的步骤是:根据学校的实际情况,确定我们的发展步骤分为两步,前三年侧重强基础,后两年侧重上水平,争取第五年实现目标。改革与发展的主要措施是:加大改革力度,加快改革步伐;创造良好条件,加强师资队伍建设;实行政策倾斜,保证重点发展;扩大对外交流,争取社会支持;拓宽创收渠道,增加学校收入。这就是山西大学的"三·五"目标,后来,这个《方案》逐步完善,被冠名为"山西大学飞鸟式发展战略"和"三·五·十"奋斗目标。[2]

①中共中央、国务院:《中国教育改革和发展纲要》(1993年2月13日)。
②相从智:《峥嵘岁月集》,北京文化出版社2011年版,第102页。

这样，山西大学就把学校改革发展上水平同实施"211工程"建设紧密结合起来，使学校改革有了新思路，发展有了新目标，上水平有了更强的推动力。

（二）首届二次教代会的召开

目标已经确定，机会难得，要抓住机遇，发展自己。落实"三·五"目标，关键要发挥教职工的积极性和创造性。在山西大学改革前进的关键时刻，筹备、召开了首届二次教代会，这是全校教职工政治民主生活中的一件大事，对调动教职工实现"三·五"目标的积极性有巨大的推动作用。

1993年6月18日上午，山西大学首届教代会第二次会议在工会俱乐部大厅隆重开幕。这次会议的中心议题是：根据"三·五"目标，按照《关于奋战五年跨入全国百所重点大学行列的实施方案》，总结过去，安排今后，确定重点，动员和组织全校教职工完成新的历史任务。所以，这次会议是山西大学落实"三·五"目标的重要会议，是推动学校"改革发展上水平"的一次动员会议。为了配合此次会议的召开，校工会曾在《山西大学报》上发表《教代会的性质、职权及地位》、《教代会与教育工会的关系》两篇文章，在全校教职工中普及教代会的相关知识，以保障大家充分行使民主权利。

1993年6月，山西大学首届教代会第二次会议在工会俱乐部举行

会议听取了校长彭堃墀所作的题为《解放思想，真抓实干，为使我校跨入全国重点大学行列而奋斗》的工作报告。该报告共分为两大部分，第一部分全面地、实事求是地总结了自首届一次教代会召开之后两年来的工作情况，其中包括：把握办学方向，保证了人才培养质量；深化管理体制改革，调动了师生员工的积极性；强化队伍建设，提高了办学水平；扩大办学功能，提高了办学效益；加强基本建设，改善了办学条件。第二部分具体部署了山西大学今后的工作：坚持贯彻中共十四大精神，全面

推行《关于奋战五年跨入全国百所重点大学行列的实施方案》,加大改革力度,加快改革步伐。同时,坚持党对学校的领导,发挥思想政治工作的保证作用,使学校改革顺利进行,并取得明显的效果,从而加快学校的发展步伐。为此,还提出了具体的措施:继续抓紧以专业改革为中心内容的教学改革;以建立结构合理、梯队完整的师资队伍为目的,加强教师队伍建设;以提高质量为目的,狠抓科研上水平;以出效益为目的,加速发展校办产业;以提高工作效率为目的,进一步深化管理体制改革;以争取社会支持为目的,加强对外交流与合作;以改善办学条件为目的,继续抓紧基本建设。

与会代表们还听取了校工会主席叶昌纲所作的题为《山西大学首届教代会以来的工会工作报告》。首届教代会以来工会工作情况主要有五个方面:围绕党的中心工作,开展思想政治工作;积极参政议政,发挥工会组织对学校管理的民主监督作用;整理和部分落实教代会的提案;开展福利工作,为教职工排忧解难;活跃教职工文体生活,促进学校精神文明建设。接着,叶昌纲主席从六个方面提出了今后工会工作任务:认真学习和贯彻中共十四大文件精神;加强教职工的思想政治工作,继续深入开展"三育人"活动;发挥工会参政议政职能,推进学校民主建设;创造条件,争取早日兴办工会第三产业;关心教职工的物质和文化生活,搞好福利和文体工作;加强工会的自身建设。希望全体工会干部和全体会员齐心协力,在校党委和上级工会的领导下,为实现山西大学奋斗五年跨入全国百所重点大学行列的宏伟目标而努力奋斗! 与会代表们还听取了副校长姚芝楼所作的题为《山西大学房改实施办法说明》。

在分团讨论中,与会代表围绕上述报告及房改方案,发扬主人翁精神,畅所欲言,提出了不少好的建议、意见和提案,全面反映了全体教职工代表对教学、科研、机构改革、财务制度、高科技开发、房改、民主与法制建设等方面的意见和呼声,引起了与会领导的高度重视,表现了大家议大事、顾大局、促改革的可贵精神。大会审议并通过了彭堃墀校长的工作报告和学校总务处制定的《山西大学住房制度改革实施办法》以及其他有关教职工集体福利方面的重大事项。会议号召全校教职工,按照报告所提出的指导思想和目标,振奋精神,团结一致,脚踏实地,奋力拼搏,力争早日实现山西大学跨入重点大学行列的奋斗目标。山西大学首届二次教代会在圆满完成了大会的各议程后于6月19日下午在国歌声中胜利闭幕,为期两天。这次大会体现了民主、团结、改革、求实的精神,反映了全校教职工对学校工作的热情支持和真诚关心,是一次团结奋进的大会。

(三)凝心聚力,加强职工思想政治工作

校工会作为学校思想政治工作主要成员之一,始终把教职工的思想政治工作放到重要位置。几年来,围绕学校的中心工作,即争进"211工程",实现"三·五"奋斗目标,校工会组织各院系分会深入细致地做教职工的思想政治工作,提高他们的思想政治素质,将学校"改革发展上水平"的目标变为广大教职工的自觉行动,充分发挥了教职工的主力军作用。

首先,加强政治理论学习,用邓小平理论武装头脑。1992年中共十四大召开之后,校工会及各分会积极组织教职工学习和宣传中共十四大精神,组织《邓小平文选》第三卷知识竞赛,把学习贯彻中共十四大精神同学习邓小平著作特别是邓小平南方谈话结合起来,联系自己的思想和工作实际,领会精神实质,真正达到解放思想,实事求是,用邓小平建设有中国特色社会主义理论武装全校教职员工的头脑。校工会还制定了今后工作的指导思想和总的工作目标:在校党委和省教育工会的领导下,以中共十四大精神和邓小平建设有中国特色社会主义理论为指导,坚持党的基本路线,全面履行教育工会的职能,紧密结合高校工会工作的实际,研究新情况、新问题,充分调动广大教职工投身教育改革的积极性和创造性,从而在学校改革发展上水平和实现"三·五"目标的全局中更好地发挥作用,作出贡献。1997年中共十五大召开之后,校工会组织教职工、学生在工会俱乐部大厅收看江泽民同志的报告。之后,又组织各分会配合各单位学习贯彻中共十五大精神。校工会还根据学校的安排,利用周六在工会大厅为教职工和学生放映了12集大型文献纪录片《邓小平》,历时两个多月,使广大教职工和学生受到了一次中国特色社会主义理论的再教育。通过这一系列的活动,校工会旨在提高广大教职工的政治素养、思想理论素养,使广大教职工准确掌握和运用邓小平建设有中国特色社会主义理论的立场、观点和方法,从而使邓小平同志的这一精神财富,变成指导和推动山西大学向"三·五"目标迈进的物质力量。

其次,引导教职工参加学校的精神文明建设活动。为了贯彻执行太原市精神文明建设协调委员会关于《太原市文明单位管理条例》的通知,全面落实中共十四大提出的"两手抓、两手硬"精神,使山西大学精神文明建设、文明单位建设的管理制度化、规范化、科学化,推动校内精神文明的发展,为改革开放服务,为现代化建设服务,为促使学校教学、科研、管理和高新技术开发等项工作上水平服务,1992年12月

20日,学校制定了《山西大学精神文明建设管理条例》后,校工会立即组织各分会学习、落实,和有关部门共同制定了《"四有"职工达标条件》并开展了评比活动,教职工非常踊跃地参加到活动中来,不仅使自己的思想得到了净化,也为山西大学深化改革、全面发展提供了思想保证、精神动力和智力支持。之后,校工会在校党委领导下,以邓小平建设有中国特色社会主义理论为指导,坚持精神文明重在建设的原则,紧紧围绕经济建设这个中心,真抓实干,奋力拼搏,开拓进取,广泛深入地开展了一系列具有特色的精神文明建设活动,使爱国主义、集体主义和社会主义教育进一步深化,为推动全校的改革、发展、稳定起到了重要的作用。1990至1992年连续三年山西大学被太原市委、市政府命名为"太原市文明单位",1993年至1995连续三年被命名为"文明单位标兵",1994年8月省委省政府又授予山西大学"省级文明单位"的称号,是全省高校唯一的一个省级文明单位。1997年,山西大学被评为"山西省精神文明建设十大标兵单位"之一,成为全省高校精神文明建设的一面旗帜。

第三,引深爱国主义教育。自1990年以来,山西大学开展了以爱国主义为中心内容的思想政治教育,校工会做了大量工作,对于维护学校稳定,进一步调动广大师生员工的积极性,取得了明显的成效。《求是》、《光明日报》、《中国教育报》、中央人民广播电台、《山西日报》等新闻媒介都给予了积极报道。中共中央《爱国主义教育实施纲要》(后简称《纲要》)和《中共中央关于进一步加强和改进学校德育工作的若干意见》(后简称《意见》)颁布后,山西大学党委宣传部发出通知,部署认真学习、贯彻《纲要》和《意见》,校党委中心组也认真学习了《纲要》和《意见》,进一步引深学校爱国主义教育和德育工作。为了深入持久地开展爱国主义教育,使之规范化、系统化、制度化,依据《实施纲要》和《意见》,联系学校实际,1994年11月制定了《山西大学爱国主义教育实施方案》,12月又制定了《山西大学进一步加强和改进德育工作的实施细则》。在落实"三·五"目标、争进211工程、推动学校改革发展上水平的关键时刻,校工会和各分会在校党委的领导下,动员广大教职工培养爱国主义情怀,而且要在课堂上深化对学生的爱国主义教育,要根据大学生的特点,采取他们喜闻乐见的形式,运用各种生动的手段,开展丰富多采、寓教于乐的活动,要力戒形式主义和简单化,要讲求实效。要把爱国主义教育同学习建设有中国特色社会主义理论结合起来,同党的基本路线教育结合起来,使大学生们懂得坚持"一个中心,两个基本点"、建设有中国特色的社会主义就是最现实、最根本的爱国主义,要通过长期的爱国主义熏陶,使大学生在新的历史时期继承和发扬优良传统,增强民族自尊心、自豪感和凝聚力,引导他们反对各种错误思潮,树立正确的政治观、人生观、价值观,树立为中华腾飞而学习的雄心壮志,在改革开放大潮中培育"四有"新人。几年来,取得了很好的效果。1995年9月,山西大学被中宣部确定为"全国爱国主义教育试点单位";10月,山西省高校工委、山西省教委命名山西大学为"爱国主义教育示范学校";12月,山西省政府命名山西大学为"山西省德育示范学校"。

(四)在争进"211工程"建设中

1996年是"九五"规划的第一年,也是山西大学实施"三·五"目标"五年上水平"的关键一年。就在全校工作如火如荼地朝着上水平冲刺的时候,传来

1999年5月,山西大学师生举行示威游行,声讨以美国为首的北约轰炸我驻南斯拉夫大使馆的残暴行径

消息:国家教委在1996年对全国申报"211工程"的学校进行预审立项,而且山西省参加"211工程"立项只能报一所学校。[①]此时,树立信心,顽强拼搏,争取进入"211工程"预审立项,是山西大学全校教职员工的共同心愿。

从这一年的年初开始,全校师生就响应党委"全校总动员,创优抢时间,奋战一百天,力争通过211预审关"的号召,形成了万众一心争进"211工程"的局面。2月1日,山西大学校报上发表了《山西大学万名师生申报211工程预审的心声》,真实反映了广大师生的心情。3月份新学期伊始,全校各院系师生掀起了"大干一百天,迎接211预审"和"我为211作贡献"的活动。4月2日,学校召开了迎接"211工程"预审工作部署大会,校长彭堃墀号召全校师生要振奋精神,团结拼搏,做好工作,迎接预审。

与此同时,校工会围绕"211工程"预审立项,开展一系列活动。3月3日至5日,校工会、宣传部、学工部、团委、总务处五个单位为欢庆元宵佳节联合举办了学府文明灯展。本次灯展是历年来质量最高、规模最大的一次。主要特点:一是制作水平

①相从智:《峥嵘岁月集》,北京文化出版社2011年版,第169、171页。

高。所有的展灯无论在精度、难度上都有提高。二是数量多,品种花样多。共有170组灯参加展出,有宫灯、花灯、霓虹灯、水晶灯等。三是具有鲜明的单位特色,如电子系的"水晶电子楼灯"、老干部处的"老有所乐灯"等,都结合了本单位的工作特点。最为重要的特点是,本次灯展主体突出、鲜明,几乎所有的展灯都以"211工程"为内容,反映了全校师生争进"211工程"的信心和心愿。

为庆祝1996年三八国际劳动妇女节,校工会于3月7日下午举行妇女代表座谈会,副校长罗还报到会祝贺,他首先代表校党委、校行政向全校的妇女表示节日的祝贺,接着就如何维护妇女的合法权益、如何在"211工程"中发挥妇女的半边天作用以及当前学校面临的形势作了讲话。会上40多位妇女代表欢聚一堂,畅所欲言,互祝节日愉快,纷纷为学校实现"三·五"目标、争进"211工程"献计献策。

3月14日,校工会召集各基层分会主席在工会俱乐部举行了工会全体委员会议,党委副书记张志敏出席会议,向大家通报了学校改革发展上水平、争取进入"211工程"的情况;并就如何在"211工程"中充分调动广大教职工的积极性和发挥工会的职能作用讲了话,还指示今后各分会开展工作的情况要列入学校年终对各系处总体工作考评之中。与会委员围绕学校如何实现"三·五"目标,争进"211工程"进行了热烈的讨论,并对过去工会的工作给予了充分肯定。最后,全体委员一致表示,以后一定要把各分会的工作搞得更好,为学校争进"211工程"作出应有的贡献。

5月8日上午,山西大学春季田径运动会隆重开幕,操场上国旗高扬,彩旗飘飘。主席台两侧高悬着"拼搏进取更快更高更强争创一流成绩","团结奋斗大干苦干实干迎接211预审"大幅标语,确切地反映了此次运动会的主题。副校长徐志明致开幕词,强调学校将按"211工程"的条件,突出抓好体育教学条件的改善和体育工作的规范管理,加大对体育工作的投入,提高体育的质量和水平,确保体育工作再上一个新台阶。各系和总务处、机关等28个代表队参加了本届校运会,校工会积极组织教职工参加。经过三天紧张、激烈的比赛,各队队员赛出了水平,赛出了风格,赛出了团结,达到了预期目的。

为了迎接"211工程"预审立项,展示和总结学校教育思想和教学改革情况,深化和提高文化素质教育,激发广大学生热爱祖国、振兴山大的精神,培养跨世纪社会主义现代化建设所需的高素质人才,9月21日,山西大学举办了中秋校园文化节启动仪式,校工会配合相关部门积极组织策划。时任山西省委书记胡富国、省长孙文胜等30位省领导莅临山西大学参加了启动仪式。

省委书记胡富国在校园文化节启动仪式上发表了热情洋益的讲话。他说:"你们举办的文化艺术节很有意义,希望广大师生热爱党,热爱祖国,热爱山西,努力学习,掌握知识,学好本领。"并提出希望:"作为全省高校的'龙头',山西大学要和其他院校一道培养出更多有理想、有道德、有文化、有纪律的人才,这样,山西就可以由穷变富,老百姓就能过上好日子,兴晋富民的目标就一定能实现。"[①]

活动现场,音乐学院师生进行了精彩表演,大家兴致勃勃地观看;球场上,篮球、排球、足球的搏杀激烈,引人观瞻;体育馆、工会俱乐部内,舞者翩跹,乐曲悠扬;图书馆内的美术作品笔走龙蛇,栩栩如生;科技楼内的科技成果高精尖新,令人遐想……各院系都举办了丰富多彩的文艺活动,整个校园沉浸在艺术的情调和健康向上的氛围之中。

尽管山西大学为进入"211工程"做了大量工作,取得了明显的成绩,但由于各种因素,山西大学在1996年10月的"211工程"预审立项中受阻。[②]因此于10月4日,部分师生上街到中共省委门前请愿。10月10日,《"211工程"部际协调小组会议纪要》下发,教育部和省政府领导到山西大学作了贯彻纪要讲话,提出"滚动进入211"的概念并传达到全校师生员工。为此,校工会也做了大量工作,稳定了教职工的情绪。此后,山大人奋力重整旗鼓,坚持负重前行。12月10日,经过认真准备,学校在科学会堂举行1997年工作部署大会,校长彭堃墀作了《按照"211工程"的目标,努力提高山西大学的办学水平和办学效益》的工作报告,党委书记相从智作了《创新路,下硬功,出特色,上水平,争取"两个文明"双丰收》的讲话。经过努力争取,1998年11月17日,山西省政府发出晋教函[1998]146号文件,"同意山西大学'211工程'建设正式立项"[③]。

二、推进学校民主管理

1998年至2002年,是山西大学跨世纪的五年,摆在山大人面前的任务极其光荣,极其艰巨。山西大学建立健全教代会的规章制度,坚持按规定召开教代会,维护教职工的主人翁地位,推进学校的民主管理,发挥教职工在学校改革、发展中的主力军作用。

---

①《胡富国书记的讲话》,《山西大学周报》,1996年9月23日。

②相从智:《峥嵘岁月集》,北京文化出版社2011年版,第168~211页。

③《关于山西大学"211工程"建设立项的批复》,晋教函[1998]146号。

(一)第二届教代会暨第五届工代会的召开

首届教代会以来的七年,是我国确立社会主义市场经济体制的目标,进一步深化改革,经济和社会发展取得举世瞩目的历史性成就的七年,同时也是我国高等教育适应世界科教发展趋势和经济体制改革需要,全面实施科教兴国战略,积极推进管理体制改革,教育质量和办学效益显著提高的七年。这一切,既为山西大学提供了极为难得的历史机遇,同时也向山西大学提出了极为严峻的挑战。紧紧抓住历史机遇,全方位综合改革,大力度实施建设,使学校整体工作上水平,培养充分适应社会需要的高素质人才,在科教兴国和科教兴晋大业中发挥更大的作用,这是摆在学校面前的根本任务,也是历史赋予山大人不可推卸的神圣使命。值此关键时刻,山西大学第二届教职工代表大会暨第五届工会会员代表大会于1998年4月17日至18日隆重召开。

校长彭堃墀代表校行政作了《认清形势,增强信心,振奋精神,开拓进取,把全新的山西大学带入21世纪》的报告,报告分两部分。第一部分是对1992年首届教代会以来七年工作的回顾。他说,七年来,学校全方位大力度地进行改革和建设,各方面工作取得了重大进展,整体办学

1998年4月,学校第二届教职工代表大会暨第五届工会会员代表大会在科学会堂召开

水平和办学效益有了明显提高:学科专业结构趋向合理,重点学科建设初见成效;教学改革不断深化,教育质量稳步提高;面向经济主战场,科研迈上了一个新台阶;教师队伍建设成效显著,整体素质进一步提高;管理体制改革不断深入,运行机制开始转轨;国际交流日益增加,对外开放不断扩大;基础建设速度加快,办学条件明显改善;校风学风根本转变,精神文明硕果累累。报告的第二部分是对今后五年的展望和1988年工作的强调。指出今后五年山西大学发展的指导思想和目标是:高举邓小平理论的伟大旗帜,全面贯彻中共十五大精神,遵循高等教育发展规律,适应社会主义市场经济要求,强化为山西地方经济和社会发展服务的思想,团结、调动校内外一

切积极因素,坚持外联内合,发挥资源优势,加强学科建设;坚持教学、科研两个中心,发挥人才作用,提高办学水平和效益;坚持党的教育方针,面向21世纪育才,提高学生的素质;坚持社会主义方向,实行两手抓、两手都要硬的方针,搞好精神文明建设。到2002年,把山西大学建成具有自身特色和示范作用的地方综合大学,综合实力和综合水平居于国内同类院校的前列,部分学科达到全国先进水平,力争跨入全国重点建设大学的行列,成为山西省高素质人才培养的重要基地和高新技术发展的辐射源,为山西经济和社会发展作出重大贡献。彭堃墀校长主要强调了1998年的工作重点:用中共十五大精神统一广大师生员工思想,推进精神文明建设和德育工作;围绕重点建设大学立项工作,狠抓重点学科建设;继续深化教学改革,提高教学质量;根据学科建设需要,搞好人才资源整体开发;继续充实科研队伍,提高科研水平和效益;继续深化改革,提高管理水平;加强基础设施建设,改善校园环境。最后,彭堃墀校长发出号召:我们面临的任务艰巨而光荣,让我们高举邓小平理论的伟大旗帜,在上级各部门的大力支持下,在学校党委的正确领导下,进一步解放思想,抓住机遇,埋头苦干,团结一致,开拓进取,为实现山西大学的全面腾飞而努力奋斗!

大会还听取了工会常务副主席张厚明(1995年11月叶昌纲主席卸任后,张厚明副主席主持工作)代表第四届工会委员会所作的工会工作报告。张厚明首先从五个方面回顾了七年以来的工会工作:高举伟大旗帜,以邓小平理论为指导,围绕党委中心任务,做好教职工的思想政治工作;落实代表提案,加强民主管理和监督;开展丰富多彩的文体活动,增进教职工的身心健康;努力搞好福利工作,为教职工办好事实事;加强自身建设,逐步走向规范化、制度化。接着提出了今后五年的工作任务:继续深入学习贯彻中共十五大精神,用中共十五大精神统一全校教职工的思想;加强教代会建设,大力推进学校民主管理、民主监督;加强思想道德建设,推进学校精神文明建设;继续搞好文体活动,增强教职工的向心力和凝聚力;为教职工排忧解难,努力搞好福利工作;加强工会自身建设,提高自身素质。

与会代表本着高度负责的精神,围绕行政工作报告和《山西大学跨世纪五年建设规划纲要(1998—2002年)》、工会委员会工作报告等文件,进行了认真、热烈的讨论。在充分讨论的基础上,会议通过了关于《山西大学校长工作报告》的决议、关于《山西大学跨世纪五年建设规划纲要(1998—2002年)》的决议,为学校实现跨世纪宏伟蓝图指明了方向,吹响了号角;审议通过了关于《山西大学住房管理暂行规定》的决议、关于《山西大学校园精神文明建设暂行规定》的决议,为推进住房改革,创建文明学府迈出了新的步伐;还审议通过了关于《山西大学第四届工会委员会工作报告》的决议,以及财务处长彭斌作的第四届工会经费审查工作报告,选举产生了新一届工会委员会和经费审查委员会,为教职工行使民主权利、参与学校管理提供了有力的组织保证。

这次大会选出了山西大学第五届工会委员会,主席王明生,副主席张厚明(常务)、梁丽莉;工会委员会常委有王刚、王钢意、王明生、杨学仁、杨德明、张厚明、梁丽莉;工会委员会委员有弓金翠、马玉山、王钢、王毅、王立军、王兴华、王明生、王明奎、王泽华、王钢意、石敬铭、申高禄、白红平、邢媛、吕春香、乔官胜、任瑞征、杨国栋、杨学仁、杨爱英、杨德明、李云篱、李来安、邱怀生、张明远、张厚明、张晓丽、陆占余、郁新春、尚珊、赵爱民、皇甫香、曹永胜;工会经费审查委员会委员有曲秀全、张宝珍、彭斌等。

第二届教代会暨第五届工代会是山西大学贯彻落实中共十五大精神的一次跨世纪的团结盛会,是一次回溯历史,展望未来,分析现实,再鼓干劲,进一步推动学校改革发展上水平的动员大会。会议结束后,校党委、校行政专门发文要求全校认真学习、坚决贯彻教代会的各项决议,校刊全文登载了教代会的各个讲话、文件。教代会的召开是广大教职工行使民主权利、民主管理学校的集中体现,对教职工是一个很大的鼓舞,带动了学校整体工作的发展。

(二)认真落实各项教代会提案

在第二届教代会暨第五届工代会上,由于代表们事先作了认真的调查研究,有充分的思想准备,在一天半的时间内就提出了199件提案,意见中肯,建设性的建议多,不仅指出了问题,而且提出了解决问题的办法。做到了一事一案,具有较强的操作性。提案的内容集中体现了与会代表热爱山大、关心山大的责任感和强烈的事业心。

从一份份提案中,校工会看到了代表们"爱我山大"的精神在闪闪发光。例如退休干部杨春台代表在提案中指出,山西大学在20世纪50年代处理排污问题时在新校门对面征购了三亩地,在70年代被229队(即山西省煤炭地质水文勘察研究院)占用。他认为应和有关方面作一个书面协议,确保学校对这块土地的所有权。这是40多年前的事了,老同志依然铭刻在心,念念不忘。提案的内容还充分反映了与会代表强烈的改革意识和迫切的改革愿望。代表们对学校的体制改革,比如学院设置、学科建设、专业和课程改革等一系列重大问题,提出了宝贵的意见。有的代表还在提案后面附有详细的论证报告,摆事实,讲道理,是从学校大局出发来提出问题的。从提案内容看,有些问题代表们的呼声较为强烈。例如"海南岛"住宅区的问题,包括道路交通、安全保卫、水电煤气以及复式楼的规格大小和档次类别等问题。又如校园的综合治理问题、住房问题,提案也很集中。尤其是住房问题,很有必要集中清理整顿,比如"校外有住房,校内又分新房"的问题、擅自出租公房与私房的问题、"非山大职工长期占用山大住房"的问题、无职称无职务职工"住房几十年一贯制"的问题、在房前屋后擅自搭建违章建筑的问题……这些建议的确反映了必须加强住宅管理的一种紧迫感。

提案落实如何是直接关系到维护教职工的民主权利、保护广大教职工积极性、维护教代会权威、增强教代会影响力的重要问题。教代会闭会以后,在校工会的积极参与下,学校党委、行政组织各部门认真落实提案。1998 年 5 月 22 日党委书记相从智亲自主持召开了提案落实工作会议。在听取了各有关职能部门对所收到的提案处理答复情况的汇报后,相从智书记指出,教代会是广大教职工行使民主权利、民主管理学校的重要形式,提案是这种参与的一种体现。各职能部门要为校长负责,接受教代会监督,对所收到的提案要认真负责,积极主动,实事求是,抓紧落实。对提案必须事事有着落,件件有回复,并要求各部门在 6 月 10 日前答复代表本人。

校工会作为教代会闭会以后的工作机构对教代会提案落实工作负有督促检查的职责。为规范提案落实工作,校工会印制了教代会代表提案落实卡,要求对提案的答复落实均要填写落实卡,一式两份,一份答复提出提案的代表本人,一份交校工会备案。为了反馈提案答复情况,增加透明度,校工会在工会宣传栏及时公布提案答复情况,随时听取广大教职工对提案落实工作的意见,这一举措受到广大教职工的欢迎和好评。对一些代表提出的呼声比较强烈的提案,学校则逐步予以解决。如关于校园环境,学校出台了校园综合治理方案,校园环境逐步改善。又如"海南岛"住宅区的安全保卫、道路交通、水电煤气、复式楼归类等问题,学校也已经逐步解决。总之,在学校党委的领导下,在各单位的努力下,教代会提案落实工作给了代表们和广大教职工一个满意的答复。

1998 年 10 月,全国教育工会主席蒋文良来山西调研,在听了山西大学工会《关于党委重视,措施得力,教代会提案落实工作成效显著》的汇报后,当即予以充分肯定和好评。省教育工会也在多次会议上对山西大学教代会提案落实工作予以肯定和表扬。

（三）建立健全教代会规章制度，畅通民主渠道

为了加强教代会工作，推进学校的民主建设，1998年4月换届后，校工会陆续建立了一整套教代会工作制度。

一是教代会报告制度。每次教代会筹备工作就绪后，校党委、校工会分别就会议的重大事项，以书面形式及时向中共山西省高校工委、山西省教育工会报告，待正式批复后，召开教代会，会议之后，要将会议情况以书面形式向中共山西省高校工委、山西省教育工会报告。

二是民主管理接待日制度。每周三下午由工会主席、副主席接待教职工来访，并设置了对学校工作意见建议箱，畅通了民主渠道。

三是立卷归档制度。教代会的文件、会议资料等按照文书档案管理规范立卷归档，并由校档案馆统一管理。对其他文件，校工会也立卷整理存档。

四是调查研究制度。对一些教职工关心的问题进行调查研究，为学校决策提供第一手信息和资料。校工会定期召开工会委员会和部分教职工代表会，听取教职工对学校和职能部门的意见、建议和呼声，及时向校领导反映。

五是咨询和沟通制度。不定期请校领导与教职工代表交流，并请有关部门与代表就一些专门问题进行沟通。

六是提案评选制度。评选优秀提案，表彰优秀提案人。校工会还认真抓代表提案的落实工作，经常深入检查督促工作。

七是专门委员会制度。1999年初，山西大学建立了教代会三个专门委员会，它们是民主评议干部工作委员会、住房管理委员会、教育教学改革工作委员会，这些委员会都在积极地开展工作。例如，教代会民主评议干部工作委员会与组织部门一道协商起草文件，在1999年年底率先对学校领导干部进行民主评议，并对处级干部进行了考核。

八是代表培训制度。每次教代会开会前均结合主要议题，由学校主要负责同志对代表进行专题培训。组织教代会代表学习中共党代会重要文件，学习有关法律法规，提高代表民主管理、民主监督的水平和能力，充分发挥教代会的作用。

（四）二届二次教代会的召开

中共十五大明确提出，要切实把教育摆在优先发展的战略地位，要求高等学校优化教育结构，加快高等教育管理体制改革步伐，合理配置教育资源，提高教学质量和办学效益。为此，许多高校纷纷出台改革措施，全国高教战线出现了百舸争流、千帆竞发的景象。

在这次改革大潮中,山西大学决心勇立潮头,锐意改革,拼搏竞争,进一步提高整体办学水平和办学效益。为了深入贯彻中共十五大精神,深化学校管理体制改革,促进学校提高教育教学质量,推动全面发展,再上新的水平,中共山西大学党委、行政经过近半年的调查研究和反复修改,《山西大学深化内部管理体制改革方案》、《山西大学管理机构改革方案》、《山西大学各类人员编制核定方案》、《山西大学干部(职员)聘任暂行办法》(均为征求意见稿)于1999年年前下发各单位,交由广大教职员工讨论并征求意见。

1999年1月20日至21日,山西大学第二届教职工代表大会第二次会议隆重召开,这次教代会的任务是要把校党政进行内部管理体制改革的决心变为全校教职工的决心,把改革的方案变成全校教职工的统一意志和行动。会议上,常务副校长郭贵春作了《山西大学深化内部管理体制改革方案的说明》报告。全体校领导作为普通代表和其他代表一起讨论改革方案,面对面交换意见。代表的许多意见为大会所接受,并被反映在修改后的改革方案中,这充分体现了代表的权利、代表的意见受到了尊重,体现了校领导的民主作风,体现了山西大学的基层民主建设有了新的发展。会议审议通过了关于《山西大学深化内部管理体制改革方案》的决议。决议号召,全校教职工要以历史的责任感和高度的主人翁精神,正确认识实施科教兴国战略对高校提出的新任务、新要求和《高等教育法》实施后高校自主办学面临的机遇和挑战,高举邓小平理论伟大旗帜,认真贯彻中共十五大精神,解放思想,转变观念,服从大局,积极改革,团结奋进,开拓创新,为完成校内管理体制改革的任务,推动山西大学提高质量、加快发展、再上水平而努力奋斗!这次会议为山西大学全面深化内部管理体制改革吹响了冲锋号,是学校继续深化内部管理体制改革的动员会,是为学校改革发展上水平开的又一个鼓劲会。

关于这次改革《方案》的制定和出台,学校党委在广泛征求全校教职员工意见,五上五下、五易其稿的基础上,将《山西大学深化内部管理体制改革方案》提交教职工代表大会,经广大教职工代表两天的紧张讨论、审议,在吸取各种建议和意见的基础上,经过大会各项民主程序,《方案》修改稿获得一致通过,既保障了教职工民主参与改革的合法权利,也使《方案》充分体现了教职工的意愿。

在改革的实施进程中,学校采取了一系列具体措施,突出了工会的特殊地位和作用。一是坚持依法治校。在机关机构由25个裁减到21个的情况下,对教职工代表大会的日常办事机构校工会,不裁不减,保持工作的稳定性,而且在原来的基础上,增加一个处级干部职数,充实工作队伍。二是坚持民主集中制原则,发挥工会的桥梁和监督作用。校工会主席列席校党委会议,参与改革方案的讨论、修改、制定。三是坚持民主治校,充分重视和发挥工会作用。校工会领导是学校内部体制改革领导机构成员,在学校处级、副处级、科级以下干部的竞争上岗、述职评议中,校工会主席、副主席都是评议推荐组成员,工会代表和教工代表自始至终参与评议组工作,体现了《方案》中确定的公开公平原则,促进了聘任工作合理、合法地进行,维护了教职工参与学校管理的合法权益。在学校的人事争议仲调机构中,规定工会代表和在职教职工代表占一定的比例,并将日常办事机构设在工会委员会。校工会主席是仲调委员会副主任,校工会副主席是办公室主任,校工会切实负责,及时向校领导反映申诉情况,使一些问题得到圆满解决,很好地发挥了工会作用,扩大了工会的影响。两位50多岁的工人在申诉的问题得到解决后,感动地流着眼泪说:"多亏了工会积极向上反映处理,维护了我们的权益。"

在进行校内管理体制改革的实施过程中,由于改革涉及广大教职工的切身利益,要保证改革取得成功,就必须充分调动全体教职工的积极性,发挥教职工代表大会民主管理、监督的作用,学校党委站在依法治校、民主治校的政治高度,牢牢把握全心全意依靠全体教职员工的指导思想,在改革中注意发挥工会、教代会的作用,保证了校内管理体制改革的顺利进行。

1999年5月13日,省教育工会、省高校工委对山西大学落实省教育工会、省高校工委、省教委联合下发的"一个规程"、"两个意见"(《山西省学校教职工代表大会工作规程》《关于进一步加强高等院校教职工代表大会制度建设的意见》《关于高校内部管理体制改革过程中充分发挥工会、教代会作用的意见》)的情况进行了检查。省教育工会主席梁志刚对山西大学教代会建设给予高度评价。他认为,山西大学教代会制度建设已形成制度,操作规范,走在全省高校的的前列,山西大学党委对教代会建设高度重视,是山西高校中第一家召开教代会讨论学校深化内部体制改革方案,由于充分发动群众,改革非常成功。1999年9月,中国教育工会授予山西大学全国"民主管理学校先进单位",表彰山西大学全心全意依靠教职工办学,实行民主管理并取得突出成绩,校党委副书记张志敏到北京领奖,颁奖的是中共中央政治局常委、中华全国总工会主席尉健行。

二届二次教代会闭会后,2000年6月,根据山大党办字[2000]2号《关于对各工会分会工作进行检查考评的通知》,校工会对全校18个院系工会工作进行了检查考评。主要检查分工会工作机构是否健全,分工会主席待遇落实情况;检查工作计划、总结、制度、民主管理与监督、宣传教育、活动场所、关心群众生活、会费收支情况等。校党委副书记张志敏、校工会主席王明生各带一个队到各单位进行检查考评。检查结果表明,各院系分工会组织机构健全,分工会工作活跃,能参与民主管理与监督,能反映教职工的意见、建议和呼声,关心教职工生活。大多数院系建立了活动室,丰富了教职工的业余生活。检查对各单位起到了督促作用,促进了分工会工作的开展,对提高工会干部素质、增强他们的服务意识也起了很大作用,校工会在年终对工会工作突出的单位和个人进行了表彰。

校工会自1998年4月换届以来,积极开展工作,在参与学校内部管理体制改革、维护教职工权益、教代会提案落实、师德教育、"三育人"工作、文体活动等方面,都取得了很大成绩,为此,2000年8月,中国教育工会授予山西大学工会全国"教育工会先进集体"的光荣称号,在全省高校中,山西大学是唯一获此殊荣的单位。

(五)二届三次教代会的召开

为了更好地贯彻国家教育部、中国教育工会关于《高等学校教职工代表大会暂行条例》和山西省高校工委、省教委、省教育工会联合下发的《山西省学校教职工代表大会工作规程》、《关于进一步加强高等院校教职工代表大会制度建设的意见》,进一步健全和完善学校的教代会制度,使教职工行使民主权利制度化、规范化、程序化,山西大学二届三次教代会于2000年12月25日在科学会堂隆重举行。会议审议通过了党委书记、校长郭贵春作的《认清形势,增强信心,继往开来,再铸辉煌》工作报告和《山西大学教职工代表大会工作规程》。

《山西大学教职工代表大会工作规程》是根据《高等学校教职工代表大会暂行条例》及《山西省学校教职工代表大会工作规程》,结合山西大学的实际制定的。制定规程旨在使教代会以邓小平理论为指导,坚持党的基本路线,遵照党的方针、政策和国家的法律、法规,参与学校管理,推进学校民主建设,维护教职工合法权益,落实党在学校的中心任务,办好社会主义大学。《山西大学教职工代表大会工作规程》规定,教代会行使下列职权:一是听取和审议校长的工作报告,讨论学校的年度计划、发展规划、改革方案、教职工队伍建设及其他有关学校发展的重大问题,并提出意见和建议。二是讨论通过教职工奖惩办法、岗位责任制方案、聘任方案以及其他与教职工有关的基本规章制度,由校长颁布施行。三是讨论决定教职工的住房、福利费管理使用的原则和办法以及其他有关教职工的集体福利事项。四是评议监督学校各级领导干部，并提出奖惩和任免的建议。另外，校长要定期向教代会报告工作、听取意见和建议。校领导要尊重和支持教代会行使民主管理和民主监督的职权，对教代会提出的有关决议和提案，应责成行政职能部门积极实施和落实。无疑，这些规定对于调动教职工参与学校改革发展的积极性起了巨大作用。《山西大学教职工代表大会工作规程》的通过，标志着山西大学教代会建设已经制度化、规范化、程序化。

另外，在这次教代会上，表彰了2000年6月校工会对各院系分工会的检查考评中评选出的10个工会工作先进集体、16名先进工会干部。先进集体分别是：外语学院、法学院、体育学院、历史系、数学系、美术学院、计算机科学系、公共体育教研部、图书馆、后勤集团等。先进个人分别是：张宝琪、白红平、申高禄、马玉山、赵爱民、王江、王钢意、张晓丽、王献忠、魏学红、段改芳、弓金翠、尚珊、李云篱、胡忠秀、陈楠等。

2001年6月，山西省教育工会对全省高校的工会工作进行了检查考核，检查分维权、教代会、"三育人"、自身建设等四个方面。山西大学工会工作受到省教育工会的高度评价，尤其是教代会工作的制度化、规范化受到赞扬与肯定，山西大学工会的整体工作考核为"优秀"。

三、加强师德师风建设

《工会法》明确规定：各级工会具有"维护、参与、建设、教育"四大职能。其中教育职能要求："教育职工不断提高思想道德、技术业务和科学文化素质，建设有理想、有道德、有文化、有纪律的职工队伍。"[①]山西大学校工会始终把加强教师队伍建设，提高教师思想道德素质、科学文化素质和业务水平作为凝魂聚气、强本固基的工程摆在突出位置。

(一)引深"三育人"活动，发挥教职工表率作用

山西大学"三育人"先进工作者评选和表彰活动始于20世纪80年代。为了进一步激励和动员广大教职工全面贯彻落实党的教育方针，提高学校的教育质量和科研水平，加快学校各项工作改革、发展和上水平的步伐，以便更好地培养适应社会主义现代化建设所需要的德智体全面发展的建设者和接班人，山西大学"三育人"先进工作者评选和表彰活动继续推进。

1992年至1995年，校工会曾先后在全校范围内开展了三次以"教书育人"为主

①《中华人民共和国工会法》。

的教书育人、管理育人和服务育人的"三育人"先进工作者的评选和表彰活动。这三次"三育人"先进工作者的评选和表彰活动的经过大体上是一样的。第一步,由校工会拟定"三育人"先进工作者的评选条件和要求,并以文件的形式,印发到学校各系处工会分会;第二步,由各系处工会分会负责人在本单位的全体教职工大会上宣读校工会印发的评选和表彰"三育人"先进工作者的文件,并在此基础上,通过教职工民主推荐和评选,提出本单位"三育人"先进工作者的候选人;第三步,各系处工会分会将本单位提出的"三育人"先进工作者候选人及其先进事迹材料上报校工会;第四步,校"三育人"先进工作者评选和表彰领导小组对各系处上报的"三育人"先进工作者候选人及其事迹材料进行审核和综合研究,并在此基础上最后确定受表彰的"三育人"先进工作者名单;第五步,校党委召开"三育人"先进工作者的表彰大会,对"三育人"先进工作者进行表彰。大会之后,《山西大学报》张榜公布当年"三育人"先进工作者的名单,并有选择地刊登"三育人"先进工作者的先进事迹材料,以供广大师生员工学习。

1992年度,山西大学"三育人"评选和表彰活动(即山西大学第五届"三育人"评选活动)中,共评选和表彰了李靖之等73名"三育人"先进工作者。另外,1992年度,在校工会推荐下,思想政治教研部被省教育工会评为"育人杯"先进集体,音乐系的杨爱华、历史系的杨巨平、附中的刘俊梅分别被省教育工会评为"育人杯"先进个人。

1993年山西大学继续开展了以教书育人为主的教书育人、管理育人和服务育人的"三育人"评选、表彰活动(即山西大学第六届"三育人"评选、表彰活动)。1993年9月9日,校党委召开大会,表彰了顾植等71名在"三育人"工作中做出显著成绩的先进工作者。工会主席叶昌纲首先介绍了第六届"三育人"先进工作者的评选情况;副校长罗还报宣读了《中共山西大学委员会关于表彰第六届"三育人"先进工作者的决定》及先进工作者名单;生物系青年教师马恩波博士代表先进工作者发言,表示一定要谦虚谨慎,戒骄戒躁,努力工作,为振兴山大作出新的更大的贡献;党委书记相从智发表了重要讲话,他首先代表校党政向一年多来在"三育人"工作中作

1993年9月,学校召开第六届"三育人"表彰大会

出突出贡献并受到表彰的同志表示热烈祝贺,并希望全校教职工以受表彰的同志为榜样,立足本职,关心全校,肩负历史重任,培养"四有"新人,不断提高教学、管理和服务水平,为祖国培育更多更好的跨世纪建设人才,同时希望受表彰的同志戒骄戒躁,乘胜前进,在"三育人"和本职工作中作出更大贡献。

1994年至1995年度,全校教职员工在校党委、校行政的正确领导下,以邓小平同志建设有中国特色社会主义理论为指导,紧紧围绕"211工程"的实施,坚持教书育人、管理育人、服务育人,在教学、科研、管理、服务等方面都取得了可喜的成绩,涌现出一批品德高尚、业务精湛、坚持改革、勇于创新的先进工作者。为了总结经验,表彰先进,进一步推动山西大学"三育人"活动深入发展,校党委决定,在教师节之际,对1994至1995年度评选出的肖泰芳等63名"三育人"先进工作者予以表彰(即山西大学第七届"三育人"评选和表彰活动),同时,号召全校教职员工认真学习他们的高贵品质和模范事迹,在不同的工作岗位上"比学赶帮",努力工作,为使山西大学早日跨入全国百所重点大学而奋斗!

为了贯彻落实《中国普通高等学校德育大纲(试行)》,进一步总结推广学校"三育人"的经验,规范"三育人"工作的做法,统一"三育人"先进典型的评比标准,把"三育人"工作纳入学校改革、发展、上水平的整体目标和发展规划,山西大学于1996年4月25日颁布实行了《山西大学"三育人"工作条例》,使"三育人"评选和表彰活动进一步规范化、程序化。

《山西大学"三育人"工作条例》规定,教书育人的主体是具有教师职务的人员。教书育人先进个人的评比标准有五条:一是为人师表,能做到"三个取信":治学严谨,教学认真,能做到知识取信;关心学生,能做到感情取信;率先垂范,能做到行为取信。二是教书要与管理相结合,模范地执行教书育人责任制。三是认真挖掘专业文化课程内容的思想性,畅通德育工作的主渠道,加大课堂上爱国主义教育的力度。四是能经常深入学生实际调查研究,了解学生的思想动态,卓有成效地开展思想政治工作。五是坚持教书与育人相结合。仅仅是教书好,但不关心学生的思想品德成长的教师不得评为教书育人先进。

《山西大学"三育人"工作条例》规定,管理育人的主体是行政干部、党务干部和教学管理人员。管理育人先进个人的评比标准有五条:一是注重勇挑重担,能完成事关全局的重大任务,工作实绩突出。二是注重密切联系实际,联系群众,能深入调查研究,为增强育人功能改进管理工作,在管理工作过程中加强对学生的思想政治工作。三是注重秉公办事，勤政廉洁，全心全意为全校师生员工服务，做到了"文明办公"。四是注重以大局为重，团结协作，齐抓共管，为学校争创荣誉。五是注重总结管理经验，有一定科研能力，在提高管理水平和管理育人上取得显著成效。

《山西大学"三育人"工作条例》规定，服务育人的主体是为学校教学科研服务的部门工作人员。包括教辅人员、后勤服务人员和图书管理人员等。服务育人先进个人的评比标准为"五比五看"：一比服务态度，看精神状态、群众反映。二比服务质量，看完成任务好坏，有无过失事故。三比服务本领，看技术熟练程度、技术改革成果。四比劳动纪律，看上岗记录、工作效率。五比职业道德，看以身作则、廉洁自律，是否以校为家。

1996年校工会根据《山西大学"三育人"工作条例》的规定，优中选优，向省教育工会推荐了杜建民、丁景范、倪生唐、齐海晨、王彩云等5名"三育人"先进工作者。省教育工会表彰他们坚持四项基本原则，坚持沿着党所指引的有中国特色的社会主义道路前进的坚定的政治方向、政治立场；忠诚于党的教育事业，服务于党的中心工作，为提高教学质量和办学水平、培养现代化建设需要的各类人才无私奉献的崇高的职业理想、职业道德；钻研理论、业务，不断充实和丰富自己，自觉抵制资产阶级腐朽思想和不正之风的侵蚀，严于律己，以真理、知识、人格执教的师表形象和过硬的职业技能。他们是教职工的优秀代表和楷模。

1997年5月下旬，校党委组织部、宣传部、校工会、教务处四单位联合下发《关于评选"三育人"先进工作者的通知》，各单位根据《山西大学"三育人"工作条例》规定的评比标准进行了认真的评选，全校共评出袁文丽等93位"三育人"先进个人。党委审查后认为，这些同志符合条件，并于教师节之际进行了表彰（即山西大学第八届"三育人"评选和表彰活动）。

为了进一步促进学校教学科研、管理、服务工作上水平，更好地开展"树（树师表形象）、创（创文明形象）、献（为实现跨世纪宏伟目标作贡献）"活动，加强学校教职工队伍建设，经各基层党总支推荐评选，校党委审查批准，1999年教师节之际山西大学对在"三育人"工作中做出成绩的范晓琴等80名同志予以表彰（即山西大学第九届"三育人"评选和表彰活动）。

2000年，经校工会推荐，学校档案馆和测试中心的陈亮教授、生物工程系的梁爱华教授、中文系的景宏业副教授、校医院的冯小原医师获山西省教育工会第六届"育人杯"先进集体和先进个人。省教育工会表彰他们坚持党和国家的教育方针，忠诚于人民教育事业,以坚定的理想信念育人;敬业爱生,恪尽职守,遵从和弘扬职业道德,以无私奉献精神育人;解放思想,转变观念,改革教学内容和方法,改革管理体制和方式,改进服务态度和手段,以创新精神育人;钻研教育理论、科学文化、教学业务,不断提高自身素质和业务水平,以先进教育思想、教学手段和高超教艺育人。他们无愧为当代师表,无愧为全省教职工的优秀代表和楷模。

为加强对"三育人"活动的领导,根据省高校工委、省教育厅、省教育工会联合下发的《山西省学校"三育人"活动暂行条例》规定,2001年山西大学对"三育人"活动领导组进行调整充实,组长是郭贵春,副组长是张志敏、贾锁堂、王明生,成员有徐龙伟、刘维奇、王世杰、李成林、李国臣、行龙、董川、孔富安、杜建民、张民杰、梁丽莉等。领导组下设办公室,办公室设在校工会,办公室主任由时任校工会副主席梁丽莉兼任。

2001年各院系均经过民主程序,认真评选,优中选优,共评选出赵常生等66名品德高尚、业务精湛、坚持改革、勇于创新的"三育人"先进个人。教师节前夕,校党委对他们进行了表彰(即山西大学第十届"三育人"评选和表彰活动),颁发了荣誉证书和奖品,并号召全校教职员工认真学习他们的模范事迹,在不同的岗位上努力工作,为学校的改革、发展、上水平作出更大的贡献。校工会还制作了光荣榜,刊登出他们的大幅彩色照片和先进事迹简介,从而喊响"三育人"口号,举起"三育人"旗帜,充分为"三育人"活动造势,在教职工中引起较大反响。

国运兴衰,系于教育;教育成败,系于教师。教师承担着传光明之道、授立身之业、解人生之惑的神圣使命,教师的职业特点决定了教师必须具备更高的素质——在拥有现代教育的知识结构、先进的教育理念基础上,还要具备高尚的师德师风。"三育人"工作中涌现出来的先进工作者,有的是呕心沥血、严谨治学、为人师表的优秀教师,他们在传播知识、授业解惑的同时,对学生进行正确的世界观、人生观、价值观教育,自觉培育学生德、智、体等方面全面发展;有的是勤勉务实、秉公办事、锐意进取的优秀管理工作者,他们立足本职、严于律己,以良好的职业道德和崇高的敬业精神引导学生树立远大理想,促进学生全面成才;有的是兢兢业业、默默无闻、乐于奉献的后勤战线的优秀服务人员,他们为学生的学习和生活提供了优质的服务,营造了舒适的环境,帮助学生健康成长。"学高为师,身正为范",他们是全校师生学习的楷模。

（二）积极组织青年教师参加教学基本功大赛

1999年11月,山西省首届高等学校青年教师教学基本功大赛在山西大学落下帷幕。此次竞赛由省教育工会主办,竞赛以教案及课堂教学比赛为主。参加竞赛的教师年龄均在40周岁以下,都是由各高校经过推荐、初评后选出的。决赛名额以青年教师占全校教工的比例确定,山西省15所高校的52名选手参加了角逐。为参加省教育工会组织的青年教师教学基本功

1999年11月,山西省首届高等学校青年教师基本功大赛在山西大学举行

大赛,山西大学校工会在全校的青年教师中进行了广泛发动,各院系经层层选拔,共推荐出57名青年教师参加校内选拔,校工会又从中遴选出6名青年教师参加了全省比赛,他们发挥出色,全部获得了奖项,取得了优异成绩。王兰、范红霞获得一等奖,李录、王晓晨、唐小果、张瑞卿获得二等奖,王兰、范红霞被省劳动竞赛委员会记二等功。省总工会副主席张海流,省高校工委副书记贾坚毅,省教育工会主席梁志刚、副主席杨跃年,山西大学党委副书记张志敏及各高校有关领导出席了颁奖仪式。

1999年12月山西省劳动竞赛委员会还专门下发《关于为山西省高校青年教师教学基本功竞赛一等奖获得者记功表彰的决定》,指出:在山西省高校青年教师教学基本功竞赛活动中,涌现出一批教学基本功扎实、教法先进的青年教师。他们坚持党的基本理论、基本路线,全面贯彻党的教育方针,敬业奉献,钻研教育理论和教学业务,不断充实和丰富自己。在日常教学中,以身作则,为人师表,引导和帮助学生树立正确的世界观、人生观、价值观,努力提高教学质量,为培养和造就适应社会主义现代化建设需要的合格人才作出了贡献。为了推广和学习他们的先进经验,进一步推动全省经济建设和教育事业的发展,山西省劳动竞赛委员会决定为在山西省高校青年教师教学基本功竞赛中获一等奖的王兰、杨学军、范红霞等9名同志各记二等功一次。希望全省教职工以先进典型为榜样,见贤思齐,不断提高自身的思想道德和科学文化业务素质,以高尚的师德、精湛的教艺、良好的师表形象,投身教育,精心

育人,为山西经济发展和社会进步作出更大的贡献。

2001年山西省劳动竞赛委员会、山西省教育厅、山西省教育工会组织了山西省第二届高等学校青年教师教学基本功竞赛。山西大学校工会会同各教学单位进行了层层选拔,共推出31名青年教师参加了学校选拔,经学校教学指导委员会专家的评选,山西大学共推出6名青年教师参加了山西省的决赛。孟慧霞、张红、孙敏三名教师荣获山西省一等奖,并被山西省劳动竞赛委员会记一等功,杨丽、黄旭涛、杨志军获山西省二等奖,张红、孙敏、杨志军获教案优秀奖,山西大学的获奖奖项在山西省的高校中是最高的。

教育大计,教师为本。办好教育的希望在教师,推进教育事业的改革发展必须全心全意依靠广大教师。青年是事业的希望,学校教育教学质量能不能得到持续提升,很大程度上取决于青年教师的发展水平,培养一批具有现代教育思想观念、厚重的理论功底、丰富的专业知识、熟练掌握和运用现代教育教学方式和教育教学手段、推陈出新、锐意改革、勇于实践探究和具有特色风格的青年教师势在必行。青年教师基本功大赛给青年教师搭建了一个相互交流、相互学习、施展才华的平台,通过参加这一竞赛活动,提高了青年教师教育教学水平,培养和锻炼了优秀青年教师队伍,加强了学校青年教师队伍建设。

(三)加强师德宣传,注重典型示范

在山西大学改革发展上水平的过程中,"优秀"、"模范"、"典型"人物不断涌现,如1993年历史系教授乔志强获"全国教育系统劳动模范"称号,1995年历史系副教授王先明获"全国优秀教师"称号,1996年公体教研部相建华获"全国十佳优秀青年体育教师"称号,1997年政教部讲师唐小果被评为"全国普通高校两课优秀教师",1998年生科系教授张肇铭被评为"山西省特级劳动模范",2000年化学化工学院张生万教授被山西省劳动竞赛委员会荣记一等功,2001年物电学院院长梁九卿教授被授予"山西省劳动模范"光荣称号,生命科学与技术学院副院长梁爱华教授被山西省教育工会授予"山西省师德标兵"光荣称号,物电学院青年教师朱力力被山西省劳动竞赛委员会授予"山西省五一劳动奖章"等等。

山西大学校工会利用工会宣传栏大力宣传先进、模范人物,贴出他们的大幅彩色照片,介绍他们的先进事迹,展示他们的精神风貌,以此弘扬高尚师德风范,发挥榜样的作用,用正确的舆论引导广大教师,用先进典型的事迹激励广大教师,营造崇尚师德的良好风气。以下几位就是当年被校工会宣传和表彰的代表人物:

经济系的年级主任王尚宾,自从到经济系工作以来,全身心地投入到教育事业中,他爱生如子,兢兢业业,脚踏实地,深入细致,主动、积极、创造性地开展工作,使经济系的学生工作搞得有声有色,顺利走上新体制的轨道。王尚宾在工作中付出了大量的心血,但他从不计较个人得失,从不讲个人报酬,充分体现了一个教育工作者的奉献精神和无私胸怀。他不仅是山西省先进工作者,而且是"全国高校优秀思想政治工作者"。

1994年1月23日不幸病逝的山西大学附属小学校长、高级教师、共产党员陈素芳,她忠诚党的教育事业,生命不息,奋斗不止,鞠躬尽瘁,死而后已。她从参加工作的第一天起直到去世为止,三十年如一日,一直在附小执教,多次谢绝其他单位高职务、高工资、高待遇的聘请,不分白天黑夜、节日假日,长年超负荷地顽强拼搏,直到生命垂危的前一天,还坚持在讲台上讲课。她勇于改革,善于改革,敢为人先,敢于冒尖。她带领全体教师改革教材、改革管理,把山大附小办成了一所质量高、效益好、令人羡慕、受人敬重,在全市甚至全省拔尖的学校。她深入学生,热爱学生,关怀学生。她是一名行政干部,但时时处处注意做师生的思想政治工作。她善于从细微之处发现问题,主动耐心地解开学生的思想疙瘩和难题,成为教书育人的光辉典范。她密切联系群众,关心教师,团结同志,体贴入微。附小五十多名教师的衣食住行,她都要为之操心,尤其关注青年教师的思想进步和业务提高。全校的老师异口同声地说:"我们都愿意在她的率领下努力工作。"她一身正气,两袖清风,廉洁奉公,无私奉献。评职称、评先进、分奖金,她事事让人。她率先垂范,实践她一再倡导的"不收礼、不占公家的便宜、不贪图名利"的"三不"精神,体现了一名共产党员的高风亮节的磊落胸怀。三十多年来,由于她政治立场坚定,思想品德高尚,教学成绩出色,工作踏实努力,先后获得省、市、区和山西大学的"优秀党员"、"先进工作者"、"三八红旗手"、"劳动模范"、"优秀教师"等光荣称号。她的人格和业绩众口皆碑,她是一位好党员、好干部、好教师。1994年3月5日山西大学校党委、校行政授予陈素芳"山西大学教育功臣"的光荣称号,并号召全校师生员工深入开展向陈素芳学习的活动。[①]为此,校工会和各院系分会立即具体部署学习陈素芳的活动,在全校掀起一个学先进、找差距、比奉献的竞赛热潮,并涌现出了许多陈素芳式的先进人物,推动了学校改革、发展、上水平。

---

①山西大学校党委校行政:《关于授予陈素芳"山西大学教育功臣"光荣称号并在全校师生员工中深入开展向陈素芳同志学习的决定》,《山西大学周报》,1994年3月16日。

山西大学党委书记相从智,1990年初由山西省运城行署专员调任山西大学党委书记后,认识到山西大学改革发展上水平,必须依靠党建和思想政治工作打先锋,当统帅,增动力,作保证。他创建并组织实施了具有特色、富有成效的全方位、多层次思想政治工作网络,受到中组部、中宣部和国家教委的表彰;他倡导并推行的爱国主义教育模式,寓导于学,时代性强,在全国高校党建和思想政治工作会议上被介绍推广,他撰写的文章《用爱国主义点燃大学生心灵之火》在《求是》杂志1993年第6期全文发表,曾经轰动了校内外,影响到全省和全国,该文曾获全国高校思想政治工作优秀论文一等奖;他领会并执行的党委领导下的校长负责制,科学规范,便于操作,受到国家教委表彰,成为全国高校党委工作典范;他所实践并概括总结的高校领导工作"要靠能力,不靠权力;靠人格,不靠人事;靠服务,不靠服从"的经验,得到教育乃至科技文化界广泛认同和赞许;他团结调动了全校教职员工的积极性,使学校党建和思想政治工作、教学、科研、管理都取得了长足发展。1995年他被国家教委授予"全国优秀教育工作者"称号;1996年被中组部评为"全国先进党务工作者",同年获《半月谈》杂志"全国思想政治工作创新奖"。至此,他所从事的教育、党务、思想政治工作全都获得全国表彰。1997年1月,《中国高等教育》杂志第1期封面人物刊登了相从智的照片,并作了封面人物介绍。在此之前,这份杂志封面人物发的都是全国重点大学校长和有名的科学家、教育家,据说将一个大学党委书记作封面人物还是第一次。对此,校工会也作了大张旗鼓的宣传。

通过宣传先进、模范人物,向先进、模范人物学习,师德楷模的可亲、可近、可信、可敬、可学形象走进每一个教职工的心灵,成为教师立信立德的动力,为推进师德建设作出了贡献;通过宣传先进、模范人物,向先进、模范人物学习,全校教职工增强了师德师表意识、育人育才意识,在校园形成先进、模范光荣,人人争当先进的良好风气,有力地促进了学校教学、科研、管理、服务水平的提高。

四、维护教职工合法权益

新《工会法》规定:"中华全国总工会及其各工会组织代表职工的利益,依法维护职工的合法权益","维护职工合法权益是工会的基本职责。"[①]学校工会是教职工合法权益的代表者和维护者,是反映群众心声的重要部门。维护教职工的合法权益,关心教职工身心健康,是学校工会的重要职能之一,很好地发挥这一职能,才能保

---

①《中华人民共和国工会法》。

护、调动教职工的积极性、主动性，才能更好地推动学校改革发展上水平。近几年，山西大学工会围绕教职工最现实、最关心、最直接的利益开展了工作，维护教职工的合法权益，关心教职工的身心健康，关心教职工的安危冷暖，增强了工会的吸引力和凝聚力，使工会成为值得信赖的"教职工之家"。

（一）反映和协助解决教职工的切身利益问题

反映和协助解决教职工切身利益的问题是校工会义不容辞的职责，群众利益无小事，几年来，校工会做了不遗余力的努力，替教职工说话，为教职工办事，帮教职工解难。

住房问题是集中体现教职工利益要求的关键问题，也是教职工普遍关注的热点问题。"文化大革命"之前，由于省里对山西大学基本建设的投入严重不足，教职工的宿舍建设进展缓慢，尤其是在"文化大革命"十年中，更是停滞不前，因此，"文化大革命"结束之后，广大教职工住房十分拥挤，不少教职工住在筒子楼里，一些教职工几代人挤住在一起，还有一些教职工由于校内无住房，只好在校外"打游击"。上世纪70年代末和80年代中期，学校虽先后兴建了几栋宿舍楼，使教职工的住房问题有所缓解，但是，教职工住房的拥挤状态并未得到根本解决。因此，广大教职工对学校住房的建设和分配问题十分关切，并提出许多意见和建议。为此，校工会在配合省教育工会做好城镇职工教师住房情况调查的基础上，曾先后多次向学校主管总务工作的领导和总务处的负责人反映教职工们在这方面的意见和建议，并且针对教职工在房改方面存在的一些疑虑和问题，还曾几次召开学校房改问题通气会，仅在1994年3月间，校工会就两次召开由各系处分工会主席参加的学校房改通气会。会上，由时任总务处副处长的齐海晨传达了省城第二次房改会议的精神，时任副校长姚芝楼向与会同志通报了近年来学校房改工作的进展情况和今后的设想，并认真听取了与会同志对学校房改工作的意见和建议。房改问题通气会，架起了学校领导与广大教职工之间在房改方面充分沟通的桥梁，解除了教职工中的不少疑虑和困惑，同时也体现了学校党政领导以及校工会对教职工合法权益的关心和维护。

职称评定涉及教师的住房、工资、医疗等待遇问题，因此这是广大教师非常关心的重要问题。校工会办公地，位于学校中心地带，是教职工经常出入和发表意见的场所之一，校工会领导通过与教职工们的广泛接触和了解，掌握了大量的当时学校教师们在职称评定方面的意见或建议，并加以归纳和分析，主要集中在两点：第一是"文化大革命"前大学毕业的教师因过去在极左思潮影响下，经常参加政治运动和生产劳动,耽误了外语学习,因此认为当时的职称评定部门不应该过分强调职称外语考试的成绩;第二是有一些教师虽然长期致力于教学工作,教学效果也很好,但因科研成果不多,往往在职称方面得不到晋升,故颇有微词。为此,校工会曾多次向学校职称评定部门和领导反映过这方面的情况,并提出了一些改进的意见和建议。这对学校后来职称评定工作的改进和完善是有益的,也有利于一些教师职称问题的解决。

教职工体检和就医费用报销问题也是涉及广大教职工的切身利益问题。对于教职工体检,长期以来学校并未形成一种制度,而是想起来就搞,想不起来就不搞,有时好几年才搞一次。正因为如此,一些教职工的病情得不到及时发现,甚至耽误了治疗时间,故教职工们很有意见,而校工会也常向校领导反映这种情况,并呼吁学校尽快予以解决,2002年学校制定并实行了每隔两年对全校教职工进行一次健康体检的制度。同时,经校工会积极反映,学校妇女疾病普查工作也走上制度化。至于教职工就医费用报销问题,在20世纪90年代上半期,学校曾规定个人要承担50%以上,因此一些教职工认为个人负担太重,承受不起,其间,校工会也曾就此事向学校有关部门和分管领导作过反映。

山西大学附近的坞城村经营的学府大厦曾经是困扰山西大学北院家属区教职工的严重问题。学府大厦是一个以住宿、餐饮和娱乐为内容的综合性的商业场所。与山西大学北院家属区的43楼和44楼仅一墙之隔。它每天从早到晚排放的油烟和刺耳的噪音,严重地干扰了居住在这两栋楼的近百户教师的正常工作和休息,居住在这两栋楼里的教师们深为不满,并纷纷向学校有关部门提出建议,希望早日解决此事。校工会负责人会同学校有关部门的领导以及这两栋楼的住户代表,曾几次与学府大厦的经营者进行交涉,试图经过协商、研究,以尽快解决这个问题。但由于种种原因,迟迟得不到解决。直到山西大学有关部门敦请太原市政府派人前来干预后,学府大厦的经营者才安装了六七个抽油烟机和同样数量的高大的排油烟烟囱,从而使原先直接排放到山西大学家属区的油烟,改为排放到高空,同时学府大厦又将面向山西大学家属区的所有窗户统统封闭,阻断了影响山西大学家属区的各种噪音,使这个问题得到了初步的解决。

此外,坞城村村民在北门教授楼前盖楼,手续不全,施工扰民。居住在附近的教授们的合法权益受到伤害,引起了他们的强烈不满,他们联名上告,向报社反映,向太原市政府和电台反映,造成很大的影响。校工会配合学校专门召开了代表座谈会,倾听了他们的意见和建议,并反复多次同坞城村交涉,使几项扰民问题得到解决。

(二)搞好送温暖工作,为教职工做好事、实事

20世纪90年代上半期,由于我国实行了改革开放政策,山西大学广大教职工和全国人民一样,在物质生活方面已经有了明显的改善和提高,但那时教职工们的工资水平仍然很低,某些生活必需品的供应也还有些紧张,因此为教职工们办实事、谋福利,尽力解决教职工在日常生活中遇到的困难和问题,在当时不仅是工会组织应尽的职责之一,同时也是广大教职工的客观需求。正因为如此,校工会对为教职工办实事、谋福利一事也颇为重视,并将每年为教职工办实事、谋福利的具体事项和完成时间列入当年工会工作的计划之中,以便进行目标管理。至于为教职工办实事、谋福利的具体内容,虽然,在年与年之间不尽一致,但在这几年中,校工会每年都要做的实事或搞的福利大体上有以下几项:

每年夏季为每位教职工免费发放白糖;每年秋季从外地购进大量的瓜果和蔬菜,并以低于市场的价格出售给教职工等;每年年底为每位教职工免费发放食用油5千克以及花生米若干;每年春节前夕,联系省城多家副食品公司送货上门,为教职工办年货提供方便;每年多次联系省城各大书店来学校工会俱乐部大厅展销各类特价书籍;不定期地会同学校人事处负责人到医院探视和慰问学校住院治疗的教职工等。福利工作是关系教职工切身利益的事情,众口难调,为把这项工作做好,使教职工满意,校工会尽心竭力,一是多听取教职工的意见,二是多方联系,深入市场,了解行情,根据财力,在保证质量的前提下,讨价压价,力争把每一次福利办好,使广大教职工满意。随着人们生活水平不断提高,商店、超市的商品日益丰富,为了让教职工自主选择自己所需要的商品,后来的两季福利,校工会为教职工发放了超市购物卡。除此之外,校工会还曾不定期地为教职工办一些事情,例如帮助参加高考的教职工子女联系和解决前往考场的车辆问题,请附近工厂的技术人员来学校为教职工维修家电,在春节期间参与慰问在一线值班的教职工等等。

(三)开展丰富多彩的文体活动,增强教职工身心健康

积极开展各种群众性的文体活动,丰富教职工的文化生活,是工会的一项重要工作,它既有益于教职工的身心健康,增强体质,又能增进团结和凝聚力。对这一工作,校领导、各院系处室领导都十分重视,校工会和各分会也对这一工作投入了很大精力。

教职工是学校的主体,只有健壮的体魄、饱满的精神,才能精神抖擞地投入工

作。如何增进教职工的身心健康，山西大学校工会想办法使广大教职工走到运动场上来：一是组织教职工参加学校一年一度的春季或秋季田径运动会。其中工会的主要任务是发动各系处教职工报名参赛和编组；给参加运动会的教职工发放校运会检录手册和运动员号码；在运动会期间每天公布教职工运动员的比赛成绩或名次；运动会闭幕后为取得名次的教职工运动员颁发奖状和奖品等。二是举办各种体育比赛，如教职工篮

1998 年 5 月，中华全国总工会授予山西大学"全国职工体育先进单位"称号

球赛、足球赛、网球赛、排球赛（与公共体育教研部合办）、象棋赛、围棋赛、桥牌赛等。这些比赛，规模宏大，盛况空前，丰富了教职工的生活，增强了全校教职工的凝聚力，提高了集体主义精神，增进了教职工的身心健康。每次举办比赛，从分组、聘请裁判、维持赛场秩序直到赛后颁奖等，校工会都周密安排，精心组织。校工会领导亲自坐阵，协调关系，使每次活动得以顺利、圆满完成。三是校工会女工委员会为学校女教职工举办了"形体健美训练班"，许多女教工参加了训练，其中有不少女博导、女教授、女博士，这一活动不仅活跃了女教职工的业余文化生活，提高了女教工的生活质量和生活品位，陶冶了女教工的情操，而且积极倡导了科学、文明、向上的正气。重视文体活动为山西大学赢得了很高的荣誉，1998 年，山西大学荣获全国总工会颁发的"全国职工体育先进单位"，全国获奖的高校只有北京大学、清华大学、浙江大学和山西大学四家。

在开展文娱活动、丰富教职工生活方面，校工会集思广益，想职工所想，乐职工所乐，尽力做到丰富多彩：一是举办周末舞会。除寒暑假之外，校工会在每周周末，都要在工会俱乐部免费为学校教职工举办舞会 1—2 次（在实行双休日之前是每周举办 1 次，实行双休日之后是每周举办 2 次）。参加舞会的人，除教职工外，还有部分家属和学生等。二是放映电影。除寒暑假之外，校工会在每周周末，都要在学校露天电影放映场，免费为教职工放映电影 1 场。观众除教职工之外，还有部分家属和学生等。电影的拷贝是从省电影公司租来的，其费用是由工会支付的。三是举办歌咏比

赛。校工会曾先后在工会俱乐部举办过几场大型歌咏比赛,例如,教职工通俗歌曲大奖赛和首届教职工通俗歌曲、民族歌曲和戏曲大赛等。四是除寒暑假之外,校工会在每周周末,协助学校一些老年京剧爱好者举行一次京剧演唱会,有不少京剧爱好者参加。五是为提高教职工的演唱水平,校工会为各分会文娱骨干举办了"演唱知识讲座"。校工会所开展的这些活动,都深受好评。

此外,在一些重大节日里,校工会还往往要举行特别活动,例如"三八"妇女节,为女教职工举办座谈会、电影招待会、保龄球友谊比赛;七一文艺晚会、卡拉OK赛、交谊舞和歌咏比赛;元旦游艺晚会以及元宵节灯展等。尤其是1997年迎接香港回归期间,校工会和老干部处联合组织了80人的教工合唱团,校党委副书记刘铁桥、张志敏、副校长罗还报参加练唱、比赛,党委副书记张志敏亲自组织、指导,马国璋老师创作改编词曲、担任指挥,在省教育工会和省音协举办的"庆七一双迎"合唱比赛中,获得了二等奖、优秀组织奖和歌曲创作奖。1999年以国庆50周年和迎澳门回归为主题,校工会积极组织参加了省教育工会举办的书法摄影展,首展式于9月27日举行,山西大学的摄影作品受到好评。2001年由校工会组织的健美操队参加了省妇联与省体育局联合举办的"世纪之春"省城妇女庆"三八"暨全省百万妇女健身活动启动仪式的表演,在参赛的32个单位中,山西大学的"青春健美操"以动作整齐、形态优美、技巧娴熟赢得了观众的阵阵掌声,获得本次活动的"优秀表演奖"和"优秀组织奖"。省妇联还给山大女工委员会颁发了"纪念'三八'国际妇女节91周年活动创意奖",并发了奖牌。为庆祝中国共产党成立80周年,由校工会牵头,举办了山西大学"光辉礼赞"书画展。此次参展作品有书法、国画、油画、版画、雕塑和设计等60件,作品充分表达了广大师生对中国共产党的热爱、赞颂。

广泛开展各种健康向上、格调高雅、教职工喜闻乐见的群众性文体活动,不仅能够使教职工得到积极的休息,

2001年6月,山西大学工会举办纪念中国共产党成立80周年"光辉礼赞"书画展

促进他们的身心健康和工作效率的提高,而且也可以使他们在精神上得到进一步的充实和提高,并增强工会的凝聚力。

五、以实际行动迎接百年校庆

2001年5月8日,山西大学教职工和学生在文体馆隆重集会,举行了百年校庆倒计时启动仪式,随着百年校庆倒计时牌的启动,标志着学校迎百年校庆拉开了序幕。

(一)二届四次教代会的召开

在喜迎百年校庆、开创各项工作新局面之际,为了进一步调动和凝聚教职员工的积极性,促进学校改革发展上水平,2001年12月20日至21日,山西大学第二届教职工代表大会第四次会议在科学会堂隆重召开。

会上,校长郭贵春作工作报告。他从九个方面全面总结和回顾了一年来学校各方面取得的突出成绩:"211"重点建设一期工程通过验收,二期工程顺利启动;科学制订"十五"计划,绘就学校发展蓝图;校庆筹备紧张进行,各项工作扎实有序;深入开展"三讲"整改,班子吸引力、凝聚力和战斗力进一步增强;学科布局更趋合理,重点学科水平有了质的提高;教学改革继续深化,教学质量稳步提高;科研工作取得新的进展,整体科研水平上了新的台阶;对外开放进一步扩大,国际交流日益深入;基础设施建设不断加快,校园面貌发生根本变化等。

在对2002年工作的部署和安排中,他着重强调了八个方面,即要全力以赴做好百年校庆工作;认真做好新一轮学位点的申报工作;要认真贯彻教育部《关于普通高等学校本科教学工作意见》和学校本科教学工作会议精神,狠抓本科教学工作,以全面提高教学质量;继续坚持"基础研究上水平,应用开发出效益"的方针,加大科研和科技开发力度;要抓住入世新机遇,加快对外开放的步伐,形成全方位对外开放的新格局;深化人事分配制度改革,进一步稳定人才、吸引人才、用好人才;加快后勤社会化改革步伐;加强党的作风建设。

会议特别强调,百年校庆要本着"隆重热烈、节俭实效、注重特色"的原则,集思广益,精心准备,狠抓落实,确保万无一失,达到"提高学校声誉,促进多方支持,推动全面合作,取得三大效益"的目标,把百年校庆办成高水平的科学节、高层次的教育节、高品位的文化节,学友聚首、情融母校的团圆节,使百年校庆成为山西大学发展史上新的里程碑。

全体与会代表紧紧围绕《山西大学2000—2001年度工作报告》、《"十五"建设计划(草案)》、《二级教代会实施细则》、《财务工作报告》等进行了认真讨论,并提出了可行性意见和建议,最后经过分析、审议,大家一致通过了这四个决议。

大会通过的《山西大学二级教代会实施细则》是根据《山西大学教职工代表大会工作规程》的有关规定制定的。该细则适用于院、系、所、公共教学单位及后勤集团、高新技术开发公司、校医院、图书馆、附小等具有相对独立管理权限的有关单位。二级教代会是院系教职工行使民主权利、民主管理和民主监督的基本形式,是完善和促进学校民主管理制度的一项重要措施。二级教代会行使的职权:一是审议建议权,听取和审议本单位行政主要领导的工作报告;讨论本单位年度工作计划、发展规划、改革方案、教职工队伍建设等重大问题,并提出意见和建议。二是审议通过权,讨论通过本单位岗位责任制方案、教职工奖惩办法以及与教职工有关的其他规章制度。三是审议决定权,讨论决定本单位收益分配原则、奖酬金发放办法及其他集体福利事项。四是评议监督权,评议和监督本单位领导干部。民主评议领导干部与校党委组织部考评干部结合进行。另外,该细则规定,单位领导要支持教代会行使民主管理的职权,认真听取教职工的意见和建议,对二级教代会提出的有关决议和提案应积极落实和实施。该细则的通过意味着山西大学二级教代会工作开始启动,使学校的基层民主政治建设向前推进了一步。

另外,为充分发挥教代会作用,加强教职工福利工作的管理,2001年12月18日经第二届教代会主席团扩大会议通过,成立了山西大学第二届教代会福利工作委员会。福利工作委员会的成立使学校教代会的专门工作委员会更加健全与完善,也使教代会工作的规范化向前迈了一步。

会后,校工会要求各分会组织学习教代会文件,认真贯彻大会精神,以"十五"建设计划为指导,以迎接百年校庆为契机,团结一致,扎实工作,把学校工作推向新的水平,以优异成绩为学校百年华诞献礼,为把山西大学建成具有特色和地区示范作用的一流的教学科研型综合大学而奋斗。

(二)学习、宣传相关法律,切实维护教职工权利

2001年10月27日,全国人大常委会第24次会议通过了修改后的《中华人民共和国工会法》。校工会利用宣传《工会法》的机会,对山西大学百年校庆做了大力宣传。在12月4日全国第一个法制宣传日这天,参加了山西省总工会、山西省教育工会在五一广场举办的《工会法》大型宣传活动,校工会制作了两个大的宣传版面,一个是宣传山西大学百年校庆的版面,一个是宣传《工会法》的版面。山西大学还派出了3名音乐学院学生唱歌助兴,受到好评。法制宣传日结束后,校工会又将展板陈列

在工会门前进行了展出,教职工争相观看,收到了很好的效果。这次宣传活动为即将到来的百年校庆营造了良好的氛围。

其实,中共十一届三中全会后,党和国家高度重视法制建设,1992年至2002年十年间,颁布的与教育工会关系密切的重要法律法规就有三部,即《中华人民共和国工会法》、《中华人民共和国教师法》、《中华人民共和国教育法》。这三部法律的颁布意义重大,在这三部法律颁布之后,校工会都迅速组织工会干部和广大教职工进行深入学习和认真宣传。

首先,组织学习新《工会法》,增强教职工维权意识。1992年4月3日,新修订的《中华人民共和国工会法》经第七届人民代表大会第五次会议通过,这是我国工人阶级政治生活中的一件大事,为工会教育、引导职工理解、支持和参与改革,维护职工合法的政治权利和经济利益,调动和保护职工群众的积极性,提供了有力的法律保障。鉴于此,山西大学校工会召开了各系处分工会主席座谈会,讨论和研究如何贯彻落实新《工会法》的问题等。校工会首先将全文刊登这部新《工会法》及其《修改草案》说明的《人民日报》、《光明日报》等各大报纸,张贴在工会俱乐部门前的橱窗上,供工会干部和广大教职工阅读和学习。同时,校工会还购买了数十册由中国工人出版社出版发行的《中华人民共和国工会法》的单行本,分发给校工会常委和各系处工会分会主席。此外,为了配合新《工会法》的学习和宣传,校工会还撰写了《新〈工会法〉是一部具有中国特色社会主义的基本法律》和《颁布实施新〈工会法〉的意义》两篇文章,发表在10月15日的《山西大学报》上。通过《工会法》的学习,激发了教职工的主人翁精神,调动了教职工的积极性,使教职工进一步了解工会的权利和义务以及行使权利和履行义务的途径和形式,使工会能够更好地发挥作为教职工参政议政民主渠道的作用。

其次,组织学习《教师法》,明确教师的权利和义务。《教师法》是八届全国人民代表大会常务委员会第四次会议于1993年10月31日通过的。这是新中国也是我国教育史上第一部有关教师的法律,是加强教师队伍建设、保障人民教师合法权益的根本大法。《教师法》的颁布和实施,对于保障教师合法权益,提高教师社会地位和待遇,加强教师队伍的建设,提高教师队伍的素质,使教育和教师工作走上法制化的轨道,都具有重大意义,从而保证教育事业的顺利发展。《教师法》公布之后,《山西大学报》上予以全文转载,并配发了题为《尊师重教的根本保证》的社论。校工会在主管工会工作的校党委副书记张志敏的领导下,也把学习和宣传《教师法》作为自己责无旁贷的一件大事来抓。校工会不但组织其常委和各系处分工会主席认真学习和讨论《教师法》,而且还让与会同志对照《教师法》检讨学校在落实广大教师的权利和义务、资格和任用、培养和培训以及待遇等方面存在的问题与不足之处,并就今后如何在学校贯彻落实《教师法》一事,提出自己的意见或建议。与此同时,学校各系处分工会也通过多种形式学习和宣传《教师法》,有一些师生还将自己学习《教师法》的心得体会写成文章,发表在《山西大学报》上,例如张民省写的《提高自身素质才能为人师表》、李四保写的《学好〈教师法〉做合格教师》、小蔡写的《〈教师法〉颁布以后的思考》、侯经中写的《全社会都要尊重教师》等等。正因为校党委的高度重视、校工会的大力宣传,使得《教师法》在山西大学家喻户晓,人人皆知。

再次,组织学习《教育法》,维护教职工合法权益。《教育法》是全国人大于1995年3月18日通过并于同年9月1日起施行的。这部法律是我国历史上第一部由国家最高权力机关制定的关于教育的重要法律。它的颁行对于进一步落实教育优先发展的战略地位,保障和推进教育的改革和发展,促进社会主义物质文明和精神文明建设,具有重大而深远的意义。《教育法》的颁行,对山西大学全校师生员工来说,是政治生活中的一件大喜事,它为教育者、受教育者和学校维护自己的合法权益提供了有力的法律依据。同时,教育投入、改善教师待遇、提高教育质量、提供物质保障等方面的规定,使依法办教育、治教育有了保障。《教育法》颁布之后,校工会也同样迅速组织工会干部进行认真学习和讨论。同年8月底,校工会在校党委发出的《关于学习和贯彻全国教育工作会议文件和〈教育法〉、〈教师法〉的通知》的指导下,除通过开辟"尊师敬教"的宣传橱窗等形式宣传《教育法》和《教师法》之外,还在我国第11个教师节到来之际,对当年被评为"三育人"先进工作者和先进单位进行表彰,并在教师节的前一天晚上,在工会俱乐部和学校露天电影放映场,分别举办了专场舞会和电影晚会等等。

校工会通过开展学习和宣传与教育工会关系密切的法律法规,以及在平时开展的其他一些法制宣传和教育活动,使山西大学工会干部和广大教职工增强了法制观念,提高了工会组织和广大教职工的参政意识、维权意识和监督意识,这对山西大学教育事业的改革和发展是不无益处的。2002年3月,山西大学校工会获山西省总工会授予的"山西省工会法律工作先进单位"的光荣称号,并获铜匾一块。4月5日,中国教育工会山西省委员会主席梁志刚代表山西省总工会专程到山西大学校工会授匾,表彰山西大学校工会在宣传、普及《工会法》、《教师法》、《教育法》等方面做出的成绩。

（三）在隆重热烈的百年校庆活动中

为了让教职工有一个良好舒适的活动场所，校工会利用2001年暑假，在学校拨专款等大力支持下，对工会俱乐部大厅进行了装修及电路改造。校工会购置了多种活动器材，从2001年10月10日起正式对教职工开放。活动项目有乒乓球、象棋、围棋、扑克牌，健身房内有综合机、跑步机、太空椭圆机、健骑机、按摩机等，另外，周五、周六晚上还举办舞会。新装修的大厅典雅大方，整齐明亮，便于开展各种室内活动，为百年校庆提供了一个很好的活动场所。

2002年元旦，在距山西大学百年校庆还有127天之际，校工会和有关单位组织500余名教职员工、学生在文科大楼前集会，举行了"世纪钟"启用仪式。从那天起至5月8日校庆日前，"世纪钟"在每次整点鸣响之后还会播报"距百年校庆还有×天"的语音提示，雄浑悦耳的钟声，让山大人争分夺秒，奋发有为，以优异的成绩向百年校庆献礼。

1月16日，校工会召开工会委员会扩大会议，王明生主席总结了2001年度的工会工作，安排了2002年的工作。校党委副书记张志敏到会并作了重要讲话，他对校工会2001年度的工会工作给予高度评价，对2002年的工会工作提出了更高的要求。他强调，2002年学校大事多，校工会要动员和团结全校教职工围绕百年校庆、围绕学校的中心任务积极开展工作。

2月26日元宵节前后，校工会和其他有关部门联合举办了"山西大学迎校庆元宵节灯展"。各单位围绕百年校庆这一主题，结合本单位、本专业的特色和实际，共制作出188盏特色鲜明、造型新颖的元宵花灯："喜迎门"、"凯旋门"、"百年奋飞"、"跨跃世纪"、"百年有余"、"世纪之光"、"百年金虎"、"骏马奋蹄"、"百年情结"、"同舟共济"、"老校迎春"、"催马世纪行"、"马到成功"等等。这些花灯使节日的山大流光溢彩，满园春色，产生了良好的社会效益，极大地鼓舞了全校师生员工喜迎校庆、振兴山大的热情。

为庆祝2002年三八国际妇女节，喜迎山西大学校百年华诞，丰富女职工的业余文化生活，展示女教工的精神面貌，校工会于2002年3月11日在校工会俱乐部大厅举办"迎校庆，庆三八"卡拉OK比赛。本次比赛共有15个分会30名选手报名参赛，赛场上，女选手们放声高歌，声情并茂。经过近四个小时的角逐，评选出了一、二、三等奖。荣获本次比赛一等奖的选手有：公共体育教研部的梁五力、法学院的完珉、计财处的常雅薇、体育学院的王小梅等。获得二等奖的有:图书馆的王筱娟、计财处的金爱萍、大外部的高春雨、后勤集团的智瑞兰、体育学院的查子林、公共体育教研部的李帅等。获得三等奖的选手有:外语学院的李菊萍、历史系的刘改芳、测试中心的郑红莲、公共体育教研部的王效红、生科系的李晓玲、数学系的王彩云、历史系的宋晓芹等。

3月中旬,春风送暖,春意盎然,百年老校焕发了青春,校园里充满了勃勃生机。山西大学百岁华诞即将来临,社会各界及各地校友,以饱满的热情,热切关注和大力支持学校的建设和发展,并以实际行动向学校献爱心,作贡献;全校师生员工人心涌动,在校工会的组织带动下,在捐资兴学、赠物助学活动中,大家纷纷慷慨解囊,积极踊跃捐资捐物,以自己的拳拳爱心表达对母校百年华诞的祝福。

3月18日,以"发扬优良传统,再铸学府辉煌"为主题的山西大学"百年传承"火炬传递启动仪式在校前区广场隆重举行,2000多名教职员工和学生参加了这一活动。火炬传递者的方队由优秀教师、学生代表、学生体育优胜者代表和近年毕业的青年校友等100人组成,他们的年龄相加为2002岁,意为百年薪火,代代相传。宣传彩车的车身以校庆标志为底纹,绘有山西大学百年变迁发展图及火炬传递活动路线图。火炬传送队伍从山西大学出发,途经坞城路、并州路、迎泽街等市区主要街道。之后,火炬手们追寻历史的轨迹,踏着先贤的足迹,历经祖国首都北京、东方之珠上海、西部重镇西安,穿越我省历史古城平遥、临汾、吉县、运城,纵横四省十余市县,跋涉6000公里,于5月8日回到母校的怀抱。火炬传递活动象征了山西大学世纪创业之路,既为百年学府的庆典增添了光彩,同时也使人们更进一步地了解了山大创业、发展及辉煌的百年历程。

为迎接百年校庆,4月12日,"山西大学'世纪之声'校歌演唱会"在文体馆隆重举行。全校18个院系近2000余名师生参加了演出比赛。"长夜星空,文瀛激荡,飞雪迎春绽丁香",优美的旋律、动听的歌声在文体馆上空回响。师生们用自己的真情唱出了对百年山大的感受:世纪风雨的路程艰难地走过,中西文化的交融碰撞出文明火花,几代人的努力有了今天的辉煌,自强不息的山大人正昂首奔向新千年。师生们精彩的演出,不时博得在场观众的阵阵掌声。

4月26日,山西大学在初民广场举行大会,隆重纪念江泽民同志题写校名十周年。各级领导,校内外嘉宾,学校离任、现任的校领导及全校师生员工14000余人参加了这一盛大的纪念活动。1992年江泽民同志亲笔书写的"山西大学"四个熠熠生辉的大字,是来自中南海对古老学府的关爱和祝福,是党和政府对山西大学的厚爱和期望,是总书记对山西大学的肯定和关怀,这也是山西大学乃至山西高等教育发展史上具有深远意义的重大事件。正是江泽民同志的亲笔题名,为山西大学加速发展注入了强大的精神动力。十年间,依靠这种动力,山大人顽强拼搏,开创了山西大学发展史上前所未有的"十年崛起"的新时期。会议期间,工作人员宣读了联合国秘书长科菲·安南为山西大学百年校庆专门发来的贺信:"大学在向未来领导人传授管理日益复杂的世界所需的基本技能和知识方面,具有越来越重要的作用","谨向山西大学致以最美好的祝愿,并祝百年校庆大典圆满成功!"①贺信宣读完毕之后,会场上一片欢腾,热烈的掌声经久不息……也是在会议期间,一架双翼螺旋桨飞机飞临山西大学校园上空,机翼下涂有庆祝山西大学百年校庆的字样,喷吐着彩色烟雾在百年学府上空盘旋三圈,向师生们送来提前的祝贺,逐渐升华着节日的氛围……

5月4日,全体校领导、老干部和老教授代表、各单位负责人、教师和学生代表等,共计300多人齐聚工会俱乐部大厅,百年校庆书画展举行了开展仪式。百年校庆书画展的布展任务是由校工会承担的。校工会全力以赴,在美术学院的协助下,精心策划,精心组织,精心布展。这次展览的特点是规格高、品位高、精品多。展品中有江泽民为山西大学题写的校名原件,有李鹏委员长等党和国家领导人及部分省部级领导人的题词78幅,有著名书法家启功、欧阳中石的贺词,也有内蒙古大学、新疆大学、广西大学等兄弟院校以汉字及本民族文字书写的对山西大学百年华诞的祝贺,还有香港友人方润华一家表达他们对山西大学友情的书法、绘画作品,另外还有200多幅校友及在校师生的书画作品,充分展现了山西大学百年文化的底蕴。在开展的十余天里,工会俱乐部大厅每天都人来人往,参观者如潮,不少人多次前来观赏、拍照、临摹并当场挥毫作画、题字,激奋之情溢于言表。这次展览为山西大学百年校庆增添了又一道亮丽的风景,受到了广大师生的广泛好评。

2002年5月8日,山西大学校园到处洋溢着一派节日气氛。花团锦簇,彩旗飘扬,欢迎和祝贺的标语五彩缤纷,山西大学盛装迎来自己的百岁华诞。4万多名山西大学历届校友、国内外来宾和学校的老领导、老教授、老干部、老职工以及在校师生员工欢聚在学校初民广场,隆重庆祝山西大学建校一百周年。

9时整,伴着象征山西大学百年历史的10响礼炮,庆祝大会在庄严的国歌声中

---

① 《联合国秘书长安南向我校百年校庆志贺》,《山西大学报》,2002年5月1日。

开幕。校长郭贵春深情回顾了山西大学的百年发展历程,介绍了改革开放以来山西大学取得的辉煌成就,展望了山西大学新世纪的美好前景。北京师范大学校长钟秉林教授、英国阿斯顿大学校长利富斯分别代表国内外来宾、友好大学讲话,山西大学博士生导师谢常德代表全体师生发言,中共中央党史研究室主任孙英代表校友讲话,对山西大学的百年华诞表示衷心祝贺!

10时30分,象征山西大学"百年传承,薪火相继"的火炬在主会场上熊熊点燃。此时,掌声雷动,彩带飞舞,人们欢呼雀跃,整个会场成了欢乐的海洋。之后,全体来宾和广大校友兴致盎然地观看了为庆祝山西大学百年华诞而排演的大型文艺演出。台上精彩纷呈的表演展现了山西大学的百年历史画卷,使台下的观众万分激动,倍感振奋。中央电视台体育节目播音员、校友孙正平主持了文艺演出,全国著名歌唱家卢秀梅、阎维文及歌手谭晶先后登台演唱,从而把演出一次次推向高潮。山西大学100年求索、50年奋斗、20年改革、10年超越的奋斗历程把广大校友和全体师生的心紧紧地连在了一起,关爱和祝福荡漾在古老的学府。

1992年90周年校庆以来,山西大学抓住历史机遇,改革发展上水平,到2002年百年校庆,这所百年老校又焕发出青春活力。其间,山西大学教代会组织教职工参与学校管理,维护教职工合法权益,凝聚教职工意志,团结教职工队伍,维护、调动和发挥教职工积极性,促进了学校改革发展上水平。教工会在学校党委的正确领导下,在学校行政的大力支持下,围绕中心,服务大局,认真履行职责,紧密联系教职工群众,全心全意为教职工服务,广泛团结、依靠教职工,努力推进学校教育改革、民主建设、教职工队伍建设、精神文明建设,取得了显著成绩,为学校的改革发展上水平作出了积极贡献。

第七章　迈向新世纪的工会工作

百年校庆以后,山西大学在知识经济发展的时代踏上了跨越转型的新征程。这一时期,山西大学迎来了宝贵的历史机遇,成为山西省人民政府和国家教育部共同建设大学,获得了政府在政策、投入、人才方面的大力支持,昂首迈入发展的快车道。校工会抓住有利时机,配合学校采取了一系列举措,大刀阔斧改革,建设成果丰硕,工作水平达到了一个空前的高度。

一、加强各项制度建设

社会主义政治文明建设是新世纪以来党和国家工作的主旋律,2002年,中国共产党第十六次全国代表大会报告将发展社会主义民主政治确立为全面建设小康社会的重要目标。2004年,全国总工会十四届二次执委会议依据"三个代表"重要思想,确定了"组织起来,切实维权"的市场经济时期工会工作方针。"组织起来",即要求基层工会完善组织,把职工群众最广泛地组织到工会中来;"切实维权",即要求基层工会维护职工合法权益,把表达和维护广大职工群众的利益作为工会工作的一切出发点和落脚点。这意味着各基层工会作为职工行使民主权利的群众组织,承担着推动国家民主政治建设的重任。

在这一背景下,山西大学突出了民主治校的力度,领导班子大大加强了对工会的重视程度。过去,工会工作存在一定局限性,有些教职工说,工会就是个发米发面、搞些文体比赛的"养老"单位,没什么事可干,哪里有什么民主职能? 为改变这种状况,突出工会在民主治校中的作用,学校党政领导决心狠抓新一届工代会工作,使工会完成由"福利型"向"参与型"、由"活动型"向"维权型"、由"单一型"向"综合型"的转变,成为维护全体教工权益的职能多元的综合型组织。通过加强工会职能,最终在全校形成"党委领导、校长负责、教授治学、教职工民主管理"的民主管理体制。要实现这一目标,首先须健全组织,为此,学校高度重视即将到来的第三届教代会暨第六届工代会换届,力图通过新鲜血液的注入焕发工会组织的活力。

(一)第三届教代会暨第六届工代会的召开

2003年12月,"双代会"代表选举工作在全校范围内展开。在工会领导班子方面,山西大学决定实行校党委副书记兼任工会主席制度,即由一位校级领导直接担任工会主席,全面负责工会日常工作。这一制度旨在将工会工作纳入学校中心任务,将工会组织与学校领导核心紧密联系在一起。校党委副书记兼工会主席后,能够发挥

2003年12月,山西大学第三届教职工代表大会暨第六届工会会员代表大会召开

其视野开阔、指导科学、协调得力等方面的优势,全面提升工会工作的水平,提高工会组织的地位。于是,山西大学成为山西省首家也是迄今为止唯一一家实行党委副书记兼工会主席制度的高校,充分表明了学校对工会的重视。

为落实好这一制度,山西大学校领导此前曾赴多家兄弟院校调研取经,在深思熟虑的基础上,最终在这一年正式实行此项制度。当年,学校推荐校党委副书记张汉静为工会主席候选人。张汉静于2003年2月来到山西大学担任党委副书记,此前任山西财经大学党委副书记等职,有着丰富的党政工作领导经验,他是科技哲学教授、博士生导师,看待问题视野开阔,解决问题办法突出,是担任新时期山西大学工会主席的合适人选。

同时,为加强学校民主管理水平,学校更加重视代表的比例构成。一方面,根据单位调整情况,在原有19个学院分工会的基础上增设了党务、行政、后勤集团、图书馆、老干部处、校医院、附小分工会,全校分工会总数达到26个;另一方面,为突出"教授治学"的管理目标,学校明确要求在选举出的代表中,教学、科研人员应当占代表

总数的60%左右,教代会主席团要吸收高层次专家学者、普通教师、管理人员、工人,以便更好地维护不同层级职工的利益。最终,按照《山西大学第三届教职工代表大会暨第六届工会会员代表大会代表产生办法》,各分工会按正式代表占全校教职工总数8%的比例,共选举产生153名正式代表,加上24名列席代表与13名特邀代表,总计190名代表参加了大会。

大会于12月19日开幕,共持续两天。在12月20日上午举行的双代会第一次全体会议上,校长郭贵春作了《全面建设高水平大学,开创百年学府新局面》的工作报告,回顾了山西大学过去五年的工作亮点与工作特点,提出学校今后五年的总体工作目标为:"从2003年开始,经过五年的努力,力争使学校在学科建设、科研实验室和科研基地建设、教育质量和教学改革、公共服务体系建设、校园基本建设等方面取得新突破,形成一些在国内外有影响的标志性成果。"[①]并阐明了今后五年的工作要点:使学科建设对学校整体实力增强的作用更加突出,使科学研究对学校、对社会的服务与贡献更加显著,使教学活动在办学过程中更加活跃,使人才兴校战略对优秀人才的吸引力、凝聚力更加增强,使公共服务系统的资源利用更加充分,使育人环境更加浓郁。

大会还听取了第五届工会主席王明生作的《解放思想,与时俱进,开创山西大学工会工作新局面》的第五届工会委员会工作报告,回顾了过去五年工会的主要工作,提出了今后五年工会工作的指导思想是:"高举邓小平理论伟大旗帜,以'三个代表'重要思想为指导,团结动员广大教职工,为把我校建成高水平的教学研究型大学作出新的贡献,努力开创工会工作的新局面。"[②]并阐明了工会未来五年的工作重点:深入学习"三个代表"重要思想,进一步维护教职工的合法权益;继续推进以教代会为基本形式的学校民主政治建设,在完善教代会制度方面实现新突破;进一步加强师德建设与教师队伍建设,动员广大教职工为把山西大学建成高水平教学研究型大学努力工作;广泛开展群众性文化体育活动,在学校精神文明建设中发挥工会的特色和优势;以改革精神加强工会自身建设,增强工会组织的吸引力和凝聚力。

---

①郭贵春:《全面建设高水平大学,开创百年学府新局面——在山西大学第三届教职工代表大会暨第六届工会会员代表大会上的报告》,《山西大学报》,2003年12月24日,第725期。

②王明生:《解放思想,与时俱进,开创山西大学工会工作新局面——山西大学第五届工会委员会工作报告》,《山西大学第三届教职工代表大会暨第六届工会会员代表大会汇编》,山西大学工会,2004年1月编,第39~40页。

山西省高校工委副书记、教育厅副厅长贾坚毅，山西省教育工会主席梁志刚作为特邀嘉宾出席了全体代表第一次大会并发表了热情洋溢的讲话，山西财经大学党委书记王茂林代表全省兄弟院校致贺词。贾坚毅在肯定山西大学工会成就的同时，特别指出：“教职工代表大会制度是高校管理体制的重要组成部分，高校要按照党的十六大精神的要求，坚持和完善教职工代表大会制度，坚持党的全心全意依靠工人阶级的根本指导方针，通过以教师为主体的教职工代表大会，组织教职工参与改革和管理，维护教职工的合法权益。这既是高校实行民主决策、民主管理、民主监督，充分发挥教职工积极性、主动性和创造性的必然要求，更是实践‘三个代表’重要思想的必然要求。”①梁志刚则希望山西大学新一届工会“突出维护教职工合法权益的职能，切实把表达和维护教职工的利益作为工会一切工作的出发点和落脚点”，“通过扎实的工作，开创山西大学工会工作新局面，把工会建成群众信赖的模范教职工之家，充分发挥党联系教职工的桥梁纽带作用。”②这些讲话奠定了山西大学第六届工会“民主管理”、“维护权益”、“完善制度”、“改革创新”的工作基调，对全省高校工会也起到了启示与借鉴意义。

经过全体会议、分团讨论、主席团会议等一系列议程，大会最终顺利完成了工会委员会换届，选举校党委副书记张汉静担任山西大学第六届工会主席，王满贵担任校工会常务副主席，田斌担任校工会副主席，张厚明担任校工会正处级调研员，梁丽莉担任校工会副处级调研员；选举产生了马玉山、王兴华、王满贵、白红平、田斌、关多义、刘玉梅、邱怀生、李传志、李建龙、赵爱民、李毅敏、张代平、张五奎、张汉静、张明远、杨国栋、负根有、尚珊、皇甫香、郭炜、郭芬云、胡忠秀、高太平、高成新、贾秀英、龚巧梅、董有尔等28位工会委员会委员；选举曲秀全担任第六届工会经费审查委员会主任，赵培文担任经费审查委员会副主任。

第六届工会换届时值学校中层干部换届工作刚刚结束之际，新的领导干部正以饱满的热情投入到工作中去，换届增强了工会组织的凝聚力，成立了以校党委副书记张汉静同志为核心的新一届领导班子，由副主席王满贵同志负责工会日常工作。

---

①贾坚毅：《在山西大学第三届教职工代表大会暨第六届工会会员代表大会上的讲话》，《山西大学第三届教职工代表大会暨第六届工会会员代表大会汇编》，山西大学工会2004年1月编，第82页。

②梁志刚：《在山西大学第三届教职工代表大会暨第六届工会会员代表大会上的讲话》，《山西大学第三届教职工代表大会暨第六届工会会员代表大会汇编》，山西大学工会2004年1月编，第86~87页。

工会干部的年龄、学历和职称结构得到优化，工会代表的比例更加合理，全体代表中，教学科研人员占65%，中层以上领导干部占23%，工人及其他代表占12%，主席团中的一线教学科研人员比例占到55%，素质水平得到明显提高。

这次"双代会"明确了新时期学校工会的目标与职能，是山西大学工会史上的一个里程碑，在推进学校民主管理进程、推动学校建设和发展上产生了积极而深远的影响。

（二）行使教职工代表大会职权，发挥教职工主人翁作用

2002年至2008年，除工会委员会换届大会外，学校每年召开一次教职工代表大会，共召开了5次会议，教代会实现了常规化、制度化。根据校务公开制度，教职工代表大会成为校务公开的主要渠道和基本途径[①]，《山西大学校务公开实施办法》明确规定："凡属学校的发展规划、改革方案、工作报告、年度计划、教职工队伍建设，岗位责任制方案、教职工奖惩办法、与教职工有关的基本规章制度，住房分配、福利费管理使用以及关系教职工切身利益的问题，均应在教代会上公开，并通过教代会审议。"[②]教代会通过实现以上民主职能，增强了学校各项工作的透明度，并直接见证了学校各项事业的发展成果。

2002年至2008年，山西大学教代会共听取审议校长年度工作报告5次，对学校"十五创新计划"、"十一五规划"等重大决策进行了深入讨论。

在2002年12月19日召开的第二届教职工代表大会第五次会议上，184名代表听取并通过了校长郭贵春《全面实施创新计划，建设高水平的教学科研型大学》的工作报告，报告从百年校庆影响广泛，办学成就振奋人心；巩固一期建设成果，学科水平全面提升；作风建设进一步加强，学校校风明显改善；素质教育进一步深化，教育质量有新的提高；科研工作整体推进，科研水平再上台阶；用人理念进一步更新，人才管理实现多样化；基础设施建设得到加强，办学环境继续改善；对外开放步伐加快，合作交流日趋活跃等八个方面全面总结和回顾了一年来学校各方面取得的成绩。他强调指出，要创建高水平的教学科研型大学，就必须更新教育观念，必须一心

[①]山西大学自2000年开始实行校务公开制度，《山西大学关于推行校务公开的实施办法》（2000年11月2日）明确规定"教职工代表大会是校务公开的基本载体"，《教职工代表大会文件汇编》，山西大学工会委员会2009年3月编，第157页。

[②]《山西大学校务公开实施办法》（2007年12月29日），《教职工代表大会文件汇编》，山西大学工会委员会2009年3月编，第185页。

一意谋发展,必须走山大特色的强校之路,必须相信和依靠广大干部、师生的力量,必须坚持党委的坚强领导。这次会议通过了《山西大学"十五"创新计划》,确立了百年校庆后五年的学校建设目标:"经过五年的努力,力争使学校在学科建设、科研实验室和科研基地建设、教育质量和教学改革、公共服务体系建设、校园基本建设等方面取得新突破,形成一些在国内外有影响的标志性成果。"副校长贾锁堂对《山西大学"十五"创新计划》作了说明,指出要按照"发展要有新思路,改革要有新突破,开放要有新局面,各项工作要有新举措"的要求作出战略选择,使学校办学水平迈上新台阶。

在2004年12月23日至24日召开的第三届教职工代表大会第二次会议上,198名代表听取了校长郭贵春作的《举全校师生之合力,求"双高办学"之活力》的工作报告。报告从学科建设、教学质量、科研能力、国际交流、校园环境、办学资源、用人机制等七个方面回顾了上一年的工作,强调2005年工作重点为:坚持以创新为主线,制订好"十一五"计划;积极进行新一轮学位点申报,争取学科建设的新突破;加大教学改革的力度,提高人才培养的质量;处理好原创性与实用性的关系,增强科学研究的支撑;牢固树立以人为本的思想,大力实施人才强校战略;吸收国外优质教育资源,提升学校的国际化水平;加大校园建设的力度,创造良好的育人环境;推行文化管理,实现行政工作的转型,实现在"高水平高效益"办学征程上更进一步。

在2005年12月22日至23日召开的第三届教职工代表大会第三次会议上,189名代表听取了校长郭贵春作的《顺时创佳绩,乘势谱新篇》的工作报告。在这一年的年度工作报告中,校长郭贵春与大家共同分享了丰收的喜悦,肯定了过去的办学经验,激励大家乘势而上,再谱新篇。他说,2005年是载入山西大学史册的辉煌一年,在这一年的5月13日,山西省人民政府与国家教育部共同签署了重点建设山西大学的意见,山西大学成为山西省人民政府和国家教育部共同建设大学,这是山西大学发展史上继1902年建校、1949年新生的第三个标志性的里程碑,教育部与山西省将在政策扶持、战略指导、经费投入、学科建设、师资建设、人才培养等方面给予大力支持,以充分发挥山西大学在全省高等教育整体水平和办学效益上的龙头和示范作用,山西大学从此迈入了"国家队"的发展行列。喜讯传来,三晋大地一片欢腾,学校相继开展了庆祝晚会、万人签名、作品征文等庆祝活动。他还结合"省部共建"的要求阐述了未来一年办学的五大重点:深化"五个转向"的学习活动,推进基层学术组织改革,积极争取国家重点学科,做好新区的规划建设工作,稳步推进人事制度改革,逐步将研究性观念引入教学工作。

在这次会议上,《山西大学"十一五"发展规划》(讨论稿)公布并请大家提出宝贵意见。该规划(讨论稿)根据学校现状与办学经验,提出 2006 年至 2010 年,将以"五个转向"为总体发展思路,分两个步骤,完成七大发展任务,采取六大战略措施,最终实现"以'三个代表'重要思想为指导,树立和落实科学发展观,贯彻教育方针,遵循教育规律,抓住省部共建大学和中部崛起的历史机遇,适应经济发展和社会进步的需要,重点加强学科建设,快速增强师资力量,明显提高科学研究的自主创新能力,大力提升人才培养质量,积极拓展国际交流,不断完善管理体制,进一步优化校园环境,为把山西大学建设成国内高水平、国际有影响的研究教学型大学而不懈奋斗"的总体发展目标。

2005年12月,山西大学第三届教代会第三次会议召开

经过认真讨论,代表们一致认为《山西大学"十一五"发展规划》(讨论稿)论证充分,实事求是,鼓舞人心,与"十五"计划相比更具突破性与创新性,对规划表示充分肯定,同时对规划中的具体问题提出不少建议。最后由副校长梁吉业作了《〈山西大学"十一五"发展规划〉讨论意见的汇总报告》,将归类整理的 15 条建议反馈给学校,受到校领导高度重视,被日后的定稿充分吸纳。这一规划于 2006 年 6 月正式向全校印发,成为此后五年学校建设事业的总纲领。

在 2006 年 12 月 21 日至 22 日召开的第三届教职工代表大会第四次会议上,205 名代表听取并通过了校长郭贵春作的《扎实推进"五个转向",共创"十一五"发展良好开局》工作报告,报告全面回顾了学校 2006 年的工作,肯定了"十一五"开局之年奠定的良好格局,并对 2007 年的工作提出了要求:要加深对"五个转向"的理解和把握,要大力加强学术创新平台和团队建设,要把质量建设摆在科学研究的重要位置,要加大研究性理念引入本科教学的力度,要努力提高师资队伍的整体水平,要进一步加强管理工作,要积极争取更多的办学经费。报告提出了一系列发人深省的问题,如"建设一个什么样的山西大学"和"怎样建设山西大学"。

在2007年12月18日至19日召开的第三届教职工代表大会第五次会议上，222名代表听取并通过了校长郭贵春《站在新起点，再创新优势，实现新跨越》的工作报告，报告回顾了"十一五"攻坚之年的任务完成情况，对2008年的事业进行了展望，要求大家在2008年从七个方面努力提高办学水平：提高学科内涵，争取学科建设新突破；优化校园环境，提升学校的文化品位；继续深化学期制改革，提高学生的创新能力；建设特色研究机构，打造标志性研究成果；推进师资队伍建设，汇聚更多的优秀人才；强化管理工作，增强工作的执行力与公信力；积极筹措办学经费，争取更多的办学资源。大会还明确了"十一五"规划第二阶段的目标，即"丰富内涵，提升地位"，鼓励大家在"十一五"上升期和起跑点上为实现学校跨越式发展贡献力量。

教职工代表大会对校长工作报告、学校发展规划等重大决策的审议，使大家明确了每一阶段的工作重点，如"双高"办学、"文化建设"、"五个转向"等战略目标都在当年的教代会上重点强调，学校的发展成果也在教代会上与教职工共同分享。校务公开激发起大家共建校园的使命感，每次会议上，代表们都群策群力，建言献策，为学校发展汇聚了民智。在全校共同努力下，山西大学实现了由教学型大学向教学科研型大学、向研究教学型大学，最终向建设具有地方示范作用的研究型大学的巨大跨越。

另外，每次大会上学校还将涉及教职工切身利益的一些重大事项安排在教代会上进行专门讨论，充分发挥全校教职工的知情权、参与权、表达权与监督权，确保重大决策出自民意。如，太原航宇电子厂的土地转让事宜是山西大学师生普遍关注的一件大事，此事在2004年底召开的第三届教职工代表大会第二次会议上进行了专门讨论。太原航宇电子厂位于山西大学中心位置，其前身系上世纪70年代山大物理系的实习工厂，后脱离学校，一度更名为"山西无线电二厂"，又更名为"太原航宇电子仪器厂"，归小店区管理，但其独立过程中始终未曾迁出山大，在国有教育用地上长期盘踞下来。本世纪初，该厂发展到资不抵债、濒临破产的境地，荒废已久的土地上遍布小商店、小饭馆、小旅店、小浴室，环境恶劣，人员复杂，治安事件时有发生；该地又正处于学校东、西、南三面包围之中，成为典型的"校中厂，城中村"，造成了极大的卫生与安全隐患，更影响了山西大学的长远发展。为此，学校领导一直都有取得该宗土地的决心。2003年末，该厂被山西海基房地产开发公司兼并，山西大学立即着手与海基公司谈判，经过五轮艰苦谈判，对方同意将航宇厂25.8亩土地全部腾空，将《国有土地使用证》过户到学校名下，并将转让总价由4200万元降到3570万元。针对这一事件,校资产处处长邓松录在会上专门作了《关于太原航宇电子仪器厂土地转让有关情况的说明》,交代事情来龙去脉,陈述丢掉土地的危害性,阐明收回土地的必要性。广大代表对此展开了热烈讨论,大家各抒己见,认为必须抓住机遇,稳妥操作,要在认真研究和继续完善的基础上收回土地,并提出了不少建设性意见和建议。工会对建议作了详细的记录整理,最后由常务副主席王满贵作了《关于太原航宇电子仪器厂土地转让事宜讨论意见汇总情况的报告》并呈给学校,为下一步决策提供了重要参考。

(三)落实提案工作,维护教职工合法权益

提案的征集与落实是教代会的另一项重要工作,是广大教职工参与学校民主管理的最直接途径。2002年至2008年间,工会每隔一年进行一次提案征集,共进行了四次大规模的提案征集工作。其中,第二届教代会第五次会议(2002年)收到提案52件,第三届教代会第一次会议(2003年)收到提案58件,第三届教代会第三次会议(2005年)收到提案71件,第四届教代会第一次会议(2008年)前收到提案64件,7年中共收到提案245件,涉及教学、科研、人事、福利等方方面面。在此过程中,教职工强烈的主人翁意识与热忱的爱校心引起了学校高度重视,工会决心将这项持续数十年之久的工作做得更加规范完善。

质量是提案的生命线,为提升提案质量,多出精品提案,工会在教代会代表素质上下大功夫,先后建立了代表培训制度、代表巡视制度、代表质询制度与提案审查制度,即由工会干部定期向教代会代表培训提案知识,组织代表们巡视基层、了解问题,再由校工会针对大家普遍关心的问题协调相关部门召开质询会、答疑解惑,上交提案须经工会认真审查、保证质量,不合格的提案不予立案。这一系列制度为代表们增强素养、发现问题、提出精品创造了条件。如在巡视活动中,教代会代表们参与了对青年教职工公寓、学生食堂、职工小家、高层住宅楼的施工现场等地的巡视,随之提出了《解决职工住房问题》、《提高食堂、宿舍、教室方面的管理》、《关于降低德秀公寓教师宿舍住宿费和提高住宿环境的建议》、《改善全校师生就医环境》、《进一步美化家属区环境,提高教职工人居环境质量》、《关于教工住宅区马路公用照明建设问题》等提案,引起了学校重视,使问题得以妥善解决。

规范的工作程序,是提案得以落实的有力保证。为确保提案落实到位,工会逐步建立起提案落实责任制、检查汇报制、回访反馈制与工会和行政专题联席制。在这样的制度下,每次提案征集完成后,先经提案工作委员会审查,再将所立案提案归类到各职能部门处理,各承办部门必须明确责任,定责任人、定承办措施、定承办期限。在提案落实期间,代表们参与现场视察、咨询、听取汇报,督促承办部门认真办理。工会适时组织代表座谈,向大家通报和介绍提案办理落实的情况,征求代表本人的意见并及时传达给承办部门;适时与行政召开专题联席会,听取各承办部门落实提案情况的汇报,校行政对承办单位反映的困难及时查找原因,共同协商解决。提案办理完毕后,各单位必须将处理意见填写入"山西大学教代会代表提案落实卡",回复到工会与代表手中,代表针对办理情况填写意见,最后由提案工作委员会将落实情况整理成书面材料向下一届教职工代表大会报告。提案工作从此走到合理规范的路径上。2007年,工会又总结经验,出台了《山西大学教职工代表大会提案工作规程》,规程包括总则、提案工作委员会、提案要求、工作流程、归档评优及表彰等五部分。规程规定,提案内容须涉及学校当前改革和发展的重大问题,涉及多数教职工的切身利益;提案必须一事一案,必须写明要求解决的问题、提出提案的原因或根据、具体的建议;提案的办理和落实实行承办单位领导负责制,承办单位必须在立案提案送达之日起三个月作出处理,必须以书面形式做出答复,复文要写明落实措施、办法和时间,对不能实现或暂缓实现的提案要写明原因与解释。规程还指明,对优秀提案的个人或团体要以教代会名义进行表彰,对办理提案有显著成绩的承办单位要以适当方式会同学校给予表彰。2007年12月,这一文件在山西大学第三届教职工代表大会第五次会议上一致通过。

提案工作的制度化与规范化使之有据可依、有章可循,增强了代表的使命感与责任感,激发起大家关心学校生活的热情与积极性,一大批问题得以解决,教职工权益得到了有力维护。如山西大学北校门是教学区和家属区连接校外的主要通道,进出师生人流很大,但此门正对繁华的学府街,车流滚滚,人与车混杂在一起,造成了严重的交通拥堵与安全隐患。为此,徐龙伟等教工提出了《关于北校门加强安全管理》的提案,建议在北校门安置红绿灯。提案引起了学校高度重视,虽然这个问题牵扯到太原市多家部门,并非是山大自身所能解决的,但校领导怀着解决问题的坚定决心,多次组织后勤管理处、后勤集团、计财处、保卫部等部门开展研究,校长郭贵春更亲自向太原市市长张兵生反映问题,争得了市长的批复。最终,在太原市和学校相关部门的共同努力下,2006年,山西大学北校门、西校门和新校门外的马路上全部设立了交通信号灯,大大缓解了交通拥堵现象,减少了安全事故的发生。

又如,2006年,赵爱民、陈兆斌、张真美、白红平、雷香花等教工提出了对教职工体检和定期对女工专项体检的提案。为关爱职工身心健康,学校投资55万元购置了全自动生化仪、全自动血流便等医疗体检仪器设备,满足了教职工医疗诊断需求,提高了医疗诊断水平。学校还划拨了37万元专项经费对全校教职工和离退休人员进行了健康检查,教工的身体健康得到更有力保障。

这一时期的教代会提案工作取得了明显成效,得到解决的提案占提案总数的80%以上,提案答复率达到100%,真正做到了"件件有落实,事事有回音"。2007年11月25日,山西大学工会作为山西省唯一一家高校代表,参加了在武汉举办的全国教育工会民主推介会,常务副主席王满贵、副主席李智斌撰写的《创新做好提案工作,促进学校民主管理》的提案经验总结材料在大会上作了交流,获得参会的全国80余家高校单位的肯定,兄弟院校认为山西大学的提案工作充分维护了职工权益,务实可行,值得借鉴。

(四)推行二级教代会制度,健全学校民主管理网络

2000年以后,随着山西大学各项制度改革的深入,逐渐形成了院校二级管理模式,学校管理重心逐渐下移,财权、人事权、管理权同时下放到各个院系,各院系逐渐成为有一定自主权的行政利益单元。在这种形势下,院系内部管理成为学校民主管理工作的重点。各单位在内部管理与决策时,应当保证民主参与的力度,集中广大教职员工的智慧。因此,山西大学决定在全校各单位建立二级教代会制度,并于2001年召开的二届四次教代会上向全校公布了《山西大学二级教代会实施细则》,获得一致通过。

由于山西大学是山西省高校中较早实行二级教代会制度的单位,一些教职工对这一新生事物感到陌生,2002年,工会利用全年的时间在全校范围内进行广泛的学习培训、宣传动员,使教职工深入了解二级教代会的意义。工会全年通过校报、广播、电视台、橱窗专栏等多种渠道宣传造势,大力普及二级教代会知识。同时,向各单位分发了上级部门相关制度文件与外省兄弟院校开展二级教代会的经验材料,并多次举办培训班,由工会干部向各学院书记、院长、教代会全体代表、分工会主席讲授二级教代会的理论政策,还特别邀请到山西省教育工会主席梁志刚、山西省总工会政研室闫永平莅校对培训班学员进行专题讲授与实践指导。

2002年11月26日,中共山西大学党委召开了"全面贯彻十六大精神,努力推进工会工作"会议。校党委副书记张志敏主持了会议,各院系及有关单位的总支书记、院长(主任)、分工会主席等70余人参加了会议。省教育工会主席梁志刚应邀就学习十六大精神、推进基层民主建设作了专题报告。校党委副书记张志敏代表党委对各单位召开二级教代会、全面推进工会工作提出要求,进行布置,要求各单位年内都要召开二级教代会,要规范运作,学校将把二级教代会工作作为考核各单位领导班子的一项内容。为配合会议召开,校工会编印《教代会文件选编》一书,便于各单位掌握政策,规范召开二级教代会。

2002年12月13日,以图书馆首次召开二级教代会为标志,二级教代会在学校全面铺开,到2003年3月21日,全校20个单位相继召开了二级教代会。至2004年底,全校共召开二级教代会80余次,征集教职员工意见、提案600余条(个),对岗位责任制、奖金分配方案、职称评定等一系列涉及职工切身利益的重大问题进行了审议和讨论,职工们真正享受到了民主成果,工会也从中总结出更多经验,组织工作人员继续修改和充实《二级教代会实施细则》,致力于使细则更加完善。

在2004年12月24日召开的第三届教代会第二次会议上,校工会向全体代表公布了《山西大学二级教职工代表大会实施细则(修订稿)》,由常务副主席王满贵作了说明。新修订的细则将原有的19个条款增至26个条款,对其体例、内容做了重大修改,列为六章,分为总则、领导及工作机构、大会的召开与闭会期间的工作、职权、考核、附则六大部分。在第一章总则中,写明二级教代会的主要任务是:"组织教职工落实学校教代会的决议和决定,参与本单位的民主决策、民主管理和民主监督;表达教职工的意见和要求,维护教职工的合法权益;引导教职工正确处理国家、集体、个人三者利益关系,依法、有序、文明行使民主权利;团结和动员教职工发扬主人翁精神,共同营造和谐校园环境,努力完成教学、科研、管理等任务,促进学校的改革、发展、稳定和教职工个人的全面发展。"[1]在第二章"领导及工作机构"中明确了各单位分工会委员会"是二级教代会的工作机构"[2],并对其主要职责进行了细化。在第三章"大会的召开与大会闭会期间的工作"中提出了二级教代会应当执行的工作:"各单位每年至少应当召开一次二级教代会。根据需要也可召开临时会议或专题会议。"[3]"二级教代会召开前,应向教职工征集提案。提案应以本单位改革、发展、管理与教职工队伍建设、教职工合法权益等方面为主要内容,要做到实事求是,一事一案,言

---

①《山西大学二级教职工代表大会实施细则(修订稿)》,《教职工代表大会文件汇编》,山西大学工会委员会2009年3月编,第166页。

②同上,第167页。

③同上。

之有据,简明扼要,体现严肃性、科学性和可行性。"①"单位行政要做好提案的落实处理工作。提案的落实处理情况应向下次大会报告。"②"大会表决采取无记名投票方式进行。表决必须有三分之二以上的教职工或教职工代表参加方为有效,有应到会教职工或教职工代表半数以上同意方为通过。"③在第四章"职权"中将原来的二级教代会行使的四项职权修改为三项,即"审议通过权"、"审议决定权"、"评议监督权",去除了"审议建议权"。新增了第五章"考核"内容:"校党委每年至少听取一次各单位二级教代会工作汇报,并提出指导意见。"④"学校将各单位二级教代会工作,作为年度考评各单位领导班子的一项重要内容,每年根据二级教代会工作情况进行考核、评比、奖惩。"⑤"校工会对全校二级教代会工作进行日常检查和年度、阶段总结,推广先进经验,组织先进评选。"⑥

2005年5月1日,工会委员会又下达了《山西大学关于落实〈二级教代会实施细则管理规定〉的意见》,对细则的操作办法作了详细说明。意见具体规定了分工会委员的构成:"80人以下含80人的单位由3人组成,可设主席1人、委员

2005年12月,山西大学后勤集团召开第二届第三次职工代表大会

2人,80人以上的单位由5人组成,可设主席1人、副主席1人、委员3人。无论单位人数多少,必须有一名女委员。主席、副主席任期未满时不得随意调动或更换,因工作需要调动更换时,应征得学校工会的同意。"⑦阐述了分工会委员的条件:"分工会委

---

①《山西大学二级教职工代表大会实施细则(修订稿)》,《教职工代表大会文件汇编》,山西大学工会委员会2009年3月编,第168页。

②同上。

③同上。

④同上,第169页。

⑤同上。

⑥同上。

⑦《山西大学关于落实"二级教代会实施细则管理规定"的意见》,《教职工代表大会文件汇编》,山西大学工会委员会2009年3月编,第171页。

员应是热心为教职工服务、作风正派。在群众中有较高威信、有一定参政议政能力的。主席必须是具有副高以上职称的教师担任(学院、医院、图书馆、附小等业务单位)。其他单位的分工会主席必须是具有副处级以上职务的干部担任。"[1]明晰了分工会委员的待遇:"主席必须参加各基层单位党政联席会议,阅读相关文件,享受副处级的课时补贴。副主席享受正科级的课时补贴,其他委员享受副科级的课时补贴,其他业务单位根据实际给予相应的经济补贴,不能没有补贴。"[2]明确了分工会委员的考核:"年终,学校党委要将落实二级教代会工作作为考评各基层领导班子的一项重要内容。校工会干部要参加到考评组,二级教代会搞得好的单位,学校表彰奖励,搞不好的单位要通报批评,不召开二级教代会的单位,一票否决,领导考核为不合格。"[3]

　　这一意见的发布使山西大学二级教代会制度引向纵深,各二级教代会逐步走上正轨。为帮助大家进一步提高认识,2004年以后,工会定期举办二级教代会经验交流会,各单位分工会主席、副主席全部参加。会上,大家围绕本单位二级教代会的召开情况、做法、经验、体会和特点等方面展开热烈讨论,对现行制度提出意见建议,在相互学习中大幅度提高认识水平。会后,各单位将发言整理成书面经验材料上交工会,并全部刊发在工会《山大教工》杂志上,以便更好地交流推广。工会定期不定期地派干部参加二级教代会,对其进行专门指导;同时定期听取分工会工作汇报,对二级教代会进行检查考评。2007年开始,工会加大了对二级教代会召开情况的考核力度,将其纳入"职工之家"评比标准中去,考核不合格则一票否决,不得评优。工会还组织二级教代会委员参加了多次培训,至2008年,共组织培训12次,培训人次达300多名,其中包括外出到中国劳动关系学院、山东大学等地学习考察。通过认真学习,取长补短,全校二级教代会快速成熟起来,在学校民主生活中发挥着越来越重要的作用。

2005年12月,山西大学生命科学与技术学院召开第四次教职工大会

　　如,生命科学与技术学院在一次教代会上共收到12份提案,内容涉及学院科技资料建设、学

---

　　[1]《山西大学关于落实"二级教代会实施细则管理规定"的意见》,《教职工代表大会文件汇编》,山西大学工会委员会2009年3月编,第171页。

　　[2]同上,第171页。

　　[3]同上,第172页。

生工作和教学工作管理、实验室建设、学院今后的发展建议等方方面面，为单位的全面发展提供了很好的思路。又如，化学与化工学院职工针对学院在过去工作中存在着不成文条例的现象，提出应完善学院管理制度的提案，最终在二级教代会上通过了《教辅人员、工作岗位职责》、《教辅人员工作业绩与奖金挂钩实施办法》等一系列制度，使工作量计算、奖金

2005年，山西大学工会被评为"全国教科文卫体系统先进工会组织"

分配等办法有章可循。再如，在外国语学院教代会的一次分组讨论中，英语组胡明亮教授提出，教师们课间喝不上开水、没有教师休息室等问题，会后学院立即增添饮水设备，开辟休息室，使问题得到妥善解决。二级教代会还大大提高了全校教代会征集提案的"含金量"，自二级教代会制度实施以来，提案征集工作首先在二级教代会中开展，经单位全部成员集思广益后再上交给工会，促使提案质量更高，如《关于实验系列教师的职称和发展问题》、《关于山大附小搬迁解决校园秩序问题》等颇具代表性的提案，都是在二级教代会上提出的。

山西大学二级教代会制度的推行具有创新性意义。山西大学是全省率先实行二级教代会制度的高校，虽然少有经验可资借鉴，但山西大学工会充分发扬百年老校崇尚科学、勇于创新的历史传统，成为全省教育系统推行二级教代会的"领头雁"。这项工作受到全国瞩目，先后有省内外几十家高校到山西大学考察，将经验带回去直接指导实践。多家媒体对山西大学的成绩作出报道：2004年9月10日，《山西工人报》以《二级教代会：让民主管理深入人心》为题将山西大学民主管理事迹刊登在头版头条上，文中称赞山西大学"在推进高校基层民主管理建设中进行有益探索，取得明显成效"[1]；2005年，又以《山西大学把二级教代会制度推向纵深》为题进行了报道[2]；校工会撰写的《积极推行二级教代会制度，不断推进学校民主管理建设》一文被录入由中国工人出版社2004年出版的《新时期工会论文选编》中。

---

①辛红炜、张睿：《二级教代会：让民主管理深入人心——山西大学在推进高校基层民主管理建设中进行有益探索取得明显成效》，《山西工人报》，2004年9月10日。

②刘东波：《山西大学把二级教代会制度推向纵深》，《山西工人报》，2005年9月12日。

(五)启动务工人员维权与管理,拓宽民主治校的外延

第六届工会将务工人员的维权与管理正式纳入议事日程。务工人员,即所谓"合同工",由于不属于高校正式事业编制,一直被排除在工会组织以外。同时,国家没有针对务工人员的法则,第一部《劳动法》严重滞后于社会发展状况,无法适用于事业单位务工者,导致高校务工人员的合法权益缺乏有效保护,他们处在弱势地位,造成了对单位归属感低、用工效益低的困境,同时,高校务工人员呈越来越多的趋势,就山西大学而言,务工人员是学校发展的一支重要的生力军,至2007年,已有800余名务工者耕耘在后勤、环卫、产业服务等岗位上,如何维护他们的合法权益、激发他们的工作积极性,一直是校领导思考的问题。2007年,国家颁布了新的《劳动合同法》,从工会的角度加强了对务工人员的保护,规定了工会在用人单位与劳动者订立、履行、解除劳动合同时的权利。同年,山西省出台了《山西省农民工权益保护条例》,其中规定:"农民工可以依法参加工会。工会依法代表农民工的利益,依法维护农民工的合法权益。"①工会以此为契机,正式启动了务工人员的维权与管理工作。

10月9日,学校在文科楼九层会议室召开山西大学务工人员管理与维权工作座谈会。工会主席张汉静、常务副主席王满贵等工会领导、各分工会主席、务工人员代表、后勤管理处党委书记、资产经营有限公司负责人、校医院负责人、后勤管理处四大中心负责人出席了会议。张汉静在发言中要求工会搞好务工人员入会工作,加强调研,定好章程,最终"把务工人员组织起来,畅通务工人员诉求、表达的渠道,能听到他们的声音,帮助他们解决力所能及的问题,让他们参加各项活动,如教代会、运动会、疗休养活动、评比活动等,让他们感受到山西大学集体的温暖"。会议充分征询了各方面意见,并对今后一段时间内务工人员管理工作进行了安排部署,包括登记造册建立档案,组织学习《山西省

2007年10月,召开山西大学务工人员管理与维权工作座谈会

①《山西省农民工权益保护条例》第一章第四条。

农民工管理条例》、《中华人民共和国劳动合同法》,签订劳动合同,制定务工人员入会工作条例,启动务工人员入会等等。

随后,工会在全校范围内开展了大规模的宣传教育活动,组织各单位学习新《劳动合同法》,并对全校务工人员进行了深入细致的调查摸底,摸清了全校务工人员的人数、年龄、性别、岗位、工资、签订合同等具体问题。最终,在广泛调研、集体讨论、深入研究的基础上,出台了《山西大学合同工管理暂行办法》,拟定了《务工人员入会暂行条例》,规定合同工工会会员享有与在编正式职工会会员相同的民主政治与经济文化权益,有权参与学校的各项民主政治活动和文化体育活动,包括教代会、各类体育文化活动、"三育人"等推先评优活动。

接下来,工会确立了以点带面的工作思路,将务工人员相对集中的后勤管理处作为试点单位,建立了后勤合同工工会小组,要求小组如其他二级教代会一样,统一办理入会手续,行使民主权利,享受同等待遇,参与本单位组织的岗位培训和工会活动。在其他单位,务工人员入会也随之铺开。

在2007年底举行的第三届教代会第五次会议上,由5名合同工组成的特邀代表小组第一次走进了教代会会场;2008年底,第四届教代会暨第七届工代会迎来了第一位合同工正式代表,民主治校范围进一步扩大。

务工人员入会制度启动之后得到持续发展,至2011年底,共有560名务工人员入会,合同工二级分工会活动有序开展。在教职工代表大会中、在各类文体比赛赛场上、在疗休养旅途中、在评优表彰人员里,处处都能看到务工人员的身影,大家普遍对此表示欢迎。不少务工人员激动地说:"从前参加校运会都有名不正言不顺的感觉,现在我们不仅高高兴兴参赛,还参加评奖,参加教代会,参加疗休养,有了说话的地方。作为山大的一分子,我感到无比自豪!"

山西大学工会的民主建设成绩得到上级高度评价。2005年6月23日,山西省总工会、省教育厅联合召开山西省学校民主管理经验交流大会,鉴于山西大学在这方面成果突出,特别将会议安排在学校文科楼举行,全省高校就新时期高校民主管理经验作了深入交流,山西

2005年6月,山西省学校民主管理经验交流大会在山西大学召开

2005年，山西大学被评为"山西省民主管理示范学校"，校工会常务副主席王满贵(中)代表学校领奖

大学在这次会议上被授予"山西省民主管理模范学校"称号；2008年，山西大学又作为全省唯一一所高校代表，被山西省总工会评为"五星级职代会"。在山西大学第三届第二次教职工代表大会上，山西省教科文卫体工会主席梁志刚由衷地称赞："我们高度评价并真诚感谢山西大学党委、行政和广大教职工在坚持、完善和深化、发展教职工代表大会制度，推进社会主义民主政治建设方面做出的努力和贡献。我们认为，以山西大学在我省教育界的地位、影响，所拥有的优良传统、雄厚人才资源和在党的建设、政治文明建设、工会与群众工作等方面的坚实基础，山西大学理应成为我省高校民主建设的表率、经验的发源地、成果展示的窗口。我们期待着，我们也充分相信，山西大学一定会创造民主建设新经验、取得新成果，为推进全省高校民主建设作出新的更大的贡献！"①

二、积极参与学校改革发展

百年校庆以后，随着山西大学在建设"高水平教学科研型大学"的道路上不断前行，"文化建设"这一命题被提上学校议事日程。校长郭贵春认为，要解决制约山西大学长远发展的深层次问题，提高学校的核心竞争力，就必须加强大学文化建设，他指出："大学之所以成为大学，不仅在于它的实体的客观存在，而且在于它也是一种文化的存在。大学文化是大学存在的标志、大学本质的反映、大学传统的体现、大学特色的折射、大学创新的核心。一所大学的办学水平充分体现它的实力，但一所大学真正吸引人的魅力还是它的文化及其品位。"②2005年初，郭贵春在学校工作计划会议上正式提出了"大学文化建设"理念，包括大学文化的思想性、学术性、育人性、多样性与和谐性。③工会作为全校教工的文化阵地，责无旁贷地承担起促进校园文

---

①梁志刚：《在山西大学第三届第二次教职工代表大会上的讲话》，《山西大学第三届第二次教职工代表大会资料汇编》，山西大学工会，2005年1月编，第43页。

②石海红、刘兵：《建设优秀的地方领军大学——访山西大学校长郭贵春》，《中国社会科学报》，2009年11月3日。

③郭贵春：《历史的声音——山西大学工作计划会议上的讲话》，中国社会出版社2012年版，第27页。

化发展的责任。

(一)加强师德建设,弘扬文明之风

要提高大学文化思想性,就必须加强师德建设。2002年3月,学校出台《山西大学关于师德师风建设的实施方案》。4月9日,学校召开师德师风建设动员大会,校长郭贵春作了动员报告,要求各单位以正面教育为主,树立典型,评优推先,实现教师道德情操与思想作风的全面提高。他还指出,师德师风建设是一项长期任务,各单位要采取灵活多样的方式,真正触动教工的灵魂。学校对工会在这方面的工作做了具体要求,在2005年5月校党委下发的《中共山西大学委员会关于进一步加强新时期工会工作的意见》中这样写道:"工会要协助党政抓好职工队伍师德师风建设,增强职业道德,提高职业技能,培养职业情感。"[1]"工会要紧紧围绕学校中心工作开展群众性的岗位练兵、教学基本功大赛和合理化建议活动,形成人人奋发向上、各个争当先进的氛围,促进广大教职工特别是青年教师业务能力的提高。要积极组织'三育人'、模范教师、优秀教育工作者、劳动模范、'五好文明家庭'等评先创优活动。"[2]这就明确了工会在师德师风建设中评选先进、推举模范、技能竞赛等主要任务。

2002年以后,工会继续开展全校"三育人"评选工作。2002年至2008年,工会每隔一年进行一次"三育人"评选工作,共进行了3次表彰。其中,2003年度,王世杰等63名教职工被评为"三育人"先进个人;2005年度,陈宏林等50名教职工被评为"三育人"先进个人;2007年度,徐斌等49名教职工被评为"三育人"先进个人。学校于教师节前后专门召开表彰大会,对评选出来的先进个人进行表彰,由校领导亲自颁发荣誉证书,并发表讲话,号召全校教职工学习他们学为人师、甘为人梯、乐于奉献、志存高远的精神。每次表彰,工会还向获奖教工颁发奖金、纪念品等,使大家备受鼓舞。

从2005年开始,工会在评选"三育人"先进个人的基础上增设"三育人"先进集体的评选与表彰,在教师节表彰大会上一并对先进集体颁发荣誉。"三育人"先进集体的评选条件为:以邓小平理论和"三个代表"重要思想为指针,树立和落实科学发展

---

① 山西大学工会委员会:《中共山西大学委员会关于进一步加强新时期工会工作的意见》,《教职工代表大会文件汇编》,2009年3月编,第174页。

② 同上。

观,坚持社会主义办学方向,坚持党和国家的教育方针、政策,致力于构建和谐的校园环境;深化教育改革,坚持依法治校、民主治校、科学治校,在教育教学和办学的质量、效率、效益等方面成绩突出;党、政、工重视"三育人"工作,相互协调,齐抓共管,有较完善的规章制度,并经常进行监督检查,使"三育

2005年9月,山西大学"三育人"先进集体、先进个人表彰座谈会举行

人"工作成为教职工的自觉行动,培养、选树、宣传和推广"三育人"先进典型和经验,不断总结"三育人"工作的经验,推动"三育人"活动的深入开展。在2005年开展的首次"三育人"先进集体表彰活动中,共有物理电子工程学院、生命科学与技术学院、体育学院、学生工作部、后勤集团5家单位获得表彰;2007年,共有宣传部、社科处、教育科学学院、数学科学学院、体育学院、音乐学院、后勤管理处获得表彰。对"三育人"先进集体的表彰提高了各单位对"三育人"工作的重视,营造出争当"三育人"先进的群体氛围,使这项工作成为教职工共同的自觉行动,极大地推动了师德师风建设。

同时,工会积极推选"三育人"表彰中涌现出来的突出个人与集体参加全省"三育人"的评选表彰。经工会推荐,2002年,赵爱民、周海潮荣获山西省第七届"育人杯"先进个人,现代教育技术中心荣获山西省第七届"育人杯"先进集体;2005年,肖连团、时卫东荣获山西省第八届"育人杯"先进个人,后勤集团荣获山西省第八届"育人杯"先进集体;2007年,郭卫民、张林卿、薛勇民荣获山西省第九届"育人杯"先进个人,山西大学工会荣获山西省第九届"育人杯"先进集体。

对这一时期的"三育人"评选,工会加大了宣传力度,旨在引导大家向榜样看齐,弘扬优良师德师风。表彰大会结束后,除了延续以往在《山西大学报》上刊登受表彰个人、集体名单的惯例外,还在校工会刊物《山大教工》与校工会网站上刊登光荣榜、先进个人专访与先进个人事迹。如《山大教工》2007年第4期对山西省第九届"育人杯"先进个人获得者、历史文化学院郭卫民作了长篇的专访,对侯怀银、郭栋生、王秋

琴、王桂花、高克成、唐晋娥、尹奇等表现突出的先进个人事迹作了介绍。全校教职员工在事迹宣传中受到了强烈触动，从而更有力地促进了师德师风建设。

在"三育人"评选工作进行的同时，工会积极组织教职工参加各级各类劳动竞赛，以赛促能，推动教职工教育教学水平迈上新台阶。2002年，段毅豪、王煜、柳青艳三位教工参加了山西省教育工会、山西省劳动竞赛委员会组织的全省高校中青年双语教学基本功竞赛，荣获一等奖，被授予一等功；谭红叶、高影繁、胡瑞娜三位教工在竞赛中获得一等奖。2003年，钱揖丽、桑楠在全省第二届高校青年教师教学基本功竞赛中荣获二等奖；金平、田静、肖燕三位教工被山西省社会主义劳动竞赛委员会授予二等功。2005年，王雪婴在山西省教科文卫体组织的课件赛中荣获一等奖，李茹、赵晓洪获得二等奖。2008年9月，工会组织教工代表队参加了山西省教科文卫体工会联合会举办的"山西省教科文卫体系统职工劳动法律法规知识竞赛"，竞赛围绕《工会法》、《劳动合同法》、《劳动争议调解仲裁法》进行激烈角逐，最终荣获三等奖。教职工的知识水平、师德修养在竞赛中得到提升。由于组织得力，山西大学工会在2007年被山西省劳动竞赛委员会授予"集体一等功"。

在浓郁的师德师风建设氛围中，涌现出一大批师德高尚、才能突出的先进个人与单位，5年间共获国家级荣誉5项。2002年，化学与化工学院教师双少敏家被中华全国总工会授予"全国文明家庭"荣誉称号；2004年，物理与电子工程学院教师梁九卿被中国教科文卫体工会全国委员会授予"全国师德先进个人"荣誉称号；2005年，校长郭贵春于2005年被中华人民共和国国务院评为"先进工作者"；2005年，生物技术研究所教师梁爱华被中华妇女联合会评选为"中国经济女性年度杰出人物"，他们共同塑造了山西大学师德师风的优秀榜样。

获得省级荣誉的集体与个人更是不胜枚举。2002年，朱鲁军被山西省劳动竞赛委员会授予二等功，马恩波、尚珊被山西省教育工会评为"山西省大中专学校先进女教职工"，梁丽莉被评为"山西省大中专学校先进女教职工干部"，郭贵春被山西省劳动竞赛委员会授予"山西省五一劳动奖章"，梁爱华被山西省劳动竞赛委员会评选为"山西省职业道德十佳"；山西大学工会被山西省妇联评为"妇女群众文化活动示范点"，图书馆被评为"妇女群众先进集体"，山西大学工会被山西省总工会评为"山西省工会法律工作先进单位"；2004年，马恩波被山西省妇女联合会评为第四届山西省"十大女杰"，梁爱华被山西省社会主义劳动竞赛委员会授予"山西省五一劳动奖章"，并被山西省总工会评为"山西省十大杰出女职工"，梁丽萍、张真美、白红萍被山西省教育工会授予"山西省先进女教职工"称号,张汉静被山西省总工会授予"山西省先进女职工之友"荣誉称号;2005年,王满贵被山西省社会主义劳动竞赛委员会授予一等功;2006年,董川被山西省劳动竞赛委员会授予"山西省五一劳动奖章",山西大学被山西省总工会评为"学习型标兵组织单位";2007年,双少敏被山西

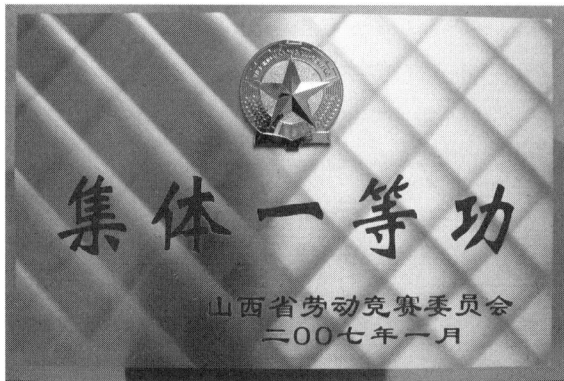

2007年,山西大学工会被山西省劳动竞赛委员会授予集体一等功

省劳动竞赛委员会授予"三八红旗手"荣誉称号,并被山西省教科文卫体工会联合会评为"十大杰出知识女性",张汉静、梁丽萍被山西省委、省政府、省劳动竞赛委员会评为"山西省劳动模范",殷杰、张靖被山西省教科文卫体工会联合会、山西省教育厅评为"山西省高等院校科技创新标兵",被山西省劳动竞赛委员会授予"山西省五一劳动奖章";2008年,谢常德被山西省总工会(省总女工委)授予"山西省五一巾帼奖",王铁梅被山西省劳动竞赛委员会授予"山西省五一劳动奖章"。

榜样的力量促进着山西大学教职工发扬优良风范,共同推动学校发展。如,2005年,校长郭贵春被中华人民共和国国务院评为"先进工作者"。郭贵春是山西大学教授、博士生导师,历任哲学系副主任、校长助理、副校长、常务副校长、党委书记、校长。他早年毕业于山西大学哲学系,后留校任教,曾两度留学英国剑桥大学攻读科学哲学,先后赴美、日、英、德、俄、澳、加等国的著名大学作高访,他的研究处在世界科学哲学发展的前沿,所主持的科学技术哲学研究实力名列全国第一,填补了山西省人文社科领域多项空白,使山西省人文社会科学的发展有了历史性突破,他建成了全国唯一的教育部科技哲学重点研究基地,填补了山西省该领域无博士点、无全国优秀百篇博士论文、无教育部人文社会科学重大照片课题的空白。自2000年担任山西大学校长以后,他以独到的文化思辨理念,带领山西大学卯足干劲、精心谋划,以建设具有地方示范作用的研究型大学为山西大学的战略目标,提出了"小学校、大学科"、"小队伍、大科研"、"多专业、小班级"等富有创造性的教育理念,被誉为"文化校长"。正是在他的主持下,山西大学在全国大学排行榜上从2002年的95位跃居到2005年的64位,而在他1999年主持山西大学的党委、行政工作之前,山西大

学在全国的高校排名是第146位。郭贵春坦言,"勉之期不止,多或由力耕",作为校长,他身先士卒、带头苦干,将汗水尽洒百年名校的精神为全体山大人树立了榜样,鼓励着山大人努力向前。

双少敏、董川夫妇是2002年度的"全国文明家庭",他们是山西大学屈指可数的双教授、双博士、双硕士生导师之家。夫妇俩结婚12年来,互勉互励,携手共进。丈夫董川是学校科技处处长、教授、博士,几年中主持完成了两个省级科研项目,其中一项成果荣获教育部科技进步三等奖,一项成果通过省级新技术鉴定,其"室温磷光"研究的成功填补了国内外空白,被国家科技部批准为国家级火炬项目。他还多次参加国内外学术会议,发表40多篇论文,其中13篇在国际核心刊物上发表。妻子双少敏是化学化工学院教授、博士、硕导,曾赴香港浸会大学攻读博士后,从事光化学传感器、超分子化学研究,参与多项国家和省自然科学基金会组织的科研工作,几年中发表论文30多篇,10余篇论文被国际核心期刊SCI收录。其研究成果1997年获教育部科技进步二等奖,两次获得山西省科技进步理论二等奖,并于2002年入选教育部优秀青年教师资助计划…… 一件件杰出成果,离不开互敬互爱、美好和谐的家庭氛围。在妻子赴南方攻读学位时,丈夫既忙着工作,又处理着一大堆家务事,工作忙起来,常常带着3岁的孩子到食堂吃饭,但他全力支持妻子的理想,毫无怨言。妻子既是一名高级知识分子,又是一位贤妻良母,虽然常常与丈夫一起搞科研到深夜,但为让丈夫把更多的精力投入到工作中,心甘情愿地承担起所有的家务。这对高级知识分子夫妇无私奉献事业的精神、志同道合的情爱力量感染着全体教职工。

山西大学图书馆于2006年被中华妇女联合会评选为"全国三八红旗集体"。山大图书馆共有职工80人,其中女职工54人,承担着为全校近2万名师生提供文献信息服务的职责。每周开馆时间92小时,年接待读者逾百万人次,日均接待五六千人次,馆内有22个对外开放窗口,工作任务繁杂,每天要大面积地清扫卫生,将大量的书籍上架整架,进行重体

2006年3月,山西大学图书馆被中华全国妇女联合会授予"全国三八红旗集体"荣誉称号

力的书刊搬运,还要进行专业性较强的文献资源建设及加工、自动化网络化的新技术应用等工作,节假日也常年不休息,这对女同志来说是不小的考验,但女同志们勤勤恳恳,任劳任怨,主动提升服务水平。对待学生,她们热情周到,春风化雨,润物无声,寓教育于文明管理和优质服务之中,如慈母般为读者提供着精神食粮;对待学校,她们与时俱进,不断创新,争先掌握计算机技能,先后为化学系、生物系、历史系、中文系等单位开展定题服务21个,并编制了"山西进士名录"、"山西地方志资料索引"等一批具有地方特色的专题数据库,并设计了图书馆网页,开辟了"网上检索"、"读者服务"、"图网之窗"等六大功能模块,实现了图书馆资源的网上服务;同时又承担了"中国高等教育文献保障系统山西省文献信息服务中心"的建设任务与山西省高校图书情报工作委员会秘书处的行政任务,为全国文化事业贡献了力量,为山西学子构建了优雅的育人环境。全国"三八红旗集体"的荣誉,是对山西大学女职工勤勉工作的充分肯定。

近八年中,校工会推荐并荣获省级以上荣誉的有近10个集体,人数达30人次左右,这是山西大学工会全力配合学校师德师风建设,树立先进模范,带动全校塑造精神文明的有力见证!

(二)大力开展"健康工程",促进教职工身心发展

教职工身心健康是大学文化和谐性的重要标志。早在2001年,山西省教育厅与山西省教育工会就下达了《关于在全省高校实施"教师健身五个一工程"的意见》①的文件,要求各高校工会采取行动,帮助教师加强锻炼,增强体魄,保持身心健康,保证高效率、高质量地完成教学、科研和各项工作任务。山西大学工会高度重视这项工作,通过为教职工开展身体检查、健康讲座、疗休养、体育活动等方式促进教职工身心发展。

2003年春,"非典"侵袭龙城,对刚刚上任的新一届工会领导班子造成了严峻考验。山西是全国疫情重灾区,身处人口密集的大学校园中,教职工难免产生不安、恐慌等情绪,他们迫切渴望掌握相关的防病知识与健身知识。为此,工会于4月29日

---

① 据《关于在全省高校实施"教师健身五个一工程"的意见》(晋教工字[2001]21号),"教师健身五个一工程"具体内容为:1.每位教师参加一项体育健身活动;2.每位教师每天进行一个课时的健身活动;3.学校每年组织一次教职工体育运动会或多项(次)体育竞赛活动;4.学校在1至2年内组织教师进行一次体格检查,并开展教师心理健康咨询活动;5.学校每一年组织一定批次的教师疗休养活动。

发出了《致全体工会会员的一封信》，信中号召大家"相信科学，相信自己，'非典'可防，'非典'可治，要以良好的心态、科学的态度对待'非典'，以正确有效的方式预防'非典'，顺利平安全度过这段时期！"[1]提醒大家"搞好个人和室内卫生，锻炼身体，提高防病、抗病的能力"[2]。同时，工会向全校发出了《积极锻炼，抗击"非典"》的通知，呼吁大家积极贯彻《全民健身计划纲要》和《教师健身五个一工程》，坚持每天户外活动一小时，积极锻炼身体，增强自身的抵抗力和免疫力，并详细介绍了锻炼方法："早晨锻炼30分钟(慢跑或健身走)；课间操时间做广播体操；户外晒太阳；业余时间可选择慢跑、跳绳、打太极拳、健身走、打羽毛球等活动项目；室内可选择原地跑、高抬腿跑、深蹲、俯卧撑等，楼道卫生条件好的还可以上下楼梯。"[3]在工会号召下，教工情绪逐渐稳定下来，大家通过自觉清理垃圾、整顿卫生、定时喷药等方式，维护了教学区与家属区的整洁环境。大家还到操场上跑步、跳绳、做操，开展各类运动，增强了自己的身体素质。在全校共同努力下，山西大学打赢了防治"非典"这场攻坚战。

"非典"一役使教职工健康观念发生转变，也使工会进一步明确了"健康工程"的重要，要保持身体健康，预防比什么都重要。为此，工会主要开展了以下几方面的工作：

首先，通过体检与医保等工作提高职工对疾病的预防诊疗能力。2003年以后，工会多次向校领导建议，定期为全校职工进行身体检查，并为女职工进行妇科项目专项检查，获得学校采纳，两年一次的体检从此成为山西大学的常规制度。2004年、2006年与2008年，工会联合校医院、老干部处等多家单位，组织了3次大规模的教职工身体检查，同时对全体女教职工进行了妇科项目专项检查。除在省人民医院享受保健干部待遇的职工外，包括离退休人员在内的全体教职工都在体检范围之内，对于未能及时参加体检的教职工，还专门安排补检，每次参检人数近3000人。为缓解职工的看病压力，2004年，工会积极响应晋教科文卫体工字[2004]3号文件《关于在全省教科文卫体系统推行"职工补充医疗保险"的意见》精神，在全校范围内推行"职工补充医疗保险"。本着自愿原则，参保职工每年缴纳30元，再加上工会为职工交纳的10元保金，即可享受大病特病医疗保险，该项保险每人最多可投保3份。2007年，校工会决定在女教职工中开展"女职工特病保险"的活动，全校女教职工自愿参保，投保人每人每年交

---

① 校工会：《致全体工会会员的一封信》，《山西大学报》，2003年5月7日。

② 同上。

③ 校工会：《倡议书》，《山西大学报》，2003年5月7日。

付20元一份的保险费,即可享受到妇科疾病医疗保险,每人最多可投保3份。这项活动对受"看病贵"、"看病难"困扰的教工,是有着很大实惠的,因此受到大家热烈欢迎,仅在2004年底,投保总人数就达到776人,投保金额达36690元。

其次,通过举办健康知识讲座提高教职工的保健意识。2005年11月,工会特邀上海市妇女干部学校副教授、妇女教育研究室主任、香港中文大学女性研究专业研究生、维尔福妇女儿童心理热线主持人周美珍女士作了《现代人的心理压力与心理调试》的讲座,山西省总工会女工部代表、全校分工会主席、女工委员与教职工代表共200余人聆听了讲座。2007年5月,校工会邀请北京天坛医院妇科主任李秋华教授作了"妇科保健知识"讲座,近200名女教工参加听讲。

山西大学工会举办"关爱教职工心理健康"专题讲座

再次,通过组织体育竞赛、体育锻炼等活动,帮助教职工提高身体素质。工会继续开展过去传承下来的竞赛项目,每年举办全校教职工春季或秋季田径运动会,每届参加人数在600人以上;举办了第十届篮球比赛(2004年)与第十一届篮球比赛(2006年),每届参加人数在400人以上;举办第五届排球比赛(2005年)、第六届排球比赛(2007年)与第二届软式排球赛(2007年),每届参加人数在400人左右;举办第五届乒乓球比赛(2005年)与第六届乒乓球比赛(2007年),每届参加人数在300人以上。鉴于羽毛球运动在教职工中的普及发展,工会又增设了羽毛球比赛项目,举办了首届教职工羽毛球比赛(2006年)、第二届羽毛球比赛(2007年)、第三届羽毛球比赛(2008年),每届参加人数在250人以上。这一阶段,精彩的室内游艺活动也在持续开展,华牌赛、"双升"赛、围棋赛、象棋赛、跳棋赛、跳绳赛、踢毽子赛、保龄球赛等室内比赛每年都在举行;每年"三八"妇女节,还专门为女教职工组织棋牌、跳绳、踢毽子等专项比赛。工会俱乐部全年对外开放,晚上或周末举办舞会、健美操等健身活动。

心理健康,是工会关注的另一个重要问题。高校教师脑力劳动多、精神压力大,为促进教工精神健康,2004年,工会主动向学校建议开展一年两次的教职工疗休养活动,帮助大家舒缓身心,获得学校肯定。2005年2月,工会正式制定并开始实施《山西大学教职工疗休养制度》,坚持一年两次、冬春两季分批组织教职工赴省外疗休养,每次疗休养由各分工会自行推

2007年6月,组织教职工赴九寨沟疗休养

荐1至2名人选,经费采取"三三制"(校工会1/3,基层单位1/3,教职工1/3)原则,使教职工享受到充分实惠。2005年至2008年,工会先后组织6次疗休养活动,其中,2005年夏工会组织教工赴九寨沟、西安,2005年冬赴广东、海南,2006年夏赴长沙、张家界,2006年冬赴海南,2007年夏赴成都、九寨沟、黄龙,2007年冬赴海南,每次参加人数在40人以上。

活动中,工会周密部署,精心筹备,在广泛征求教职工意见的基础上选定路线,制订组团方案,通过竞标和考察相结合的办法选择实力强、信誉高的旅行社,并充分考虑时令与气候因素,夏避酷暑,冬避严寒,择景色宜人、水土养人的风景名胜区出行。在疗休养过程中,山大教工的足迹踏遍了祖国的大江南北,青山绿水洗去了疲惫,蓝天碧海荡涤了心灵,大家的身体得到了休息,精神感受到愉悦,灵魂得到了陶冶,思想进一步升华。教工郝育林在2007年的夏季疗休养过程中写下游记《神奇的九寨》,发出了这样的感想:"九寨沟神奇的魅力与多姿多彩的校园生活和校园文化迥然不同,然而,我想自然与心灵和谐统一的时候,也正是产生美的根本所在。心灵与自然美的结合也可以激发出智慧的火花。我们应该教育学生懂得人与自然要和谐相处的基本理念,树立热爱大自然、保护地球家园的高尚情操和培养对环境负责任的精神。愿自然之美与和谐之韵融入我们的校园,美丽着我们的课堂!"[1]休憩迸发灵感,自然触动思维,将提炼后的宝贵思想带入课堂,最终实现大学教师教书育人的使命,这正是工会组织疗休养的宗旨所在!

---

①郝育林:《神奇的九寨——山西大学2007年暑期教职工疗休养活动纪实》,《山大教工》2007年第3期,第21页。

（三）举办文体活动，丰富校园文化

丰富多彩的文体活动是大学文化的重要载体。在开展"健康工程"的过程中，工会精心抓出教职工文体活动中的精品与亮点，组织了不少别出心裁的文体活动。

如2006年，工会为调动教职工参与体育锻炼的积极性，特别组织全校职工参加了"全国第三套秧

山西大学教职工第二届软式排球赛

歌健身操"的学习与培训，这是山西大学自创的一项特色活动，校工会特别邀请体育学院体操学副教授张真美担任教练，张真美老师精心编导了整套动作，融合了体操与秧歌两个项目特点，结合人体科学运动方法，配以悠扬动听的音乐、色彩鲜艳的绸扇与绸手绢，操练起来优美动人、趣味十足，而且又能够起到很好的健身作用。工会成立了健身操培训班，先请各分工会派1至2名教工代表定期参加培训，再请他们回各自单位推广，很快就受到全校教职工的热烈欢迎，大家主动参加锻炼，每个分工会都成立了20人以上的健身舞蹈队，一到工余时间，处处都是教工们翩翩起舞的身影。2007年，山西大学健身秧歌操队决定参加省教科文卫体工会组织的"关爱女性，健康你我"健身操大赛，张真美老师带领25名优秀学员进行了两个月的刻苦训练，学

2007年10月，山西大学在省教科文卫体系统"关爱女性，健康你我"系列活动健身操比赛中获得一等奖

员们来自教师、行政、工人等不同岗位，年龄最大的有50多岁了，但是个个不畏困难，每天都热情高涨地排练舞姿动作，最终在11月16日，山大代表队在11支队伍中脱颖而出，以9.45的高分获得一等奖，展现了山西大学教工健康向的上精神风貌。

2007年1月，工会推荐年轻女教师熊晶参加山西省工会举办的"和谐乐章中的知识女性"演讲比赛，决赛

中,她以《做女人真好》的演讲题目,深入浅出、声情并茂地感染了在座300位观众,在全省30名选手中荣获二等奖,展现了山大知识女性的风采。

2007年9月,为关爱学校单身教职工的生活,工会与太原广播电视总台《剧友佳缘》工作部联合举办了"山西大学2007中秋节单身教工鹊桥联谊会",吸引

2008年9月,参加山西省高等学校《阳光下的誓言》诗歌朗诵比赛获一等奖

了30多位单身教工报名,学校同时邀请了40余名具备大专以上学历、有稳定职业的校外单身人士参加。活动内容包括自我介绍、才艺展示、现场配对交流、自由活动板块等等。在如水的月色中,在流光溢彩的灯光下,在浪漫温馨的舞曲里,不少单身教工找到了人生伴侣,成就了山西大学校园里的数段佳话。

2008年9月8日,在第24个教师节来临之际,山西大学工会组织教工积极参加了山西省教科文卫体工会联合会与省教育厅联合举办的山西省高等学校庆祝教师节"阳光下的誓言"大型诗歌朗诵会。工会认真编排了配乐诗朗诵《106年的我们……》参与比赛,节目以校歌为乐曲基调,诗句勾勒出山大建校以来质朴而敬业的教师群体,基调高雅,意蕴深刻。教工们以饱含激情的朗诵展示了山大教职工的职业道德和职业精神,激励着更多教职工践行阳光下最神圣职业的承诺和誓言,最终在16个参赛单位中荣获一等奖,山西大学荣获"最佳组织奖"。省人大常委会副主任、省总工会主席郭海亮亲自为学校颁发了荣誉。校党委书记秦良玉,校党委副书记、工会主席张汉静兴致勃勃地观看了表演,并与选手亲切握手,以表慰问。

在常规工作中,工会组织的文体活动更是不胜枚举,每当"三八"妇女节、"五一"劳动节、"七一"建党节、元旦、春节来临之际,工会都要举办教职工联欢会、歌手大赛等活动,校领导也主动参加活动,与大家共享节日的喜悦。如,在2003年妇女节举办的庆"三八"联欢会暨卡拉OK歌手大赛上,校党委书记杨慧锦亲自出席,并为大家即兴演唱了歌曲《山不转水转》,工会主席张汉静与大家一道参加了"抢气球"游戏,掀起了一轮轮欢乐的热潮。

正是通过这样长期、多样而新颖的方式,山西大学工会有力促进了教职工的身

心发展与和谐校园文化的建设。

(四)组织爱心捐助,积极回馈社会

扶危救困、奉献爱心是每位合格公民应当履行的社会责任,特别是对作为高等学府的山西大学来说,它更是教职工为人师表、德育示范的重要途径。山西大学工会多次组织教职工开展爱心捐助活动,向外界源源不断地传递着山西大学对社会大家庭的温暖与关爱:

2004年7月,工会根据省委办公厅、省人民政府办公厅晋办发[2004]17号文件《山西省爱心助残募捐活动工作方案》精神,在全校范围内开展了"爱心助残募捐活动",呼吁大家为残障人士提供力所能及的帮助,1942人参加了活动,总计募捐金额48250元。

2004年11月,太原遭受了严重的风、雹、旱、涝和地质塌陷等自然灾害,工会号召全校教工参加了太原市委、市政府开展的扶贫济困送温暖活动,倡导"捐一日工资,献一分爱心",一天时间里,共收到全校教职工捐献衣物1715件,捐款7150元。

2008年初,我国南方遭遇罕见的暴雪冰冻灾害,湖南、湖北、江西、贵州、广西北部、广东北部、浙江西部、安徽南部、河南南部等十几个省份与地区受灾严重,城乡交通、电力、通信等遭受重创,百姓生活受到严重影响,经济损失巨大。为向灾区人民伸出援手,帮助其早日恢复正常的生产、生活秩序,工会开展了"山西大学向灾区人民献爱心捐款活动",2月15日起向全校职工发出活动通知,并在工会俱乐部大厅放置了募捐箱,全校教职工踊跃捐款,共计捐出人民币71200元。

2008年5月12日,四川省汶川县发生8.0级强烈地震,这是新中国成立以来破坏性最强、波及范围最大的一次地震,近7万人在地震中罹难,直接经济损失8452亿元。汶川地震牵动着全中国人民的心,国家调动一切人力物力资源,火速支援灾区前线,全校师生迫切渴望为救灾贡献力量。5月14日,山西大学校工会向全校教职工发出紧急通知,并发出《抗震救灾倡议书》,号召大家奉献爱心,捐款捐物,帮助灾区共渡难关:"我们不能阻止自然灾害的肆虐,我们更不能在灾害面前低头!只有众志成城,为受灾的同胞们筑起爱的城墙,我们才能携手并进,共度困难!"14日上午,校领导秦良玉、郭贵春、张汉静、贾锁堂、刘维奇、行龙带头向灾区人民捐款。持续一个月的募捐活动中,前往工会俱乐部捐款捐物的教职工络绎不绝,青年学子也受到感召,自觉前往工会奉献爱心。在工会组织的募捐活动中,全校师生员工共捐款994644.43元(不含"特殊党费"),其中包括学生捐款274969.36元。10月27日,为进一步援助地震灾区做好灾后重建工作,帮助灾区人民顺利过冬,工会又一次在全校范围内开展了向四川地震灾区"送温暖、献爱心"捐助活动。活动中,全校师生共捐助救灾款87228.30元,衣物1289件。其中,教职员工及家属捐助救灾款45540.00元,衣物245件;学生捐助救灾款41688.30元,衣物1044件。

在为地震灾区献爱心的活动中,涌现出许多感人的事迹,从白发老人到青年教师,所有人都积极为抗震救灾提供力所能及的帮助。有着70年党龄的离休干部原旷是参加过抗美援朝战役的老同志,身上有多处伤残,他听到募捐活动后非常激动,亲自来到捐款处对收款的同志说:"没有共产党,哪有我的今天?我要交3000元,说到做到,你们一定要收。"在场的人无不为之动容。工会会员、体育学院青年教师、体育教育训练学在读博士生侯向峰毅然放弃24日去山东青岛参加CUBA的裁判工作,参加了抗震救灾志愿者队伍。21日,他随首批25名由医护人员、防疫人员、救援工作者等组成的救援小分队奔赴四川省德阳市灾区开展抗震救灾工作。出发前,侯向峰受到校领导的亲切接见,校长郭贵春深情嘱咐:"一定要注意安全!只有保护好自己,才能帮助别人……平平安安去,平平安安回来!带着激情去,带着理性回来!带着希望去,带着收获回来!"校党委副书记张汉静与副校长行龙也叮嘱他要安顿好家人,在抗震救灾一线要保护好自己。侯向峰表示:"作为一名共产党员,作为一名山西人,作为一名山大人,为祖国贡献自己的力量是义不容辞的责任!"到达地震灾区以后,他每天工作十几个小时,进行"地毯式"搜救、搬运物资、送医送药、治疗伤员、发放食物等艰苦的工作,光荣地完成了志愿者任务,被授予"山西省优秀青年志愿者"荣誉称号。回到学校后,侯向峰向校党委书记秦良玉、校长郭贵春等领导汇报了志愿者服务的情况,校领导充分肯定了他奋发向上、积极进取的宝贵品质,号召全校职工向这位优秀的青年教师学习。①

在各二级分工会,针对贫困地区儿童、灾区群众或本校患病学生等困难群体组织的小规模爱心捐助活动也在常年进行。活动组织过程中,校工会对每次活动募集的爱心款项都列入专项财政,并在校园网上对全校师生公布详细数目与具体去向,让大家感到安心与放心。爱心捐助活动进一步增强了山西大学教职工团结一致的凝聚力,加深了全校师生对中华民族传统美德的理解与信仰,延续了山大人"应国家之需"的光荣传统,使现代大学文化得到了淬炼与升华。

①山西大学师生在"5·12"汶川大地震中献爱心的事迹,参见《山西大学报》第863期,2008年5月19日;《山西大学报》第864期,2008年5月27日;《山西大学报》866期,2008年6月13日。

三、完善管理机制,提高服务水平

2008年以后,山西大学进入"十一五"计划第二阶段,各项工作全面进入巩固上一时期成果的攻坚时期,"丰富内涵,提高地位"成为这一阶段的发展主题。工会立足上一时期打好的机构与制度基础,重点完善服务机制,提高管理水平,各项工作持续走向深入。

(一)第四届教代会暨第七届工代会的召开

2008年底,由于第三届教代会暨第六届工代会任期期满,山西大学工会召开了第四届教代会暨第七届工代会,进行新一轮的工会换届。

换届准备工作于2008年初开始启动。1月13日,工会在海南三亚召开了"山西大学教代会、工会工作会议",全校各分工会主席、教代会主席团成员32人参加了会议,校党委副书记、工会主席张汉静出席会议并作了重要讲话。张汉静在讲话中肯定了工会2003年以来所取得的成绩,并对未来的工作提出了希望。他指出,党的十七大为工会工作和基层民主政治建设开辟了更为广阔的发展前景,工会、教代会工作要与时俱进,乘势而上,在十七大开创的新的历史起点上迈出新的步伐;要做好新一届工会的换届工作,贯彻落实"全心全意依靠教职工办学"的指导方针,畅通党政领导与教职工的交流渠道,加强学校文化建设;工会要以换届为契机,进一步创新工作思路,丰富工作内涵,提升工作水平,团结引导全校教职员工着力推动"五个转向"的落实,为实现学校"十一五"宏伟目标而努力奋斗。校工会常务副主席王满贵作了

2008年11月山西大学第四届教职工代表大会暨第七届工会会员代表大会胜利召开

2003年以来工会工作报告,对年底换届工作进行了重点部署。会议期间,与会人员先后到海南大学和南海舰队海军某部队进行了友好访问。

4月14日,中共山西大学委员会办公室下发《关于筹备召开山西大学第四届教职工代表大会暨第七届工会会员代表大会的通知》,要求全校分工会分别于5月16日前召开二级教代会,进行分工会换届并选举出校"双代会"代表。此届分工会随学校机构变动而调整为27个分工会,包括19个学院分工会与机关党委、老干部处、后勤管理处、资产经营公司、图书馆、现代教育技术中心、校医院、附小分工会。按正式代表占全校教职工总数8%的比例,各分工会最终共选举产生195名正式代表、36名列席代表、7名特邀代表,总计238名代表参加大会。

11月26日上午,大会首先进行预备会议。11月27日下午,在庄严的国歌声中,大会正式开幕。山西省教科文卫体工会联合会主席梁志刚、省高校工委副书记畅日宝、

时任山西省教科文卫体工会主席梁志刚在山西大学第四届教代会暨第七届工代会上讲话

山西农业大学党委书记石扬令等嘉宾出席了开幕式并作了热情洋溢的讲话。梁志刚在讲话中赞扬了山西大学上一阶段的工会工作,称赞山西大学工会工作在领导重视、民主管理、维护权益、文化建设、发挥凝聚力等方面堪称楷模,成为全省高校乃至教育系统的典范,并衷心感谢山西大学为全省教科文卫体系统工会事业的发展作出的杰出贡献。同时,对山西大学下一阶段的工会工作提出希望:"希望即将诞生的新一届山西大学工会委员会,在学校党委和上级工会的领导下,在学校行政的支持下,高举中国特色社会主义伟大旗帜,认真学习科学发展观,继往开来,开拓进取,开创工会工作新局面,更广泛地动员教职工,为建设具有地方示范作用的研究型大学作出新的更大贡献。"[1]畅日宝在发言中希望山西大学要以十七大精神和科学发展观为指导,充分发挥自身优势和特色,"为实现学校的办学目标、办好人民满意的大学教育

---

[1] 梁志刚:《在山西大学第四届一次教职工代表大会暨第七届一次工会会员代表大会上的讲话》,《山西大学第四届教工代表大会暨第七次工会会员代表大会资料汇编》,山西大学工会2008年12月编,第95页。

贡献力量"[1]。开幕式后,嘉宾与代表们合影留念。当天晚上,全体嘉宾与代表到学校蓓森朵芙音乐厅欣赏了"双代会"专场文艺演出。

在这次大会上,全体代表听取了校长郭贵春作的《学习实践科学发展观,建设具有地方示范作用的研究型大学》工作报告。报告从学校发展战略、内部成果、外部环境、发展的全面协调可持续等四个方面回顾了过去五年所取得的工作成绩,并提出了"五个提高和提升"的今后五年工作重点:提高学科发展层次,提升学术竞争力;提高人才培养质量,提升素质教育水平;提高人才引进力度,提升师资队伍水平;提高科研创新能力,提升服务地方水平;提高管理服务效率,提升大学文化内涵。

校工会主席张汉静代表第六届工会委员会作了《围绕中心,同心同德,为建设具有地方示范作用的研究型大学而努力奋斗》的工作报告,全面回顾了过去五年的工会工作,并提出了今后五年工会工作的主要任务:激发教职工创造活力,团结动员广大教职工为推动学校科学发展作出更大的贡献;用社会主义核心价值体系引领教职工,大力推进校园文化、教职工文化建设;完善基层民主管理制度,保障教职工享有切实的民主权利;继续加强和谐校园建设,推动教职工在共建的基础上共享学校发展成果;以改革创新精神加强自身建设,不断增强工会的吸引力和凝聚力。

山西大学党委副书记、工会主席张汉静在作工会工作报告

大会还听取了校纪委副书记刘国强作的《山西大学第四届教职工代表大会暨第七届工会会员代表大会提案征集情况》的报告,对上一时期的提案征集、落实与解决情况进行了全面总结,充分肯定了提案格式规范、涉及面广、质量提升的进步特点,鼓励全校职工继续发扬主人翁精神,继续建言献策,贡献智慧。

经过民主选举,大会最终选举出新一届工会委员,校党委副书记张汉静任工会

---

①畅日宝:《在山西大学第四届教职工代表大会既第七届工会会员代表大会上的讲话》,《山西大学第四届教职工代表大会暨第七次工会会员代表大会资料汇编》,山西大学工会2008年12月编,第99页。

委员会主席,王满贵任常务副主席,李智斌、张晋红任副主席,曲秀全任经费审查委员会主任,赵培文任经费审查委员会副主任。王秋琴、王满贵、白红平、宁俊伟、任建勇、刘文权、负根有、李广科、李君超、李建龙、李岩峰、李智斌、张汉静、张青刚、张晋红、尚珊、胡忠秀、赵爱民、皇甫香、郭卫民、郭秋英、高太平、曹永胜、龚巧梅、董有尔、景宏业、雷香花、裴雁曦、潘继刚等被选举为新一届工会委员。

会后,《山西工人报》对大会召开情况作了《山西大学:工会力量凝聚教职员工》[1]的报道,肯定了新一届山西大学工会委员会"围绕中心,同心同德,为建设具有地方示范作用的研究型大学而努力奋斗"的目标承诺。

这次换届使工会委员会的组织结构得到进一步优化与完善,此前,在2007年3月29日召开的第六届工会委员会全体会议上,选举任命李智斌同志担任工会副主席,这次换届大会又选举出张晋红同志担任工会副主席,两位副主席均是35岁以下的年轻干部。这样,工会干部中有1名为博士学历,2名为硕士学历,实现了干部队伍的年轻化、知识化与专业化,更符合新时期工作开展的实际需要。

这次换届时值学校建设具有地方示范作用的研究型大学的关键时期,具有承前启后、继往开来的重要意义。大会明确了新时期工会工作的目标与方向,科学发展成为新时期里的重要着力点,将工会的服务与活动推上新水平成为新时期努力的主要方向,大会推动了各项工作在下一个五年里稳步向前。

(二)建立长效机制,巩固"科学发展观"学习实践成果

2007年10月,中国共产党第十七次全国代表大会在北京召开,"科学发展观"在这次大会上被写入党章。科学发展观,是胡锦涛同志于2003年7月28日讲话中提出的"坚持以人为本,树立全面、协调、可持续的发展观,按照促进经济社会和人的全面发展",依照"统筹城乡发展、统筹区域发展、统筹经济社会发展、统筹人与自然和谐发展、统筹国内发展和对外开放"的要求提出的一种方法论,它是对中国共产党三代中央领导集体关于发展的重要思想的继承和发展,是发展中国特色社会主义必须坚持和贯彻的重大战略思想。根据十七大的部署,中央决定从2008年9月开始,用一年半左右的时间,在全党分批开展深入学习实践科学发展观的活动。

2008年,按照中共山西省委要求,山西大学与长治市、右玉县、泽州县、太原钢铁公司成为全省第二批开展学习实践科学发展观的5家试点单位之一。10月,全校召

开"深入学习实践科学发展观活动动员大会",并由校党委发布《山西大学深入学习实践科学发展观活动实施方案》,要求各单位从2008年10月至2009年1月,通过学习调研、分析检查、整改落实、总结巩固等方式,实现"提高认识、增强能力、解决问题、创新机制、促进发展"的活动目标,推动学校在办学定位、"五个转向"、学科建设、人才培养、和谐校园、党建工作等方面实现科学发展。

山西大学工会积极响应学校号召,于10月16日制定《校工会党支部学习实践科学发展观实施方案》;成立工会学习实践科学发展观领导小组,常务副主席王满贵任组长,工会党支部书记、副处级调研员田斌任副组长,副主席李智斌、女工部主任梁丽莉为领导组成员;树立了"全面贯彻党的十七大精神,高举中国特色社会主义伟大旗帜,以邓小平理论和'三个代表'重要思想为指导,组织工会党员特别是工会班子认真学习实践科学发展观,准确把握科学发展观的重大意义、科学内涵、精神实质和根本要求,着力转变不适应不符合科学发展的思想观念,着力推进工会科学发展、促进和谐校园建设能力,着力解决影响和制约工会科学发展的突出问题,着力构建和完善有利于工会科学发展、和谐发展的体制机制,努力达到'提高认识、增强能力、解决问题、创新机制、存进发展'"①的活动目标;着眼于制度建设与完善、教代会维权职能、师德师风建设等主要问题。

从2008年10月15日至2009年1月15日,工会的学习实践活动经过了准备工作、学习调研、分析检查、整改阶段、总结巩固等五个阶段,通过学习培训、调查研究、思想讨论、民主生活会、查找问题、通报情况、群众评议、解决问题、总结巩固等一系列环节,加深了大家对学习实践科学发展观的认识,把工会工作推上了一个新水平。

活动伊始,工会便向全体干部下发了《深入学习科学发展观活动领导干部学习文件选编》、《科学发展观重要论述摘要》、《毛泽东、邓小平、江泽民论科学发展》等有关文件供大家学习,并于2008年10月24日与11月4日两次召开解放思想大讨论专门党支部会议,支部全体党员参加了讨论。大家一致认为学习实践科学发展观是形势发展的必然要求,决心进一步转变思想观念,强化大局意识,改善工作作风,创新工作思路,开创工作新局面。11月,工会领导班子深入基层与二级分工会调研,了解工作中存在的各种问题,并形成了书面分析检查报告。调研发现,本届班子在贯彻落实科学发展观活动中已取得了很大成绩,但仍存在一些影响和制约工会科学发展

---

① 《山西大学工会校工会党支部学习实践科学发展观活动实施方案》,《山西大学工会委员会学习实践科学发展观材料汇总》,2009年3月6日,第13页。

的问题,如在班子思想认识、职工源头参与、维权体系的健全等方面还需要进一步加强完善。工会提出,要通过进一步完善各项规章制度与维权体系、提高工会干部素质、密切与群众的联系等方式解决重点领域的重点问题,实现更加快速的科学发展。检查中,工会常务副主席王满贵、副处级调研员田斌、副主席李智斌分别撰写了书面材料,进行了深刻的自我剖析与自我批评,认真查找与分析自身存在的问题,并明确了自身努力的方向,从而提高了工会领导班子水平。2009年2月,科学发展观的集中学习告一段落,工会撰写了学习科学发展观总结材料,在肯定成绩的同时指出,今后要通过团结教职工、建设校园文化、完善基层管理制度、加强和谐校园建设、加强自身建设等方面继续贯彻落实科学发展观。

工会深刻认识到,贯彻落实科学发展观是一项长期任务,需要建立长效机制来巩固科学发展观的学习实践成果:"学习实践科学发展观作为保持共产党员的先进性、推动工作事业的科学发展是长期性的,是一项长期任务,需要不断深化,不断提高,不断探索,不断创新。"①为此,在接下来的几年中,工会通过继续完善规章制度、维护教职工权益、发挥教代会职能等方面促进科学发展观的进一步落实。

完善的规章制度是建立贯彻落实科学发展观长效机制的基础。2008年下半年至2009年初,工会重新修订和完善了《关于进一步加强工会工作的意见》,2009年3月3日,由山西大学党委正式向全校印发。此稿是在2005年5月出台的《山西大学党委关于进一步加强新时期工会工作的意见》的基础上修订的,新的意见分为"充分认识工会工作的重要意义,切实加强和改善党对工会工作的领导"、"充分发挥工会组织的作用,履行工会基本职责"、"坚持和完善以教代会为主的民主管理制度,切实保障教职工的民主权利"、"加强工会自身建设,全面推进工会工作"、"大力加强分工会的组织建设"五大部分,共19条。该意见紧密结合了党的十七大精神、中国工会十五大精神、学校"十一五"规划,并把"科学发展观"写入指导思想中,与时代的联系更加紧密,对工作的指导性也更强。

维护教职工合法权益是建立贯彻落实科学发展观长效机制的重要体现。为贯彻科学发展观"以人为本"的核心,为关心职工群众的切身利益,2008年10月28日至10月29日,工会专门召开了教代会代表学习实践科学发展观座谈会,请22名代表(包括分工会主席、专职教师、务工人员)对学校近期工作提出意见建议。代表们畅

① 工会党支部:《学习实践科学发展观活动总结》,《山西大学工会委员会学习实践科学发展观材料汇总》,2009年3月6日,第52页。

所欲言,围绕学校"十一五"规划与"五个转向"、学科建设和师资队伍建设、教职工利益与学生培养等几大方面,提出了14个具体问题。如,有教工提出,学校的产学研要面向社会,建议学校成立一个成果转换、服务社会的专门机构,起到学校和社会的纽带作用,对外联系合作单位,这样既服务社会,又能增加创收;有教工提出,实验师队伍建设应纳入学校"十一五"整体规划中,要解决他们的职称、待遇等问题;有教工提出,学校立足新定位,就必须解决经费不足的问题,应当积极向省里要政策,树立全民办校的思想,改革发展成果惠及每位职工;有教工提出,教职工高层住宅还存在一些问题,包括房产证如何体现房屋属性,取暖费如何缴费,旧房如何退,底层商铺造价多少,建议在分房委员会的基础上成立业主委员会,有一个能和相关部门对话的组织,等等。这次征集的意见涉及学校发展的关键问题与教职工的切身利益,引起了校领导高度重视,为日后的学校决策起到了重大参考作用。同时,工会继续完善教代会代表巡视与质询制度。2009年3月10日,针对倍受群众关注的住房问题,校工会专门召开教代会代表关于蕴华庄高层住宅楼新房交付及旧房分配咨询会,副校长杨军、后勤管理处党委书记张代平、处长吴斗庆、校工会常务副主席王满贵、副主席李智斌参加会议,对群众进行了现场答疑,并听取了教职工意见,使住房分配方案更加合理。同年又配合后勤举办了高层住宅楼房产证办理问题咨询会,邀请了市房管局有关负责人为教代会30余位代表作了报告,回答了购房教工的疑问,帮助他们顺利入住。2011年11月中旬,工会在教代会代表中广泛征求对《山西大学家属区1-10号楼拆迁改造实施方案》的意见和建议。2012年上半年开始,工会继续进行第四届第二次教职工代表大会的提案征集工作,通过一系列的听取民意活动,教职工合法权益得到进一步维护。

发挥教代会职能是落实科学发展观的重要途径。2011年6月29日,在第四届教代会暨第七届工代会闭会期间,第四届教代会专门召开了主席团第三次会议,听取讨论《山西大学"十二五"发展规划》(草案)。发展规划处处长郎永杰就学校"十二五"规划纲要修撰过程、编制原则、主导思想、框架体系作了详细汇报后,19名主席团成员就草案进行了热烈讨论,并对草案的修改提出了意见,最后由发展规划处副处长吴文清就主席团成员所提修改意见的处理情况逐条作了说明。通过行使听取、审议学校重大事项的职能,教代会对未来五年学校的合理规划贡献了智慧,为山西大学实现新的跨越转型积蓄了力量。

（三）开展各类活动，迎接110周年校庆

第四届教代会暨第七届工代会继续广泛开展各类活动，激发教职工创造活力，活跃和谐校园文化，为2012年5月山西大学110岁华诞作出重要贡献。

工会继续开展"三育人"先进个人与先进集体评选工作，分别于2009年9月与2011年10月进行了两次"三

2011年9月，山西大学"三育人"先进、第三届山西省高校科技创新标兵获得者参加山西省庆祝教师节表彰大会

育人"的评选与表彰。2009年，共有郭万金等53名教工被评为"三育人"先进个人，历史文化学院等9个单位被评为"三育人"先进集体。2011年，共有张启新等54名教工被评为"三育人"先进个人，党委办公室等14个单位被评为"三育人"先进集体。其中，经工会推荐，2009年，化学院教师潘继刚被山西省教科文卫体工会评为山西省第十届"育人杯"十佳教师，老干部处退休科科长尹奇、工会副主席李智斌被评为山西省第十届"育人杯"先进个人，校团委被评为山西省第十届"育人杯"先进集体。2011年，外国语学院教师李广凤被评为山西省第十一届"育人杯"十佳教师，物电学院教师李禄、外国学院教师李广凤、管理学院教师尚珊被评为山西省第十一届"三育人"先进个人，后勤管理处被评为山西省第十一届"三育人"先进集体。

这一时期获得省级以上荣誉的先进个人与集体有：2009年，王兰被山西省妇女联合会授予"山西省巾帼建功标兵"，王力蓉、王兰被山西省教科文卫体工会联合会授予"山西省教科文卫体系统第二届杰出知识女性创新成果奖"，王铁梅被授予"山西省教科文卫体系统第二届杰出知识女性职业道德奖"，魏瑾琴被授予"山西省教科文卫体系统第二届杰出知识女性专业技能奖"，赵永祥、梁丽萍、王海、刘毓庆、潘继刚被山西省社会主义劳动竞赛委员会授予"山西省五一劳动奖章"，王海、刘毓庆被山西省教科文卫体工会评为"山西省第二届高等院校科技创新标兵"，逯林福、张志红、武水明被山西省教科文卫体工会评为山西省高校系统"工友之星"，科学技术哲学研究所、光电研究所被山西省教科文卫体工会联合会授予省级"和谐文明先锋号"

荣誉称号;2010年,光电所被山西省社会主义劳动竞赛委员会评为"山西省劳动模范单位";2011年,尹奇、李广凤、郭万金被山西省劳动竞赛委员会授予"山西省五一劳动奖章",郭万金被山西省劳动竞赛委员会授予"第三届直属高校科技创新标兵",杨建华、韩永花、郭晶被山西省教科文卫体工会评选为山西省高校系统"工友之星"。

这一时期涌现出许多先进集体与个人,成为山西大学师德师风建设的榜样。如,尹奇同志是山西大学获得全省五一劳动奖章的教职工中唯一一名没有教师职称的人员,他是老干部处退休科科长,长期工作在管理、服务1000多名离退休职工的第一线上,去医院、背病号、勤家访、搬遗体、修水管、换煤气、买米面、讲法律、调解矛盾什么都干。他工作起来不分白天黑夜,没有节假日,除了吃饭睡觉就是工作,只要老同志有需要,第一时间就赶到,于是,山大老同志中流传着一句口头语,叫做"有困难,找尹奇"。十多年来,他照顾着数名生活不能自理的空巢老人,为他们洗衣做饭、擦身洗脚,把他们当成自己的亲人。他先后为216位去世的老同志办理了丧葬事务,参与清洁尸体、穿衣服、搬运尸体的丧葬活动全过程,使家属获得很大安慰。每当学校发放福利,他都要帮老同志搬下台阶,捆好小车或者放在合适的位置,这样一天往返几百次。和同事们一起工作时,他总是挑苦活、脏活、累活,搬搬运运、打扫修理,总是冲到最前面,从不计较个人得失。"作为一名共产党员,就应该以党员的标准严格要求自己,做好每一件事情,不能给共产党抹黑。只有处理好做人和做共产党员的关系,才能成为一名合格的共产党员。不论做什么工作,都是在给自己工作,干不好工作,就将毁你一生。"2012年,尹奇同志在学校创先争优表彰大会上的一番朴实发言,引起全场震撼,不少教工眼含泪花听完了他的发言,校长贾锁堂带头为他鼓了5次掌。

又如,山西省"十佳教师"李广凤是山西大学外国语学院的一名老师,她从教二十多年以来,钻研业务,勇于创新,探索使用了互动式教学模式,在教学中构建了一个具体的、可操作性强的自主学习策略培训模式,即五步法:准备、呈现、操练、评估、迁移,从而不断提高学生学习的自主性和可控性。在教学的同时,她勤于科研,五年中先后主持了国家级和省级科研项目5项,在《课程·教材·教法》等杂志发表论文7篇,其中发表于《中国教育学刊》2007第8期的论文《任务型英语课堂教学模式的探索》被中国人民大学书报资料中心复印报刊资料《中学外语教与学》2008年第1期全文转载,并荣获山西省第六次社会科学研究优秀成果二等奖;发表于《教育理论与实践》2009年第12期的论文《优化英语教学模式,促进学生自主性发展》于2010年荣获山西省百部(篇)优秀成果二等奖;她所主持的两项省级教改课题"互动式大学英语课堂教学模式研究"和"大学英语新教学模式下学生自主学习策略的培养与实践"分别荣获2007年度省级教学成果二等奖和2008年度省级教学成果三等奖。她多次荣获"山西大学本科教学优秀奖",两次荣获山西大学"富士康奖教金",2010年被授予"山西省普通高等学校教学名师"称号。面对荣誉,她说:"三尺讲台寄托着一名人民教师沉甸甸的责任,我所取得的点滴成绩,源自于对教育事业的无限忠诚,我所做的一切都是一名教师应该做的! 面对荣誉,我将更加努力工作,用心写下忠诚,用爱培育英才!"

工会继续组织教职工参加各类劳动竞赛,2008年底,工会组织教工参加了山西省教科文卫体工会组织的山西省高等学校中青年教师教学基本功竞赛,杨志军在竞赛中获文科类一等奖,记一等功一次;姚霞在竞赛中获文科类二等奖,记二等功一次。各类评优评奖与劳动竞赛有力促进了山西大学教工教育技能、师德修养水平的提升。

工会继续推进"健康工程"的建设。2010年与2012年,工会联合校医院,在全校范围内对教职工进行了两次身体检查,并对全体女教职工进行了妇科检查。2009年5月,工会特别邀请省人民医院内分泌科主任医师柳洁向全校教职工讲解了"血糖控制与糖尿病防治科普知识",6月,又邀请了省人民医院妇产科主任医师彭梅讲解了"常见妇科疾病的防治"两期健康保健知识讲座,两期讲座参加者达300余人,省教科文卫体工会主席梁志刚、副主席薛毓萍也亲临现场同大家一道聆听学习,他们对山西大学工会的认真组织予以好评。同时,继续开展一年两度的"疗休养",分别于2009年夏组织教工赴张家界、凤凰,2010年夏赴青岛、大连,2010年冬前往兴隆、三亚,2011年夏赴青岛、大连,2011年冬天赴三亚,2012年夏天赴南京、杭州进行了6次疗休养。

在献爱心、送温暖活动中,山西大学校工会继续发起全校教职工的力量,为困难地区与人群提供自己力所能及的帮助。2009年上半年,山西省遭遇特大旱灾,下半年又遭受特大雪灾,部分地区受灾严重,群众生活陷入困苦之中。当年11月,山西大学工会积极响应省委办公厅《关于进一步做好应对强降雪工作开展"救灾、帮困、送温暖"活动的通知》、《关于开展向受灾和贫困群众"送温暖、献爱心"社会捐助活动的通知》等文件号召,在全校范围内开展了"送温暖、献爱心"捐款活动,共收到募捐救灾款5万余元。2010年4月14日,青海省玉树藏族自治州玉树县发生7.1级地震,工会响应学校"立即行动起来,伸出援助之手"的号召,积极开展抗震救灾献爱心捐款活动,持续一个月的活动中,共收到全校教职工及家属2878人捐款327392元。2011年,工会积极响应市委办公厅、市政府办公厅《关于开展2011年"慈善一日捐"活动的实施方案》,号召教职工捐赠一天的收入、捐赠一笔节约的资金,一天之内为社会困难群众募集到善款4.6万元。

在文体活动方面,2009年至2011年,工会每年秋季组织召开全校教职工田径运动会,每年"三八"妇女节开展"双升"友谊赛,举办全校教职工"双升"和象棋比赛。2009年4月,举办了第四届教职工羽毛球比赛;10月,会同学校有关部门共同组织了"祖国万岁·山西大学庆祝新中国成立60周年师生歌咏比赛",参加教职工达300余人。2011年,为创新文体活动模式,工会建立起山西大学羽毛球协会试点,并组织协会会员参加省"鄂尔多斯杯"羽毛球赛,获得团体第五名。这一年春夏,为热烈迎接建党90周年,校工会组织全校教职工参加山西省教科文卫体系统组织的庆祝建党90周年职工书画摄影展,6月上旬,作品先在校工会进行预展,由书画摄影专家对作品进行评选,最终有22件作品入选省级展览,于6月22日至26日在山西省文联大厦(晋宝斋)1-2楼西展厅参加了"山西省教科文卫体系统庆祝建党90周年书画摄影展",受到上级领导与全省书画界人士好评。6月29日至7月3日,在党的90岁生日的喜庆日子里,校工会俱乐部又将这批优秀作品在校工会教职工俱乐部大厅展出,前往观展师生络绎不绝,受到了很大的感染与教育。

2012年,山西大学迎来了110周年校庆。新年过后,全校上下都进入精心筹备百年校庆的状态中。工会决心策划一系列精彩独特、意蕴深长的活动,以代表全校教职工为母校生日献上一份厚礼。

3月,工会决定在全校范围内推广第九套广播体操,开展第九套广播体操团体比赛,以增强教职工体质、营造健康校园氛围的独特方式为110周年校庆献礼。为此,工会开办了第九套广播体操教练员培训班,请各分工会派出1至2名代表到工会学习体操动作,由体育学院张真美老师负责教学,再由代表们回到单位教授给其他职工。在大家热情高涨地进行了一个月的训练之后,4月13日,比赛正式开始,全校26支教职工代表队伍精彩登场。他们身着整洁漂亮的运动服,在激昂的旋律中列队整齐,动作有力,个个精神饱满,喜气洋洋,展现了学府教师的激情与活力,更传达出对母校诞辰的欣喜与祝福。比赛评选出一等奖3名,二等奖5名,三等奖8名,精神文明奖10名,组织奖1名。

2012年5月8日,是山西大学110周年生日。5月4日,学校在鸿猷体育场举行了"盛世相聚 学府欢歌"——山西大学庆祝建校110周年师生校友大联欢,以歌舞联欢的形式掀起校庆系列活动的第一个高潮。工会为此精心设计了舞台剧《岁月情缘》,在全校范围内发动了55对老、中、青三代教职工夫妇,由工会副主席张晋红精心编导,进行了历时一个多月的刻苦排练。排练时节,正值炎夏,100多位演员们来自学校不同岗位,他们平均年龄偏大,其中年龄最大的老红军李荣春已经90岁了,需要坐着轮椅参加排演。但演员们怀着赤诚的爱校之心,从不叫苦叫累,积极地完成了十数次排练。联欢会上,55对教工夫妇以真挚感人的朗诵、深情贴切的歌唱,回味了在山大历经的甜与苦、情与爱,勾勒出山大人难以忘怀的青春岁月、光阴记忆,引得不少观众热泪盈眶,台下掌声经久不衰,《岁月情缘》也成为110年校庆联欢中最出彩的节目,成为山大师生永远的记忆珍藏。有同学说:"从开场听到老人的颤颤巍巍的声音起就泪眼朦胧,一直到结束,两只袖子都湿了。山大,成长、选择和憧憬留下的

2012年5月,组织教职工参加山西大学庆祝建校110周年师生大联欢

地方;山大,青春、生命和爱留下的地方;山大,亲人、嘱托和誓言留下的地方,孕育着一代代学子,见证着无数爱情。母校,我们永远爱你!"

5月2日至10日,山西大学工会协助老干部处在山西大学工会俱乐部联合举办了庆祝山西大学建校110周年老干部书画展,110位老干部泼墨挥毫,创作了150幅书画作品,将对学校的深情厚爱、殷切期盼寄托在一笔一墨之中。校党委书记秦良玉、校长郭贵春等全体校领导为展览写下亲笔题词,原校党委书记高兆忠等十几位老领导为展览贡献出丹青墨宝。这次展览规模之大、品格之高,为历次书画展之首,引起了校内外强烈反响。5月30日,工会又与校友办、老干部处等联合举办了陈学

中校友书法展。陈学中先生是山西大学政治系1965届校友,曾在山西大学担任副校长。他多年来酷爱书法,作品风格雄健峻拔、奇宕劲逸,有很高的艺术价值。为报答母校的培育之恩,陈学中先生主动请求在山西大学举办个人书法展,校工会对此给予大力支持,将工会俱乐部腾出一周时间,完成了认真细致的布展工作,赢得了观展群众称赞,也赢得了老校友好评。

丰富多彩的活动,激发了全校教职工的创造活力,活跃了和谐向上的校园文化,更大大增强了全校师生的凝聚力。怀着对学校割舍不断的牵挂与热爱,怀着对学校明天更加美好的祝愿,山西大学教职工立足建校110周年的新起点,踏上了为山西大学未来的跨越腾飞而不懈奋斗的新征程。

四、加强"职工之家"建设,增强凝聚力

2002年至2012年这十年间,校工会更加重视自身建设,通过深入开展建设职工之家、增进理论研究水平、加大工会网站与杂志建设力度,强化了自身素质,塑造了良好形象,大大提高了山西大学工会作为全校教工之家的凝聚力。

(一)深入开展建设"职工之家"活动

建设职工之家是国家对基层工会的群众化、民主化、法制化的明确要求,是工会工作的一项重要内容,山西大学工会的"职工之家"建设一直在进行,并取得了丰硕成果,2003年,山西大学工会曾被山西省总工会授予"山西省模范职工之家"光荣称号,生命科学院分工会被中华全国总工会、全国教科文卫体工会授予"全国模范职工小家"荣誉称号。

随着新时期的社会变化,"职工之家"建设又面临着许多新挑战,为将"职工之家"建设推向纵深,2003年7月,中华全国总工会下达了《在新形势下深入开展建设职工之家活动的意见》(总工发[2003]18号)。意见指出,近年来,国家进入全面建设小康社会、加快社会主义现代化发展的新阶段,但工会基层组织的快速发展与其工作基础薄弱的矛盾日益突出,基层组织作用的发挥与职工群众的期望差距较大的问题普遍存在,建会建制建家工作有待进一步推进,各基层单位应当深入开展建家活动,推动工会各项工作落实到基层。2004年9月,中国教科文卫体工会下达了《关于在教科文卫体系统进一步开展建设职工之家活动》的实施意见,山西省教科文卫体工会联合会随之将这两个文件转发到各基层工会中,并于2005年12月下达了《关于在全省教科文卫体系统深入开展建设职工之家活动的实施意见》,要求各基层工会深入开展建设职工之家活动,要通过建家活动,加强基层工会的群众化、民主化、规范化建设,努力把基层工会建设成为组织健全、制度完善、维权到位、运作规范、创新发展、作用明显、深受职工信赖的职工之家;并决定每两年评选一次山西省教科文卫体系统模范职工之家。

山西大学工会积极响应上级号召,决心争当模范,以评促建,在"职工之家"建设上取得了优异成绩。2005年5月,中共山西大学委员会下达《关于进一步加强新时期工会工作的意见》,其中明确提出了深入开展"职工之家"建设的要求:"校工会要在省级'模范职工之家'的基础上,积极创造条件,争取更大荣誉。各部门工会要继续深入开展'建设职工之家'活动,工会和各单位要给予一定的经费支持,指导和支持'职工之家'的建设。"①

2006年4月27日,校工会召开全体工会委员会议,讨论制定了《关于在全校深入开展建设"职工之家"活动工作实施办法》,该实施办法认为:"深入开展建设'职工之家'活动是贯彻落实'三个代表'重要思想和'以人为本、全面协调可持续'的科学发展观,在加快学校建设和发展进程中,充分发挥工会组织作用的必要途径,是不断增强各级基层工会组织活力,充分发挥工会基层组织作用,加强基层工会组织自身建设和提高工会工作整体水平的长效机制和有效载体。"②树立了山西大学建家活动的总目标:"通过建设'职工之家'活动,加强基层工会的群众化、民主化、规范化建设,努力把基层工会建设成为组织健全、制度完善、维权到位、运作规范、创新发展、作用明显、深受教职工满意和信赖的'职工之家'。"③实施办法确立了建家工作的五项基本要求和五项基本内容,要求通过党政领导齐抓共管、院系加大参与力度、工会认真牵头指导、创建学习型工会组织、加大人财物力投入等办法,不断提高教职工思想道德素质和科学文化素质,营造有利于教职工身心健康的优良环境,营造具有山大特色的文化体育活动氛围,维护教职工的各项合法权益,完善校、院两级教代会制度的建设,促进学校和学院的民主政治建设再上新台阶。实施办法规定了职工之家建设工作领导组,分为学校、各党总支、各党务行政机关总支三个领导组,分别由校党委副书记张汉静、各学院党总支书记、各机关总支书记担任组长,使建家工作在各层级

---

①中共山西大学委员会:《关于进一步加强新时期工会工作的意见》,《教职工代表大会文件汇编》,2009年3月,第176页。

②《关于在全校深入开展建设"职工之家"活动工作的实施办法》,《山大教工》,2006年第2期,第4~6页。

③同上。

有了组织保障。

实施办法还决定每年对各职工小家开展一次"职工之家"建设活动的评估工作，按照模范、合格、不合格三个等级进行评估考核与定级表彰。在实施办法中，附有建家活动考核标准，考核满分为100分，从"组织建设"、"民主建设"、"职工队伍建设"、"职工队伍建设"、"维权工作"、"任务落实"、"其他"等六大方面20小项细化分值，每项5分，评估时由检查组逐项打分定级。①这一办法的出台，既为校工会树立了建设总纲，又为各二级分工会提供了活动依据，全校上下从此有了建家活动的统一目标与行动指南。

2006年10月11日，校工会召集26个分工会主席，召开了建设"职工之家"专门工作会议。校工会常务副主席王满贵就"职工之家"建设工作进行了安排，要求各分工会要按照党委有关建家工作方面的两个文件的精神，积极落实建家的各项工作，并向各二级分工会分发了《建设"职工之家"上级文件汇编》、《山西大学分工会建设"职工之家"工作手册》等资料供大家学习参考。

为保证活动顺利开展，学校领导多次到工会视察调研。2006年9月30日下午，校长郭贵春到工会指导工作，他指出："要利用一切可利用的条件，积极为职工办实事、办好事。我们不但要让广大教职工享受物质上的待遇，更要注重文化上和政治上的待遇。把我们的教职工活动中心充分利用好，多搞活动，真正把工会建设成为群众信赖的教职工之家。"②12月7日，校党委书记秦良玉到工会视察工作，要求工会干部"要落实好党委关于加强工会工作意见和职工之家建设实施办法的两个文件精神，树立'有为才能有位'的思想，工会工作要为学校的建设和发展、教育和教学服务，在服务中体现工会职能，真正树立起'信得过、靠得住、有作为'的新形象"③，这为建家活动的深入开展提供了重要的启示。同时，工会常务副主席王满贵等领导经常到基层工会检查与指导工作，并给各二级分工会充足的经费支持。通过政策指导与具体实践，"职工之家"建设一步步取得丰硕成果。

2006年12月12日下午，山西大学作为全省"模范职工之家"的候选对象之一，接受了全省模范职工之家评验组的验收。验收组由省教科文卫体工会联合会主席梁

---

①《关于在全校深入开展建设"职工之家"活动工作的实施办法》(附件)，《山大教工》，2006年第2期，第6页。

②《郭贵春校长莅临工会检查指导工作》，《山大教工》，2006年第2期，第11页。

③《校党委书记秦良玉莅临工会检查指导工作》，《山大教工》，2006年第4期，第9页。

志刚一行四人组成，他们来到校工会进行了实地考察，听取了工会常务副主席王满贵主席《积极推进"职工之家"建设，不断开创工会工作新局面》的工作汇报，最终对山西大学的职工之家建设给予高度评价，并鼓励山西大学继续努力工作，争取更大的成绩。

2007年3月，在省教科文卫体工作会议上，山西大学工会被山西省教科文卫体工会联合会授予"模范职工之家"称号，至此，职工之家建设取得了阶段性成果。

在优异的成绩基础上，工会进一步推进建家工作的扎实开展。加大了各二级分工会"职工小家"的建设力度。2007年5月28日至6月1日，校党委副书记、工会主席张汉静带领"模范职工小家"验收领导组，深入26个基层分工会进行了一系列的评比与验收工作，最终评选出历史文化学院、哲学社会学学院、外国语学院、教育科学学院、法学院、数学科学学院、计算机与信息技术学院、物理与电子工程学院、化学化工学院、生命科学与技术学院、环境与资源学院、管理学院、体育学院、音乐学院、美术学院、继续教育学院、图书馆、附小等19个"模范职工小家"，于当年9月进行了表彰。

2008年4月，经过校工会推荐，音乐学院荣获"全国模范职工小家"荣誉称号，受到中华全国总工会与全国教科文卫体工会表彰，这是山西大学职工之家建设继2005年生命科学与技术学院获"全国模范职工小家"之后所获得的又一项荣誉。音乐学院是学校最早开展二级教代会的单位之一，在建家过程中，学院发挥教代会的民主管理职能，从人力、物力、财力上支持"职工之家"建设，共选拔出5名年富力强、富有奉献精神的同志担任工会专职干部。在办公场所和经费比较紧张的情况下，学院挤出两间办公室作为"职工之家"的专门活动场所，并一次性投入资金一万多元购买多种健身器械。音乐学院还定期对职工组织培训，提供各种便利条件，以满足大家提高自身技艺、培养兴趣特长的迫切要求，在此基础上组建了篮球队、乒乓球队、游泳队等，在各类比赛中获得优异成绩，进一步提高了全院职工的劳动热情。在校园文化节之际，音乐学院选派部分老师带领学生到其他学院、处室教唱歌曲、排练合唱，合唱一周举办一次，最后以比赛的形式进行全校汇

2005年，山西大学生命科学学院被中华全国总工会授予"模范职工小家"称号

演。每逢合唱比赛,学校广场彩旗飘扬,人山人海,成为山西大学的一道亮丽的风景,也成为全校师生每年共同期盼的一道精神大餐。音乐学院的建家活动使学院成了教职工的温馨之家,成为职工提高自身素质的成长之家,成为山大教工凝聚一心、共建家园的榜样之家。其他各单位纷纷向音乐学院看齐,争做"模范职工小家"。

在建设"职工之家"过程中,工会还坚持将建家活动与日常工作结合起来,除教职工代表大会、工会委员会组织机构、维权机制、文体活动等日常工作得到进一步完善外,工会其他方面的工作也取得了新突破。如,在规章制度方面,第六届工会委员会相继出台了《山西大学工会工作职责》、《山西大学教职工代表大会规程》、《山西大学二级教职工代表大会实施细则》、《山西大学工会委员会会议制度》、《山西大学工会财务管理制度》、《山西大学教职工体检制度》、《山西大学教职工疗休养制度》、《山西大学教职工文化体育活动制度》、《工会资产、物资管理制度》、《山西大学工会俱乐部管理制度》、《工会常务副主席工作职责》、《工会党支部书记工作职责》、《工会办公室主任职责》、《工会办公室工作职责》、《工会女工部工作职责》、《工会文体部工作职责》、《工会宣传部工作职责》等十多条规章制度。建家活动过程中,工会对上述规章制度进行了修订、完善与补充,并将其整理成《山西大学工会管理制度》的工作手册,规范了办事流程与活动制度。

在"送温暖、表关爱"活动方面,工会建立了慰问制度,一方面对为学校作出重大贡献的教职工送上学校的关爱,每年春节前夕,由党委副书记、工会主席张汉静带领全体工会干部来到全国五一劳动奖章获得者杨频、刘波与全国先进工作者郭贵春家中,向他们致以新春的祝福,感谢他们为学校作出的杰出贡献;另一方面为有重大困难的职工送去温暖,建立了困难职工档案,并定期与不定期地到患病、经济困难的职工家中与住院病房送上慰问品与慰问金,了解他们的生活困难,并呼吁全校为他们提供力所能及的帮助。

在硬件设施方面,学校

校工会领导慰问劳模

在这一时期先后对工会俱乐部进行了3次大规模的整修。工会俱乐部是全校教工的活动场所与工会干部的办公场所,始建于上世纪50年代,是一座苏联风格的小楼,随着时代的发展,它渐渐不能满足活动与办公需要。为此,2006年暑假,学校投资12余万元,将工会俱乐部大厅粉刷一新,购置了乒乓球台、棋牌桌椅、音响等设备,使教工活动条件得到优化;并新隔出了两个房间用作文体部、女工部的办公场所,使工会办公环境得到改善;同时将原办公室改造为会议室,在会议室内安置了沙发茶几、花草绿植,并设计了一整面镜面陈列墙,用于放置工会历年获得的奖杯、奖牌等荣誉,从此,工会有了对外交流、展示形象的良好窗口。同时,在各二级分工会,职工活动条件也得到了极大改善,各单位响应工会号召,纷纷开辟了职工活动室,购置乒乓球台、健身器具、乐器、棋牌、音响等设备,仅在建家活动集中开展的2006年这一年中,各分工会的硬件投入就达到50万元以上。

通过深入开展职工之家建设,山西大学教职工的入会率达到100%,在全省范围内造成很大影响。 2006年10月25日,《山西工人报》对山西大学的建家活动作了《育校园内和谐沃土,让教职工同享成果——山西大学"职工之家"建设活动不断深化》[①]的专门报道。山西大学职工之家建设活动的深入开展,促进了全心全意依靠教职工办学指导方针的落实,推动了基层民主管理、民主监督工作,维护了教职工的合法权益,丰富了校园文化生活,增强了教职工的凝聚力,为办学水平的整体提高作出了积极贡献。

(二)加强自身建设,提高管理水平

过硬的干部队伍与科学的管理方法,是知识经济时期工会工作的必然要求。山西大学第六届工代会换届以后,工会更加重视自身建设,通过经常性的教育培训、理论研讨、外出考察等方式,使工会管理工作迈上一个新台阶。

教育培训是提高干部素质的主要途径。2002年以后,为推动工会各项改革措施的贯彻执行,工会加大了对各级干部的培训力度。在第三、第四届教代会召开前夕,工会都组织全体代表进行了专门培训会议,由常务副主席王满贵向大家讲授讨论、投票、选举等相关知识。在二级教代会、职工之家、务工人员入会等重大制度推行过程中,工会都为各分工会主席、副主席举办了多次培训,并亲自到基层考察指导。同时,每年组织工会干部、工会委员、各二级分工会干部参加省级以上培训,10年来共

---

①昝江波、马田中:《育校园内和谐沃土,让教职工同享成果——山西大学"职工之家"建设活动不断深化》,《山西工人报》,2006年10月25日。

组织了400名工会干部参加了省级以上业务培训。如，每年派出专职干部参加山西省教科文卫系统工会干部培训班、参加省教科文卫体系统组织的工会主席培训和女工工作培训、参加财务制度培训班等等。2006年参加了山西省总工会组织的"创建学习型组织，争做知识型职工"培训，2007年参加了山西省总工会保障工作部举办的"全国工会帮扶工作管理软件培训班"，2009年参加了中国教科文卫体工会委员会举办的"学习贯彻工会十五大精神培训班"等重要培训，提高了工会干部的办事水平。同时，工会注重采取观摩考察等新颖多元的培训方式深化干部职工的思想认识。如2006年9月，在"创建学习型组织，争做知识型职工"活动过程中，校党委副书记、工会主席张汉静亲自带领全校工会委员与分工会主席，赴河南林州进行了"畅游红旗渠，实践荣辱观"主题考察学习活动，大家来到太行山麓，看到前辈们为改变百姓艰苦的生活条件，在近乎原始的条件下，风餐露宿、挥洒血汗、开山劈崖、凿岩穿洞，修筑的78公里的总干渠，追思那个"遍地英雄下夕烟"的伟大时代，心灵上受到了强烈震撼，增进了建设事业艰苦奋斗、百折不挠的决心。在日常的培训与工作中，工会还时常开展各类文体活动，为基层工会干部提供轻松愉悦的思想氛围和交流平台。如2012年2月13日，工会组织了全校基层工会干部迎新春联谊会，全校27个分工会的90余名工会干部参加了联谊，会上有小合唱、交谊舞、游戏、抽奖等精彩活动，大家在联谊会上载歌载舞，欢声笑语，其乐融融，类似这样的活动每年都在开展，进一步增强了基层工会干部的工作热情与凝聚力。

制度研究是促进管理工作先进化、科学化的有效方式。在这方面，工会通过组织并参加研讨会、撰写论文的方式提高自身理论修养。为发挥研讨会在先进经验交流中的平台作用，山西大学工会多次发挥牵头作用，承办了数次大型研讨会。如，2004年4月，江西省高校工会一行41人来山西省参观高校工会工作，山西大学工会承办了两省高校工会工作研讨会，山西省教育工会主席梁志刚、副主席薛毓萍及江西省教育工会副主席邓华等出席大会并讲话，山西省、江西省多家高校代表参加会议并交流了先进经验。2005年6月23日，山西大学校工会承办了山西省学校民主管理经验交流会，山西省人大常委会副主任、省总工会主席姚新章，全国教科文卫体工会姚久强，省教育厅厅长李东福，省总工会常务副主席徐改清，省总工会副主席冀中时，省教育文卫体工工会联合会主席梁志刚，以及省内各高等学校党委分管领导、工会主席等各级领导参加了会议，大家就新时期高校民主管理经验作了深入交流。山西大学党委书记秦良玉参加了会议，校党委副书记、工会主席张汉静作了

《贯彻教代会为主的学校民主管理制度,全心全意依靠教职工办学》的经验介绍,获得上级领导与兄弟院校肯定。当晚,省人大常委会副主席、省工会主席姚新章等领导与各高校代表一同在山西大学音乐厅观赏了精彩的文艺演出。当年 12 月 9 日,山西大学工会承办了

2005 年 6 月,山西省总工会主席姚新章慰问"欢迎山西省学校民主管理经验交流会议代表专场音乐会"演出人员

山西省首届高校工会研究会,省教科文卫体工会联合会主席梁志刚、校党委副书记张汉静及来自全省 30 余所高校的工会主席参加了会议,各高校工会代表先后介绍了各自工作经验,梁志刚主席要求今后山西各高校工会要重视交流和研究,为全省教科文卫体工会组织献出智慧和力量。2006 年 12 月,承办了省城女教师交流座谈会。

　　在参加全国高校工会工作研讨会的过程中,山西大学工会认真研究理论政策,积极撰写论文参与交流。2006 年 6 月,参加在太原理工大学举办的山西省高校工会工作研究会第一届第二次会议,山西大学工会的《围绕构建和谐校园,努力做好工会工作》一文被收录到会议论文集中。2007 年 4 月,工会干部参加了福州大学承办的中国高校工会第十一次宣传思想工作研讨会。2007 年 5 月,工会参加在南京举办的山西省高校工作研究会第一届第三次会议,山西大学工会参会论文《关于新形势下提升高校工会干部自身素质的思考》被会议论文集收录。2008 年 4 月,工会干部参加了在西南大学召开的中国高校工会第十二次宣传思想工作研讨会,常务副主席王满贵、副主席李智斌撰写的论文《创新教代会提案工作,促进学校民主管理》被会议论文集收录。2009 年 4 月,在安徽大学召开的中国高校工会第十三次宣传思想工作研讨会上,副主席李智斌、常务副主席王满贵撰写的论文《在构建和谐社会新时期下实现工会工作创新》被收录在此次会议论文集中。2010 年 5 月,常务副主席王满贵、副主席李智斌参加了在南昌大学召开的中国高校工会第十四次宣传思想工作研讨会,山西大学国家大学生文化素质教育基地办公室主任梁丽萍、工会副主席李智斌、

常务副主席王满贵撰写的论文《强化工会维护职能，推进高校民主管理》被收入大会论文集中。2011年5月，校党委副书记、工会主席张汉静、工会副主席李智斌参加了在四川大学召开的中国高校工会第十五次宣传思想工作研讨会，李智斌副主席代表小组在大会上作了小组讨论情况汇报发言。2012年4月14日至15日，工会副主席李智斌、管理学院工会主席尚珊参加了在中国矿业大学召开的中国高校工会第十六次宣传思想工作研讨会，管理学院工会主席尚珊，校工会常务副主席、副教授王满贵，校工会副主席李智斌撰写的论文《高校师德建设的内涵及路径探索》一文被大会论文集收录，6月，该文被中国教科文卫体工会第十二届优秀调研成果和论文评选活动评为"优秀奖"，这是工会十年来不断提高理论水平所取得的突出成果。

校际交流是学习优秀经验的必要途径。2002年以后，山西大学工会本着"外塑形象，内强素质"的目标，采取"走出去，引进来"的校际交流方式，积极组织干部到其他高校学习参观，同时热情接待来访高校，与省内外百余家兄弟高校千余名工会干部进行了交流。2004年，山西大学工会与江西上饶师范学院、新疆农业大学、山西农业大学等数十家省内外高校进行了交流。2005年，与天津大学、福建师范大学、西安农业大学等兄弟院校进行了交流。2006年，先后接待了内蒙古大学、内蒙古农业大学等几十名工会干部，并举办了全省高校与内蒙古农业大学工会交流研讨会。2007年，先后赴福建师范大学、武汉大学、中山大学等高校进行了考察学习，并接待了暨南大学工会来访。2008年，先后组织了专职干部、分工会主席到山东大学、东北大学等高校学习考察工会工作，并接待了由西南大学、重庆大学、西南政法大学等9所高校组成的重庆教科文卫体工会高校考察团、广西高校工会工作理论研讨会高校考察团、宁波大学、山西医科大学等20多个单位和团体60余人的来访。2009年，先后接待了南京航空航天大学工会、蚌埠学院工会等20多个单位和团体70余人的来访。2010年，接待了山西农业大学工会、中北大学工会等10多个单位和团体40余人的来访。2011年，接待了蚌埠学院40人的来访。同年，工会一行六人在张汉静书记带领下赴新疆大学考察，并召开工作交流座谈会。2012年，工会常务副主席王满贵、副主席张晋红、女工主任梁丽莉参加了省教科文卫体工会组织的赴兰州大学的调研考察活动。

"他山之石，可以攻玉"，在校际交流中，通过联合座谈、实地参观等方式，山西大学工会学习到不少先进经验。如在2007年对武汉大学、中山大学，2008年对山东大学的实地考察中，工会干部深受启发，将对方的先进做法带回学校，对学校的教代会代表巡视、务工人员管理与维权、职工之家建设等一系列改革发挥了积极作用。校际交流亦将山西大学的有利做法推广到全国各地。如在二级教代会方面,山西大学对先后来校考察的上饶师范学院、新疆农业大学、山西农业大学、山西医科大学等高校提供了帮助,对他们自身的制度建设提供不少借鉴,也对外树立了山西大学的良好形象。

(三)优化"一网一刊",增强宣传力度

随着信息化社会的到来,工会更加重视宣传工作,通过建立山西大学工会网站与创办《山大教工》杂志,展现了良好的单位风貌,增强了山西大学与兄弟院校及学校内部各单位之间的交流。

新世纪之初,应山西大学完善校园网络、开展网络化办公的要求,工会创建了山西大学工会网站,并于2004年进行了全面改版。改版后网站栏目更加科学,页面更加美观。网站标题为"山西大学教职工之家",菜单栏下设"工会概况"、"组织机构"、"政策法规"、"民主建设"、"权益维护"、"新闻中心"、"文体活动"、"荣誉奖励"、"为您服务"、"视频点播"等10个栏目,主页面分3栏,分别设置了"新闻中心"、"公告栏"、"最新通知"、"下载专区"、"法律法规"等数个常用栏目,并在显眼位置放置了展现工会风采的滚动图片,整体内容科学合理,既起到了介绍工会概况、展现教工风貌的作用,又能够帮助教工第一时间了解工会工作动态,学习法律法规,了解维权知识,享受便捷服务。在美工方面,采取中国红为底色的背景,意在突出

《山大教工》杂志

工会组织的红色革命传统。整体效果动静结合,严肃活泼,令人耳目一新,富有职工之家的温馨气息。在网络运行维护制度方面,由工会干部专职负责信息发布、审核、登记和维护,内容随时更新,具有极强的时效性、指导性与应用性。新建的山西大学工会网站受到全校教工欢迎,保持了很高的点击率,成为名副其实的"网上职工之家"。

办好刊物是山西大学工会高度重视的另一项任务。山西大学工会原有《山大教工》小报,每年不定期出版,仅在校内发行。为拓宽交流空间,2004年,工会将《山大

教工》由小报改为杂志,每年出版4期。改版后的《山大教工》季刊以"贴近教职工生活,反映教职工心声,维护教职工权益,促进学校科学发展"为办刊宗旨,共4个印张,40个页码,16开本,每次印刷1000册。在内容上,每期分为专题报道、理论研究、职工之家、教工风采、工作动态、基层窗口、经典文摘、教工园地、百年回眸、校园信息、法规之窗、休闲园地等12个栏目,其中有对上级工会新闻、学校重大新闻、工会与二级分工会动态的报道,有工会工作理论研究,有教工的学术性与文学性文章,有对先进集体与个人的事迹简介,也包括文史知识、科普知识、幽默笑话等休闲内容。杂志内容丰富,可读性强,受到广大教工喜爱,不少教工纷纷为杂志投稿。为进一步调动全校教职工的积极性,2006年9月,山西大学工会专门召开了宣传工作会,校党委副书记、工会主席张汉静向26个分工会主席布置了任务,希望各分工会进一步加大宣传力度,保持信息渠道畅通,要求把各分工会的宣传报道工作作为年终考核的一项重要内容。于是,全校职工对《山大教工》的热情更高了,每当对学校民主建设有新的思考、在职工之家建设过程中有新的体验、在日常生活中有新的感悟,都会付诸纸笔,积极向杂志投稿,使杂志内涵更加丰富起来。《山大教工》杂志除分发给机关处室、各院系分工会、山大教职工以外,还与上级工会与全国多家兄弟院校进行交流。在上级领导视察工作时,在兄弟院校干部来校参观时,都会翻阅《山大教工》杂志,了解山西大学教职工健康活泼的精神风貌。工会还每年定期向全国各大兄弟院校邮寄《山大教工》杂志,交流先进经验,展现学校风采,扩大山西大学在全国范围内的影响力。2011年,山西省教科文卫体工会授予山西大学工会"2011年度宣传工作先进单位"荣誉称号,特别表彰了山西大学工会在全省教育工会系统中宣传交流、合作互助、活跃气氛方面作出的贡献。

2002年至2012年,是山西大学工会历史上发展速度最快、取得成果最多的十年。十年中,工会系统的集体与个人共获得省级以上荣誉117项。其中,2004年,山西大学被中华全国总工会授予"全国五一劳动奖章";2005年,山西大学工会被中国教科文卫体工会全国委员会授予"全国先进工会组织"荣誉称号,山西大学被山西省总工会评为"学习型组织标兵单位",被山

2004年,山西大学被授予"全国五一劳动奖状"

西省劳动竞赛委员会授予"五一劳动奖状";2007年,山西大学工会被山西省总工会评为"山西省基层工会工作标兵单位",被山西省劳动竞赛委员会授予"集体一等功";2008年5月,山西大学工会被山西省总工会授予"五星级职代会"荣誉称号,成为全省唯一一家获得这一称号的高等院校单位;2012年,山西大学工会委员会被山西省总工会授予"山西省五星级

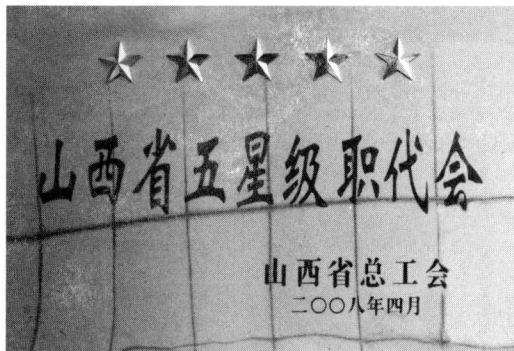

2008年,山西大学被山西省总工会命名为"山西省五星级职代会"单位

基层工会"荣誉称号。同时,山西大学工会连年被山西省教科文卫体工会联合会评为"年度工会工作考核先进单位"。在个人荣誉方面,校党委副书记、工会主席张汉静曾获"山西省劳动模范",工会常务副主席王满贵被山西省劳动竞赛委员会记一等功……

　　工会在立足社会主义民主政治建设的时代潮流中,抓住山西大学成为"省部共建"高校的有利条件,获得了党政领导的重视支持,地位得到空前提高。通过采取召开教职工代表大会、健全工会组织、完善教代会制度、落实提案工作、建立二级教代会制度、启动务工人员的维权与管理等一系列创造性举措,工会实现了教职工民主治校的重要职能;通过"评优推模"、推行"健康工程"、组织职工体检与疗休养、举办丰富多彩的文体活动、开展慈善爱心事业,工会为校园文化的和谐繁荣作出了突出贡献;通过深入开展"职工之家"建设、加强自我管理水平、扩大对外交流、优化"一网一刊"建设,工会成为凝聚力突出、在全国范围内具有一定影响力的教职工之家。总之,这一时期的工会工作达到了前所未有的高度,它在山西大学的跨越转型中起到了关键作用,是学校开展各项事业一支不可或缺的力量,更成为全省高等院校工会工作的龙头与榜样。站在新的起点上,山西大学工会阔步迈向充满希望的未来。

第八章　新形势新机遇下的工会工作

2012年11月8日，中国共产党第十八次代表大会胜利召开，提出了"推动高等教育内涵式发展"的目标。如何突破重点领域和关键环节的体制机制障碍，推动整体办学的内涵式发展，推进学校事业的综合改革，就成了山西大学下一步急需探索的重要课题。围绕"内涵式发展"的办学目标，以及"全心全意依靠工人阶级，健全以职工代表大会为基本形式的企事业单位民主管理制度，保障职工参与管理和监督的民主权利""支持工会、共青团、妇联等人民团体充分发挥桥梁纽带作用，更好反映群众呼声，维护群众合法权益"①等新任务，山西大学工会也迎来了良好的发展机遇。

一、学习贯彻"十八大"精神，为建设"有特色、高水平"大学而努力

山西大学对中国共产党第十八次代表大会高度重视，在2012年初学校发布的《中共山西大学委员会二〇一二年工作要点》中，明确指出2012年学校的工作重点是："认真做好党的十八大精神的宣传贯彻落实工作，为建设具有地方示范作用的研究型大学提供强大的思想理论保障。"校工会积极开展了学习十八大精神的各项活动，并以此为契机进一步搭建学校和教职工之间的桥梁，把工会的工作统一到建设"有特色、高水平"大学这一总体办学目标上。

（一）学习"十八大"精神，提高工会工作者理论素养

2012年11月8日，中国共产党第十八次代表大会隆重开幕。校领导秦良玉、贾锁堂、赵怀洲、李思殿、刘维奇、杨军与部分机关干部师生在文科楼九层会议室共同收看了中国共产党第十八次全国代表大会的现场直播。同时，各部门、学院的分工会也通过广播、电视、网络等多种形式，组织广大师生收听收看中国共产党第十八次代表大会开幕式，聆听了中共中央总书记胡锦涛代表十七届中央委员会所作的大会

---

①胡锦涛：《坚定不移沿着中国特色社会主义道路，为全面建成小康社会而奋斗——中国共产党第十八次全国代表大会上的报告》，《党建》，2012年第12期。

报告。

11月19日上午,山西大学在文科楼九层会议室召开传达贯彻中国共产党第十八次代表大会精神会议。校工会常务主席王满贵代表工会参加会议,认真倾听了校党委副书记、校工会主席张汉静传达的党的十八大精神。11月20日下午,王满贵主席召开校工会及各分工会主席工作会议,传达中国共产党第十八次代表大会精神。会议号召全校工会工作者要乘着中国共产党第十八次代表大会召开的东风,承前启后绘蓝图,真抓实干谋发展,把思想和行动统一到中国共产党第十八次代表大会精神上来,高举中国特色社会主义伟大旗帜,紧密团结在以习近平同志为总书记的党中央周围,统一思想,凝聚力量,开创山西大学工会发展的新篇章。11 月 21 日—23日,校工会举行了贯彻中国共产党第十八次代表大会精神系列学习会。校工会成员和各分工会主席在认真学习中国共产党第十八次代表大会报告和修定后的党章基础上,又组织学习了习近平总书记在中外记者见面会上的讲话和十八届中共中央政治局对学习宣传贯彻中国共产党第十八次代表大会精神进行研究部署的会议精神,以及胡锦涛在中国共产党第十八次全国代表大会上的报告、中国共产党章程(修正案)、中共中央纪律检查委员会向党的第十八次全国代表大会的工作报告、习近平在十八届中共中央政治局常委同中外记者见面时的讲话、习近平在中共中央政治局第一次集体学习时的讲话、王岐山在中央纪委监察部机关全体党员干部大会上的讲话等文件。大家围绕党的十八大精神,结合会议主题,从学校工会各项事业的发展和自身工作的实际情况,畅谈交流了学习体会。

(二)努力改善办公条件

3月16日,教育部以教高[2012]4号印发《关于全面提高高等教育质量的若干意见》,启动实施"中西部高校综合实力提升"工作,重点支持没有部属高校的省区和新疆建设兵团各建设一所综合实力较强的地方大学。

山西省教育厅认真研究,综合考虑全省高等学校的发展状况,报请山西省人民政府,经省长办公会议讨论,同意推荐山西大学,并向教育部主送"关于商请将山西大学列入中西部综合实力提升计划"的函(晋政函[2012]128号)。

11月5日,学校接到教育部高等教育司函件(教高司函[2012]176号),通知山西大学做好《中西部高校提升综合实力入选学校建设规划(2012—2015年)》编制工作及"推进工作方案"的制定工作。这标志着山西大学进入"一省一校",跨入国家建设"有特色、高水平"大学的新平台,步入加快发展步伐、提升综合实力的新征程。

　　为了适应国家建设"有特色、高水平"大学新平台对学校基础设施建设的要求，校工会也进一步加以修整。2012年暑假期间，校工会对工会俱乐部北部进行改造，修建了多功能会议室并配备了多媒体，成为能容纳一百余人的现代化会议场所。这样不仅提高了空间利用率，美化了环境，而且使得校工会办公场所的现代化气息更为浓厚。

　　(三)学习三届二次党代会报告，凝聚全体教职员工力量

　　2012年12月1日，中国共产党山西大学三届二次代表大会第一次全体会议在会议中心博雅报告厅隆重召开。会议的主题是："高举中国特色社会主义伟大旗帜，以邓小平理论、'三个代表'重要思想、科学发展观为指导，全面贯彻落实党的十八大精神，积极落实教育规划纲要，主动适应山西转型跨越的战略需求，进一步凝聚全校师生的智慧和力量，抓住机遇，改革创新，强化特色，提高质量，为加快建成区域特色鲜明的高水平研究型大学而努力奋斗。"会上，校党委书记秦良玉代表中共山西大学委员会作了《抓住发展机遇，提升综合实力，为建成区域特色鲜明的高水平研究型大学而努力奋斗》的工作报告。在各代表团分团讨论会议和主席团第二次会议充分讨论的基础上，当日下午，三届二次党代会第二次全体会议举行，审议通过了中国共产党山西大学委员会工作报告，讨论并通过了《中共山西大学委员会关于深入贯彻落实十八大精神进一步加强和改进党的建设的意见》。

　　会后各单位分工会纷纷组织本单位教职员工认真学习了会议工作报告，并把此次学习活动和学习中国共产党第十八次代表大会精神相结合，围绕学校面临的形势和机遇、学校发展的指导思想以及如何在全校范围内营造狠抓落实、干事创业的浓厚氛围等问题进行了热烈讨论。在讨论中，广大教职员工对学校三届二次党代会，尤其是党委书记秦良玉的报告反响强烈。大家一致认为，报告主题鲜明，内涵丰富，符合校情，代表民心。工作总结全面翔实，使人鼓舞；形势分析科学准确，令人信服；学校发展目标明确，措施有力，催人奋进。将贯彻落实中国共产党第十八次代表大会精神与山西大学的发展融为一体，既高瞻远瞩又实事求是地绘就了学校今后一段时期科学发展的宏伟蓝图，为广大师生指明了前进的方向，注入了奋斗的动力。教职员工们纷纷表示，要深刻领会报告精神，贯彻落实工作要求，立足岗位干事创业，模范带头勇争一流，为建设区域特色鲜明的高水平研究型大学贡献力量。

　　(四)组织教学基本功竞赛，激发教师教学的积极性

　　4月25日，按照山西省教科文卫体工会联合会、山西省教育厅《关于举办第2012

年度本科院校中青年教师教学基本功竞赛的通知》要求，为推动中青年教师队伍建设，促进中青年教师教学水平的提升，同时选拔优秀中青年教师参加省级竞赛，校工会联合教务处举办了2012年度山西大学中青年教师教学基本功竞赛。经过初赛和决赛，学校教学指导委员会共评选出一等奖7名，二等奖10名。7月

2012年9月，在山西省本科院校中青年教师教学基本功竞赛中，外国语学院教师张碧慧（右一）获得特等奖

16日，校工会组织7名一等奖获得者参加了2012年度山西省本科院校中青年教师教学基本功竞赛。经过激烈角逐，外国语学院教师张碧慧获得特等奖，计算机与信息技术学院高嘉伟获得三等奖。9月10日，省教科文卫体工会在山西省职工活动中心召开"庆祝教师节暨2012年度山西省本科院校中青年教师教学基本功竞赛表彰大会"，大会授予张碧慧"山西省五一劳动奖章"，高嘉伟记一等功一次。值得一提的是，张碧慧自2001年7月参加工作以来，始终将教学工作放在首位，积极探索科学的教学方法，认真教书育人，在各类教学比赛中均获得优异成绩。如在2010年教育部主办的"外教社杯"首届全国大学英语教学大赛中，张碧慧获得全国第六名的好成绩，也是唯一进入全国前十名的山西选手。在2011年的第二届全国大学英语教学大赛中，她再次荣获全国前十的成绩，成为迄今全国本大赛唯一一名两次获奖的选手。

（五）举办各种文娱活动，丰富教职工业余文化生活

5月30日至6月7日，校工会、校友办、老干处在教职工俱乐部联合举办了学校校友、原山西大学副校长、中国著名书法家陈学中先生的个人书画展，邀请校领导刘维奇、山西省党史研究室主任张铁锁等领导及离退休老同志参加开展剪彩仪式。9月27日上午，2012年秋季田径运动会在"鸿猷体育场"举行，校领导秦良玉、张汉静、李思殿、刘维奇、行龙、杨军及运动会主席团全体成员出席并在主席台就座，全校数千名师生员工参加了仪式。开幕式由校党委副书记李忠人主持。会上，运动员代表、裁判员代表分别宣誓，对办出一届高水平的运动会作出庄严承诺。经过5个竞赛单元的激烈角逐，最终，教工组团体第一名由后勤管理处捧得，体育学院和机关分工

会获得并列第二名,继续教育学院获得第三名。12月5日—12日,校工会在校工会俱乐部相继举办了象棋比赛、跳绳比赛、踢毽比赛和双升比赛,增强了教职工的身体素质,凝聚了力量,促进了学校的和谐发展。2013年3月5日—7日,校工会在俱乐部大厅举办了"2013年迎'三八'女教职工扑克'双升'友谊赛",进一步活跃了女教职工的文化业余生活。此外,为了舒缓教职工精神压力,校工会还组织了各种健身疗养活动。如6月8日至6月13日,校工会常务副主席王满贵和李智斌带队,组织教职工46人赴南京、黄山、千岛湖、杭州、上海等地进行了夏季疗休养活动。12月19日至22日,校工会常务副主席王满贵和李智斌带队,组织教职工46人赴海南三亚、兴隆进行了冬季疗休养活动。

(六)组织编写《山西大学工会史》

2012年7月10日,关于编写《山西大学工会史》的座谈会在校工会会议室召开,校党委副书记、工会主席张汉静出席会议并作重要讲话。参加会议的有张志敏、任茂棠、叶昌纲、王明生、李元生、张厚明等离退休老领导老同志,以及党办主任党志峰、工会常务副主席王满贵、政治与公共管理学院副教授张民省,会议由工会副主席李智斌主持。党委副书记、工会主席张汉静在讲话中阐述了编写本书的意义与构想,提出要求和希望。工会常务副主席王满贵谈了本书的背景与基本脉络。经会议讨论初步提出书名、编写委员会、编写组、完成时间,并对编写思路、提纲、方法等方面进行了热烈讨论。7月28日,编写工会史第二次座谈会召开。参加会议的有张志敏、王树相、杨耀年、任茂棠、叶昌纲、张玉凤等离退休校领导、原教育工会领导、原校工会领导。会议由常务副主席王满贵主持,贾雄做会议记录。参与会议的老领导、老同志在会上提出了许多宝贵的意见和建

《山西大学工会史》编委会第一次会议合影(前排右起:张汉静、叶昌纲、任茂棠、张志敏、王明生、王满贵;后排右起:党志峰、张厚明、李元生、张民省、李智斌)

议,提供了大量的线索,对校工会史的编写工作起到了积极的推动作用。8月30日,工会发展史编写组会议召开,参加会议的有编写组全体成员,副主席李智斌主持会议,常务副主席王满贵作了讲话,张民省作了编写任务的分解、安排和计划,并讲解了编写史书类的写法要点和注意事项。9月28日下午,工会发展史编写组第二次会议召开,校党委副书记、工会主席张汉静,校工会常务副主席王满贵、副主席李智斌参加会议。会议详细讨论了工会发展史写作提纲,强调了编写体制,明确各个时期的编写任务。张汉静作了重要讲话,强调要写出特色,依托山西大学的历史背景,基于真实,要有文采、有可读性,以学校工会发展为脉络,反映学校、山西省教育工会、全国教育工会的发展历程,真正成为精品之作。

二、积极创新高校工会和教代会工作

自2008年11月第四届教职工代表大会暨第七届工会代表大会以来,山西大学工会始终坚持"以教职工为本,主动依法科学维权"的工作方针,以理论创新带动体制创新和工作创新,着力解决重点难点问题,教代会制度不断完善,教代会职权得到了层层落实,教代会工作逐步走向规范。在2012年《工会工作计划》中,"以教代会为基本载体,加大民主管理和民主监督的力度"再次被确定为学校工会下一个阶段的工作重点。110周年校庆之后,校工会即开始积极筹备第五届教职工代表大会暨第八届工会会员代表大会。同时,校工会还要求各分工会根据各单位的实际情况,做好此次教代会的各项筹备工作,并且要撰写各分工会2012年工作总结与2013年工作计划。如何紧跟时代和学校前进的步伐,不断创新高校工会和教代会工作,建设真正具有山西大学特色的工会,就成为山西大学工会全体成员努力奋斗的目标。

(一)围绕中心,服务大局,不断进行体制创新

学校工会是党委领导下的群众组织,不仅在党组织和教职工之间发挥着其他职能部门所不可代替的桥梁纽带作用,而且是学校开展教育教学、服务管理、维护学校安定团结的一个重要支柱。创新是学校工会不断取得突破的源泉和动力,是对学校发展潮流的顺应和追赶,是对广大教职工群众意愿的呼应和契合,是对工会自身工作诸多问题的求解,是对山西大学工会前进道路的探索。把学校工会建设成为有中国特色和山西大学特色的群众组织,离不开体制创新。伴随着山西大学迈入中西部提升综合实力高校的行列和建成区域特色鲜明的高水平研究型大学办学目标的进一步明确,如何构建合理的管理体系、建立有效的工作运行机制、完善工作监督制约机制等就成了学校工会体制创新所急需解决的问题。

构建合理的工会管理体系。鉴于学校工会在学校中具有其他职能部门所不可代替的桥梁纽带作用和重要地位,学校工会必须围绕党委工作重心,服务学校工作大局。工会要定期向学校党委报告工作,要把自身的组织建设自觉地纳入到高校党的建设与科学发展的政治视野之中,要把平时的具体工作和党委工作紧密联系,保持高

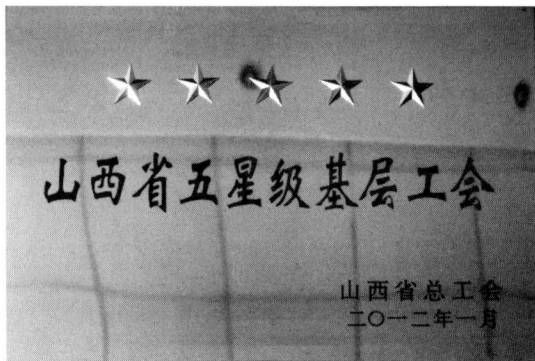

2012年1月,校工会被评为"山西省五星级基层工会"

度一致。要根据学校党委的总体工作部署,在师德教育、考研就业、本科学校评估等一系列重大工作活动中,把握教职工思想活动脉搏,积极开展一些形式灵活、针对性强、教职工乐于接受的活动,充分发挥工会的维护、建设、参与和教育的职能。

建立新的工会工作运行机制。随着市场经济体制的不断完善和高等教育改革的不断深入,学校工会应该改革调整运作方式,建立新型工作运行机制。主要是要建立以教代会为主渠道,教授会、校务公开为辅渠道"三位一体"的民主管理网络,实行个人与集体民主管理责任连带,并制定严格的工作程序和奖罚措施[①],使民主管理工作成为人人关注的硬性工作,以此调动教职工的工作热情,改进干部的作风,切实服务于学校工作的全局。

完善工作监督制约机制。要推进学校整体办学水平的不断提高,学校工会的监督职能必不可少,建立起对学校党政落实民主管理制度的长效监督制约机制,必将有力地推动学校工会、教代会工作的规范化、制度化建设,促进广大干部职工尤其是学校主要领导者民主管理意识的提高,在校园内营造民主政治建设的浓郁氛围。

(二)努力实现民主治校和依法治校

高校实行民主管理和法治管理是学校贯彻党的方针,实现人才培养目标,提升管理水平的根本要求。学校工会应发挥组织、引导、服务、维护等作用,促进学校民主管理和依法管理的实现。

坚决执行教代会制度,督促落实教代会职权。高校教职工代表大会是高校实行

---

① 李平:《劳动关系新变化与工会体制创新》,《天津市工会管理干部学院学报》,2011年第3期。

民主管理和民主监督的基本形式,是教职工行使民主管理权利的机构,是学校管理制度体制的重要组成部分。学校工会是教代会的工作机构,是教代会的组织者、参与者,教代会工作是工会工作的重要内容。高校工会应在不断完善和创新教代会组织体系和工作机制方面做出努力,包括注意发挥教代会在民主管理制度中的主渠道作用,适时创新教代会工作制度,拓展教代会职权适用范围和完善二级教代会制度等。

保障教代会的源头参与可以从两个方面来做:一是教代会代表参加学校党政工团联席会议,对学校的重大决策有发言权;二是学校行政提交教代会审议的决策文件,必须有教职工代表参加讨论定出初稿,再通过收集反馈信息,把代表的意见综合上来,使决策在教代会审议通过之前尽可能地符合广大教职工的意愿,有广泛的群众基础。[1]教代会的主要任务是讨论审议学校的发展规划、重大改革方案、师资队伍建设等与学校发展、教职工利益密切相关的问题,这不仅增强了广大教职员工参政议事的积极性,使他们踊跃发表自己的见解,最终达成共识,而且使教职工对学校的发展表现出更多的关注、理解与支持。学校的发展规划、大政方针的确定既要立足现实,又要面向未来,更重要的是要反映组织成员的共同愿景。要让全体教职工拥有一个衷心的、共有的目标、价值观与使命感,把大家凝聚在一起。教代会是教职工信赖的组织,在这个组织中,教职工能获得更多的条件和机会,充分表达自己的愿望并展示自己的才能,为个人和组织的发展创造性地开展工作。因此,教代会要积极探索在更高层次上发挥作用的可能性,把工作重点放在凝聚人心上来,把广大教职员工的共同愿望与学校的总体目标一致起来,组织广大教职工参与学校管理,监督学校规章制度、大政方针的执行。

积极推进校务公开。校务公开是在学校工作中依靠教职工办好学校,实现决策民主化、科学化的重要举措,同时也是调动教职工积极性,维护教职工合法权益,深化教育改革、确保稳定和发展的有效途径。学校工会要牢固树立全心全意依靠广大教职工办好教育、共建共享和谐校园的指导思想,健全和完善以教代会为基本形式的民主管理和校务公开制度,确保教职工有知情权、参与权、表达权和监督权。推进校务公开,有利于充分发挥广大教职工的积极性和创造性。教师和职工是学校必须倍加珍惜并应首先开发和利用的人力资本。没有教职工的广泛参与和积极支持,学

---

① 王虎鸣:《高校在改革中要重视发挥工会教代会的作用》,《教育管理研究》,1994年第4期。

校的生存与发展终将受到遏制。①教代会要始终把维护教职工的发展权、参政议政权等作为重要工作内容。特别是在学校进行人事制度改革期间,凡属于重大问题,必须经教代会审议通过,通过召开调研会,收集、整理教职工对改革的意见、建议,为学校的改革和发展提供参考和保障。

贯彻实行民主评议制度。实施民主评议制度是加强对干部进行教育管理的有效手段,也是保证学校行政权力正常运行的重要方法。高校工会应该充分发挥教代会的作用,有效推进和完善相关民主评议制度的建立,加强对干部职权的落实。校党委、校行政要坚持民主管理、依法治校的原则,注重培养广大教职员工尤其是教代会代表的主人翁意识,激发他们办学的主动性和积极性,形成良好的民主治校的校园氛围。教代会要成为学校教职工政治生活中不可或缺的一件大事,成为学校广大教职工民主参与、民主决策、民主监督的重要平台。通过教代会,全体教职工可以共商学校发展大计,共建和谐文明校园,共享科学发展成果,合法权益得到了有效保护,学校各项事业发展才能呈现出稳定和谐、欣欣向荣的良好局面。

(三)畅通学校与教职工的联系渠道

高校工会是教职工利益的维护者和代言人。伴随着国家人事制度改革的深化和事业单位全员聘用制的实行,学校和教师之间的关系发生了深刻变化。一方面,教师解除了原有体制下的人事依附关系,由"单位人"变成了可充分选择就业的"自由人",与用人单位(学校)之间建立了平等的聘用关系。但另一方面,教师在聘用关系建立后处于弱势地位,合法权益如果得不到保障,必然加剧学校与教师的矛盾冲突。高校工会的本质职能是维护教职工的权益,畅通学校与教职工的联系渠道,这不仅是学校管理体制的重要组成部分,也是学校改革、发展、稳定的内在需要。其中,教代会的作用异常重要。教代会工作不同于教学工作,也不同于办公室工作,它的枢纽作用体现在承上启下、沟通内外诸方面。

教代会在领导与教职工中间起着桥梁和纽带的作用,它把领导的决策化为教职工的自觉行动。学校的行政管理是通过校长负责的行政管理系统来实现的,学校的民主管理则主要是通过教代会来实现的,通过教代会使学校对人、财、物、事等的管理得以优化组合。好的学校管理是领导者善于把领导层的意愿化为群众的意愿,高

①徐见环:《以推行校务公开为突破口,构建全面的教师激励机制》,《全国教育科研"十五"成果论文集》(第一卷),新华出版社2005年版。

水平的领导者善于从领导层和群众的意愿中找到结合点,使领导与教职工密切合作,形成合力,在这一过程中,教代会的作用是十分重要的,它常常起到其他组织形式无法取代的作用。因此,学校领导层的行政管理,要支持教代会依法行使职权,依靠教代会集思广益、群策群力办好学校。教代会也要支持行政管理,维护行政管理的指挥权威,团结和教育教职工遵纪守法,维护学校的各项规章制度,努力完成学校的各项工作任务。

充分发挥教代会的枢纽作用,应该注意从以下三个方面改革完善教代会:

一是发挥教代会的辅助功能。这一功能是指教代会辅助校长、学校行政会议,起到助手的作用。教代会的代表通过深入了解教师的实情,代表教师向学校提出一些建议,但是教代会没有决策权,只能起辅助作用,虽然不一定都是关系学校的大政方针,但是教代会的确有大量的具体事务工作,很细致、很繁琐。这要求教代会的代表能任劳任怨,乐于为广大教师兢兢业业做好平凡而琐碎的涉及教职工切身利益的具体工作,切忌华而不实。

二是发挥教代会的协调功能,就是协调学校和教师、学生之间的关系,使学校管理机制正常运转。由于工作任务和具体条件的差别,教师和学校、学生和老师之间,不可避免地会出现这样或那样的矛盾,而且由于工作的发展变化,还会产生一些新的矛盾,这就需要及时、不断地加以调整。教代会正好联系着广大教师,有着协调的优势,所以教代会有责任协助领导做好协调工作。因此增进与教师的了解与沟通,掌握他们的需求与意愿,就成为教代会长期的工作。

三是发挥教代会的服务功能。教代会在一定意义上讲就是一项服务性工作,它既要为学校内部的教职工、学生服务,又要为学校领导服务,还要为学生家长及社会公众服务。搞好教代会工作,要克服重参与政务、轻管理事务的倾向,这是由教代会联系两端、向两端开放的本质特征所决定的。

(四)不断提高工会组织的自身管理水平

中国工会十五大报告明确指出:"以改革创新精神加强自身建设,不断增强工会组织的吸引力和凝聚力。""在新的历史起点上推进工会事业,必须全面加强工会的思想建设、组织建设、制度建设、作风建设和能力建设,进一步扩大覆盖面、增强凝聚力,使工会成为学习型、服务型、创新型的职工群众组织。"[①]这是全国总工会从时代

---

①张安顺、张坚民、陈乐洋主编:《中国工会十五大精神学习辅导读本》,人民日报出版社2008年版,第48页。

发展和全国工会工作大局出发,对加强工会组织自身建设提出的新要求。

提高工会的学习能力,建设学习型工会组织。首先要健全工会的学习机制。从工会整体来看,可以探索并建立建设学习的责任制,从领导到一般工作人员,形成一级负责一级的责任制度。从工会工作者个人角度看,要把建立个人学习的目标管理和学习情况公示制度化,对个人的学习进程进行跟踪监督。其次要统筹规划,合理安排学习内容。既要加强政治理论和业务技能学习,掌握深厚的政治理论知识和工会组织的基础知识、组织制度、民主管理、宣传教育等业务知识,做工会工作的专家,还要加强管理知识学习,掌握娴熟的管理专业知识,加强法律法规学习,掌握较全面的法律法规知识。再次要加大工会的宣传工作和信息化建设。进一步完善和充实工会信息平台建设,完善网页和数据库,积极推广现代信息技术,加强宣传报道力度,加快工会信息化建设进程。

实现工会领导思想、方法和实践活动方式的转变,建设创新型工会组织。目前,我国的高等教育事业正在健康持续地发展,为了适应学校的快速发展,高校工会领导也应该不断完善自己。首先,高校工会领导要在认识现状的基础上,转变领导思想,树立服务中心任务的大局观。传播新思想、新文化,创造新知识、新技术,培养高素质复合型人才,是高校永恒的主题。工会领导要把着眼点、立足点放在服务教学、提高教育质量这个中心任务上,树立领导就是服务、服务就是领导的思想。其次,工会领导要实现领导方法的转变。这是一个根本的转变,是做好各项工会工作的前提。工会领导方法的转变实际上就是领导艺术和破解工会科学发展难题、推动发展的手段。从工会领导层面上讲,体现在尊重以教学、科学实验为主体,体现在尊重高校事业发展规律,体现在尊重知识、尊重人才、尊重劳动、尊重创造上,这也是高校工会实践四项职能的最终落脚点和归宿。再次,工会领导还要转变实践活动方式。工会领导开展经常性的会员群众实践活动,是工会组织充满活力的外在要求,也是不断增强工会组织凝聚力、吸引力、向心力和创造力的内在要求。①所以,工会要充分发挥自身灵活特点和相对独立优势,选准工会服务大局的切入点和着力点,要从打造新品牌,建立一支高水平的职工文化骨干队伍;打造新亮点;发展和谐劳动关系,建立困难职工帮扶机制;建立健全工会信息化网络,扩展工会工作的覆盖面,增强凝聚力等方面,把高校工会组织有机地融合到社会主义和谐社会建设的世纪工程之

---

① 王俊梅:《高校工会要加强自身建设》,《工会论坛》,2002年第9期。

中,既体现建设中国特色社会主义工会的性质,又具有中国高等院校工会的特色。

协调与学校其他部门的关系,建设和谐型工会组织。一是要自觉接受校党委的领导。工会只有在党的领导下,才能真正发挥工人阶级群众组织的优势。作为校党委和广大教职员工之间的桥梁和纽带,工会只有在思想上、政治上、组织上自觉接受校党委的领导,才能更好地发挥工会职能和作用。二是要积极争取学校各行政部门的支持和重视。事实上,工会和校行政部门的工作目标是一致的:都以科学发展观为指导,要践行以人为本理念,推动学校科学发展,促进校园和谐稳定,因此,工会应该与行政部门多沟通、多协商、多交流,营造同行政部门合作共事的融洽氛围。三是要发挥维护职能,切实保障广大教职员工的切身利益。工会应该建立紧密联系广大教职员工的制度,把全心全意为职工服务作为工会一切工作的出发点和落脚点。切实做到把职工群众满意不满意作为衡量工作成效的根本标准,更好地为教职员工提供政策、法律和信息服务,更多地帮助教职员工解决工作中的困难和问题,更有效地开展分类指导和典型引路工作,真正把工会办成教职工的维护之家、民主之家、互助之家、娱乐之家,增强对职工群众的凝聚力和吸引力。

社会主义民主政治建设是一项长期的战略任务,高等院校民主管理建设也是一项长期的艰苦工作,在新的历史条件下,还有许多新的情况、新的问题需要去探索和总结,山西大学校工会将不断努力探索,力争在山西高校领域走出一条以教代会为基本形式的高校民主管理的新路子,为社会主义民主政治建设作出应有的贡献。任务已经明确,蓝图催人奋进。站在党的十八大之后高等教育加快内涵式发展的历史起点上,山大人又迈入了建设具有地方示范作用的研究型大学的新征程,山西大学工会服务学校工作大局的步伐也更加铿锵,一心搭建学校和教职工之间桥梁的信念也更加坚定。

附录：

山西大学历任工会主席名录

起止年月		主　席	副主席
1950.10－1952.11		刘锡光	朱景梓
1952.12－1953.12		成恒长	
师范学院 时期（1953－ 1963）	1954.01－1955.03	严德浩	常　风　李呈俊
	1956.04－1957.09	常　风	严德浩　李呈俊
	1957.10－1960.05	严德浩	史国雅　李呈俊
	1960.06－1963.05	刘廷玉	史国雅　李呈俊　王福麟
1963.06－1966		史国雅	王福麟　郭虎江　李长林
1966－1978			李　珍
1979.03－1979.08		陈盛甫	李　珍
1979.09－1984.05		刘廷玉	李　珍（主持工作）
1984.06.－1990.12		任茂棠	李元生　张玉凤
1990.12－1992.06		冯良植	张文英　张存保　郭宝珍
1992.06－1998.05		叶昌纲	张厚明 （主持工作1995.11－1998.05） 张文英　韩素兰
1998.05－2003.12		王明生	张厚明（常务） 张文英　梁丽莉
2003.12－2008.11		张汉静	王满贵（常务） 田　斌　李智斌
2008.11－		张汉静	王满贵（常务） 李智斌　张晋红

刘锡光简介

刘锡光(1908～1968),字君旭,山西隰县人。曾任山西大学教授、土木系主任,山西大学校务委员会副主任。1950—1952年任山西大学教育工会第一任主席。

刘锡光于1924年随父(山西省议会议员)寓居太原,同年考入太原进山中学。他"少聪慧,喜读书,成绩优良,为师长器重"①。1928年,刘锡光毕业,在山西邮政总局任邮务佐。次年秋,他考入天津北洋大学预科,1931年秋预科毕业后,入北洋大学本科土木工程系学习。

大学毕业后,刘锡光怀着报效国家的满腔热情,于1935年入山西同蒲铁路局工作,先后担任帮工程师、工程师等职,参加同蒲铁路局太原总站大楼等工程的设计及施工。其中太原总站大楼工程因设计合理,工程优良,受到各方赞赏,成为当时太原第一流的建筑工程。抗日战争爆发后,刘锡光被聘为第二战区司令长官部交通处课长。1939年,因不满阎锡山发动晋西事变②,破坏抗日统一战线,刘锡光愤然辞职,进入山西大学担任教授,三年后被聘为土木系主任。抗战胜利后,刘锡光出任太原市政府工务局长,参与规划太原城市建设。但他对阎锡山政权的反动统治十分反感,遂再度辞职,专任山西大学教授,并于太原解放前夕随校迁往北平。

---

①山西省史志研究院编:《山西通志》第四十八卷,中华书局2001年版,第423页。

②晋西事变,又称十二月事变,发生于1939年12月。在国民党顽固派掀起的抗日战争时期的第一次反共高潮期间,国民党第二战区司令长官兼晋绥绥靖公署主任阎锡山,几乎动用了全部晋绥军(旧军)进攻山西新军,镇压与新军一体的牺牲救国同盟会。山西新军在八路军的支援下被迫奋起反抗。

太原解放后,刘锡光随校返回太原,担任山西大学校务委员会副主任。他以极大的政治热情投入到山西大学的恢复和整顿工作中,为新中国成立初期山西大学的稳定和发展做了很多有益的工作。1950年10月28日,山西大学教育工会成立,刘锡光就任山西大学建国后首任工会主席。刘锡光担任工会主席时,正值朝鲜战争爆发,国内外反动势力蠢蠢欲动,国际国内形势错综复杂;同时,山西大学也正处于在中国共产党领导下推进教学改革、进行思想改造的关键时期。面对复杂的形势和繁重的任务,刘锡光按照《工会法》的要求,认真贯彻党和政府的各项政策,围绕学校的中心工作,团结带领广大教职员工以主人翁的姿态参与到学校的日常管理中,积极维护职工权益,认真进行思想改造,深入开展教学改革,取得了良好的效果。在抗美援朝斗争中,刘锡光领导学校教育工会广泛发动教职员工,通过登报声明、捐款捐物、集中座谈等方式表达学校教职员工对美国侵略行径的声讨和对中朝人民和军队的支持,为抗美援朝运动的深入开展作出了积极贡献。

刘锡光是当时国内著名的土木工程专家。新中国成立后,他把大量精力投入到教学、科研工作中,力图为国家培养出优秀的高水平建设人才。1953年院系调整后,山西大学工学院独立建院,更名为太原工学院。刘锡光随即担任太原工学院教授、土木系主任。

此外,刘锡光还是当时山西省内知名的民主人士。他从1953年至1966年连任民盟太原市支部委员会第二、三届副主委,1956年被增选为政协第一届山西省委员会委员,1959年至"文化大革命"前连任政协山西省第二、三届委员会常务委员。[①]他还兼任山西省科学普及协会主任、太原市中苏友好协会副主任、山西省土木工程学会理事等职务,并曾作为山西知识分子的代表,到北京参加天安门国庆节阅兵式的观礼活动。作为山西省民主党派和人民政协的重要成员之一,刘锡光把个人的奋斗融入国家富强、民族振兴的事业中,积极参政议政、建言献策,与中国共产党精诚合作,为人民政协和中国民主同盟事业的发展发挥了积极作用。

"文化大革命"中,刘锡光被"造反派"无理抄家、关押、批斗、拷打,精神遭受了巨大的打击和摧残,1968年7月4日被迫害致死,终年60岁。

(周亚)

---

① 参见山西省史志研究院编:《山西通志》第三十三卷,中华书局1998年版,第11页;《党派群团志》,中华书局2000年版,第516页。

成恒长简介

成恒长（1911-1970），字次隆，祖籍江苏镇江。曾任山西大学法学院教授，太原市人民政府委员兼民政局局长，政协山西省第二届、第三届委员会常务委员等职。1952年起至1953年底任山西大学教育工会主席。

成恒长"年少好学，为人耿直，性情恬静"[1]。1929年夏，他由长治省立第四中学毕业，考入山西法政专门学校。1933年赴日本东京明治大学法学部留学，攻读法律，1937年夏毕业，回到太原。成恒长回国时，正值七七事变爆发，经同学介绍，他赴西安中央陆军军官学校第七分校任教官。

1942年，山西大学迁至虎啸沟，增聘成恒长为学校副教授，不久晋升为教授，后兼任法律系主任。至此，成恒长脱离了在国民党政权中的工作，专任教职。抗战胜利后，他随校返回太原。在山西大学任教期间，成恒长对国民党政权的种种倒行逆施深感不满，积极投身到反对国民党一党独裁、争取民主自由的斗争中。国民党宣布中国民主同盟为非法组织后，成恒长仍于1948年毅然加入民主同盟，和杜任之（中共党员）一道在校内外开展秘密的爱国民主活动。并在反饥饿罢教、抵制"誓死保卫太原"的签名、反对实行"连环保"的多次斗争中，起了一定的组织作用，成为民盟太原市党组织的主要负责人之一。同年，他随山西大学迁往北平。

1949年4月，太原解放，成恒长于5月随校返回太原。9月，他被任命为民盟太原

---

[1]山西省史志研究院编：《山西通志》第四十八卷，中华书局2001年版，第445页。

市支部临时工作委员会宣传委员。除在山西大学法学院任教外,他又在山西医学院兼课。1950年初,成恒长兼任山西大学教学研究指导组办公室主任,同年进入华北人民革命大学政治研究院学习,次年冬前往江西参加土改工作。1952年,成恒长返回山西大学任教,兼任政治教研室主任,还在山西农学院兼授政治课程。同年担任山西大学教育工会主席。

成恒长担任山西大学教育工会主席的时期,正是学校积极准备院系调整,深入开展抗美援朝、"三反"、"五反"、"新三反"等政治运动和进行思想改造、教学改革的重要时期。成恒长在前任工作的基础上,紧紧依靠学校广大教职员工,领导学校工会认真开展了"三反"、"五反"、"新三反"等运动,和学校行政部门协力推动教职工的思想改造和学校的教学改革,取得了明显的成绩。

1953年后,成恒长的工作重心逐渐由学界转向政界。曾出任太原市人民政府委员兼民政局局长、民盟太原市第一届支部委员会副主委。1955年,他当选为第一届山西省政协委员,同年起至1960年担任山西省高级人民法院副院长。1958年,他当选为第四届民盟中央候补委员,同年起至1966年连任民盟太原市第二届、第三届支部委员会主委。1959年至"文化大革命"前连任政协山西省第二届、第三届委员会常务委员,同时担任政协山西省第二届委员会政法工作组组长。1960年12月起至1966年5月又连任政协太原市第三届、第四届委员会副主席。1962年当选省民盟第二届委员会副主委。①

作为山西省人民政协、民主党派的主要负责人,成恒长将个人命运与国家的发展紧密结合在一起,围绕中心,服务大局,与中国共产党亲密合作,如实反映问题,积极建言献策,认真履职尽责,展现出中国知识分子高度的政治参与意识和自觉的担当精神。

"文化大革命"爆发后,成恒长遭到无端诬陷,受到批斗、拷打等残酷迫害,身心受到巨大摧残和打击。1970年10月11日,成恒长因心脏病复发逝世,终年59岁。粉碎"四人帮"后,1978年,由山西省委主持,为成恒长平反昭雪。4月25日,山西省政协在双塔革命公墓为成恒长等举行骨灰安放仪式。

(周亚)

---

① 参见山西省史志研究院编:《山西通志》第三十三卷,中华书局1998年版,第11页;山西省史志研究院编:《山西通志》第三十二卷,中华书局2000年版,第516页;山西省史志研究院编:《山西通志》第四十九卷,中华书局1999年版,第442页;中国人民政治协商会议太原市委员会文史资料委员会编:《风雨同舟谱华章:太原政协五十年》,2005年版,第15～24页。

严德浩简介

严德浩,1913年3月出生于广西桂林市,1994年于山西大学逝世。曾任山西大学理学院化学系主任教授。兼山西省政协第四届委员会委员,山西省化学学会理事长,中国化学学会理事等。1954年1月至1955年3月、1957年10月至1960年5月,曾两度出任山西师范学院教工会主席。

1935年至1940年,就读于国立北平师范学院化学系,毕业后在青海西宁管理中英庚款董事会湟川中学教书,1943年至兰州西北师范学院(抗日战争时的北师大)代物理、化学课。1946年发表同位索论文,1948年被美国学术杂志《核子学》聘为特约撰稿人。

1949年调入山西大学理学院化学系任副教授,系主任;1951年被评为教授;1952年任系主任;1956年加入中国共产党。历任山西师范学院、山西大学化学系教授、系主任,中国科学院山西分院原子能研究所副所长等职。1960年全国群英会国务院授予山西大学化学系先进集体,他被评为先进工作者。1987年被评为山西省劳动模范。兼任山西省政协第四届委员会委员,山西省化学学会理事长,中国化学学会理事等。从事物理、化学和原子核化学教学与研究工作,四次应邀参加在美国、日本、巴西、新加坡等国举行的国际学术会议。

1980年以来发表的主要论文有:《办好〈化学教育〉的意见》《化学理论研究中的模型》《化学单分于反应中的"一分为二"与"一分为三"》《化学化丁中的热力学与经济》等。在国际学术会议上发表的论文有:1981年在新加坡首届亚太地区化学会议的 *The Recent Developments of the Chinese Chemical Education*、1981年在美国第六届国际

化学教育会议上的 *Advances in Nuclear Sciences*、1983 年在法国第七届国际化学教育会议上的 *A New Field of Thermodynamics*、1985 年在日本第八届国际化学教育会议上的 *Nonequilibrium Thermodynamics*、1987 年在巴西第九届国际化学教育会议上的 *chemistry for the New World*。

主要论著有《放射化学》《物理化学》；译著《不可逆过程热力学导论》；《周期元素数计算稳定同位素的目的》(《物理学》杂志,1946)、《对元素硫的稳定同位素数有新的测定,结果与测定的预言相符》([美]《核子学》,1948)等。

（胡波）

常风简介

常风，原名常凤瑑，字镂青，笔名常风、荪坡等。曾任山西大学外语系教授、系主任，1956年4月至1957年10月任山西师范学院教工会主席。

1910年9月2日出生于山西榆次车辋村，1916年至1923年就读于太原市山西省立模范小学；1923年至1929年就读于太原进山中学；1929年秋考入清华大学外国文学系，成为叶公超的高足。在叶公超鼓励下，于1933年3月在《新月》第4卷第6期发表处女作《那朦朦胧胧的一团》，从此开始他的文学生涯。1933年至1935年在太原平民中学教高中英语；1935年至1946年在原北平艺文中学教英语及语文，在此期间1943年至1946年受俞平伯先生之聘，在中国大学文学系兼任讲师，讲授西洋文学史和文学概论；1946年至1952年在北京大学西语系任副教授，讲授大学英文、欧洲文学史和文学理论；1952年至1988年在山西大学外语系任教授，讲授英国文学及西洋文学课程；1956年至1958年任山西大学外语系主任；1982年任硕士研究生导师，1988年光荣退休。

常风先生1933年大学四年级时就开始在刊物上发表文章，从此走上了文学评论和研究的道路。在十多年的笔耕生涯中，发表了大量有影响的书评，后集结成《弃余集》(北平新民书局，1944)，《窥天集》(上海中正书局，1948)。在从事教学工作和书评之余，常风先生还从事西洋文字翻译工作，出版有《一部希腊的田园故事(达夫尼与克洛衣)》(1948)、第一译者合著《第七个十字架》(作家出版社，1956)、《雷兴的生平与著作》、《尼采的悲剧学说》(《中德学志》)等。20世纪80年代，常风先生20世纪三四十年代的书评重新引起学界注意，被再版的有《窥天集》(1998)，被收入《起塔文集》的有《逝水集》（1995）、《彷徨中的冷静》（1998）。他20世纪80年代后应约写了十余篇回忆20世纪三四十年代北京文坛情况及回忆沈从文、李健吾、叶公超、朱光潜、周作人、张恒寿、李克异、钱钟书、凌叔华等著名作家的文章，为中国现代文学史研究提供了珍贵的资料。

常风先生是"京派"重要作家，在散文、文艺评论、比较文学研究和翻译诸领域里都卓有建树，作品散见于《大公报·文艺》、《武汉日报·现代文艺》、《国闻周报》、《文学杂志》、《中德学志》等。1934年9月12日，经叶公超推荐，他的第一篇书评《论老舍的》发表于天津《大公报·文艺》，该刊编者沈从文在按语中说："十年来中国新文学运动，就一般言皆以为创作小说成绩较佳。其中很有几个作家的作品，值得我们注意，本期讨论老舍《离婚》集作者常风先生，任教职于太原，批评态度与见解，皆可注意。"自此常风一发而不可收拾，评论过鲁迅、叶圣陶、茅盾、朱自清、巴金、王统照、李健吾、吴组缃、萧军、金克木等人的著作，其中一部分后来结集为《弃余集》（1944年6月北平新民印书馆初版）。常风先生具有敏锐的艺术感受力，他的书评分析细腻精到，文笔清新活泼，融鉴赏与评论于一炉，自成一家之言。

1937年和1947年，常风先生还二度协助朱光潜编辑"京派"的重要刊物《文学杂志》，并担任《天津民国日报·文艺副刊》的编辑工作。正如海外学者司马长风先生在《中国新文学史》所评价的："常风是'京派'重要作家，在散文、文艺评论、比较文学研究和翻译诸领域里都有建树。"大陆学术界也对他的文学活动有很高的评价，说"他是当时著名的书评家"，"对书评工作确实做出了具有典范性的贡献"，他的书评被认定是"有原则的书评"，他"是一位正直、严肃的文艺评论家"，他的书评"具有先行的意义"。学术界认为他是"格外珍视自己的独立人格与学术良心"的学者书评家。北京大学教授著名学者吴小如先生说："他乃是立足于我国民族文化立场，一方面把西方文化（包括文学创作和文艺理论）介绍传播给国人，一方面更借鉴和利用西方的各色理论武器来分析探讨我国古典文学中未经前人道破的奥秘和精髓。"（《窥天集》序，山西教育出版社，1998）

常风先生长期从事英语语言文学、文艺评论和文学翻译等教学和研究工作，出版了近百万字的各类著作及论文等。他辛勤耕耘，教书育人，诲人不倦，桃李满天下，深受广大师生的尊敬和爱戴，为我国的教育事业和山西大学的发展作出了杰出的贡献。

（胡波）

刘廷玉简介

刘廷玉,男,曾用名刘稳玉。1917年12月生于山西省安泽县唐城镇北三交村,2009年3月5日在山西省太原市逝世,享年93岁。曾任山西师范学院统战部副部长、山西大学外语系党总支书记、校工会主席等职务。

1934年8月,毕业于山西省安泽县唐城镇安泽第二高小(相当于初中)。1937年10月参加工作,担任安泽县下哲村小学教员。1943年3月,在安泽县北三交镇加入中国共产党。1944年3月到1945年3月,任安泽县第二区助理员。1945年5月到1946年12月,任安泽县第二区副区长。1947年1月到1947年5月,任安泽县第三区副区长。1947年6月到1947年9月,任安泽县工商税务局副局长。1947年9月到1948年3月,任安泽县工商税务局局长。1948年4月到1948年12月,在中共太岳区党校学习。1949年1月到1949年5月,任太岳区财经干校教导员。

山西解放后和新中国成立之初,1949年6月到1950年1月,任山西公学班主任。1950年2月到1953年3月,任山西行政干校班主任。1953年8月到1954年3月,任山西行政干校文化部党支部书记。1954年4月到1956年8月,任山西行政干校班主任。1956年8月到1958年8月,在中共山西省委党校学习。

1958年调入山西师范学院工作。1958年9月到1960年1月,任山西师范学院党委会秘书。1960年2月到1961年9月,任山西师范学院统战部副部长。1960年6月到1963年5月间,兼任校工会主席。1962年7月到1971年11月,任山西大学外语系革命领导小组组长。1971年12月到1979年9月,任山西大学外语系党总支书记。

1979年10月11日，山西省委文教部部务会议批准担任山西大学校工会主席。

1984年1月，离职休养，政治上、生活上享受副厅级待遇。

刘廷玉同志为人正派、作风民主，对工作兢兢业业，敢于负责。在"文化大革命"面对一些造反派的过激行为，处理问题比较冷静客观，考虑问题比较全面。对组织分配的工作总是积极完成，政治坚定，任劳任怨；在生活上待人热情，平易近人，团结同志，是一名党性观念很强的党员领导干部。

（关多义）

史国雅简介

史国雅,男,1906年2月生于吉林省德惠市夏家店乡青咀屯,2006年5月11日凌晨在山西省太原市逝世,享年101岁。曾任山西省政协第四、五届委员兼教育工作组组长、山西大学教育系主任、山西省教育学会副会长、山西大学工会主席等职务。

1926年,史国雅毕业于吉林省第一师范学校,从教一年后考入燕京大学教育系。1931年"九一八事变"后,他积极投身抗日救国运动,先后参加了"抗日救国联合会"、"东北留平抗日救国会"等组织,曾任校"学生抗日救国委员会"、"对日经济绝交委员会"委员。1933年,于燕京大学毕业后,就职于山西省汾阳县铭义中学和国立东北中山中学(北平)。

1936年,他考取公费留学美国,重点研究课程论。抗日战争爆发后,以半工半读维持学业,分别在美国斯坦福大学和范德比尔特大学获得文学硕士、哲学博士学位。1941年回国后,历任中山大学师范学院教授兼教务主任、桂林师范学院教授、贵阳师范学院教授、东北大学教授、长春大学教授、北京大学教授、燕京大学教授等。1949年2月,在华北大学政治研究所参加革命工作。

1949年12月,他应聘到山西大学工作,担任教育系教授兼教育系主任,曾担任山西省教育学会副会长、全国教育学研究会常务理事以及省政协委员兼教育工作组组长。1957年10月,山西师范学院时期,曾担任校工会副主席;1963年6月,担任山西大学校工会主席,直到"文化大革命"开始,工会工作迫于停滞。

史国雅教授一生淡泊名利,光明磊落。他热爱教育,热爱学生,严于律己,谦虚真诚,在年逾古稀之际仍以充沛的精力满腔热情地献身教育事业,在教育系乃至全校师生员工中深受尊敬和爱戴。他长期从事教育教学研究,成绩突出。撰有《美国中小学课程研究》硕士论文、《关于中国课程规划的行政问题》哲学博士论文,还有《发展课程的基本原则》、《生活思潮》、《一个新课程的展望》、《课程编制的趋势与种类》、《马列认识论是共产主义道德教育方法的理论基础》、《革命导师论道德教育——兼论我国社会主义新时期的道德规范》等具有较高学术价值的专著和论文数十万字。其中1957年发表的《建立在马列主义认识论基础上的德育过程》一文被国内学界推崇为"建国后我国学者发表的第一篇有关德育过程的论文"。著有《课程论》、《教育学讲义》(上)、《小学各种教材发讲义》等。

在长期主持教育系工作期间,史国雅教授坚持党和国家的教育方针,团结全体教职员工,在系主任的岗位上大公无私,先人后己,知人善任,敢于负责,以公正、公平和顾全大局的胸怀对待群众和各种关系,使教育系各项工作稳定发展。他在教育战线勤奋工作的六十多年时间里,真诚于党的教育事业,为人师表,兢兢业业,诲人不倦,为国家培养了一大批合格的人才。数十年来,分布在全国各地的历届毕业生对这位德高望重的系主任评价颇高:"史主任是我们大学期间最好的先生。"

史国雅教授一生追求真理、追求马克思主义,坚持申请入党30余年,对党怀有深厚的感情。1984年9月24日,78岁高龄的他终于如愿以偿加入中国共产党。1988年2月,经中共山西省委批准离休(享受厅局级待遇),从教56年。

史国雅教授离休后,虽然已近80岁高龄,仍然兼任了山西省陶行知研究会顾问、山西省孔子研究会顾问、国立东北中山中学校友会山西分会名誉会长、燕京大学山西校友会名誉会长等。 1990年8月20日,他在一份向党组织汇报山西的个人总结中说:"我深感于水火不正之风泛滥,贪污腐化横行,危害非常大,愿做一些移风易俗的工作,写成了几篇道德教育的论文,约20余万字。有的在刊物上发表过,有的在学术讨论会上交流过。"体现了史国雅教授作为一名知识分子强烈的责任意识和使命意识。

史国雅教授学贯中西,孜孜求索,善于创新,成绩斐然。他百年的风雨人生,见证了山西大学百年办学的辉煌历程,体现了老一辈山大人自强不息的优良传统。他是全体年轻的山西大学教育职员工学校的典范。

(张民省)

陈盛甫简介

陈盛甫，曾用名陈世昌，笔名健翁。1902年2月出生于山东省武城县。曾任山西大学体育系教授、系主任，全国体育总会委员、全国武术协会委员，中国武术科学学会委员，山西省政协委员、体总山西分会副主席、山西武术协会主席、民盟山西省委顾问、省形意拳协会顾问。1979年3月至9月，曾短暂兼任山西大学校工会主席。1996年8月6日在山西省太原市逝世，享年95岁。

陈盛甫出身于武术世家，13岁时开始习武，学八段锦。17岁时，他崭露头角。1921年，他考入曲阜师范，拜当时在校任教并已在武林负有盛名的杨明斋为师，深得杨老师孙膑拳之真传。1924年，他考入上海东亚体专，其间随王怀琪学易筋经、五禽戏等。1926年毕业后，怀着一腔热情回到了山东老家，在青岛铁路中学就职。在实践中，他总结出教学的"正、诚、爱、知、启、耐、严、实、公、活"十字要诀，培养了大批优秀学生。其间，曾随国术练习所总教练张克勤学习"十字棍"。经过两年苦练后，成为当时山东有名的武术家。由于陈盛甫教学有方，在青岛铁路中学取得了很多突出的成绩，省里调他做了教育督察，曾任山东省府视察员，莒县、恩县县长等职。

1937年，七七事变爆发。在民族危急关头，他毅然投入了抗战行列，凭着强健的体魄和高超的武艺，克服了许多艰难险阻，为国家、为民族尽了自己的力量。他积极投身抗日战争，多次冒险克难，坚决与敌伪斗争。1942年被日军俘获，后率众难友脱险，继续抗日。

1948年起，任济南女师、太原国民师范教师。

新中国成立后，陈盛甫到了太原国民师范，不久调太原市人民体育场任场长，兼中华体育总会山西省分会副主席。其间拜闻名三晋和口外的山西鞭杆大师张含之为师,学习"陀螺鞭"。1950年,在他的倡议和组织下,山西省成立了武术研究会,这一组织对于发掘、整理山西的拳种,促进各派武术的相互学习、交流起到重大的作用,对于推动武术事业的发展作出了贡献。

1951年,他受山西省教育厅的委派,牵头创建了山西大学体育科(系),历任副教授、科(系)主任、教授、校学术委员会委员,并任国家级武术裁判员。

陈盛甫一生致力于武术研究、教学工作,并多次参加并担任全国武术大会的组织、裁判工作,以及武术教材的编写工作,著有《鞭杆》、《十六手对打》、《中老年健身操》、《扬眉剑》、《武术讲义》、《小花拳》、《新六路弹腿》、《一、二、三套武术操》、《五手拳》、《技击制敌三十二掌》、《鞭杆》、《陈盛甫养生功》、《扬眉剑》、《五手拳》、《陈盛甫养生功》等著作以及《我的健康要诀》、《萧瑟秋风话当年》等书文。陈盛甫为国家培养了大批人才,可谓桃李满天下。

陈盛甫多次担任全国武术竞赛裁判长和总裁判。1986年、1989年两次被评为"全国优秀裁判员"。陈盛甫教授曾3次参加全国武术表演赛,均获一等奖。历任中华全国体育总会委员暨山西省分会副主席,中国武术协会委员,中国武术学会委员,山西省政协委员、体委委员、武协主席、形意拳协会顾问等。1985年被评为"全国健康老人"。

1988年,陈盛甫获中国国际武术节组委会颁发的"武术贡献奖"。1992年被国家教委评为全国普通高校"优秀老体育教师",同年任中国武协荣誉委员。1993年被太原市评为"十佳健康老人"。1995年在中国武术协会等组织的"中华武林百杰"系列活动中被评为"十大武术教授"之一。

陈盛甫是全国著名的武术教育家,他忠诚于党的教育事业,勤奋耕耘半个多世纪,为弘扬祖国的传统武术兢兢业业,呕心沥血,不仅治学态度严谨,而且教书育人,言传身教,以自己的高尚品德教化众人,深受师生的爱戴和尊敬。

(张民省)

任茂棠简介

任茂棠，1929年生，中共党员，河北省定兴县人。1953年9月参加工作，历任山西师范学院历史系助教、讲师，山西大学副教授、教授。兼任山西省历史学会副理事长。1984年8月至1989年底任山西大学校工会主席。

任茂棠教授生活在抗日战争年代，未正规读过小学。1943年，他以同等学历考入北京私立大同中学，1949年9月考入山西大学历史系，1950年入团，1951年通过全校同学投票，当选大学学生会主席。1953年毕业后留历史系任教。1959年晋升讲师，并在中国社会科学院学习一年。在"文化大革命"中，曾遭受迫害，被挂牌劳动、受批判和住"牛棚"。即使在这样艰难的生活环境中，他也没有向命运低头。平反后，毫无怨言地回到了工作岗位上。1980年，晋升副教授、硕士生导师，当年任中国近代史教研室副主任，三年后任教研室主任。1984年，他光荣加入中国共产党。1986年升任教授，1993年10月被学校派往美国纽约市约克学院（York College）讲学5个月。1994年10退休。

在教学方面，任茂棠教授从留校助教开始就给学生主讲"中国近代史"课程。1960年后，开设了新课——"中国少数民族史概述"。由于他平易近人，学生们大多愿意与他接触，愿和他谈心、谈思想、谈困难，甚至谈他们的恋爱问题。在对学生进行思想教育和做人方面，取得了既教书又育人的良好效果，为他担任工会主席，创造性地开展"三育人"工作奠定了基础。在研究生的培养上，他先后曾带过13名硕士生。开设了"晚清政治史"、"中国近代对外战争史"、"中国近代史诸问题"等专题课程。

在科学研究方面，任茂棠教授主攻"晚清政治"研究。曾发表学术论文近30篇。

参编《中国近代史新编》3卷（由人民出版社于上世纪80年代初出版，2006年经作者修改后再版）。主编的学术著作有：山西人民出版社的《晚清政治散论》（与研究生研究"晚清政治"的论文集）、《陈廷敬大传》，书目出版社的《山西历史人物》4卷。主编并参写由山西人民出版社出版的《陈廷敬大传》；主编的大学教材有山西人民出版社的《中国革命史》；普及读物方面，主编并出版多卷本《山西历史文化丛书》等，为研究开发和普及山西历史文化中作出了重要贡献。2012年，为迎接山西大学110周年校庆，他提议、发起并参与主编了《历史的情怀》一书。

1984年10月，任茂棠教授担任山西大学校工会主席。在兼任校工会主席期间，重点关注或抓了以下几项工作：一是健全工会基层组织。二是根据教职员工当时生活上的需要，把福利工作作为工会经常性的、必搞的工作。三是根据教育工会章程的规定和党委、上级工会的要求，把动员教工对学校工作进行参政议政作为工会重要任务之一。四是把开展"三育人"（教书育人、服务育人、管理育人）工作提升为工会工作的又一重点。五是为保障教职工的身心健康，既开展经常性的文娱、体育活动，又坚持每年举办男女教工参加的篮球、排球比赛。六是亲自参加主持了九座新宿舍楼的分房工作。七是筹备和召开山大首届教工代表大会。

在管理工作方面，曾任中国近代史教研室主任，该教研室曾两次被省教育厅评为先进教研室。在学会兼职方面，从任助教开始就任山西历史学会秘书，1978年至2007年，连续三届被选为山西历史学会副会长，其中前两届均兼任秘书长。1988年被选为三晋文化研究会常务理事，1994年开始至2008年两届任该会副会长。2001年至今任史学会下属机构陈廷敬研究会主任委员，组织魏宗禹、李正民等教授，从事陈廷敬研究至今，已写出并出版《陈廷敬研究丛书》三部，还有一部正在出版中。其间，还担任了三晋文化研究会下属机构晋商常氏研究会副主任。20世纪80年代，还长期兼任过山西电视大学顾问，80年代至90年代，还多次被聘为高教系列、社科系列、党校系列评定高级职称的评委。退休后，任过山西大学退休协会理事长、关心下一代工作委员会常委等。

（张晓敏）

冯良植简介

冯良植(1931.6-2011.1)，男，1931年6月28日出生于山西代县。中国共产党党员，山西大学优秀党务工作者。曾任党委宣传部干部、物理系党总支书记。1990年初至1991年底担任第六届校工会主席。

1937年抗战开始举家西迁，辗转于陕西洛川、三原等地。1941年至1945年就读于陕西三原第一保育院，接受了带有浓厚军事色彩的小学教育。1945年至1948年就读于山西三原县立中学，此间开始大量阅读《观察》、《太平洋杂志》、《大汇报》、《大公报》等期刊，对当时社会的黑暗状况感受益深。1948年9月升入西安中正中学，1949年转至山西省太原市省立进山中学，其间加入中苏友协和新民主主义青年团，并先后担任团小组长、团总支宣委、团支部书记等职，并因工作热心负责、学习成绩优秀，1950年夏被评为优秀团员。1951年至1955年就读于北京师范大学地理系地质学及地形测绘研究班，1952年6月加入中国共产党，曾担任党支部组织干事、党小组长等职。1955年至1957年继续在北京师范大学攻读研究生。1957年研究生毕业后服从组织分配，到内蒙古师范学院参加工作，1981年调入山西大学工作，先后任党委宣传部干部、物理系党总支书记。在山西大学物理系任党总支书记近十年的时间里，他牢记党的宗旨，认真贯彻落实上级党组织的安排部署，结合物理系工作实际，积极主动化解矛盾，增强团结。他严于律己，宽以待人，善于从大局上把握和思考问题，积极支持系主任开展工作，团结和带领广大教职工为物理系教学科研及政治思想工作的有效开展作出了积极的贡献。他爱岗敬业，无私奉献，团结同志，平易近人。他爱惜人才，积极支持有才华的中青年教师开展科研工作。在山西大学光电研究所筹备和成立初期，倾自己全部精力关心和支持光电研究所的建设和发展,为该所成为国内一流、国际有影响的科研机构奠定了重要基础。

冯良植同志非常重视学生思想政治教育工作,关注青年学生的心理健康,积极探索大学生成长成才的有效载体和途径。撰写了《大学生思想修养》第八章(与王恩珑合作,山西人民出版社1988年版)、《思想政治工作方法》(1985年、1986年在山西大学党委宣传部政工干部培训班讲过)、《如何正确估计大学生的思想工作兼谈工作方法》等著作和文章。其中《如何正确估计大学生的思想工作兼谈工作方法》影响较大。

为了更有针对性地做好思想政治教育工作,他从1984年起连续4届为本科生系统讲授了思想品德课,平均每年80课时。他广泛阅读有关资料,并结合学生实际,精心备课,不断充实教材内容,教学水平较高,教学效果优良。同时,他还整理了8万余字的思想品德课讲稿,此讲稿得到山西大学品德教研室的高度评价,称其"从学生的思想实际,深入浅出地论述,文字简练,针对性强,运用名人格言,结合现实,避免干巴说教,趣味性强,为适应中学生到大学的学习、生活和工作指明了方向"。此外,他经常深入学生中,和他们拉家常、交朋友、谈理想、谈人生。他的才华备受学生青睐,他的人格魅力感染和影响了一代青年,受到学生们的衷心拥戴。

同时,他也非常注意培养青年教师,关注他们的进步和成长,鼓励和支持他们大胆开展工作,勇于实践,战胜困难,深受青年教师的尊重和爱戴。为了提高青年教师及其学生们的思想认识,他每个月都要针对不同情况开展一次形势与任务教育,如在反对资产阶级自由化斗争中,他就针对群众对国内外经济形势的看法,运用比较法,对资本主义国家和地区的经济状况进行了实事求是的分析。

1990年,冯良植同志当选山西大学校工会主席。在任期间,他全力履行工会职能,积极为教职工服务,不断提高教职工的科学文化素养,团结和带领学校广大教职员工为学校的改革发展作出了积极贡献。

1991年11月,冯良植同志光荣退休。他继续关心和支持学校各项工作,认真履行党员义务,积极参加党组织开展的各项活动,为学校的发展献计献策,贡献余热。他老有所学,关心国家大事,企盼社会和谐,国泰民安,展现了一名老共产党员的高风亮节。

(杨彩丹)

叶昌纲简介

叶昌纲,男,1937年5月生,中共党员,安徽肥东人。1958年9月至1963年7月在北京大学历史系读本科,1963年9月至1966年7月在北京大学历史系读研,进行日本史研究。1966年7月至1968年7月,因"文化大革命"在北京大学待分配,1968年7月开始在山西大学历史系任教,直至1997年11月退休。退休之前,是山西大学历史系教授,世界近代史教研室主任、历史系教工党支部书记,并曾一度兼任山西省政协文史研究委员会委员、山西大学校工会主席。现任山西大学关心下一代工作委员会委员。

从教三十年来,他始终忠于人民的教育事业,坚持既教书又育人。他积极参加学生的思想政治教育工作,努力向学生宣传马列主义、毛泽东思想和国内外政治形势,引导学生坚持正确的政治方向,努力学习,献身祖国。他站在教学第一线,从事教学工作,为本科生系统讲授《世界近代史》、《日本史》,为研究生讲授《日本古代文化与考古》、《主要资本主义国家史》等。与此同时,他还坚持多年指导本科生毕业论文,帮助青年教师成长。此外,他还留心教学法的研究,并结合教学和研究,撰写有关教学法的论文。在教学过程中,他自编20万字的《世界近代史》讲义,8万字的《日本史》讲义,与人合编40万字的《中共党史》讲义。由于在教学工作中认真负责,不断改进教学方法,所以,他的教学深受学生欢迎和好评,在山西大学的教学考核中,多次被评为优秀,1988年被评为教书育人先进个人。

在科研方面,他撰写并出版的著作有《阎锡山与日本关系史研究》、《中日关系史论集》等;主编或参与主编并出版的著作有《近代世界重大问题理论探讨》、《中外学者论张学良、杨虎城和阎锡山》、《世界历史备览》、《历史的情怀》、《学府情怀》等；参编并出版的著作有《新中国日本史研究的回顾与展望》、《山西历代纪事本末》、《道德文章寄春秋》等；与人合译并出版的译著有《日俘"残留"山西始末》。此外，还在学术刊物上发表论文、书评、人物传记等二十余篇，译文十余篇。他的科研成果有不少在国内外史学界引起较大反响，人民出版社出版的《史学情报》等书刊对他的文章有过介绍；他的译著出版后曾受到全国政协负责人张盘石的好评，并提议在全国再版，扩大发行量……另外，他还积极参加国内学术活动，先后加入了中国日本史研究会、中华全国日本哲学史研究会、东北地区中日关系史研究会、中国世界近代史研究会等多个全国性学会，并被聘为理事、常务理事等。

近年来，西北大学出版社出版的《中国当代历史学学者辞典》、延边大学出版社出版的《中国历史学大辞典》、华夏出版社出版的《北大人(2)》、长春出版社出版的《当代中青年社会科学家辞典》、山西人民出版社出版的《当代山西社会科学人物综览》以及安徽省肥东县人民政府引进协作办公室编印的《肥东人物名录》等等，都曾收入他的学术小传或对他的任职和学术研究情况有所介绍。

叶昌纲在从事繁重的教学、科研之外，1992年6月至1995年11月期间，还曾兼任山西大学工会主席。在工会主席任上，他团结广大工会干部，围绕党的中心工作，开展思想政治工作；积极参政议政，发挥工会组织对学校管理的民主监督作用；整理和落实教代会的提案；开展福利工作，为教职工排忧解难；活跃教职工文体生活，促进学校精神文明建设；加强师资队伍建设和师德建设，深入开展"三育人"活动等。在他的主持与带动下，山西大学的工会工作取得了明显的成绩，校工会的面貌发生了可喜的变化。

叶昌纲退休后，仍笔耕不辍，撰写并发表了许多专业论文。与此同时，他作为山西大学关心下一代工作委员会的专家组成员，在校关工委主任张志敏领导下，也做了大量的工作，例如主编并出版山西大学离退休教职工回忆录，以对青少年进行优良传统教育，撰写并发表多篇宣传好人好事的文章，以为青少年树立学习榜样。

1997年11月退休至今，叶昌纲曾三次被山西大学评为"老有所为先进个人"，一次被评为"优秀共产党员"，两次受到山西省教育厅的表彰。

（吴荷荷）

王明生简介

王明生，男，1942年4月生，山西省长治市人，中共党员，教授，硕士生导师，现任山西大学教学指导委员会委员。曾担任山西大学校工会主席、山西大学数学科学学院概率统计教研室主任、山西省数学会秘书长及副理事长、山西省统计学会副会长。

王明生1960年9月考入山西大学数学系数学专业，1965年8月毕业后留校任教，1978至1979年在北京大学进修一年，主修概率论、随机过程，1988年8月至1989年12月曾在美国南卡罗莱纳州立大学做访问学者，在山西大学从事教育教学工作41年，长期从事概率论、数理统计、随机过程等的教学科研工作。

王明生具有系统而坚实的理论基础和丰富的实践经验，系统讲授了概率论、随机过程、概率专业外语、马尔科夫链、时间序列分析、测度论、数理统计等多门专业基础课和专业课。教学对象有本科生，也有研究生，所选教本有中文本，也有英文本。教学中，为人师表，教书育人，注重学生能力的培养；课堂教学上，深入浅出，旁征博引，注意教学方法的改进，注重教学内容的更新，深受学生欢迎和好评。在山西大学对教师的教学、科研和其他业务水平及工作能力的考核中，连续多年被评为优秀，且多次被评为山西大学教书育人先进而受到表彰，所代概率论课程被山西大学评为百门名师名课之一。

王明生具有突出的学术专长与稳固的研究方向，他的科研方向为应用统计、时间序列分析。在《科学通报》、《应用数学学报》、《应用概率统计》、《数理统计与管理》、《山西大学学报》等刊物累计发表专业论文16篇；由高等教育出版社、科学出版社、中国科学技术出版社、山西人民出版社、山西高校联合出版社等机构出版著作3部,译著2部;主持研究山西省自然科学基金项目2项、山西省回国留学基金项目1项、山西省财政厅横向课题1项。他的科研成果有不少在国内外学界引起较大反响,《预测与优化中的定阶问题》获第四届全国统计科技进步二等奖;《时间序列分析》获山西省科技进步奖、优秀科技著作三等奖;《地方大学数学专业培养应用型人才的模式》获山西省优秀教学成果二等奖;还有两篇论文被收入国际会议论文等。

王明生在山西大学数学系承担繁重的教学、科研、指导研究生等工作任务的同时,1998年4月至2003年12月还兼任山西大学工会主席。在工会工作期间,王明生团结班子成员,形成一个强有力的领导集体,依靠广大工会干部,创造性地开展工会工作,很好地发挥了桥梁纽带作用。开展的工作主要有:积极参与学校内部管理体制改革,充分发挥工会作用;推进教代会建设,使教代会工作更加完善规范;狠抓教代会提案落实工作,卓有成效;积极推行校务公开工作,促进学校的民主监督与民主管理;加强基层工会建设,促进各分工会工作的开展;加强师德建设与教师队伍建设,积极开展"三育人"工作;开展丰富多彩的文体活动,增强教职工身心健康;加强工会自身建设,把校工会办成"职工之家"。

在他担任校工会主席的六年时间里,山西大学工会由于工作出色,多次受到全国总工会、山西省总工会等上级单位的好评与表彰。1998年10月,山西大学被中华全国总工会评为"全国职工体育先进单位"。同年,山西大学的教代会建设工作、提案落实工作受到中国教育工会主席蒋文良以及山西省教育工会的多次表扬与高度评价。1999年5月12日,山西省教育工会、山西省高校工委对中央和山西省关于教代会的"一个规程"、"两个意见"(《山西省学校教职工代表大会工作规程》、《关于进一步加强高等院校教职工代表大会制度建设的意见》、《关于高校内部管理体制改革过程中充分发挥工会、教代会作用的意见》)落实情况进行检查时,对山西大学的教代会工作给予了高度肯定。同年3月,山西省总工会授予山西大学校工会"财务管理先进单位"的称号;9月,中国教育工会授予山西大学全国"民主管理学校先进单位"的称号。2000年8月,山西大学工会被中国教育工会评为全国"教育工会先进集体",在全省高校中,山西大学是唯一获此殊荣的单位。

(吴荷荷)

张厚明简介

张厚明,男,汉族,中共党员,大学本科学历,1948年4月出生,湖北孝感人。1990年9月从部队转业来到山西大学工作,1995年12月起担任山西大学工会常务副主席,2003年12月担任工会正处级调研员,2008年6月退休。

1948年4月28日,张厚明出生在湖北省孝感市杨店区杨店公社的一个中农家庭。他于1956年9月至1962年7月在孝感杨店公社杨岗小学上学,1962年9月至1965年7月在杨店中学读初中。1967年4月,在杨店镇医院正式参加工作,担任解放大队医生。1969年2月,张厚明应征入伍,成为一名光荣的中国人民解放军,任五六五团卫生员、助理军医等职,1971年7月加入中国共产党。1978年5月,他进入第六十三军工作,先后担任卫生处助理员、干部处干事、副科长、副处长等职务,直至1990年转业离开部队。在部队期间,他虚心好学,曾在52935部队医训队、山西医学院医训班、天津第一防治院等单位进修,1986年12月通过了山西省组织的高等教育党政干部基础理论专修科自学考试,获得大专学历。他为人忠厚实在,直爽坦率,能写善画,对基层工作指导有板有眼,经常深入部队调查研究,所撰写的《干部福利费使用情况的调查》、《我们是怎样管好福利费的》、《老干部福利工作需要解决的问题》等几十万字的经验材料发表在北京军区《工作指导》上,被转发十几份。1971年,他因在治病救人工作中作出了突出贡献,荣立三等功。1986年,他因在计划生育工作中做出了显著成绩,被解放军北京军区评为"先进工作者";1988年,被解放军总部授予"先进工作者"荣誉称号,同年在六十三集团军政治部干部处被授予中校军衔。

1990年9月,张厚明转业来到山西大学工作,先后担任老干部处副处长、处长。

在老干部处工作期间,他认真负责,埋头苦干,完善了老干部用车管理办法、司机管理和补助办法、考勤与报销办法等制度,带领全处同志修理桌椅板凳20余件,自盖小库房一间,翻修了门窗,为离退休人员批发鸡、鱼、肉、蔬菜和粮食,深受老同志欢迎,被评为山西大学1993年度优秀党务工作者。1994年,张厚明响应学校号召,到山西省平陆县南村乡南村参加了为期一年的下乡扶贫工作。在扶贫队里,他担任队长,带头制订扶贫计划,确立扶贫项目,和当地村民同吃同住同劳动,与群众打成一片,取得了良好的工作成果,获得上级表扬。工作之余,他继续刻苦提升自己,于1992年8月至1994年12月在中共中央党校领导干部函授班经济管理专业学习,获得本科学历证书。

1995年12月,张厚明被山西大学任命为校工会常务副主席,开始了8年的工会工作生涯。在任期间,他自觉学习党的各项方针政策,认真学习工会业务知识,不断提高自己的思想认识和办事能力,数次参加山西省工会主席培训班、《工会法》培训班、领导干部研讨班等业务培训。他主要分管财务与福利工作,制定完善了一系列规章制度,使得山西大学工会财务做到了严格管理、严格要求、严把质量、不徇私情、不出差错,连年被山西省总工会评为"全省财务管理先进单位"。在福利发放上,他诚心诚意为职工着想,通过直接联系厂家、耐心细致议价的方法,为大家购买物美价廉的物品,赢得全校教工好评。他还积极协助工会主席王明生完成了制定《山西大学二级教代会细则》、落实提案、举办百年校庆书画展、维修工会俱乐部大厅等多项工作,实现了工会的一系列新突破。在工作作风上,他信守"勤勤恳恳工作,清清白白做人"的人生格言,对组织纪律率先垂范,廉洁奉公,为同志们树立了良好的榜样。他认真践行"一日生活制度",平时工作早来晚走,一心扑在工作上,出全勤,出满勤,凡事亲力亲为,忙起来将全部业余时间都奉献给工会,同志们称赞他是"以工会为家"。在他与全体职工的努力下,1999年5月,山西大学荣获"全省五一劳动证书",同年9月被评为"全国民主管理先进学校";2000年9月,校工会被全国教育工会授予"先进单位"荣誉称号;2001年,山西大学被授予"山西省模范单位"荣誉称号。他本人也多次受到嘉奖,曾获得学校"'三育人'先进个人"等奖励。

2003年12月20日,第三届教职工代表大会暨第六届工会委员会代表大会换届以后,张厚明不再担任校工会常务副主席,改任工会正处级调研员,至2008年6月正式退休。退休后,他一如既往地关心着学校与工会工作,多次参加学校组织的各种活动,热情地活跃在服务全校教职工的各项工作中。

(郭瑞蕾)

张汉静简介

张汉静，男，1958年6月生，中共党员，博士研究生学历，山西沁水县人，现任山西大学党委副书记、科学技术哲学研究中心教授、博士生导师。兼任山西省哲学学会会长、山西省伦理学会会长。2003年12月至今担任两届山西大学校工会主席。

1975年，张汉静应征入伍，参加北京卫戍区51115部队。五年的军旅生活，使他在思想作风方面产生了质的飞跃，造就了一个严谨务实、积极进取、魄力十足、敢作敢为的党员干部。

1980年他考入中国人民大学哲学系。但由于身体原因，刚刚步入象牙塔的他不得不中途退学。但是，对于一个对知识不懈追求、对生活乐观积极、对未来充满信心的人而言，这些挫折，只会使他更加坚强。1982年，他又以优异成绩考入山西大学哲学系，并一直担任学生党支部书记、班长职务。

大学毕业后，张汉静被分配到原山西经济管理学院（后合并入山西财经大学）党委办公室从事党务工作。由于工作能力强、成绩突出，一年后就升任为党办副主任。1990年，他到灵石县任副县长，负责农业和政法工作。时年只有三十出头的他，是当时灵石县委班子成员中最年轻的一位。其间，他在繁忙的工作中继续自己的学术追求，考取了陕西师范大学地理系研究生，并取得硕士学位。1993年，组织任命他回到经管院担任党委委员、组织部长。三年后，在山西经济管理学院和山西财经大学合并过程中，他担任总指挥，凭借出色的政治智慧和领导才能，成功促成两校顺利合并。1997年，他担任了山西财经大学党委常委、副校长。2000年，转任山西财经大学党委副书记，其间考取山西大学科技哲学专业博士研究生，于2003年获哲学博士学位。同年,他调入山西大学,任党委副书记、工会主席至今。在他的领导下,山西大学工会工作欣欣向荣,学校连续荣获全国"五一劳动奖状"、"先进工会组织"、"模范职工小家"、"三八红旗集体"等荣誉,多次荣获全省"工会工作先进单位"称号。他本人也获得"山西省劳动模范"、山西省"五一劳动奖章"等荣誉。

虽然日常工作繁忙,但是在学术道路上,张汉静孜孜以求的脚步从未停滞,他不忘山西大学教授、博士生导师的身份,相继编著了《孙中山的科学技术思想》、《中国法制简史》、《文明的薪火:孙中山思想综论》、《发展与责任的考量——和谐社会视域中的企业伦理研究》等多部学术著作,发表学术论文50余篇,承担国家级、省级科研课题近10项,兼任山西省哲学学会、伦理学会会长。

（张捷）

王满贵简介

王满贵,男,1954年10月生,山西阳曲县人,中共党员、副教授,现任山西大学工会常务副主席。曾兼任中国教科文卫体工会第二届全国委员会委员,山西省工会第十一次代表大会代表,山西省教科文卫体工会第一届、第二届委员会常委,山西省高校工会理论研究会理事长等职。

1972至1976年在新疆36151部队服役,1976至1978年在山西大学体育系就读。大学毕业后留校工作,曾任山西大学体育系办公室主任及党总支副书记、书记等职务。

在体育系工作期间,他注重学院的发展,善于调动教职工的积极性,学院的学科建设取得突破性进展,先后成功申报了运动训练学、体育人文社会学、运动人体科学、民族传统体育学4个硕士点。2003年申报运动训练学博士点获得批准,成为我省体育院系首个博士点,体育学院学科建设走在了省内外同类院系的前列。此外,在2002年百年校庆之际,主编了由山西科学技术出版社出版的《山西大学体育学院五十年》一书。

2003年12月,王满贵出任山西大学工会常务副主席,2008年12月又连任工会常务副主席至今。任职以来,他始终坚持和贯彻工会工作方针,创造性开展工作,在学校民主建设等方面取做出了优异的成绩,使工会树立起了教职工"信得过、靠得住、有作为"的新形象,开创了工会工作的新局面。

在贯彻教代会为主的民主管理制度方面,他善于抓工作重点,有思路、有创新,两项工作成效显著:一是以创建二级教代会为突破口,在全省高校率先推行二级教代会制度并引入纵深。通过教代会和二级教代会,教职工参与了学校的改革和管理,有了充分的话语权,走出了维权新路。二级教代会的成功推行为我省高校民主建设积累了宝贵的经验,成为全省高校民主治校的典范。二是以落实教代会提案工作为抓手,努力提高教代会工作质量。把提案作为发挥教职工主人翁作用、参与民主管理监督的重要途径,使得学校的民主管理工作开展得卓有成效。由于学校在以教代会为依托的民主管理工作中成绩突出,2006年被评为"山西省民主管理示范学校",2008年又被省总工会命名为"五星级职代会"。

在以开展建家活动为主线、推进和谐校园建设方面,山西大学工会不断丰富"家"的内容,拓展"家"的功能,提升"家"的层次。在基层工会推动建家的初期,王满贵同志下到基层,一个单位一个单位地进行调研和指导。在他和工会同志们的共同努力下,学校每个分工会都建起了职工小家,给教职工开展文化、健身活动创造良好的环境。他同时注重为教职工做好"贴心"服务,逢年过节都要带领工会干部去看望困难职工、慰问劳模,基本上做到了特困职工重点帮、突发事故及时帮、逢年过节普遍帮,对教职工家中做到喜事道贺、白事慰问等,促进了全体教职工对职工之家的理解,参与职工之家,从而形成了一个全员参与建家的良好氛围。2007年山西大学工会被山西省教科文卫体工会授予"模范职工之家",音乐学院、生命科学学院被评为全国"模范职工小家"等。

在王满贵任职期间,山西大学及其工会组织荣获"全国五一劳动奖状"、"全国三八红旗集体"、"山西省'育人杯'先进集体",被省总工会授予"五星级基层工会",被省劳动竞赛委员会记"集体一等功"等,他本人也被山西省劳动竞赛委员会荣记一等功。

（李智斌）

后　记

在山西大学诞生110周年之际，我们本着"以史为鉴"、"以史资校"、"以史育人"的宗旨，组织部分有志于研究山西大学工会和教代会工作的干部、教师编写了这本《山西大学工会史》。本书编写组于2012年9月初成立，开始资料准备、研究编写，于2013年4月最后修改完成。

《山西大学工会史》的编写历时8个月，在比较短的时间内能够顺利完成编写工作，首先得益于山西大学校党委、行政领导的高度重视和支持。特别是现任党委副书记、工会主席张汉静教授亲自组织、亲自把关，对新中国建立以来六十多年山西大学工会的发展轨迹、重大工作承接、突出内容、表现形式、纵横向关系、历史与现实的原则等问题给予了具体指导。其次，得益于上级工会、校工会、党委办公室、档案馆、图书馆，学校原党委副书记张志敏和部分工会老同志李长林、任茂棠、叶昌纲、王明生、张厚明、李元生等及上级工会原领导王树相、梁志刚、杨跃年等同志的热情关怀和支持，尽可能地提供各种资料，部分图片采自于《图说山西大学三十年》（郭谦编）。特别是得到了中国教科文卫体工会万明东主席和省教科文卫体工会张建平常务副主席的大力支持。再次，得益于工会现任常务副主席王满贵、副主席李智斌的组织和张民省、周亚等一批具有高度责任感的参与修史人员努力钻研业务的积极性。各位同志认真负责，埋头苦干，精雕细琢，保证了工会史资料的搜集整理和正文的编写质量。借此一并表示感谢。

根据工作分工，《山西大学工会史》的编写提纲、编写说明和全书的统稿任务是由张民省同志完成的，李智斌负责引言部分的撰写和全部插图照片的收集、工会历届主席的梳理；其余各章的作者分别是：第一章周亚，第二章胡波，第三章关多义，第四章张民省，第五章张晓敏，第六章吴荷荷，第七章郭瑞蕾，第八章杨彩丹。

由于编写时间紧促，加之我们作为研究者的水平和视野有限，呈现在您面前的这本书一定还存在着不少罅漏之处，敬请指正！

编　者

二〇一三年六月